铁血南北朝

之

气吞万里刘寄奴

麦老师 著

中国出版集团 现代出版社

图书在版编目(CIP)数据

铁血南北朝之气吞万里刘寄奴 / 麦老师著. —北京：
现代出版社，2021.8

ISBN 978-7-5143-9271-5

I.①铁… II.①麦… III.①刘裕 (363-422) –传记
IV.①K827=391

中国版本图书馆CIP数据核字（2021）第109693号

铁血南北朝之气吞万里刘寄奴

著　者	麦老师	
责任编辑	姚冬霞	
出版发行	现代出版社	
通信地址	北京市安定门外安华里504号	
邮政编码	100011	
电　话	010-64267325　64245264（传真）	
网　址	www.1980xd.com	
电子邮箱	xiandai@vip.sina.com	
印　刷	三河市宏盛印务有限公司	
开　本	710 mm×1000 mm　1/16	
印　张	25.75	
字　数	400千	
版　次	2021年8月第1版　2021年8月第1次印刷	
书　号	ISBN 978-7-5143-9271-5	
定　价	65.00元	

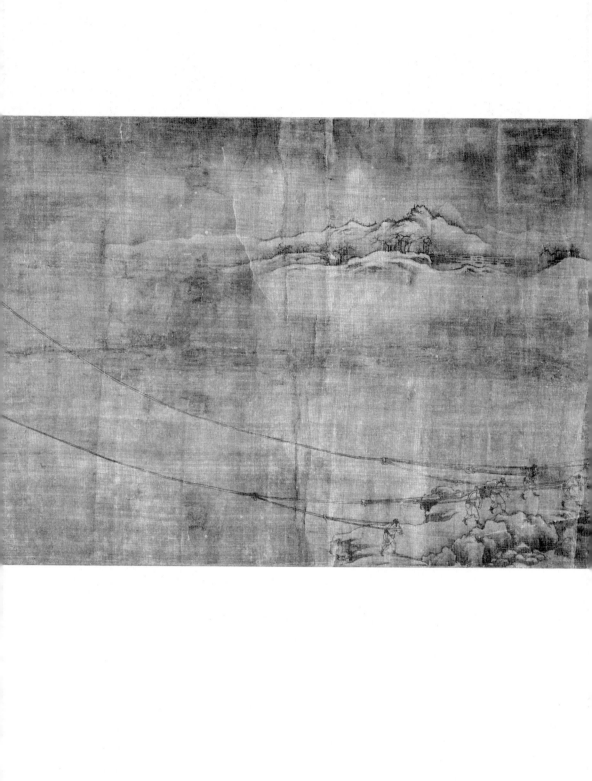

初生磨难

晋哀帝兴宁元年（363）三月，在东晋帝国的晋陵郡丹徒县京口里（京口为晋陵郡治所，在今江苏镇江），一位名叫刘翘的功曹，心情很郁闷。

根据东晋帝国相关规定，在晋陵郡，像刘翘这一级别的官员，编制共有一百零八人，正好与水泊梁山鼎盛时的好汉总数相当。虽然东晋帝国政府在给官员发工资时并不特别吝啬，但这样的芝麻小吏，薪水也实在不可能丰厚。当然了，刘翘虽然工资不高，比上固然不足，比下还是有余的，不能算拮据。

但人对贫富的感觉，不仅来自绝对收入，更来自对比。看看他的老爹刘靖，东安太守。再瞧瞧岳父赵裔，平原太守。丈夫可算是公子，妻子算是千金啊！目前这日子对他们来说自然是太苦了，《宋书》直接用两个字概括——家贫。

特别是现在，妻子赵氏已怀胎十月，刘家马上就要添丁了……

其实，在东晋帝国，这一年原本应该是隆和二年。但就在新年过后不久，晋哀帝司马丕的生母周太妃突生重病，为了给母亲祈福消灾，司马丕不顾改元当在岁首的惯例，于当年二月宣布改年号为"兴宁"，大赦天下，想求一个兴和安宁。

《文献通考》上说："事莫大于正位，礼莫盛于改元！"但那讲的是天下一统的太平岁月，如今这年景，可大不相同。

在这一年的华夏大地上，即使不算那些草头王，光提得上号的国家就有五个（东晋、前燕、前秦、前凉、代），年号有七个（隆和二年、兴宁元年、建熙四年、甘露五年、太始九年、太清元年、建国二十六年）。这种状态自从当初司马家的一群王爷为了争权夺利，不要命地自相残杀以来，已经保持了几十年。因此也害得老天爷对改元这档子事都产生了审美疲劳。结果，老天爷对司马丕的讨好顶多打了个不耐烦的哈欠，什么福也没有降下，周太妃只撑到这年三月十七日（363 年 4 月 16 日）便病死了，距改元才一个月。

司马丕很伤心，但朝中大臣，仆射江虨（bīn）等一班老学究，只允许他表现出适度的伤痛。因为司马丕是从小宗入继大宗当上的皇帝，所以从礼法上讲，他的母亲已经变成当朝太后褚蒜子，而不是周太妃。只是死了个"婶娘"，不许太难过。和东晋其他皇帝一样，司马丕只是被世族豪门推出的门面，既无魄力，又无实力，不敢像明世宗朱厚熜那样和大臣玩"大礼仪"事件，只好妥协了。他原想服丧三年，不准！服丧一年，不准！最后定为服丧三个月。

假如他知道司马皇家的终结者也在此刻诞生了，会不会更难过一点儿？

大人物的伤痛，会有史书记录下来，芸芸众生则不会有这样的待遇，尽管他们心中感受到的哀伤，一点儿也不会比大人物小。就在司马丕望着母亲周太妃无奈辞世的这一天，刘翘的妻子赵安宗正在承受分娩的阵痛。很不幸，是难产，急坏了屋内的接生婆和屋外的刘翘。天色渐晚，当屋内终于响起婴儿的啼哭声时，母亲的气息却渐渐消失了。

【作者按：关于刘裕的出生日期，在史书上有两处不同记载。《宋书·武帝纪》为"晋哀帝兴宁元年岁次癸亥三月壬寅夜生"即三月十七日，与周太妃的死在同一天，本文采用此说。《宋书·后妃传》记为"晋哀帝兴宁元年四月二日生高祖"，公历为 363 年 5 月 1 日。】

刘翘走进屋，看到了残酷的现实：二十一岁的妻子，已经香消玉殒了。他又把视线移向还在啼哭的男婴，目光里充满无奈与愤恨：要怎么养活他呢？雇一个奶妈？光办理妻子的丧事已不是一笔小开销，这是不能省的，如果再加这样一笔长期开销，对于早已入不敷出的刘翘来说，无法承受。这个孩子，简直是个灾星，一出世就克死了娘，留下恐怕不吉利。想到此，刘翘心一横，牙一咬，抱起孩子走出了屋子……

片刻之后，一个正在哺乳期的少妇——刘翘的一个亲戚——急匆匆走进这个因刚刚死了女主人而显得有些阴郁的小屋。她怀里抱着一个婴儿，脸上怒形于色："再难也不能扔掉孩子啊！那样对得起我刚走的妹妹吗？"刘翘低着头，无言以对。见此情形，少妇道："好吧，你不养，这个孩子交给我来养好了！"

于是，这个刚出生便死了娘，又被爹抛弃的孩子，被寄养到了这位少妇家。

因此，这个孩子得到一个小名——奴。他后来的大名，是刘裕。

【作者按：据《宋书·刘怀肃传》的说法，这位少妇是刘裕的从母。从母，是母亲的姐妹，通俗一点儿可以叫姨妈，那么她应该也姓赵。但一些文章称此人是刘裕的从叔刘万之妻杜氏，此说与《宋书·刘怀肃传》记载相差很大，也与《宋书·符瑞志》中"皇妣既殂，养于舅氏，改为寄奴焉"的记载相矛盾。其原始出处在下没有查到，即使有，应该也不会比《宋书》更权威，立此存疑。】

刘裕这位从母待刘裕极好。她当时刚生下第二个孩子刘怀敬不久，为了保证小寄奴有充足的营养，甚至给自己的儿子刘怀敬断了奶。很多年之后，刘裕已成为极有权势的大人物，特别照顾这位因自己而被亏待的表哥刘怀敬，授予他会稽太守之职。因为刘怀敬资质愚钝，能力低下，很多人提出反对意见，但刘裕不为所动，说："故去的姨妈对我有再生的大恩，什么时候也不能忘！"（见《南史·列传七》）刘怀敬终因母亲的善举而频得好运，刘宋代晋之后，他又升任尚书、金紫光禄大夫（荣誉加官，无实职）。

美国气象学家爱德华·罗伦兹说过："一只蝴蝶在巴西轻拍翅膀，可以导致一个月后得克萨斯州的一场龙卷风。"在历史上，我们也可以见到不少轻拍翅膀的蝴蝶。假如在那个晚上，刘裕的从母想的是"唉，我家也不富裕"，南朝的历史将失去最高亢豪迈的一章，我们将见不到辛稼轩词中那个"气吞万里如虎"的英雄，今天就不会有任何人知道，当年在京口曾有一个叫刘翘的小吏和他薄命的妻子赵安宗……

寄奴家世

虽然刘裕的出身只是低微的寒门，但据说就和阿 Q 一样，刘家"先前也阔过"。按《宋书》记载，他是汉室宗亲，楚元王刘交之后。

话说当年在沛县（今属江苏）丰邑中阳里有个刘太公，生有四个儿子。其中的刘老三乘秦末天下大乱的机会，斩蛇起义，由亭长升级成沛公。而后他率军攻入咸阳，升级为汉王。他又花了四年工夫，摆平了对头项羽，终于升级为汉高祖。得天下之后，刘老三虽然对功臣残酷无情，但对自家兄弟还是很温暖。公元前 201 年，他诈游云梦泽，诱捕了大功臣楚王韩信。十几天后，他将韩信贬为淮阴侯，同时将楚国封地一分为二，让弟弟刘老四继任楚王。这位刘老四，便是刘交。因为楚国都城在彭城（今江苏徐州市），所以作为刘交之后刘裕便把祖籍算在彭城。

为显示记载的权威性，《宋书》还不厌其烦地记下了一大段长长的家谱："交生红懿侯富，富生宗正辟强，辟强生阳城缪侯德，德生阳城节侯安民，安民生阳城釐侯庆忌，庆忌生阳城肃侯岑，岑生宗正平，平生东武城令某，某生东莱太守景，景生明经洽，洽生博士弘，弘生琅邪都尉悝，悝生魏定襄太守某，某生邪城令亮，亮生晋北平太守膺，膺生相国掾熙，熙生开封令旭孙，旭孙生混，始过江，居晋陵郡丹徒县之京口里，官至武原令。混生东安太守靖，靖生郡功曹翘，是为皇考。"

关于这份家谱，很多研究文章都不大当真，觉得是刘裕发达后乱认祖宗的产物。那么，它究竟有几成可信度？

《宋书》的记载有几处常被人忽略。那就是，按其记载，当时出身为汉室宗亲的重要人物，并不只有一个刘裕。如刘裕的老领导刘牢之（楚元王刘交之后），刘裕的头号心腹谋臣刘穆之（齐悼王刘肥之后），都和当年的沛县刘季沾亲。刘牢之算是与刘裕同宗，刘穆之的祖先刘肥是汉高祖刘邦的庶长子。

这些记录说明了什么？这说明刘穆之的出身稍高于刘裕。虽然同属汉室宗亲，但刘穆之的祖上出过一位皇帝刘邦，而刘裕的祖上没有。姑且不论刘穆之这份家谱是否可靠，单看刘裕的家谱世系，假如它是编造出来，编它的人怎么能让主君的出身低于臣下呢？因此，刘裕这份家谱虽然很长，也不易考证，但很可能是真的。至少，它不应是刘裕或其心腹伪造的。

那么，当时怎么会有这么多汉室宗亲出来扎堆呢？这大概和古代交配权分布不均衡有一定的关系。大自然给人类定下的男女出生比例，大致是 1∶1，但人类在自行分配的时候，常常不按这个比例。

早在周武王的弟弟姬旦制定周礼时，给天子定下的配额就已经相当可观，"天子立一后、三夫人、九嫔、二十七世妇、八十一御妻"，比例是 1∶121。然而，后世的君王大多数仍不在困难面前止步，于是，这个数字继续扶摇直上，最多的如司马炎、石虎、杨广、李隆基等皇帝，拥有的嫔妃宫女数量都超过了万人（虽然绝大多数只是摆来看的）。拥有大量妻妾的并不只是君主，名门世家、达官显贵也是如此。唐末的吕用之，不过淮南节度使高骈的幕僚，也有妻妾一百多个，足以与周天子比肩。

虽然上层社会对美女的需求量是如此之大，但上天并不会因此增加女孩儿的出生率，供求之间的巨大缺口，必然要有人承担。所以，每当皇宫内院多增加一个苦命宫人或大宅豪门中多出一位如夫人时，就意味着贫苦的乡间又多出一个光棍。在这种机制的作用下，再考虑抚养能力的差异，无疑豪门贵族后代的人口增长率要远大于贫苦百姓。

为了更直观地说明这一点，不妨以明朝为例。明洪武二十六年（1393），全国的人口总数为约 7270 万，到两百多年后的崇祯年间，达到 1.5 亿（以上两个数字均出自葛剑雄《中国人口史》。假如按明朝政府的官方统计数字，则明朝人口始终在 6000 万上下，一直没有增加），约增长为原来的 2 倍。明朝宗室的数量，在洪武十五年（1382）为 58 人，到崇祯年间已超过 20 万人，在差不多相同的时间内，增长为原来的 3400 多倍，可见比人口平均增长率高出了多少。

从刘邦到刘裕的时间跨度，约是从洪武到崇祯的两倍，虽然不像朱明宗室有明确的统计数字，但刘氏宗族在各地繁衍的数量，必然也是非常可观。在看史书时，见某某是某大人物之后的记载，不排除确有冒认的可能性，但如不经分析，简单地一概认之为非，也是不够客观的。

京口"古惑仔"

　　年幼的刘裕在从母家住下之后，其父刘翘又重新娶了妻，新娘是洮阳县令萧卓的女儿萧文寿。很快，刘裕就有了两个同父异母的弟弟——刘道规和刘道怜。几年之后，刘翘去世，继母萧文寿把刘裕接回了家（究竟是刘翘先去世，还是刘裕先回家，在史料中并不明确）。

　　在文学作品中，继母常常是一副凶神恶煞的模样，但刘裕的继母肯定不属于这种类型。因刘翘已死，刘家的经济状况更加窘迫。萧文寿一人拖着三个孩子，艰难度日，刘裕也在这种日子中渐渐长大成人，成为一个"身长七尺六寸（约1.86米），风骨奇特"的健壮青年。总的来说，萧文寿待刘裕很好，而刘裕对这位继母也非常孝顺。不知是不是因为名字中带个"寿"字，老太太福寿双全，一直活到八十一岁高龄，刘裕的儿子刘义符做皇帝时才去世。

　　不过，除了孝顺之外，青少年时代的刘裕身上，基本也就看不出什么优点了。他不好读书，粗识文字，整日游手好闲，没有固定职业，靠卖履的微薄收入补贴家用，似乎还不如他当小吏的父亲。挣不到钱也罢了，他偏偏还染上了赌博的恶习，赌技又很低微，到处欠账，很为乡邻瞧不起。于是，京口世家的家长在教育下一代时，就不用到远处去找反面典型了："你要再不努力上进，将来和刘寄奴一起编草鞋去！"

　　有一天，刘裕赌博输大发了，欠下了当地大土豪骠骑谘议刁逵三万钱的赌债。这笔钱相当于当时一位县太爷大半年的工资，对于此时身无长物的刘裕来说，是一笔巨款，当然赔不起。赔不起的结果，是他让刁逵的下人给抓住绑了起来，一顿好打。此时，幸亏他有一位阔朋友——骠骑长史王谧（mì），帮他还了赌债，才算勉强过关。后来的历史证明，刘裕有惊人的天赋，奈何术业有专攻，他的才华并不在赌博上，但他的赌徒性格伴随了他终身。

王谧，字稚远，琅邪临沂人，乃东晋名臣王导的孙子。这个如假包换的世家子弟，大士族出身，如何会与此时的小混混儿刘裕认识呢？

说来话长。据说，刘裕早先有一次去京都建康，回京口时在途中一个小客栈休息。小客栈的老板娘对他说："里边有酒，要喝自己拿。"刘裕好酒，进去就喝了个醉，倒地便睡。过了一会儿，王谧一个家住京口的门生正好也途经这个小客栈。因为都是熟人，老板娘招呼他："刘寄奴正在里边，你们一起喝一杯吧。"不料，这门生才一进里屋，便吓得跑出来，惊问老板娘："里边是什么东西？"老板娘进去一瞧，还是刘裕在睡觉，便出来悄悄问这门生："刚才你看见什么啦？"门生答："刚才看见一怪物，生得五彩斑斓，好像蛟龙，不是刘裕。"后来，门生又把这则奇闻告诉了王谧，王谧忙吩咐他别乱说。但此后，王谧开始结交这个不起眼的刘寄奴，时时厚礼相待。(见《宋书·符瑞志》)

如果这件事不是虚构的，很可能这个门生是刘裕的铁哥们儿，两人合作演一出双簧，来诈王谧的钱财。从后来刘裕不论是在战场，还是在政坛，出老千时都能面不改色心不跳的心理素质来看，这种可能性还是蛮大的。不管是不是这个原因，反正王谧与刘裕交上了朋友，并为他还了赌债。多年后，王谧将惊喜地发现，这是他一生中回报率最高的一笔投资。

不过，这只潜力股现在还看不出有增值的迹象，不管在制鞋业还是博彩业，都不像大有前途的样子，他的机会究竟在哪儿呢？

其实机会已经悄悄降临到他身边。刘裕十四岁那年，一个能干的三十四岁贵公子到与京口仅一江之隔的广陵走马上任，就任建武将军、兖州刺史、广陵相，监江北诸军事，开始招兵买马，编练新军，他的名字叫谢玄。两年后，谢玄移镇京口，因当时京口又有"北府"的叫法，这支新建的精锐之师，便有了一个在后来威名远扬的名字——北府军。

北府建军

谢玄，字幼度，出身属于顶级士族的陈郡谢家，父亲是安西将军谢奕，叔父更是大名鼎鼎的江左名相谢安。他幼年时曾随这位叔父一起在东山隐居，因为聪明颖悟，深得谢安的喜爱。

大约在十九岁时，谢玄进入权倾一时的桓温幕府担任司马，被阅人无数的桓温认为有大将之才，年至四十，必成大器。而在当时东晋第一名将桓温身边工作的这段经历，想来也使谢玄获益匪浅。桓温死后，他又入了桓豁的幕府，直到太元三年（378）桓豁去世。谢玄一共在幕僚的位置上锻炼了十五年，在独当一面创建北府军之前，他已是一个既有过人天分，又有丰富阅历的干才了。

那时，有一位才华过人的谋士名叫郗超，一向对谢安的上台主政大为不满。他认为自己的父亲郗愔论资历、论名望，都在谢安之上，没有理由在官位上屈居谢安之下，所以平日"逢谢必反"，只要是谢安做出的决策，总要横挑鼻子竖挑眼。

可没想到，当谢安推荐自己的侄儿谢玄来负责组建新军时，平日里的牢骚大王郗超竟叹服说："谢安的确是个了不起的人啊！竟然能够不顾众人的非议，举贤不避亲，谢玄一定会不负所托的！"他看众人都是一脸不以为然的表情，便解释道："我和谢玄曾一同在桓公（桓温）府里做过事，对他是很了解的。谢玄这个人用人很有一套，哪怕是一个再平庸不过的人，他都能找到人家的长处，并将他安排在最合适的位置，充分发挥才干。"对于谢玄，大概没有比郗超这句话更客观的评价了。

有些文章把谢玄称为天才名将，这种说法似嫌过誉。从谢玄经历的一系列会战来看，他并没有表现出特别过人的指挥才能，不过这无损于他的光辉形象，就像比尔·盖茨用不着自己去编写 Windows 的原代码，但提到视窗操作系统，人们仍然会想到他。若要以能力作比，他接近晚清的曾国藩，用兵能力并非一流，但带兵能力绝对是一流的。

有了谢玄这个第一流的将才，再加上京口、广陵一带大量武装流民作为高素质的兵源，强强结合，北府军这支两晋时代最强的职业化雇佣军，便在很短的时间内奇迹般缔造出来了。

于是，一大批人才被发掘出来，比如彭城刘牢之、东海何谦、琅邪诸葛侃、乐安高衡、东平刘轨、西河田洛、晋陵孙无终。这些人基本上出身寒门，但都被谢玄以不计贵贱的态度委以重任（这在东晋帝国的其他政府部门几乎是不可能的）。其中，最重要的一个人是刘裕的老乡和未来的上司刘牢之。

北府军成立不到两年，就迎来了第一次大战。

晋太元三年（378）八月，前秦主苻坚命兖州刺史彭超、后将军俱难、洛州刺史邵保等，率七万大军攻晋，直指刘裕的祖籍彭城。太元四年（379）二月，前秦军攻占彭城、淮阴，乘胜南下，进攻盱眙。五月十四日，前秦军攻克盱眙，生擒晋高密内史毛璪之，进而包围三阿（今江苏淮安市金湖县）。三阿距离此时谢玄的驻地广陵只有一百余里了，东晋宣布进入紧急状态，沿江戒严。接着，前秦军又在堂邑（今江苏南京市六合区）大败晋军。危难关头方显英雄本色，谢玄、刘牢之等指挥的北府军终于集结停当，从广陵出发，救援三阿。只用了短短半个月，经过三阿、盱眙、淮阴、君川四次会战，谢玄统率的北府将士连败秦军，取得了全歼前秦彭超、俱难部七万余人的辉煌战绩。仅彭、俱二将逃得一命。这是晋军获得的继桓温首次北伐之后，对前秦作战的最大胜利（虽然比起几年后发生的战争，这次胜利只能算小胜）。

这次战争发生的时候，刘裕只有十六岁，他肯定还没有投军。但不知不远处金戈铁马的回响，是否曾激荡起少年不平静的心。当他带着崇敬的心理挤在人群中，看着凯旋的北府军勇士列队入城时，谁能想到，宿命中他将成为这支英雄军队的主宰？

昌道党争

太元八年（383），北府军取得了淝水之战的空前大胜，但随之而来的东晋王朝没能进入一个中兴时期。谢安、谢玄不久都受到排挤并逝世。晋朝的大权落入晋孝武帝司马曜和他的弟弟会稽王司马道子手中。

孝武帝司马曜，字昌明，简文帝司马昱之子。传说母亲李陵容在怀他的时候，梦见有神仙指示：你将生一个男孩儿，以"昌明"为字，男孩儿的名字便这样定下了。后来简文帝突然想起自己早年看到过一条谶语——"晋祚尽昌明"，有一种恍然大悟的感觉，但仍不敢违背神仙的意志，只得流泪叹息说："天意！天意啊！"

不过，这条谶语并不准确，晋朝的国祚在昌明之后还延续了两帝。李陵容在生下司马曜两年后，又生下第二个儿子，就是司马道子。《晋书·简文三子传》中说："会稽文孝王道子，字道子。"

这两兄弟都是"小时了了"的类型。司马曜早年聪慧，谢安曾赞叹他"精理不减先帝"，等到亲政，"威权己出，雅有人主之量"。司马道子少年时也很聪明，"少以清澹为谢安所称"。

本来在东晋，司马皇家失势已久，大权一直是由各大士族轮换执掌。不想事有例外，谢安的谦退，以及原先在东晋政坛叱咤风云的士家大佬，在淝水之战后四年间，仿佛商量好了，结伴离世，一时后继无人。各要地和要害部门的职位陆续被朝廷收回，司马道子以骠骑将军假节都督中外诸军事，成为东晋第一个皇族出身的执政大臣。总之，机缘巧合使原本平庸的孝武帝实现了东晋诸帝一直未能实现的夙愿：继琅邪王氏、颍川庾氏、谯（qiáo）国桓氏、陈郡谢氏等高门士族轮流坐庄之后，大权重回司马皇室手中。东晋皇朝似乎得到了中兴，俨然一座建立在沙滩上的华丽大厦。

孝武帝司马昌明终于当上了晋帝国名副其实的皇帝之后，就当起了甩手掌柜，将大部分业务交给了弟弟司马道子，将精力投入了喝酒、拜佛、享乐之中。司马道子除了喝酒、拜佛、享乐，还贪污受贿、卖官鬻爵。

东晋帝国的政坛因此迎来了一个群"小"乱舞的侏儒时代。《晋书》云："官以贿迁，政刑谬乱。又崇信浮屠之学，用度奢侈，下不堪命。太元以后，为长夜之宴，蓬首昏目，政事多阙。"

看到这样的情况，尚书令陆纳望着建康的宫阙叹息说："多好的一个家室啊，竟要被这些小孩子折腾坏吗？"

因为孝武帝长期不管事，把权柄交给司马道子，司马道子得势之后，狐假虎威，自我膨胀，渐渐让孝武帝感到不满。更重要的是，两兄弟已经没有了共同的对手，也该向着兄弟反目的方向进发了。因此，司马昌明与司马道子两兄弟之间的矛盾，从无发展到有，从小发展到大，孝武帝也不再完全放手，开始设法打压司马道子的势力。如此，东晋政坛逐渐形成了以孝武帝为首和以会稽王为首的两大派系，对东晋后期的历史产生了深远的影响。唐朝有"牛党"和"李党"互斗，明朝有"阉党"和"东林党"竞争，为叙述方便，在下将这两派称为"昌明党"和"道子党"。

两大阵营形成后，昌明党与道子党开始了一系列的明争暗斗。

太元十四年（389）十一月，道子党大佬王国宝发动朝中大臣联名上表，推荐司马道子功高，应该升为丞相，加扬州牧，并赐黄钺（以黄金装饰的一种武器，形似斧，特赐给专主征伐的重臣，功能近似后来的尚方宝剑），加殊礼。属于昌明党的护军将军车胤反对，称：这套礼仪是当年幼年的周成王敬奉摄政大臣周公用的，当今皇上又不是幼主，相王岂可为周公？车胤称病拒绝联署。奏表递上去后，孝武帝很生气，但又不好处罚如此多的大臣，只是下诏褒扬车胤。

王国宝发现马屁拍到了马腿上，急寻补救措施。他了解到著名辩士袁悦之和孝武帝崇信的尼姑妙音有交情，便通过袁悦之打通妙音的关节，请妙音写信给太子之母陈淑媛，让她在孝武帝耳旁吹吹枕边风，言王国宝此人忠诚谨慎，应该重用。孝武帝闻知此事后大怒，但不动声色，过些日子找了一个八竿子打不着的罪名处死了袁悦之。与此同时，司马道子与王国宝成功地将昌明党的中书侍郎范宁挤出朝廷，双方一胜一负。这些事件表明，双方的矛盾已难以调和，但道子党已在朝廷中占了大多数，孝武帝虽握有最高决定权，但也投鼠忌器，只能用旁敲侧击的方法来对道子党加以限制。

既然正面攻击难以奏效，孝武帝便采取了迂回攻势，以地方包围朝廷。太元十五年（390）二月，孝武帝乘京口出缺的机会，任命昌明党骨干王恭为都督青、兖、幽、并、冀五州诸军事，青、兖二州刺史，在要地京口布下了一枚重重的棋子。接着，太元十七年（392）十月，属于道子党的荆州刺史王忱病死，经过一番幕后较量，孝武帝将昌明党的另一骨干殷仲堪任命为都督荆、益、宁三州诸军事，荆州刺史。这样，东晋的京口和荆州两大地方集团，起码在表面上都被昌明党控制。

王恭，字孝伯，名门之后，乃老好人王蕴之子，皇后王法慧的兄长。妹妹能当上皇后，想来长相不会寒碜，王恭则更是当时有名的美男子，时人赞美他"濯濯如春月柳"。刘裕的京口老乡，后来一同反桓玄的孟昶见过王恭冬日出游，惊叹于他的风度气质，说："大概神仙也不过如此吧？"魏晋时代选官，如今日之选美，如果长相对不起观众，可能在第一关就把你淘汰了，只有过了第一关，才能轮到才艺比拼、综合素质比拼之类的项目。当然，你如果不是士族，连入场券都得不到，长得帅也没用。王恭出身好，长得帅，虽然学问一般，仍然"少有美誉，清操过人"。按当时的用人制度，他是天然的半成品高官，只需混两年资历，就是无可争议的成品高官了。这个天然高官还是忠于孝武帝的，杀袁悦之一事主要出自他的谋划。因而，他深得孝武帝器重。

殷仲堪，故吏部尚书殷融的孙子，清谈家殷浩的堂侄。与王恭不同，殷仲堪出身只能算中下级士族，长得也不帅（他在给老父治病时，挥泪熬药，烟熏过久，导致一目失明），但他学问出众，著有文集十二卷，清廉俭朴，以道德文章知名。孝武帝认为他忠诚正直，倚为心腹，提拔入宫任黄门侍郎，后委以荆州重任。他的条件不符合当时的高官标准，很多豪门士族大为不满，原以为自己能当上荆州刺史的王珣大发牢骚说："哪里有让小小的黄门侍郎担当如此重任的？对殷仲堪这种骇人听闻的提拔，简直是国家灭亡的先兆！"

对于这两个人，昌明党的智囊太子左卫率王雅有过客观评价，认为王恭的风度气质过人，志气方正，殷仲堪谨慎检点，文章道义著称于世。但两人都偏狭苛刻，缺乏办实事的才干，太平无事之时可能是好官员，一旦有事，则成事不足败事有余。后来王恭受制于刘牢之，殷仲堪受制于桓玄，果然不出王雅所料。但现在还看不出来。

眼看昌明党渐渐占了上风，局势突然发生了让人意外的重大变化。太元二十一年（396）九月，晋孝武帝司马曜突然遭谋杀身亡。

史书记载，孝武帝的被害是一个十分八卦的故事。此时皇后王法慧已死去多年，张贵人在后宫笑傲"群雌"。九月二十日这天，孝武帝与张贵人在后宫饮酒，喝得醉醺醺的时候，对她开玩笑说："你已经快三十岁了，也该到被废的年纪了，比你年轻貌美的佳丽多的是！"可惜孝武帝常在花丛中走，竟不知美女的年龄和断了把的水壶一样，都是不能提的。张贵人听罢，妒火中烧，越想越气，竟趁孝武帝睡着，让贴身宫女用被子蒙住他的头，把他活活憋死。之后，心理素质极佳的张贵人丝毫没有惊慌失措，而是重贿左右，让大家统一口径，宣称皇帝"因魇暴崩"。更让人想不到的是，这件事竟这样不了了之，张贵人也未受追究。

这个故事如果不是史书明文记录，简直让人怀疑这是戏说剧的剧本，有太多的匪夷所思和莫名其妙。在下一直怀疑它的真实性。按照刑侦学中可以用案件受益人推导犯罪嫌疑人的方法，在下有一个不负责任的大胆猜想：也许司马道子或他的同党才是此事的幕后策划。

不管孝武帝被杀的真相如何，他的继承人是明确的，九月二十一日，十五岁的太子司马德宗继位，史称晋安帝。

很多人都知道西晋出了个白痴皇帝司马衷，曾经对吃不上饭的饥民为何不吃肉糜大感困惑。其实，如果对中国古代的历代皇帝进行一次IQ测试，司马衷只能无奈地屈居倒数第二，倒数第一的宝座是留给司马德宗陛下的。司马衷至少还能问蛤蟆是为公家叫还是为私人叫（证明他产权意识很明确），而司马德宗就没学会说话。司马衷至少知道吃肉能填饱肚子，司马德宗连冷热饥饱都不能区分，喝水、吃饭、睡觉、起床要靠别人服侍才能完成，否则就得饿死、冻死。毫无疑问，对权臣来说，再找不到比这性价比更高的橡皮图章了。

九月二十三日，司马道子升任太傅、扬州牧，赐黄钺（总算拿到这把斧子了），朝政尽归司马道子与王国宝。双方对弈至此，我们总结一下战况：在朝廷，道子党大获全胜；但在地方，昌明党独领风骚，正在酝酿着反攻。

数日后，昌明党大佬王恭从京口入朝，参加孝武帝的葬礼。入朝前，有人劝他乘机率军入京，诛杀王国宝。但因孝武帝的死，事出突然，豫州刺史庾楷也有一支军队尚站在道子党一方，在没有与另一昌明党巨头殷仲堪协调的情况下，王恭担心事情不成，独自承担造反的罪名，因而没有答应。在道子党一方，王绪也劝王国宝乘王恭入朝的机会，伏兵将他杀死，结果也未等到批准。毕竟现在东晋的大部分武装力量掌握在昌明党手中，司马道子等人也不敢轻易摊牌。孝武帝的葬礼平静地完成了，双方并未擦枪走火。

十月十四日，王恭返回京口，临行前警告司马道子说："当今主上暗弱，执政的责任就更加重大，这是连伊尹、周公这样的大才都不易做好的事。希望王爷好自为之，亲自处理国务，多采纳忠正的言论，疏远奸佞的小人。"旁边的王国宝听到这话，对王恭又恨又惧（他还是有自知之明的）。

王恭回京口后，王国宝、王绪等人都向司马道子指出，应该设法削去王恭、殷仲堪的兵权。这个建议虽然理由很充分，道理很正确，但实际操作，谈何容易？没等他们制定出削藩的实施方案，王、殷二人已采取联合行动，上疏要出兵北伐，同时开始整兵备战。司马道子当然知道他们二位的醉翁之意不在酒，便以白痴皇帝的名义下诏，用夏天出兵妨碍农时的理由令他们解严，不准北伐。

然而一纸诏书岂能阻止王恭、殷仲堪？隆安元年（397）四月七日，王恭正式上表，列举王国宝的罪状，请求清君侧，连北伐的幌子都不用了。而荆州的殷仲堪也在桓玄的鼓动支持下，宣布响应。

事到临头，王国宝露出了草包本色。同党王绪劝他杀掉朝中昌明党的王珣、车胤二人，然后挟持安帝与司马道子出兵讨伐京口。王国宝先已同意，可等王珣、车胤二人到了以后，又不敢动手了，还傻乎乎地向二人问计：现在怎么办啊？

王珣说："王恭、殷仲堪和你又没有深仇大恨，所争不过是权位罢了。你放弃权位不就没事啦？"王国宝有点儿不自信："你该不是把我当成曹爽了吧？"王珣"诚恳"地说："这叫什么话？你哪有曹爽的罪大啊？王恭又岂是宣帝（司马懿）？"车胤在一旁继续吓唬他："当初桓温何等英武，攻一个寿阳尚且久攻不下。如今你若出兵讨伐王恭，他一定收兵守城，京口岂是容易攻下的？到时候京口攻不下，而上游的荆州军又到，唉，我都替你担心！"

【作者按：369年，桓温北伐前燕，大败而归，将战败责任推给豫州刺史袁真，袁真又惧又怒，便据寿阳造反，叛降前燕。桓温亲自出兵讨伐，于太和五年（370）八月围寿阳，至咸安元年（371）正月克城，擒袁瑾（袁真之子，袁真此时已病死），历时六个月。】

王国宝吓坏了，惊慌之下辞去官职待罪，随即又后悔了，让人去弄一份诏书，让自己官复原职。但现在已经由不得他了，因为害怕的人并不止他一个。司马道子不敢对抗两路大军，又见王恭的矛头指向的是王国宝，而不是自己，决定丢车保帅，派谯王司马尚之逮捕王国宝、王绪，移送廷尉审判。

四月十七日，即王恭声讨王国宝十天后，朝廷下诏赐王国宝自杀、王绪斩首。同时，司马道子派人去见王恭，赔礼道歉。王恭没有乘机来个一劳永逸，收兵回京口。荆州刺史殷仲堪虽然响应王恭，但胆小怕事，一直干打雷不下雨，并不敢真正出兵，听说王国宝被杀了，他才威风凛凛地挥师东下。司马道子连忙写信道歉劝阻，殷仲堪赚足了面子，班师。

这一轮斗争以道子党的大败告终，细察经过，可发现双方的水平也就和意大利打仗一个档次。此时的东晋领导层，可以说是自东晋建立以来水平最低的，不过，这种状态不会维持太久了。

战事再起

低头服软总不是一件让人愉悦的事，司马道子的妥协退让，激起了道子党内一位新秀的愤慨，他便是司马道子的世子司马元显。比起只在喝酒、睡觉方面比较有心得的父亲，实岁只有十五的司马元显聪明机警，英锐果敢，因为是皇族，已经官居侍中。他向父亲司马道子进言，认为王恭与殷仲堪二人一定会成为大患，这次借王国宝的脑袋躲过了初一，还能躲过十五去？所以不可不在暗中加强戒备。

司马道子是个没什么主意的饭桶，又刚刚损失了最得力的二把手，一见司马元显说得好像很有道理，那么好吧，这个任务就交给你了。隆安元年（397）四月，王国宝丧命的同月，司马道子任命司马元显为征虏将军，朝廷的禁卫军和徐州的文武官员都配给了他。

除了司马元显，王国宝死后司马道子最信任的人，是负责逮捕王国宝的司马尚之和他的兄弟。谯王司马尚之，是晋元帝司马睿叔父司马承的曾孙（司马承在第一次王敦之乱时，任湘州刺史，忠于朝廷，与王敦军队作战，不敌被杀）。司马尚之与弟弟司马休之都是当时司马宗室中数得着的人物。司马尚之向司马道子建议说："如今各地藩镇强大，而朝廷弱小，宰相权轻，相王应该挑选最亲近的人，在外边建立忠于自己的藩镇。"道子深以为然，经过一番筹划，采取了第一个重大措施：任命王国宝的哥哥王愉为江州刺史，防备荆州的殷仲堪。

江州的治所在寻阳（今江西九江市），江州是一个大州，辖区根据时间段的不同，一般在十到十一个郡，其范围相当于今天的江西、福建两省，不过较之地广兵强的荆州，还是比不上。为了加强王愉的力量，司马道子自作聪明地调整了东晋的行政区划，将豫州的四个郡划给江州。

早在战国时，楚国的几位门客就已证明，给蛇画上脚，并不能让它变成龙，如今司马道子又把这个实验重做了一次。他的这一举动，很快引起了豫州方面的强烈反对。豫州刺史庾楷勃然大怒：你要提拔王愉是你的事，可凭什么从我的盘子里切蛋糕？他上疏抗辩："江州不过是内地，不用太多防卫，而西府（指历阳，今安徽和县，当时是豫州的治所，此处代指豫州）北临后燕、北魏，与强大的敌寇相连，不能被削弱。"庾楷本也是道子党一派，所以司马道子放心大胆地削减他的地盘，现在看到他的上疏，不觉一愣：老庾啊，你是真糊涂还是装糊涂啊？江州需不需要防备，你还不懂吗？他不答应庾楷的请求，该割的还是得割。

让司马道子没想到的是，在庾楷看来，道子党的集体利益不算什么。既然你司马道子这么不仗义，我庾楷何必要在你这棵树上吊死？于是，庾楷改换门庭，投靠了昌明党，到旁边的树上多试几次。隆安二年（398）七月，庾楷派儿子庾鸿为使，去见王恭，游说他说："如今的司马尚之兄弟专权为祸超过了王国宝。现在就开始假借朝廷的权威削藩，先是豫州，今后指不定轮到谁呢！趁他们现在的阴谋还没有酝酿成熟，我们应该早做打算。"昌明党的力量主要在地方，如果今后削藩扩大化，受损的自然主要是本派的人，所以王恭对庾楷的看法深表赞同，立即派人去通知殷仲堪和桓玄。殷、桓二人也表示同意，并公推王恭为盟主，约定一同发兵，进逼京城。但因为殷仲堪给王恭的回信在传递过程中字迹模糊，王恭不能断定是否确系殷仲堪手笔，而且去年殷仲堪失期，也没妨碍王恭轻松得手，于是王恭决定不管殷仲堪，先行起兵。

王恭的决定遭到了手下大将、北府军此时的实际领袖刘牢之的反对："将军您是朝廷的国舅，会稽王是天子的叔父，本是一家人。而且会稽王秉政以来，并没有得罪将军，前不久还为了将军杀掉了他宠爱的王国宝，对将军您的尊敬礼上已经不少了。最近这次人事调动，虽然不能说十分恰当，可也算不上什么大错。而且他割的是庾楷的地，于将军您又有什么损失？晋阳之师（据《公羊传·定公十三年》载，晋国大夫赵鞅调动晋阳的甲兵，以清君侧为名，驱逐了荀寅、士吉射。后人便称以清君侧名义起兵的为"晋阳之师"或"晋阳之甲"）岂可一而再地发动？"王恭不听，上表指责王愉和司马尚之兄弟的罪行，请求朝廷准许他出兵讨伐。

王恭之所以不听，是因为他有充足的理由看不起刘牢之。其一，刘牢之出身低下的寒门，与自己太原王氏的高门第没法比。其二，这家伙长得不帅，紫红色的大脸庞活像终日劳作的屯田户，与自己一起出去巡视，如春月柳旁站了一棵歪脖子松。其三，兵头一个，粗俗无知，对于清谈这种时尚的高雅艺术一窍不通。当官的几个必要条件，刘牢之全都违反了。要不是看他确有几分蛮力，很能打仗，大晋朝的官员怎么也不会多出这么一号人。像自己这样杰出的人才（王恭曾言："仕宦不为宰相，才志何足以骋！"），用得着这个老粗来指手画脚吗？我要是听了他的，岂不是很掉价？

再说司马道子听说庾楷倒戈，非常惊慌，忙派人寄信去劝他回心转意，其言辞哀婉，活像被负心郎抛弃的痴情女："当初你我之间，恩同骨肉，曾一起在帐中喝过酒，一起结下互不背叛的誓言，彼此间何其亲密。而如今你舍弃故友，另结新援，难道忘记了王恭当初对你的欺压凌辱？纵然你肯屈身事他，一旦他大权在握，肯定把你当作反复无常的小人，又怎会对你亲近信任？只怕将来你连首级都难保，更不用说荣华富贵了。"

庾楷回信说："当初王恭要带兵入京参加先帝（孝武帝）的葬礼，相王你可是无计可施，几乎要坐以待毙。幸得我发现情况紧急，率军抵达京师，王恭才不敢发动作乱。去年的事变发生时，我也早有准备，一直整兵待命，自问侍奉相王以来，没有对不起你的地方。可相王你呢？因为害怕王恭，就杀掉了王国宝和王绪，像这样对待自己人，还有谁敢为相王你效力？我庾楷可不想学王国宝，把全家一百多口人送给别人去屠杀！"

司马道子接到回信，知道事情已无法挽回，正式下令全国戒严。司马元显对父亲说："这就是上次您姑息纵容的好结果了。如果这次再称了他们的心意，那么他们的目标绝不可能只到司马尚之兄弟为止，太宰（司马道子）的大祸就在眼前了。"司马道子已经吓得六神无主，不知如何是好，索性把全部军国事务交给司马元显去处理，自己则一头扎进王府，拼命地饮酒消愁，做个缩头乌龟。

荆州刺史，昌明党的西方面军主将殷仲堪，因为上次迟到，心里有点儿过意不去，再加上他意外地发现朝廷原来很好欺负，所以这次行动非常积极。七月底，殷刺史以南郡相杨佺期为先锋、桓玄为副，率水师五千沿长江东下，自己率军两万，随后跟进，昌明党与道子党的第二次战争爆发。八月初，前锋突至溢口（今江西九江市西北溢水入长江处），刚上任不久的江州刺史王愉竟然毫无防备，慌忙弃城而逃，结果让桓玄军逮了个正着。

王恭殒命

　　九月二日，朝廷以司马元显为征讨都督，统一指挥中央军。他将中央军分为东西两路，东路由卫将军王珣、右将军谢琰指挥，抵御王恭，西路由司马尚之指挥，讨伐豫州刺史庾楷。九月十日，司马尚之在牛渚（今安徽当涂县采石矶）大败庾楷。庾楷只身西逃，投奔正在顺江东下的桓玄。司马尚之随即被任命为豫州刺史。十六日，杨佺期、桓玄军与司马尚之大战于白石（今安徽巢湖市东南）。司马尚之大败而逃，弟弟司马恢之所率的水军全军覆没，杨佺期与桓玄乘胜推进到横江（今安徽和县东南长江北岸）。至此，从表面上看，中央军已陷入强大的荆州军与京口军的东西夹击之中，且数战不利，局势已岌岌可危，要想摆脱危机，除非发生奇迹。

　　现在让我们先把目光离开战场，回过头重新看一下司马元显的部署，可发现它不是很合理。西线主将司马尚之是道子党的拥趸，比较可靠，这个倒也罢了。东线的主将王珣，却属于昌明党的人物，去年正是他与车胤一唱一和，把王国宝的脑袋忽悠掉了。这样一位主将，能指望与王恭作战时不生二心吗？但司马元显似乎对此并不担心，因为他真正下注的地方，并不在王珣，而在刘牢之。

　　司马元显此生最聪明的时刻，就是看穿了此刻王恭大军强大表象背后的致命内伤：道子党控制的朝廷害怕王恭和殷仲堪，并不是因为这两个人有什么雄才大略。比如说王恭，若他手下没有北府军这样的劲旅和刘牢之这样的猛将，他还有何可惧？此时的刘牢之就是北府军的灵魂，策反了刘牢之，也就等于策反了北府军。而王恭与刘牢之会是铁板一块吗？

　　就像王恭看不起刘牢之，刘牢之对自己这位顶头上司也是颇不服气的。刘牢之的官位，是靠为国立下百战功勋得来的，其间的每一步升迁，都对应着一段流血流汗、搏命厮杀的历史。放眼大晋，现在还有谁论战功兵略比得了我刘牢之？不像某些人高高在上，只是因为家世好，只是因为虚有其表，只是因为善于夸夸其谈。这样的人还不听良言，一再生事，只把自己当作小小部将。

刘牢之的内心，极为不平。就在这个时候，他的一个老朋友，曾为北府旧将、现任庐江太守的高素悄悄来见他。高素带来了司马元显的密信，劝他背叛王恭，倒向朝廷，只要事成，就将王恭现在的职位授予他。这是一个不小的诱惑，须知，在东晋帝国的历史上，还从来没有一个非士族出身的人担任过王恭这一级的封疆大吏，属于大大的破例。刘牢之怦然心动，便与儿子刘敬宣商议此事，刘敬宣也表示赞同，毕竟听命于朝廷总比听命于王恭更名正言顺。

不料，此事被王恭的参军何澹之探听到风声，连忙来向王恭报告。王恭虽然看不起刘牢之，但那是他身上自高自大的贵族习气使然，他并不讨厌刘牢之。过于自信的王恭认为，何澹之与刘牢之平日有矛盾，他并不相信这位何参军说的话。现在正要打仗呢，如果除掉刘牢之，难道你何澹之有本事指挥北府军？

于是，王恭并不防备刘牢之，反而决定以诚相待。为了抚慰刘牢之，王恭特地设宴招待他。席间，王恭当着众人的面，拜刘牢之为义兄（对于士族观念极强的王恭来说，这确实需要极大的勇气），同时许下了与司马元显相同的重诺："等这件事办成，我一入朝，就让卿接掌北府。"王恭早这样做，能否让刘牢之为他尽死力并不可知，但现在显然已经晚了，不管刘牢之的内心是否有所触动，他倒向司马元显的决心已经不会改变。

数日后，刘牢之在竹里（今江苏句容市北）发动兵变，杀掉王恭的心腹将领颜延，率前方大军投降朝廷，同时派儿子刘敬宣与女婿高雅之回师京口，进攻王恭。此时一无所知的王恭正在城外阅兵，刘敬宣率领的骑兵突然杀到，王恭的部下立即崩溃。王恭想退回京口，但城池已经被高雅之抢占了，只好独自一人骑马逃生。

王恭平日里养尊处优，很少骑马，等他逃到曲阿（今江苏丹阳市）时，两腿都被马背磨得皮破血流，痛得实在不能再骑。于是，他改乘小船，准备投奔桓玄，结果在长塘湖被抓获，随后被送往建康斩首。王恭虽然没多大本事，处变不惊的名士风度还是有的，临刑前他仍很镇定，从容不迫地整理自己的须发，把帅气坚持到死。他对监斩官说："都怪我自己糊涂，轻信了不该信的人，落得今天这样的下场。但追究我的本心，仍是忠于国家的，但愿百世之后的人们，知道有过我王恭这样一个人，我便知足了！"事后刘牢之抄没王恭的家产，并无余财，只有一些书籍。

总的来说，王恭的人品不能算坏，他起兵的本意也许真的出于公心，但他的能力太平庸不说，还眼高手低，刚愎自用。王恭如果真的成功掌权，恐怕也不会比司马道子强到哪儿去。

刘牢之反正，王恭被杀，使战局发生了惊天大逆转。原本昌明党的西路军已经打到了建康城下，志在必得，可就这一眨眼的工夫，原本强大的东路友军变成敌军。主帅殷仲堪本是个胆小怕事的人，这不用说了，就连杨佺期和桓玄这两个自命豪雄的人物也吓住了：刘牢之！北府军！这是好对付的吗？两人不敢再进逼，回师蔡洲（长江中的沙洲）。

这里简单介绍一下殷仲堪的这两位副手。

桓玄，字敬道，桓温的幼子。传说他的母亲马氏有一次和闺中密友在夜里纳凉赏月，天上突然掉下一颗陨石，落在旁边装水的铜盆里。凑近一看，是一枚直径两寸大的珠子，晶莹剔透，十分漂亮。马氏见了，十分喜欢，就把它一口吞了下去，然后按既定程序——怀孕、生贵子。孩子出生之时有光照室，故又得小名灵宝。据说桓温非常喜欢这个小儿子，临终时立他为嗣子，承袭南郡公。桓玄七岁时，一次，荆州的文武官员来拜别桓冲，桓冲摸着桓玄的头对他说："这些人都是你父亲的老部下。"因为桓温的丧期刚刚结束，桓玄触景生情，失声痛哭，涕泪满面，场面感人，也给桓温的旧部下留下了深刻的印象。桓冲对这个侄儿也很宠爱，超过了自己的儿子，常指着自己的座位对众人说："等到灵宝长大，我要把这个座位还给他。"

但没等桓玄成年，桓冲就病逝了，没能兑现承诺，桓家在东晋朝中的地位大降。因为桓温在晚年把朝廷欺负得够呛，所以司马道子掌权后，把桓玄当作重点打压的对象，尽管他"形貌瑰奇，风神疏朗，博综艺术，善属文"。总之，桓玄风度不凡，多才多艺，又门第高贵，但一直未得任用，直到二十三岁才当了个太子洗马。太子洗马，并不是太子马厩的清洁工，"洗"是"先"的通假字，表示在太子的马前驱驰，即太子的侍从，一个秩比六百石的小官。后来又拜他为义兴太守，相较于桓玄的出身名望来说，这仍是个太小的官。因此，桓玄觉得很跌份儿，叹曰："父为九州伯，儿为五湖长！"他心里极为不满，干脆就炒了公家的鱿鱼，弃官回荆州。因为桓温的威名业绩，桓家在荆州树大根深，门生故吏遍布，所以桓玄尽管没什么官方职务，但在荆州的实际影响力在刺史殷仲堪之上。

杨佺期，弘农华阴人，东汉太尉杨震的后代。从杨震开始连续七代都有名德，是牌子很老的古典大士族。如果按照杨佺期自制的"全国士族排行榜"算，杨家的门第尚在江南两大顶级豪门琅邪王氏和陈郡谢氏之上。可惜杨家因为过江太晚，又曾出仕伪朝，东晋各大士族都不买杨家的账：肥差美缺就这么多，我们都还不够分，你这个新来的还想插前边吗？像桓玄这样的人，甚至认为杨家属于寒门。

对此，杨佺期感到极为愤慨。他沉勇果敢，素以善战闻名，与哥哥杨广、弟弟杨思平都是强犷粗暴之辈。他每一次感受到的其他豪门的白眼，都成为他前进的动力。他为了找机会光大门楣，参与了淝水之战后东晋的北伐，在其中屡建战功，虽然没能让别人认可杨家的门第，但也让很多人认为：杨佺期还是比较能战斗的。

由此可见，这两个人彼此并不团结，但他们有共同点：都对现状极为不满，想要找机会往上爬，官位都在殷仲堪之下，能力都在殷仲堪之上。殷仲堪则一面利用杨佺期来牵制桓玄，另一面又用桓玄牵制杨佺期，勉强维持仲裁人的位置。

有了王恭的先例，这一点很快被人看出来了。桓冲的儿子桓修正在朝中担任左卫将军，向司马道子献计说："西路的叛军可以不征而定。殷仲堪、桓玄等人敢兴兵东下，完全是仰仗王恭的北府军，现在王恭已经失败，他们的惊慌沮丧自然不用说了，这个时候如果以重利诱惑桓玄和杨佺期，仅靠他们两人就可以摆平殷仲堪。"

于是，朝廷下诏，发布了一系列人事任免令：一、任命桓玄为江州刺史，代替已当了俘虏的王愉；二、任命杨佺期为雍州刺史，原雍州刺史郗恢调回朝廷任尚书；三、任命桓修为荆州刺史，由刘牢之派军一千，护送他上任；四、原荆州刺史殷仲堪降为广州刺史。（东晋时，广东经济并不如湖北。当时的广州刺史是刁逵，就是当初把欠债的刘裕抓起来吊打的那位大债主，此次的人事命令中没有说如果殷仲堪到任，刁逵该怎么安排。可见司马道子父子压根儿没打算让殷仲堪就任。）

殷仲堪得到诏书后，又惊又怒，催促桓玄、杨佺期二人赶快进兵。但桓、杨二人本来就是为了出人头地才出来玩命的，此时都生了二心，殷仲堪的命令已经指挥不动他们。殷刺史发现势头不对，也不通知桓、杨二人一声，就带着自己的直属部队撤走。殷仲堪一边撤，一边还放出风声警告驻扎在蔡洲的桓玄、杨佺期部众，让他们尽快解散回荆州，如果不回来，自己回到江陵（荆州的治所，今属湖北）就要杀他们的家属。桓玄、杨佺期的军队顿时人心浮动，两人大惊，狼狈西撤，追赶殷仲堪，直到寻阳才把他追上。此时，三个人都重新冷静下来：大家已经是一根绳上的蚂蚱了。

一千多年后，清康熙十二年（1673）十一月，大名鼎鼎的平西王吴三桂在云南反清。康熙十三年（1674）三月，靖南王耿精忠反于福建。康熙十五年（1676）二月，平南王世子尚之信幽禁老父尚可喜，反于广东。这就是清初著名的"三藩之乱"。当时清帝玄烨为了孤立三藩之首吴三桂，采用了与司马道子父子类似的手法：停撤靖南、平南两藩，宣布除吴三桂外，包括耿精忠、尚之信在内的其他人，只要反正，全部给予赦免。这一招很成功，耿精忠和尚之信后来都投降了清廷，有"圣祖仁皇帝"亲口许的诺，该没事了吧？谁知吴军一失势，清廷就杀了尚之信全家（尚可喜先已病死）。等清军攻克昆明，耿精忠和几个心腹便在北京被凌迟处死，其余子孙、部下皆被斩。

殷仲堪等三人是明白的：现在万万不可以自相残杀。于是，尽管三人之间已无信任可言，但还是达成了合作协议，互送子弟为人质，结成三方同盟，并推桓玄为盟主（王恭一死，殷仲堪也不能当头了）。盟约签订以后，三人发表了"联合公报"：一、替王恭鸣冤，要求严厉惩办刘牢之和司马尚之；二、上疏强调殷仲堪无罪，不该被降职；三、部分接受朝廷的人事命令，即桓玄任江州刺史、杨佺期任雍州刺史这两项。

虽然战局已经逆转，但司马元显觉得此时兴兵西讨也没有必胜的把握，而且就算成功，除掉已经削弱的昌明党，却养大一个刘牢之，恐怕也不是什么好事。于是，朝廷与三方同盟经过一番讨价还价，互做了一些让步。三方同盟放弃第一条要求，朝廷也不再降殷仲堪的官，双方终于达成了停火协议，第二次"昌道内战"结束。

在这次战争期间，还发生了一件目前看起来似乎无关紧要的小插曲。一位名叫孙泰的宗教界人士当时正在新安（今安徽歙县）当太守，以为国赴难、讨伐王恭的名义，利用他是五斗米道教教主的有利条件，聚起私兵数千，欲图大事。司马元显怕他尾大不掉，派人将孙泰和他的六个儿子诱杀。只有一个侄儿侥幸逃脱，率一百多名铁杆信徒逃入海岛，发誓报仇。这个侄儿的名字，叫作孙恩。

元显扩军

成功战胜了昌明党的东西夹攻之后，十七岁的司马元显意气风发，身边很快聚起一帮马屁高手，对着他一个劲儿地摇尾巴，把他捧成古今少有的天才少年，运筹帷幄、决胜千里的英明统帅。司马元显也自认舍我其谁，干脆乘老爹司马道子在府内醉生梦死的机会，让晋安帝下诏免去他的司徒、扬州刺史的职务，由自己接替。他正式取代了老爹，成为道子党的第二代党首。司马道子好容易酒醒，才发现自己已经不用去上班了，勃然大怒，但也无可奈何。

从某些角度来说，司马元显与朱由检颇有几分相似：两个人都在年纪轻轻的时候骤掌大权，在掌权之后不久都成功地做成了一件大事（司马元显摆平了王恭，朱由检摆平了魏忠贤），这使两个人的自信心都超过了他们的实际能力，以为天下大事不过尔尔，开始任性胡来。

作为道子党的后起之秀，司马元显认为，这次危机虽然借刘牢之手杀掉王恭而得以化解，但他不相信刘牢之对朝廷会有什么忠心，藩镇强过朝廷的危机根源并没有改变，要摆脱地方武力对朝廷的威胁，当务之急是要大力加强朝廷直辖武装力量的建设。这个想法并不算错，但他采取的具体对策是让三吴一带的"免奴为客"者"自愿"到建康充当军户，增加朝廷控制的军户数量。因为是"自愿"，所以号称"乐属"。所谓"免奴为客"者，是指曾为奴隶，得到部分解放，上升为半自耕农的人，他们虽然已有一定的人身自由，但仍依附于原主。之所以选择三吴，是因为此时东晋虽然不小，但强藩林立，朝廷号令真正有效的地方，除去国都建康，也就剩下三吴之地了。

这道命令一下，司马元显捅了一个大大的马蜂窝，遭到三吴上下一致的反对，他这么做，不但没能建立一支强大的新军，反而引发了东南的大乱，也使笼罩在他身上的"神童"光芒丧失殆尽，露出了镀金的本色。

当地地主反对很正常，夺走他们的依附民，就如同直接割他们的肉。那"免奴为客"者为何也不愿意呢？难道他们不喜欢自由？要弄清这究竟是怎么一回事，最好先回顾一下古代是用怎样的方法从老百姓中挑选出士兵的。中国古代的兵制经历了复杂和漫长的演变过程，用一句简单的话来概括，那就是：在征兵、世兵、募兵三大基本制度之间，做着反反复复、来来回回的肯定与否定。

西汉征兵，凡年满二十三岁的成年男子，都要服两年的兵役。这两年兵役也有区分的。第一年担任郡国的地方部队，这一年任务除了客串警察维持地方治安，还相当于干一年的实习兵。实习兵的学校也是分专业的，有材官（步兵）、骑士（骑兵）、楼船士（水兵）三种，每年到秋天的时候进行毕业考试，称作"都试"。第二年从地方毕业，转为中央军，或卫戍京师，或驻守边境。不过，这个顺序并不是固定的，假如遇上大规模战争，国家也会临时大批征召士兵，不受两年服役期的限制。显然，这一套制度要能有效实行，朝廷必须强而有力，统有完善的地方各级政府，国家能够有效地掌握户口。

后来，王莽篡位，光武中兴，天下经过十多年的混战后重归一统，东汉王朝建立。因为在王莽当政期间，有不少地方武官利用秋天"都试"的机会起兵［如西汉居摄二年（7），东郡太守翟义与郡都尉刘宁等借地方兵集中"都试"之机起兵反莽］，必须防患于未然。与此同时，由于经历了战乱，国家的经济状况不容乐观，也需要休养生息。在以上两个因素的推动下，光武帝刘秀对原来的兵制进行了调整，其目标是大力压缩地方部队，只保留中央军，强干弱枝。建武六年（30），撤销了各地武装，"诏罢郡国都尉，并职太守"。建武七年（31），又取消了地方的实习兵，"罢轻车、骑士、材官、楼船士及军假吏，令还复民伍"。既然没了考生，考试自然就变得不必要了，因此"都试"也跟着一起取消，地方武官挟兵造反的可能性在相当一个历史时期内被消除了。

没有地方部队，地方的社会秩序如何维持？发生骚乱怎么办？刘秀采取的方案是，对豪强地主发展自己的私人武装采取默许和纵容的态度，让他们来顶替地方军。在光武帝看来，豪强地主与东汉帝国政府的根本利益是一致的，由他们从自己的依附农民中组织部曲私兵，可以代替地方部队，为国家省一大笔钱，而且他们的规模都很小，小小的泥鳅掀不起大浪，比原来的地方部队安全。

但从长远来看，刘秀的改制给将来造成了很多不利的影响。一方面，因为取消了实习期，中央军士兵未经培训就上岗，职业技能没法不下降。这一点在刘秀时代还看不出来，因为那时的汉军将士都是追随光武打天下的百战劲旅，但随着时间推移，中央军的虚弱越来越明显。另一方面，豪强地主的私人武装因不受服役期的限制，其经验技能的积累往往胜过正规军，又由于在冷兵器时代，武器的作战效能和价格的落差都是比较小的，政府军的装备通常并不优于私人武装，官兵对私兵的优势逐渐丧失，为即将到来的军阀割据奠定了物质基础。

东汉末年，在"苍天已死，黄天当立"的口号声中，东汉朝廷的威信与军力一起扫地，中央军的无能间接给私人武装提供了急剧发展的机会，我们熟悉的曹操、刘备、孙坚等人的初始军力都是私人组建的，非国家的编制军队。这些私人武装升级为军阀集团后，尽管他们往往已拥有合法的官爵职位，控制大片州郡土地，但已无法按照原有的征兵制度为自己征募兵员了。因为天下分崩，兵连祸结，人口锐减不说，剩余的百姓也往往不入坞堡而成流民，都不在原来的地方了，原先合法的基层机构全都消失无踪，这兵还怎么征？

算了，自己动手，丰衣足食。苏醒过来的曹州牧亲自到××村一看：从村头到村尾，站着喘气的一个没见着，躺着不喘气的倒是有不少。曹州牧心中慨叹，几句传诵千古的诗句脱口而出："……铠甲生虮虱，万姓以死亡。白骨露于野，千里无鸡鸣。生民百遗一，念之断人肠。"

资源不足，就要加强对现有资源的利用效率。一项重大改革——世兵制的一种——军户制，便这样应运而生了。军户制不是凭空产生的，它是原先私兵的放大与规范化。当年豪强地主组建私兵，不可能像朝廷那样去按户籍抽丁，都是从亲戚、家仆、依附佃户中招人手，彼此之间一般有较亲密的关系，比较容易上下一心。士兵由依附民、家仆等组成，往往全家都附属于兵主，一般不容易叛降或逃亡。对于乱世军阀来说，这是非常可贵的，而且有战斗经验的老兵是军阀的宝贵财富，也不容流失。于是，以曹操为代表的军阀，纷纷执行"兵农分离"的政策，将士兵及其家属的户籍专门提出来，组成军户，实行军事化的集中管理，解除其徭役和赋税负担，让他们专职当兵。平民一旦加入军户，除非有特批，永远不能脱籍，任职终身，父死子继。

出于保持军户战斗力的考虑，军阀对军户的个人问题都非常关心，总会想方设法给他们找个妻子成个家，这样做有三大好处：一、体现对军户士兵的关怀，有助于提升士气；二、让军户生下小军户，保持军户的人数稳定，保证了稳定的兵源；三、军户士兵有了妻儿，军阀手中也就有了人质，可以防止士兵叛逃，反正你跑得了和尚也跑不了庙。当时的平民加入军户也是个不错的选择。战乱时代，军队作为有严密组织的武装集团，生存下去的概率远高于没有自卫能力的自耕农。衣食可以维持温饱，还可以有个家，虽然不得自由，但对于灾难深重的乱世民来说，条件已经够优越的了。

要在乱世称雄，光"足兵"是不够的，还得"足食"，屯田政策因此出台。战乱时代，自耕农为了躲避战祸而大量逃亡成为流民，使得大片良田化为荒地无人耕种，而大批流民却无地可耕。以曹操为代表的一些军阀开始将控制的荒地改建成大型的农场，吸引流民前来耕种。管理部门为流民提供安全保障和基本的农具、种子等生产资料。他们不用服役，只要安心种田，按50% ~ 60%的高税率交租纳粮。这样，屯田户就出现了，屯田户与军户相辅相成，如同双臂，共同支撑起曹、孙等成功集团的天下。

经过这样的改革，在国家的户籍资料上，平民被划分成三大部分，各有不同的权利和义务：一、军户，世袭军队，不用交税和服徭役；二、屯田户，国有农奴，不用服兵役和徭役，但要承担极重的租税；三、郡县民，原有的自耕农与手工业者，他们需承担徭役和缴纳较轻的税（10%左右），在紧急状态下也要服兵役，补充军户的不足。按经济学的观点来看，社会分工越细，则总的生产效率也就越高，故而这个制度在创立之初是行之有效的，军户的社会地位在三者之中偏上，其士兵也是比较有战斗力的。

随着三足鼎立局面的形成，战争烈度的下降，军户处境由优转劣。战争渐渐少了，国家继续养着这些军户就觉得有点儿亏了，于是一些地方开始试点，将没有作战任务的军户进行改编。开始只是部分军户屯田，但随后官员发现这样做可以出政绩，便很快推广开来。其税率比照屯田户更高。《晋书·傅玄传》载："持官牛者，官得八分，士得二分；持私牛及无牛者，官得七分，士得三分。"当其他平民享受战事减少带来的利益时，军户的处境反而恶化了，他们仍要服兵役，还要充当国有农奴，逐渐变成平民中的下等人。

为什么就军户这么倒霉？这主要是因为军户的身份存在一个先天不足，它对国家的依附性比屯田户、郡县民都要强，处在国家的严密管控之下，这使得朝廷从军户身上刮油水比从其他平民身上刮更加容易、方便。

军户经济地位恶化，自然不可避免地带来社会地位的低下。曹魏末期，朝廷打击犯人的一个常用手段就是把他们降为军户，而表彰军功时，又常常将解除军户身份当作奖励。一般人在一个多劳少得且遭人歧视的行当中，必然会想尽办法跳槽。随着战争的减少和繁重劳役对训练时间的挤占，军户的作战经验与军事技能也不可避免地衰退。等到天下再次大乱，大家才发现，原先支撑帝国大厦的武力基石——军户，早已变得千疮百孔，士气低落，技艺荒疏。西晋帝国便理所当然地呼啦啦倒了下来。

东晋建立后，原先西晋控制的军户绝大部分都已丧失，帝国面临无兵可用的窘境，为了应对危机，东晋统治当局主要采用了两种方法。一种是以募兵来代替军户世兵，募兵有较高的待遇，择优取兵，军功与赏爵直接挂钩，因而斗志高昂，战斗力很强，但缺点是成本很高，管理不易，容易脱离朝廷控制，向军阀化发展，比较典型的如北府军。另一种是重建军户，用调发奴客、谪补罪人家属、隐实户口、料简逃亡等手段将社会的弱势群体大批塞进军户。这样做的好处是成本低廉，操作简便，还可以为军方提供大量的廉价劳动力。但战斗力就不好恭维了。同时，经过这样的重建，军户的社会地位跌到谷底。

这回重新看司马元显的新政策，就可以多一点儿感性认识了。比如，你是浙江乡下一名半自耕农，日子虽然不宽裕，但还能维持，交完了主人的租（一般是50%，而依附民的税是由主人代交的），剩下就是自己的了。平日老实本分，没招谁没惹谁。突然，这天，来了一位官差老爷，通知你说：你已经"自愿"到建康服役，限期去报到。今后你将不知被派到什么地方去打仗，而你的妻儿将留在建康，一面做苦力，一面充当人质。你的子孙也要过这种永无出头之日的生活，你愿意吗？于是，你带着几分疑惑地问：我好像没"自愿"吧？官差老爷说：什么，你不自愿？看来应该加强学习。你就得到学习班去"学习"几天，到时饿你三天，看你自愿不自愿。

至此，三吴地区民怨沸腾，官逼民反的条件基本酝酿成熟，只差一个划出火星的带头人了。

孙恩起事

点火星的人就在离大陆不远的舟山群岛上，他便是五斗米道教教主孙泰的那个侄子孙恩。

孙恩，字灵秀，按《晋书》的说法，他是孙秀的族人。这又是一条让人头痛的记录，因为在晋朝的历史上，出现过两位叫孙秀的大人物。

孙秀一号，系小霸王孙策幼弟孙匡之孙，三国时吴国的孙氏皇族，曾任吴国的前将军兼夏口督。后来吴主孙皓对他猜忌，他为了避祸而投奔西晋，得到了司马氏的厚待，被任命为骠骑将军、仪同三司，封会稽公（在这点上稍稍有点儿像慕容垂）。在吴国灭亡时，已身为晋臣的他悲从中来，面向南方大哭说："昔讨逆（孙策）壮年，以一校尉创立基业，今孙皓举江南而弃之。'悠悠苍天，此何人哉！'"后于晋惠帝永宁年间（301—302年）病逝。

孙秀二号，在八王之乱中，是赵王司马伦的狗头军师，曾给司马伦出主意，借皇后贾南风之手杀太子司马遹，再借给太子报仇之名除掉贾南风，成功地让大草包司马伦执掌了西晋大权。因为司马伦无能，基本上是孙秀怎么说，他就怎么做。孙秀趁机玩弄权术，巧取豪夺，排除异己，诛杀名臣，弄得天怒人怨。齐王司马冏等人起兵反司马伦，孙秀被杀于中书省。

那么，孙恩究竟是这两位孙秀中哪一位的族人呢？《晋书·孙恩传》提到，孙恩祖籍琅邪（今山东青岛市黄岛区南），虽然两位孙秀在《晋书》中均无传，但我们知道孙秀一号的曾祖父孙坚是吴郡富春县（今浙江杭州市富阳区）人，而《晋书·司马伦传》中提到孙秀二号原为琅邪小吏。由此看来，孙恩更可能是第二位孙秀的族人。

孙恩家祖上世奉五斗米道，到叔父孙泰时，成为吴郡（今江苏苏州市）一带五斗米道的首领。五斗米道又称正一道、天师道，始创于东汉顺帝年间的张道陵，是道教最早的流派，论资格比张角的太平道还要古老，因入道者须出五斗米的会费，故而得名。太平道后来发动了黄巾起义，之后迅速消亡，五斗米道乘机发扬光大。东汉末年，教主张鲁建立了汉中政权。到东晋时，五斗米道的信徒遍及东南，上自王、谢豪门，下到贩夫走卒，其首领自然成为具有极大潜在实力的人物。孙泰被杀后，很多信徒都不相信他真的死了，认为他是蝉蜕登仙，所以继续给孙恩支持，偷偷给他送粮送水，输送消息。

如今，在海岛上"卧薪尝胆"快一年的孙恩发现，报仇的机会来了。隆安三年（399）十月，他率领那支小小的队伍从舟山岛出发，一场波及东晋大部分州郡，持续十二年之久的大规模战乱爆发，历史上一般称之为"孙恩、卢循起义"。不过，这种定义尚存争议，因主要首领孙恩、卢循等人都属于中、下级士族，视为士族间的内斗似乎更合理。

先撇开复杂的定义问题，接着叙事。孙恩军出发后，在上虞县（今属浙江）登陆，出其不意，一举攻克了上虞县城，处死县令。三吴一带的郡县，那些眼看要"被自愿"充当军户的百姓和在新政策中受到损失的下层士族，如遇救星，纷纷加入他的队伍。孙恩的军队迅速扩大。接着，孙恩进军下一个目标——重镇会稽（今浙江绍兴市）。会稽城内此时的最高军政长官，是会稽内史王凝之，一位比孙恩还要虔诚的五斗米道信徒。

【作者按：自西汉实行郡国并行制度，郡的长官为太守，亲王的封国则设置内史管理民政，后来亲王的封国大多变成遥领，内史也就成为封国的最高长官了。所以太守、内史都可以翻译为市长。】

王凝之，出身名门，是"书圣"王羲之的次子，王献之的哥哥。他的妻子是著名的才女，谢玄之妹谢道韫。按说王凝之和这么多"人精"在一起，多少也该沾点儿灵气才对，可他仍旧傻得可爱。谢道韫一次回家省亲时，叔父谢安问她王凝之如何，谢道韫叹气说："过去在家中，叔父辈有阿大（谢安）、中郎（谢万），兄弟辈中有封（谢韶）、胡（谢朗）、羯（谢玄）、末（谢川），还以为世间男子多是俊才，没想到天地之大，也能产生王郎这号人！"

王凝之不愧是一位好丈夫，为了不让爱妻对自己的鉴定结果落空，就很努力地向那个鉴定标准看齐。等孙恩的军队逼近会稽时，他不做任何常规防备，只是在道观里磕拜念咒。忐忑不安的属下向他请示方略，王内史很镇静地说："你们不用担心，我已经请了神仙，借来鬼兵把守各处要道，每处都有数万，何惧盗贼！"

不多时，孙恩的军队攻到会稽城下，王凝之这才惊奇地发现：原来孙恩的道术比自己还"精湛"，如此强大的鬼兵都没能把他挡住。王凝之只好落荒而逃，但为时已晚，很快被孙恩的人抓住。孙恩也不念他是同门道友，立即把他杀掉了。王凝之终于用生命捍卫了自己的信仰和妻子的见识。谢道韫得知消息，镇定自若，带领家仆婢女，提刀在手，试图突围而出，亲手砍杀数名孙恩的军士后，终因寡不敌众被抓住。孙恩因为久仰谢道韫的才华和佩服她的胆识，对她以礼相待，将她送回故乡。

攻下会稽后，孙恩军如同推倒了第一张多米诺骨牌，接下来的发展可以用势如破竹来形容了。很短的时间内，三吴地区的百姓群起响应，孙恩军仿佛吹泡泡一样，其信徒"长生人"迅速膨胀到几十万（很可能是把男女老少都算上了）。三吴一带太平已久，官军兵力微弱，士不习战，他们几乎是望风崩溃，吴国内史桓谦、临海太守王崇、义兴太守魏隐等都弃城逃走，吴兴太守谢邈、永嘉太守司马逸等被杀死。十几天后，会稽、吴郡、吴兴（今浙江湖州市）、义兴（今江苏宜兴市）、临海（今浙江临海市）、永嘉（今浙江温州市）、东阳（今浙江金华市）、新安（今浙江淳安县）等八个郡都被孙恩的军队控制。

出乎意料的巨大成功，让孙恩意气风发。他得意扬扬地向部属说："天下大势已定，不用再打仗了，你们就等着和我一起穿朝服到建康当大官吧！"想到这样的美好前景，孙恩决定让自己先习惯一下，他自称东晋的征东将军，并上疏给白痴皇帝，指控司马道子与司马元显的罪行，请示将他们处死。这样做当然不会有什么用处，但由此可以看出孙恩压根儿就没把自个儿当外人。

从对待谢道韫的态度来看，孙恩其实不能算穷凶极恶之人。但是，他突然间有了几十万部众，却不可能在短时间内建立起相应的根据地和后勤供应系统，不可能靠收税发饷来维持庞大集团的正常运转。久受压迫的下层百姓，一朝爆发，一般也不会有多崇高的理想追求，孙恩军的军纪要不败坏，才让人奇怪。史载，孙恩军沿路抢劫财物，焚毁房屋，"所过掠财物，烧邑屋，焚仓廪"。尤其是那些替司马元显征召"乐属"的下层官员更是倒足了血霉，被愤怒的孙恩军（原先他们很多人是即将被逼上路的"乐属"）做成了肉制品，强迫其妻儿去吃。三吴地界，一片腥风血雨。

一鸣惊人

东晋朝廷就剩下这一亩三分自留地了，还让孙恩搅了个底朝天，焉能不急？建康方面经过一番紧急磋商，出台了对策。先给司马道子加黄钺，司马元显加授中军将军，强化对朝廷的控制。然后任命现在朝廷最拿得出手的名将谢琰都督吴兴、义兴军事，讨伐孙恩。与此同时，已经接替王恭，升任都督兖、冀、幽、并、徐、扬六州加晋陵之军事的刘牢之，也主动上疏，请求出兵讨伐孙恩。他积极性特高，也不等司马元显批准，立即整兵出发。这样，已有两路晋军大举出动，镇压孙恩部众，这回不再是不堪一击的地方守备，而是有丰富作战经验的野战军，尤其是刘牢之及其麾下的北府军，更非孙恩的"长生人"能敌。

孙恩再也等不到入京名额了。不过，他拿得起放得下，对左右说："我割有浙东，也还可以做个越王勾践。"

十二月，先到前线的谢琰部进攻义兴，击斩孙恩军的守将许允之，义兴收复。接着，谢琰又打败了孙恩军的吴兴守将丘尪（wāng），收复吴兴。随后，刘牢之军到达，谢琰可能既不屑也不敢与刘牢之争功，便停下来驻守乌程（今浙江湖州市南），只派司马高素（劝刘牢之背叛王恭的那位说客）协助刘牢之继续进兵。刘牢之军进抵吴郡。

吴郡的守将，是孙恩任命的吴郡太守陆瓌（guī）。陆太守得知刘牢之即将到达，也不知出于何种目的，不知是为了迎战、打探，还是外出劫粮，总之他派了几千人马出动。这几千人出动后不久，迎头撞上了一个天上掉下的馅儿饼——一支几十人的北府军侦察小队。哈哈，这就叫"地狱无门自来投"，平常这些京口佬很难对付，可现在差不多一百比一的绝对优势，不把你们全灭了，挫挫北府的锐气，怎能显出我道爷的手段？

孙恩军扑了上来，这支小小的北府军竟英勇地迎了上去，双方杀作一团。在

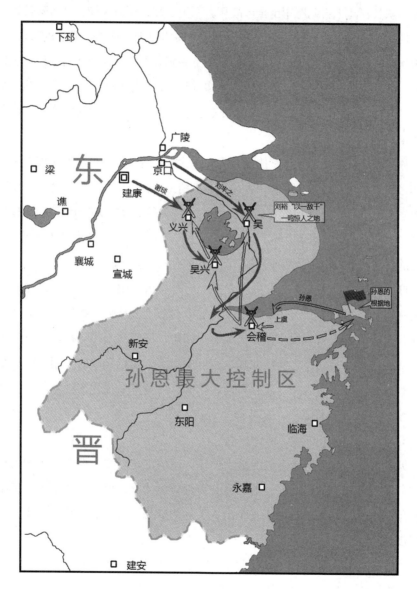

▲ 399 年，孙恩起义

这一小队北府军中，有一名身高一米八六的大汉，好像是队长，他挥舞长刀，英勇无比，连连砍杀孙恩军士。但双方的人数对比实在是太悬殊了，战不多时，除了那名队长，几十名北府军士全部战死。三吴一带，河道纵横，这名队长背靠河岸，且战且退，结果一不留神，从一人多高的堤岸上摔了下去。孙恩的部众一乐，纷纷探出头向下看看死了没有。他们准备下去割取首级，谁知那名队长突然站了起来，浑身是血。说时迟，那时快，他仰首几刀，前排几个好奇心重的孙恩军士立马"升仙"。接着，他发出一声分贝不亚于张翼德在当阳桥的巨吼，一跃跳上了河岸。

孙恩的部众惊呆了。这家伙是人吗？这些本来就是以神鬼之道为精神纽带组织起来的孙恩部众，心生惧意，再没人敢上前。正在此时，突然有人看见大队的北府军出现在不远处，已成惊弓之鸟的孙恩部众误以为中伏，士气终于崩溃了。于是，一个奇迹般的画面出现了：一名大汉手持长刀，如下山猛虎般扑向敌人，在他的前面，几千人如同受惊的羊群，正在四散奔逃，以一破千！

这样的场面，实实在在发生于众多北府军将士的眼前。率领后到这批北府军的主将，正是刘牢之的儿子刘敬宣。他听说前不久从孙无终处调来的小军官刘裕带一小队人出去探视敌情，很久不见回来，便带兵出来寻找，竟看到了奇迹。刘敬宣跟父亲刘牢之南征北战也有好多年了，见过无数的大场面，但眼前这种事，莫说是见所未见，简直就闻所未闻，这是多么强悍的视觉刺激啊！惊叹之余，刘敬宣没有迟疑，立即挥军追击。孙恩军大败，一千多名"长生人"成了短命鬼。

毋庸置疑，这个创造奇迹的勇士便是久违的主角刘裕，那个京口的前赌徒兼鞋贩子刘寄奴。在这之前，他已离开穷困潦倒的家，离开了体贴的妻子臧爱亲和年幼的女儿刘兴弟，为了一个出人头地的梦想，投入北府军中，成为一名小军官。

刘裕具体的投军时间是个谜。《宋书》及《南史》对此皆语焉不详，《魏书·岛夷刘裕传》记载"天兴二年，僭晋司马德宗遣其辅国将军刘牢之东讨孙恩，裕应募，始为牢之参军"，说他直到孙恩起义才投的军，只是此说不太可信，刘裕出身低微，又没有什么背景，怎么可能一来就当军官？《魏书》对南朝的记录与《宋书》对北朝的记录一样，都不可靠。但刘裕之前在北府军中的日子应该不会很长，像不少小说中让刘裕在淝水之战就出场也是不可能的，因为北府军在东晋是一个不讲究门第，由功绩和才能来决定身份的特殊团体，以刘裕的能力，不可能在身经百战，混了十几年之后才当上一个指挥几十人的小队长。

　　不管他之前在北府军中干了多久，总之，三十六岁的刘裕终于出头了，不鸣则已，一鸣惊人，成为北府军中一颗崛起的新星，开启了他叱咤风云的下半生。

谢琰丧身

晋隆安三年（399）十二月二十六日，连战连胜的刘牢之挥师渡过了浙江（今钱塘江），迫近孙恩此时的所在地会稽。听到这个消息，孙天师说了一句很有"大将"风度的话："孤不羞走！"（这句话是曹孟德公在赤壁兵败开溜时说过的名言）他卷卷铺盖，带着男女共二十余万口，一起向东逃。他的几个部下吴郡太守陆瓌、吴兴太守丘尫、余姚令沈穆夫等人，来不及跟上他，都在山阴（会稽郡治所在地，即今浙江绍兴市）战死，以身殉道。

再说一说刘牢之，他在孙恩起义后为何会如此积极主动地为国效力呢？从此人一生的表现来看，恐怕不是因为忠肝义胆。正确答案是：来发财。

北府军是为钱搏命的职业化雇佣军，战斗力固然强悍，战斗精神却大多不怎么高尚。早在谢玄执掌北府军时，这支劲旅就因为抢夺辎重财物，招致五桥泽的惨败。有高度文化修养的谢玄死后，勇略过人却没多少道德操守的刘牢之接替了他，北府的军纪就更不怎么样了。

打劫抢哪里，差距是巨大的。平常的驻地京口、广陵是北府军的老家，多是军人家属，兔子尚且不吃窝边草，当然免谈。淮河以北虽然原来比较发达，但久经战乱，一来民风强悍，二来民间也无多少财物可抢，三来靠近北方强敌，也并非抢掠的良好场地。三吴就大不一样，不但是富庶的江南水乡，且承平日久，民风柔弱。

于是，北府军一路奸淫掳掠，烧杀抢劫，军纪败坏。郡县百姓纷纷逃走，躲进山中，很多人直到北府军北归一个多月才敢回家。知晓这一情况的孙恩，将许多金银财宝和被裹挟的女子扔在路旁。刘牢之的大军争抢得不亦乐乎。就这样，孙恩得以率余部从容撤往舟山群岛，其实力损失不大。北府军缺少足够的战船，没有渡海攻击，就回去了。

孙恩打跑了，刘牢之抢饱了，只给三吴八郡留下一地狼藉，这个收拾烂摊子的工作，就留给谢琰了。本月，谢琰被任命为会稽内史，都督扬州五郡诸军事，防备孙恩卷土重来。

谢琰，字瑗度，一代名相谢安的次子。年方弱冠，便以精明干练、风姿优美见称，眼界很高，性格孤傲，只与宗族中有才名的几个人交朋友，真正往来无白丁。谢安认为这个儿子有军国方面的才干，便让他担任辅国将军。在淝水之战中，他是晋军主将之一，正因为他坚决主张主动进攻，才有了刘牢之的洛涧大捷，而后他又与叔父谢石、堂兄谢玄一起，大破苻坚，为东晋立下了汗马功劳。由此可见，谢琰并非徒有高贵出身的无能之辈，但缺点也很明显，智商高而情商低，带有目中无人的贵族习气。

想当年，淝水大胜时，谢瑗度是何等春风得意啊！不论门第、风度，还是才干、功绩，样样拿得出手。像我这样的人，再不前程似锦，连老天爷都不会答应吧？谁知老天爷竟当真瞎了眼。淝水之战不久，谢安与谢玄相继去世，谢家在朝廷的权势大减，夺过大权的司马皇家把谢家人当作重点排挤对象，而谢琰又和孝武帝的心腹王珣（就是与车胤一起忽悠王国宝那位）结下了梁子，从此仕途屡屡不顺。

一转眼十六年过去，昔日那个出身低微的小将刘牢之已经高升了，当上都督兖、青、冀、幽、并、徐、扬州、晋陵诸军事，拜前将军，成为东晋最强大的藩镇之一。自己的职位却没多大提升，竟沦落到不如刘牢之的境地。不如别人倒也罢了，竟不如那个不入法眼的昔日属下，教人情何以堪？本来该是"谢家军"的北府军也成了他的私产，当初堂兄谢玄和自己千辛万苦，全给那个姓刘的寒士做了嫁衣。这次就更可恶了，姓刘的满载着金帛、女子回去享受，让我给他善后。面对现实的落差，谢琰只能让自己沉浸在回忆中，用当年的成就来麻痹自己高傲的自尊心。到会稽上任后，他既不用心安抚百姓，也不花力气整修武备，与下属离心离德。

有部将向他进言："孙恩还有不少部众，就在离海边不远的地方，日夜窥探我们的虚实，随时可能重新登陆。不如采取宽大政策招抚他们，给他们一条改过自新的道路。"谢琰立即反驳："当年苻坚有百万之众，我都没放在眼里，照样让他们到淮南来送死。孙恩不过一个小小的毛贼，败逃海岛，怎敢回来？他要真敢回来，那也是上天嫌他命长，打发他来捐脑袋罢了！"

结果，该来的果然还是来了。孙恩还有近二十万人，虽能得到沿海信徒的悄悄接济，但毕竟杯水车薪。他们不可能一直待在小小的舟山岛上，就算为了吃口饭，也得回来。隆安四年（400）五月，孙恩第二次登陆，取道浃口（今浙江宁波市镇海区东南甬江口），经余姚（今属浙江），攻克上虞县，随后进军邢浦（今浙江绍兴市东）。谢琰派军迎战，先胜后败。五月三十日，孙恩军攻抵会稽城下。

得知这个消息时，谢琰正准备用餐。他勃然大怒，傲气不减，摆出架势："等消灭了这个蟊贼再回来吃饭！"

夸下海口后，谢琰立即跨马而出，指挥晋军迎战。大概他认为与小小的孙恩交战根本用不着什么战术，几乎是一拥而上。晋军先获小胜，孙恩军败退（更可能是孙恩诈败诱敌），谢琰挥军追击。因为当地河道多，塘路狭窄，谢琰的军队被迫拉成了一字长蛇阵，鱼贯前进，首尾难以接应。谢琰追到千秋亭时，设伏于各处的孙恩军突然出动，合击调动不灵的谢琰军。孙恩军利用战船的优势，从水中用箭猛射晋军薄弱的侧翼，将谢琰的军队切成几段。谢琰大败。败逃中，早已受够谢琰的傲慢与白眼的部下发生了叛变，帐下都督张猛从谢琰身后砍向主将所乘的马。谢琰跌落马下，与长子谢肇、次子谢峻一同战死。只有第三子谢混因为没来而幸免于难。

谢琰死了，他失败的原因是骄傲轻敌。而细察他的经历，这种骄傲轻敌更像是他刻意所为，因为不如此，无以显示他的优越，也无法弥补他对现实的失落。可见，有些时候，一个人的心理素质远比他的智商更为重要。

谢琰的死，使东晋朝廷赔掉了原本就不多的最后一点儿本钱，之后司马元显就算再不乐意，也非得仰仗刘牢之不可了。继王恭被杀，这是又一个标志性事件，寒士进入高层，打破士族对政权的垄断，已变成一个无法阻止的趋势。从这一点来说，谢琰也算死得其所。

桓玄崛起

就在东晋朝廷忙于对付孙恩时，西边的昌明党内部三巨头之间也发生了重大变故。

根据慕容垂的破瓦理论：一个联盟的牢固程度与它所受外力的强弱成正比。当初桓玄、殷仲堪、杨佺期在寻阳缔结三方同盟时，正是王恭初亡，道子党与北府军的声势咄咄逼人，大家不得不精诚团结，彼此可是绝无一点儿肝胆相照。不想才一年过去，孙恩登陆，三吴大乱，司马元显自顾不暇，刘牢之忙着打劫，来自东边的压力骤然减轻了。这样好的机会，如果不用来内斗，岂不是太浪费啦？

在这三个人中，荆州刺史殷仲堪因为能力差，个性又懦弱，倾向于维持现状，而江州刺史桓玄和雍州刺史杨佺期都恨不得一口把对方吞了。司马元显也害怕此时西军东下无力招架，便使出离间之计：加授桓玄都督荆州四郡军事（挑拨桓、殷的关系），任命桓玄的兄长桓伟代替杨佺期的兄长杨广做南蛮校尉（挑拨桓、杨的关系）。杨广本打算拒绝桓伟到任，还是殷仲堪做了老好人，拨出自己的辖区，任命杨广为宜都（今湖北宜都市）、建平（今重庆巫山县）二郡太守，终于使大家暂时没有撕破脸皮。谁想桓玄得寸进尺，出兵袭击江夏郡（今湖北云梦县），生擒太守——杨佺期的堂弟杨孜敬，把他任命为谘议参军（实为人质）。这一系列的事件，使得殷仲堪与杨佺期逐渐靠拢，共抗桓玄。

再说就在这一年的七月间，后秦帝姚兴曾命齐公姚崇、镇东将军姚佛嵩进攻东晋的重镇洛阳。本来此时的东晋强于后秦，如果倾力一战，后秦必然难以得手。但连昌明党三巨头都不能团结一致，更不用说整个东晋了，外战哪有内斗重要啊？因此，当时管辖洛阳的雍州刺史杨佺期并不出兵救援，只是派人游说拓跋珪来援，答应只要北魏救下洛阳，就把洛阳让给北魏。结果魏军行动迟缓，洛阳终于在这一年的十月（孙恩起义爆发的同月）被后秦军攻克，守将河南太守辛恭靖被俘。

现在，杨佺期突然宣称要去救援洛阳，在襄阳整军备战，同时秘密与殷仲堪联络，准备协调行动，一举荡平桓玄。殷仲堪原已同意，可事到临头，又生出别的想法：倘若桓玄不在了，谁来对付杨佺期？于是，他又千方百计地加以阻止。杨佺期搞不清楚殷仲堪究竟唱的是哪一出，他单独行动胜算又太小，只好中止。

殷仲堪前怕狼后怕虎的行为，连他的属下都看不下去了。谘议参军罗企生对弟弟罗遵生说："殷公仁爱，但无决断，早晚招来大祸，但我受他知遇大恩，只能陪他一起死了。"同时，因为这一年荆州发生严重的水灾，有爱民之心的殷刺史把仓库中的存粮都拿出来救济灾民，使得荆州的实力一时变得非常窘迫。

眼见有机可乘，桓玄也声称要出兵救援洛阳。当然了，江州距离洛阳挺远的，不得不非常合理地"路过"荆州。可能出于离间殷、杨同盟的考虑，桓玄让人送了一封信给殷仲堪，"大义凛然"地说："杨佺期太不是个东西了！白白地身受国家厚恩，国家的故都、历代皇陵的所在地洛阳，遭到蛮族的侵犯时，他竟然不思抵抗，将大好江山送人！对这样的叛徒，我们应该共同出兵讨伐！我现在率军沿江而上，正驻军江口（汉水与长江交汇处，即今湖北武汉市），如果同意我的计划，请先杀掉杨广，不然我先进入长江，自己把他铲除。"殷仲堪就算再笨，也知道今儿个来给鸡拜年的是黄鼠狼，当然不同意。

当时，荆州还有最后一部分存粮储存在巴陵（今湖南岳阳市），桓玄先下手为强，派军队抢先袭占巴陵，给殷仲堪一个釜底抽薪。然后，桓玄以梁州刺史郭铨为主将，苻宏（就是那位前秦天王苻坚的太子，在苻坚在五将山被俘后逃亡东晋）为副，指挥各军前进，同时送密信给刚当上南蛮校尉的兄长桓伟，让他做内应。没想到桓伟是个胆小鬼，收到这封信，吓得不知所措，迟疑半天，竟拿着桓玄的密信去面见殷仲堪。

见到此信，殷仲堪立即将桓伟扣押作为人质，命他写信给弟弟桓玄，求他罢兵。桓玄收到回信，对罢兵的请求嗤之以鼻，对左右说："殷仲堪这个人优柔寡断，做事总是患得患失，总想给自己和儿女留后路，不敢做强硬的举动，你们只管进兵，我那位老哥一点儿危险也不会有！"

郭铨、苻宏继续西进，在西江口（今湖北监利市西南）大败缺粮少饷的荆州军七千余人。殷仲堪派杨广和侄儿殷道护出兵抵挡，又被桓玄打败，桓玄军推进到距离江陵只有二十里的零口，江陵城内人心惶惶。现在，殷仲堪除了指望杨佺期出兵来救他，再无别的对策了。

但杨佺期不想来。他劝殷仲堪说："江陵没有粮食，怎么守得住？你不如放弃江陵，北上和我共守襄阳（此时雍州的治所）。"殷仲堪想：去襄阳的话，那荆州不就丢啦？自己岂不成了杨佺期的属下，还能当荆州刺史吗？于是，他欺骗杨佺期说："最近刚刚收上来一批粮食，已经不缺军饷了。"

杨佺期信以为真，亲率八千精兵南下救江陵。可到了江陵，殷仲堪送来的犒军伙食不见酒肉，只有稀粥。知道上当的杨佺期气得大骂："这次完蛋了！让姓殷的害死了！"他也不与殷仲堪见面，直接向桓玄军进攻，想在军队还没饿肚子前打完这一仗。

他心里一急躁，用兵自然破绽百出。桓玄针对杨佺期急于求战的心理，以退为进，诱其入伏，在马头（今湖北公安县西北，在长江南岸，斜对北岸的江陵）大败杨佺期，随后生擒杨佺期和杨广兄弟，将二人斩首，以首级向建康献捷（又不是司马元显让他杀人，与其说是献捷，不如说是向朝廷示威）。

殷仲堪得知杨佺期的死讯，知道这回完了，率数百人弃江陵而逃，打算投奔后秦。逃到冠军城（今河南邓州市西北）被桓玄的追兵抓获。在押送回来途中，殷仲堪被逼自杀，其侄儿殷道护被斩首。对他忠心耿耿的罗企生不久也为桓玄所杀，实践了自己的承诺。

至此，桓玄踏着两位盟友的鲜血，完全控制了江、荆、雍三个大州，梁、广等州也依附于他。桓玄已握有东晋近三分之二的疆域，成为最强大的地方势力。他上疏要求朝廷承认，履行让他合法占有的手续，正被孙恩弄得焦头烂额的司马元显当然不敢得罪他，特任命桓玄为都督荆、司、雍、秦、梁、益、宁、江八州兼豫、扬八郡诸军事，荆、江二州刺史。同时，为了给在大牢里担惊受怕了几天的老哥桓伟压压惊，桓玄给了他个雍州刺史的头衔。

海盐之战

　　谢琰战死的消息，让东晋朝廷大为震动，吴兴太守庾桓害怕孙恩首次登陆时百姓群起响应的往事再次发生，残忍地屠杀了几千名男女信徒，可见其惊慌失措。稍后，司马元显派冠军将军桓不才、辅国将军孙无终、宁朔将军高雅之等人出兵讨伐。孙无终是刘裕最早的老上级，高雅之是刘牢之的女婿，均属北府军系统。然而，北府军的老大刘牢之没有动。因为去年底北府军才去三吴洗劫，现在过去不到半年，新生的羊毛估计还没长好，油水不会太多，所以刘牢之再次前往的动力不足，也就不会像上次那样自告奋勇了。

　　晋军没有出动真正有力的劲旅，战事便拖了下去。但到了隆安四年（400）十一月，孙恩与高雅之大战于余姚，高雅之大败，士卒十折八九。东南局势再度恶化，司马元显只好加封刘牢之都督会稽等五郡军事，请求他出兵对付孙恩。女婿让人欺负了，老丈人也不能不管啊，于是刘牢之终于出兵了。

　　孙恩一向畏刘牢之如虎，听到他要到来的消息便心生惧意，再加上已经登陆大半年，可能也抢掠积蓄了不少物资，便不与刘牢之交战，率领所部提前撤回舟山，基本没有损失。北府军兵不血刃，收复各郡县。

　　为了防备孙恩再来，刘牢之决定在沿海几个要点筑城守备：一、刘牢之本人驻防上虞（今浙江上虞县）；二、命参军刘裕，驻防句章（在今浙江宁波市南鄞江南岸）；三、命吴国内史袁崧在沪渎（今上海市西旧青浦镇附近古吴淞江）筑城设防。

　　在这三个要点中，句章的守兵最少，不足千人，距离孙恩最近，与舟山群岛几乎是隔海相望，驻守此处实在是一个危险性很高的苦差事。但对刘裕来说，这是他难得的机会，他终于能够指挥一支军队，独当一面，充分展示自己的将才了。

　　刘裕一到句章上任，就显出了他的与众不同。当时刘牢之放纵士卒暴虐，北府军在三吴诸郡的声名极差，不想这位刘参军的人马军纪严明，所到之处秋毫无犯，当地百姓大喜。人在肚子饱胀时，满汉全席也没什么味道，快要渴死时，一杯自来水也会甘美无比。因此，刘裕很快在久历兵灾的当地人中赢得了美名，也得到他们的积极配合，很快做好了迎击孙恩来犯的准备。

两个月后，隆安五年（401）二月一日，孙恩军在浃口第三次登陆，兵锋直取句章。原以为这么一个才几百兵镇守的小城，自然是手到擒来，谁知道这里的守将非常扎手。他不但作战英勇，身先士卒，而且异常狡诈，诡计百出，孙恩数万大军的几次进攻全被他打退，不能前进半步。这样糟糕的经历让孙恩和他的属下第一次记住了刘裕这个名字。不过，由于刘裕的兵力太少，孙恩军损失也不大。不久，刘牢之率军前来支援句章。孙恩不敢迎战，连忙上船，逃回海岛。

孙恩的第三次登陆一无所获，他的部众迫切需要解决的补给问题依然严峻，因此仅过了一个月，孙恩大军倾尽全力，发动了最大规模的第四次登陆。这次再来，孙恩决定不再就近登陆去碰句章那颗硬钉子，而是挥师向北，在今杭州湾北岸的海盐（今浙江海盐县）上岸。海盐，顾名思义，以"海滨广斥，盐田相望"而得名，制盐业在古代一直是油水极大的行业，所以这里还是很值得一抢的。

不料驻守句章的刘裕情报工作干得也不错，事先探得消息，当机立断，率句章守军星夜北上，赶在孙恩军到达之前，抢先进驻海盐。孙恩刚到，不明情况，以为海盐无备，没做什么准备便直接攻城。此时刘裕的兵力不足一千，虽然海盐县令鲍陋临时征召了民兵约千人，但与孙恩的十几万人相比，兵力仍然悬殊，而且那些新召民兵没多少战斗力，情况不容乐观。

不过刘裕既然敢来，就不会被困难吓住。他组织数百名敢死队，亲自带队，全都手持短兵，脱去甲胄（可能是为了行动迅捷，同时不易发出声响），潜伏在城门处，而城上只布置了稀稀拉拉几个人。孙恩军不知刘裕已到，见此情景，以为不会遇上像样的抵抗，便放心前进，正在他们松懈的当口，刘裕突然打开城门迎头痛击，击败孙恩军，斩其部将姚盛。

初战告负，损兵折将，让孙恩怒不可遏。从他打败谢琰和高雅之来看，孙恩也是有一定的将才的，老被这样弱小的敌人欺负，面子也挂不住啊！于是，孙天师下令猛攻海盐，刘裕率部坚守，苦战数天，虽然连续打退孙恩军的进攻，但城内守军也感到压力越来越大，毕竟双方兵力太不对等了。

刘裕决定再出一次老千。数日后的一个清晨，早起准备接着攻城的孙恩部众发现，今天的海盐城有点儿异样：城门竟然是开着的，原先飘扬的旗帜不见了踪影，平时戒备严密的城头上只有几个老头在当门卫。这种唾手可得的样子，让孙恩的人有点儿疑惑，便向城头上那几个老头打听："刘裕到哪儿去啦？"

城头上的老头回答："因为大军攻城太急，他兵少难以抵挡，所以昨天夜里偷偷开城逃走了。"孙恩的人大喜，总算把讨厌的刘裕打跑了，于是争相入城。倒霉的孙恩部众没想到，刘裕早已将海盐城内的街道小巷打造成了一个大陷阱。等他们入城，兵力被街道分割，丧失了有效指挥，又无防备之时，刘裕突然率埋伏的精兵杀出，大败孙恩军，将他们再次赶出了海盐城。

又吃了一次败仗的孙恩服了，也清醒了。论打仗，他怎么也玩不过刘裕，但他现在兵力雄厚，而刘裕兵少，暂时也不能给他以致命打击。海盐打不下来，我可以去其他地方试试啊，大军岂能耗在这儿等死？这么大的柿子林，就不信捏不到软柿子！于是，孙恩放弃攻打海盐，挥军北上，进攻沪渎。

嗣之争功

发现孙恩军将北攻沪渎之后，刘裕也放弃海盐，尾随追击。海盐县令鲍陋感激刘裕的救助之恩，特地派儿子鲍嗣之率一千民兵前来助战。但好心也会办坏事，事坏就坏在这一千援兵的主将鲍嗣之身上。

鲍嗣之是头不怕虎的初生牛犊，这几天参与刘裕指挥的海盐保卫战，见这位刘参军连连取胜，赢得好像很轻松，门道是一点儿没看出来，反而自以为是：打仗原来这么容易啊！年轻人气盛，他这回一见到刘裕就提出自己要当先锋。刘裕劝告他说："孙恩的人打了这几年的仗，已经有很丰富的作战经验，不是好对付的。而吴地的民兵没见过真正的大战，不是他们的对手。而且先锋如果失利，会导致全军战败，所以你的人最好还是殿后，做我军的支援。"但鲍嗣之不干：我要当先锋，就要当先锋！难道你害怕我立功，或是分了战利品？

刘裕和刘牢之不同，比较重视"人和"，为了和当地人搞好关系，只好勉强同意了。为了不让鲍嗣之误事，刘裕也做了准备，在预设战场准备大量旗鼓，布下了多处埋伏，不过因为兵少，每处埋伏不过几人而已。第二天，交战开始，孙恩派一万人回击追兵，很快便与鲍嗣之的民兵交上了火，刘裕看准时机，布下的埋伏同时发动。于是，四面出现晋军的战旗，同时鼓声震天，以为中伏的孙恩军大惊，慌忙后撤。鲍嗣之莫名其妙地得胜，更加坚定了自己的判断：刘参军果然是忽悠人的，孙恩的军队明明很好对付嘛！扬名立功的机会可不能放过，追！

鲍公子的追击命令下达得如此之快，以至于在后面的刘裕都来不及把他拦下。他率领的海盐民兵一冲出刘裕的设伏地域，立即把自己兵力微弱的真相暴露无遗。回过神来的孙恩军杀了一个回马枪，鲍嗣之和他的一千名士兵立即全军覆没。鲍公子阵亡了。不仅如此，败势还牵动了后面的刘裕军。刘裕不得不且战且退，部众损失不小。孙恩的大军步步进逼，眼看刘裕也难逃全军覆没的败运了。

危急关头，刘裕的战术天才和极佳的心理素质再次展现了出来。退到最初交战的地点时，刘裕命部众停下来，收集战死者身上的衣甲兵器，看上去从容不迫。本已稳占上风的孙恩军又怔住了，竟不敢进逼。这段时间以来，他们吃刘裕的亏，上刘裕的当，次数已经太多了，因此每见他有什么不寻常的举动，都会在心里犯嘀咕：该不会又有什么诡计吧？

稍过片刻，刘裕突然大吼一声，挥军反攻。已经得了"恐刘症"的孙恩军士大惊，以为又中计了，慌忙撤退。刘裕当然不敢紧追，等孙恩军撤远，刘裕才率余部撤回海盐。此役因鲍嗣之误事，刘裕先胜后败，只是他临危不乱，处置得当，才避免了全败的恶果，但也一时无力再去支援沪渎了。

孙天师的选择果然是明智的，避开了刘裕的纠缠之后，孙恩军的战局大为改观。五月，孙恩攻克沪渎，大败晋军，斩守将吴国内史袁崧和属下晋军四千余人，一扫与刘裕作战以来的晦气，取得自余姚之战后的又一次大捷。乘着军威大振，孙恩于隆安五年（401）六月一日率水陆大军攻入长江，逆流而上，兵锋所向，直指国都建康。此时他的部众号称有十余万人，乘坐在千余艘战船之上，浩浩荡荡，势不可当。建康城里的大晋朝廷大为震动。

六月二日，京城建康及周边地区全部戒严，所有文武官员取消休假，在各自的衙门通宵值班。司马元显的急令一道道发出，显得手忙脚乱：一、冠军将军高素驻防石头城（建康城西北长江边）；二、辅国将军刘袭用木栅切断淮口（建康城西秦淮河入长江口），防止孙恩军战船突入秦淮河；三、丹阳尹（就是建康市长，当时建康属于丹阳郡）司马恢之在长江南岸、建康之北布防；四、桓冲的儿子，前吴国内史桓谦驻防白石（在今南京城西）；五、左卫将军王瑕等保卫皇宫；六、急调豫州刺史司马尚之从历阳调兵入卫京城；七、调远在会稽的刘牢之入援，北上阻截孙恩军西进之师。

在这一堆防御措施中，最有分量的内容当然是调刘牢之北上，但此时刘牢之所率的北府军主力尚远在山阴，缓不济急（油水不多时，刘牢之真是磨洋工啊！海盐的恶战，沪渎被攻克，已发生这么多事，他居然一直待在会稽），于是刘牢之便命在海盐的刘裕急速北上，阻击孙恩军（刘裕虽然兵少，毕竟距离近多了）。

接到命令后，刘裕没有丝毫犹豫，立即离开海盐，率领他那支不足千人的队伍，不分昼夜地强行军，终于差不多与孙恩军同时抵达丹徒。

蒜山之战

丹徒，是史书上的一般记述，在今江苏镇江市丹徒区，但细察其交战经过，说成京口其实更合适，用今天的标准来看，京口可以翻译成"丹徒市京口区"。作为北府军的大本营，这里的守备原本是不弱的，但因为半年前刘牢之率北府军主力南下会稽，此时的兵力非常空虚，如此强大的敌军突然迫近，守军个个人心惶惶，士气不高。当地的百姓更是早早准备，将家里值钱的东西用担子一挑，紧盯着军队的动向，做好随时出逃的准备。直到刘裕赶到，守军的士气才稍有振作。

当时在京口之北，紧贴着长江南岸，有三座小山，由东到西，分别是北固山（辛弃疾的千古名作《京口北固亭怀古》就是在这里写下的）、蒜山、金山（就是《白蛇传》中法海老和尚的出家地），其中以今天最没名气的蒜山最为重要。蒜山是个伸入长江中的小半岛，山下即连接江北的重要渡口蒜山渡，此山虽然不是很高（这里的小山都不可能很高），面积也不大，但四周坡度很陡，山顶却较平坦，利于驻军，其形势险要。据此山之上，北可以监控长江，南可以俯瞰京口，实是兵家必争的要地。

早在孙策、孙权兄弟坐镇京口（当时叫京城）时，蒜山就是重要的军事据点。传说在赤壁之战前，诸葛亮出使东吴，与周瑜在蒜山驻地会晤，面商抗曹之策。两人各自把自己的想法写在手上，待写好一瞧，都是一个"火"字，就此定下了谋算曹军的计划，此地便因此得名"算山"，后来不知怎么就变成"蒜山"了。不过，这个传说的可信度不是太高。后来，由于蒜山的位置过于突出，所谓"堆出于岸，流必湍之"，随着长江水流对南岸的不断侵蚀，大约在南宋年间，蒜山的绝大部分坍塌入江，只剩下一块高十米左右的巨大石碛留在今江苏省镇江市长江路边。

孙恩要取丹徒，蒜山这个制高点自然势在必夺。于是，孙天师本人也身先士卒，率数万民众下船，鼓噪而上，抢夺蒜山。北府危在旦夕。此时刚赶到京口的刘裕已来不及做任何布置，也顾不得手下长途跋涉的疲劳，立即率几百部下和当地守军急登蒜山，与孙恩军发生奇迹般的蒜山之战。

从各种史书的记述来看，刘裕此时几乎把军事上所有可能的劣势都占了：仓促应战（刘裕与孙恩是同时抵达战场的，他无法像在句章、海盐那样事先巧妙布置）、以弱敌强（刘裕援军兵不满千，京口原守军数目不详，也不可能很多，而孙恩出动了数万大军，兵力对比至少是十几比一，甚至几十比一）、以劳击逸（刘裕的人是用两条腿跑来的，孙恩的人是坐船来的）、士气低落、民心不稳（这两项前边提到了，总之，不论质量、数量、准备，刘裕全落下风）。可一场交战下来，结果仍是孙恩大败。史书记述的过程简短得就像尤里乌斯·恺撒的军报："我来了，我看见了，我就胜利了！"这还有天理吗？如果满足了这么充分的战败条件还不打败仗，那写兵书的人都找块豆腐撞死得了。

可历史不以兵书的意志为转移，蒜山之战仍这样发生了。这一仗之所以打得这样匪夷所思，依在下看，是因为史书为了神化刘裕，使用了几处小小的曲笔。下面让我们透过史书释放的烟幕弹，来简单解析蒜山之战。

首先，史书提到此仗发生的地方是丹徒，这虽然不能算错，但其实是一个小小的障眼法，让我们忘记这里更重要的一个地名——京口。京口是什么地方，是北府军的总部，北府将士的老家。这里的守兵并非海盐那些没什么战斗力的民兵，而是久经沙场的北府军士。这里的百姓，也是有强悍好武传统的北方流民后代。这些军民，在孙恩大军到来之际，因得知强弱悬殊和缺乏主心骨，产生过畏惧和动摇，但等刘裕到来，众人有了这员名将作为依靠，士气低落、民心不稳的状态应该就结束了，而史书对此一句没提。

我们可以猜想，刘裕在临战前可能做了简短的战前动员：

"弟兄们，我们已经无路可退了！因为在我们的身后，便是京口！那里有我们的房屋，住着我们慈爱的父母和盼望我们凯旋的妻儿，那里的郊外有着我们祖先的坟墓，那里田野里长着我们的庄稼，那里的每条街巷都流淌着我们的记忆，那里的每个人都是我们的朋友兄弟！能把他们都交给孙恩去蹂躏吗？我们要保卫的，已经不仅是大晋朝廷，更是我们每个人的家！为了这些，我们能不拼下去吗？

"而且孙恩此次进犯，是江上登陆进攻的，如此一来，蒜山是他必争之地。但他一旦进攻蒜山，就犯下了以己之短击敌之长的兵家大忌！因为蒜山地域狭小，他的几万大军根本不可能展开，兵力优势就无从谈起，剩下的，只有狭路相逢勇者胜！我们不会忘记洛涧、淝水的光荣！我们不会丧失勇气！孙恩的人虽然多，但我也和他打过几仗，那帮子假道士不堪一击，十个也抵不了你们一个！所以这一仗我们不但必须打，而且我们能打赢！"

接下来发生的事，就是《宋书·武帝纪》上记载的场面："高祖率所领奔击，大破之，投巇赴水死者甚众。恩以彭排自载，仅得还船。"刘裕带着这批士气高昂（尽管不久前他们还打算逃跑）的敢死之士，由南向北冲上蒜山，猛击正在由北向南抢登蒜山的孙恩大军。在保卫乡的现实利益驱动下，在刘裕的激励下，原本就不弱的北府军士此刻都是超水平发挥。刘裕从海盐带来的人可能比较疲惫，但当地守兵只要恢复了勇气，都是生力军。而孙恩的人见到刘裕的旗号，先自软了三分，狭窄的山地又使孙恩的多数兵力派不上用场，使得他的前锋对刘裕的猛攻无法招架，只得后退。山小人多，孙恩军后退的前锋把后边的大队人马压成了沙丁鱼罐头，多数人都动弹不得，很多人被挤落山崖。慌乱之中，孙恩军已无战心，只想尽快离开这鬼地方，终致大败。混乱中，差点儿连孙恩都不能幸免，多亏找到一个木筏，他才得以狼狈逃回船上。

如果说在海盐，刘裕给孙恩的感觉还只是难缠，那么蒜山之战后，刘裕给他的感觉就是恐惧了。虽然这一战损失并不是很大，但差点儿当上"水仙"的经历让他丧胆了。他不敢再招惹这个煞星，令全军上船，继续向建康前进。

蒜山之役虽小，意义却超过了之前的句章、海盐诸战，它是导致孙恩最终失败的很关键的一战。孙恩军的损失虽不严重，但此战打乱了孙恩的战略部署，延误了他唯一可能得手的战机。孙恩的原计划是乘守兵空虚之际一举攻取丹徒。应该说，这本是挺高明的一招，一旦成功，可以收到两大利处。其一，控制了京口，自然很容易将北府军大量家属扣为人质，将来北府军与他交战的时候，自然不能不投鼠忌器，仗就好打多了。其二，攻下了京口，可以此为依托，从陆路速攻建康，急行军的话，只需一昼夜即可到达，就有可能抢在刘牢之和司马尚之的援军到达之前拿下晋朝的京城。

现在蒜山失利，两头落空，道爷们只能继续坐船去建康了，虽然比走路舒服，但太慢了。孙恩军的船只多是海船，船身高大，虽然抗风浪的能力不错，但在长江中开行，则显得过于笨重，行动本就迟缓。加之此时久吹西风，孙恩军是逆风逆水前进，速度更加缓慢。一千多年后，郑成功率水军攻入长江，进攻南京，行军路线几乎和孙恩一模一样，同样也是因为行动迟缓，让清军援兵从容赶到，而最终功败垂成。

屡败孙恩

　　尽管此时孙天师的声势依然浩大，司马元显亲自指挥水军迎击孙恩，连战连败，只得逃回建康，连老牌酒鬼司马道子都吓得暂时放弃了喝酒，跑进蒋侯庙整天祈神保佑。但实际上孙恩已错过了攻取建康的机会，等他慢吞吞地花了数天时间终于到达建康城西的白石垒时，司马尚之的军队已进驻建康，而刘牢之已到达新洲（建康北面长江中的小岛，今称八卦洲），孙恩一度占有的优势已一去不返。

　　面对形势的变化，孙恩知道攻取建康已不可能，只能乘晋军对他的合围完成之前，尽快突围东走。于是，孙恩未攻建康，而是穿过新洲附近的江面（不知为何刘牢之没有阻击），出长江，由海道向东北方前进，直奔郁洲（江苏连云港市东云台山一带，当时是一个海岛，传说是西汉初年田横率五百壮士逃亡之地）。同时，他分偏师攻破广陵（今江苏扬州市），歼灭晋军三千余人，牵制晋军追兵。

　　晋宁朔将军高雅之（就是刘牢之那位在余姚被孙恩打得稀里哗啦的女婿），受命穷追孙恩，直至郁洲。孙天师也火了，我就算打不过刘裕，还摆平不了你吗？他回师一场恶战，再次大败晋军，生擒高雅之。

　　晋军在广陵、郁洲又连遭败绩的消息让当朝掌权的司马元显很上火，不过更让他着急的消息来自西边。已经控制了大半个晋朝的桓玄，不久前听说孙恩迫近建康，立即调兵调粮，"忠肝义胆"地表示，他对孙恩侵犯帝都的严重事态深表关切，将要亲率大军前来建康勤王。司马元显又不是傻瓜，自然清楚得很：桓玄要是进京，还能有什么好事？两头都要命，会稽王世子那几天真是度日如年啊！幸好孙恩行军缓慢，刘牢之等赶到及时，才算把他撵跑了。

　　如蒙大赦的司马元显连忙以晋安帝的名义下诏，褒奖桓玄的忠心，但既然贼寇已经败退，就不用再兴师动众了。桓玄一时没了借口，只得暂时罢兵。但该来的终究会来，司马元显不能不早做准备。首先，目前这种危险的僵局必须打破，为了解除家门口的威胁，为了不给桓玄东下提供口实，一定得把孙恩从郁洲赶出去。而要完成这一任务，还有谁是比冉冉升起的北府新星刘裕更合适的人选呢？于是，在这一年的八月，司马元显下诏，将屡建战功的刘裕提拔为建武将军、下邳太守。刘裕正式成为高级将领，受命组织水军进攻郁洲，讨伐孙恩。

当初刘裕只能指挥几百名士兵的时候，孙恩已经不是对手，现在他终于能指挥一支像样的军队，孙天师当然更招架不住。两军在郁洲一番交战，孙恩战败，被迫弃郁洲南下（被俘虏的晋将高雅之，可能这时被刘裕解救了出来）。十一月，孙恩退到沪渎，又被刘裕追上。第二次沪渎会战中，孙恩军大败，继续南撤。他们在海盐再战，孙恩军又一次被刘裕打败，再无力支撑，只得再次逃往舟山群岛，结束了他最有野心的第四次登陆作战。

第二次郁洲会战、第二次沪渎会战、第二次海盐会战，三仗下来，孙恩军阵亡及被俘达数万人之多。他虽然号称有十几万部众，但那是所有手下教徒，男女老少拖家带口一起算的数字，真正能作战的，也就几万人。孙恩军经此惨败，元气大伤，一蹶不振。

从整个孙恩第四次登陆作战的经过来看，那种认为孙恩军不过是一群乌合之众，不堪一击的观点是值得商榷的。其实，只要去掉与刘裕交战的部分，孙恩与晋朝正规军的作战经历其实是胜多败少，打败过的晋将前有谢琰，后有袁崧、司马元显、高雅之等，不能简单地用无能之辈来看待我们孙天师。孙恩之所以给人留下无能的印象，只是因为他太倒霉了，偏偏遇上刘裕。

九年前，前秦君主苻登与后秦主姚苌在安定交战时，惊于姚苌的狡诈，曾叹息说："此为何人，去令我不知，来令我不觉，谓其将死，忽然复来，朕与此羌同世，何其厄哉！"其实只要换换人名，孙恩更有资格说这样的话。

刘裕因为在此次战争中对付孙恩的卓越表现，声名和地位都迅速拔高，等孙恩逃回海岛时，刘裕已越过众多的老将，威望在北府军中仅次于刘牢之了。而刘牢之表现大失水准，行动迟缓，反应迟钝，不复当年的英勇果敢，给人暮气沉沉的感觉，也许这正意味着北府军即将迎来新的时代吧？

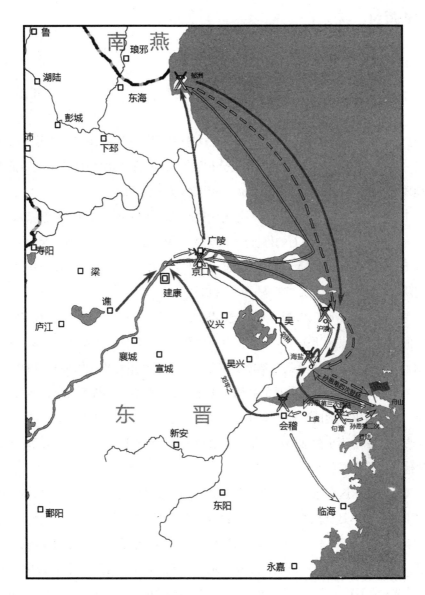

▲ 400—401 年，孙恩起义

元显西讨

由于刘裕等人的奋战，孙恩的威胁暂时是解除了，司马元显终于松了一口气。但这一番战乱，朝廷控制的地区几乎全被波及，经过孙恩军与朝廷军来回折腾，各地残破不堪，百姓逃亡，引发了从三吴到建康的全面饥荒。

正常状态下，这样的困难也不是无法克服的。但幸灾乐祸的桓玄怎能忍心无所作为，放弃这个落井下石的好机会？他收拾司马元显的方法是经济制裁：桓玄一声令下，长江航道被封锁，层层关卡被设立起来，禁止任何人将粮食和其他重要物资从自己控制的荆、江、雍等州运往建康及三吴。

有了桓玄的雪上加霜，晋朝朝廷更加困难，不论官府和民间，物资都极度匮乏。正常的工资已经发不下去了，连司徒以下的高级官员都实行了配给制，每天只能领到七升米充饥。普通士兵自然就更惨了，只能领到用糠皮和橡果充当的军饷，食不果腹。尽管面对如此困难的局面，司马元显依然不愿亏待了自己，仍旧挥金如土，奢侈放纵，他的吃穿用度都是最好的，超过了皇帝司马德宗的标准。反正那个白痴也鉴别不出生活品位，给他也浪费不是？至于这么做，别人会用什么眼光看他，他就不关心了。

司马元显，这个原本聪慧的二十岁少年，因为过早地被放置进权力溶液的腐蚀之下，本就不是什么真金的他，已经彻底堕落了。他不知道或是不愿意知道，他在掌权之初获得的那一丁点儿声望，早被孙恩起义透支了；他不知道或是不愿意知道，他少年得志，任用群小，瓜分肥缺，早已招来同样贪婪的世家大族多少嫉妒的目光；他不知道或是不愿意知道，他不加节制的穷奢极欲，正让忍饥挨饿的士民官吏对他滋长了越来越多的怨恨；他不知道或是不愿意知道，征招"乐属"暴露了他政治的低能，迎战孙恩暴露了他军事的低能，而这些都已被心怀叵测之辈看在眼里，记在心上。他只是一头扎进身边的马屁军团用谄媚建成的"盖世英才"

的幻境中，继续自欺且欺人。

见到这样"喜人"的景象，桓玄觉得自己赶超父亲成就的机会差不多到了，不过他很小心，先用笔杆子进行一下舆论攻势，试探一下再说。一封问责信就此送向建康："此次盗匪进逼京都，社稷几乎不保，只是因为逆风阻挠，前进困难。后来又因为连绵大雨，粮食吃尽，他们才不得不退，并不是被朝廷打败的。当初，王国宝死的时候，王恭并没有乘机接管朝政，足以证明他对朝廷的忠心和对会稽王你的敬重，可你竟然指控他叛逆，加以杀害。到如今，窃据国家要津各级官员，人望、美誉堪比王恭的，还有谁？并不是这样的人再没有了，而是这样的人得不到应有的信任和重用，这就是造成此次大祸的根本原因了。朝中的官员统统敢怒而不敢言，我因为正好在外地任职，所以才敢实话实说。"

虽然收信人一栏写的是会稽王司马道子，但首先看到信的人当然是司马元显。不难想象，看过信后，年轻的会稽王世子那又惊又怒又怕的表情，他立即招来身边马屁军团中含金量最高的马屁精庐江太守张法顺，商议对策。

张法顺说："桓玄继承父辈留下的资望，一向有雄豪之名，现在又兼并了殷仲堪和杨佺期，已独霸荆楚之地，殿下还能控制的地方就只剩三吴了。可偏偏又发生孙恩起义，使得东边郡县残破，百姓伤亡惨重，公私困乏。桓玄定然会利用这个机会作乱，这正是让我深感忧虑的事啊！"

司马元显给了他一个白眼：这还用得着你说？现在是问你该怎么办。

张法顺接着献计："桓玄虽然以诈术夺取荆州，但为时还不久，当地的人心还没有完全归附，其人力、物力还不能为其所用，他得花一段时间来安抚。如果乘此时机，以刘牢之做先锋，殿下再率大军跟进，挥师西征，一举荡平桓玄，并不是不可能的事！"司马元显认为这个办法不错，但毕竟事关重大，心中还有些迟疑。

谁知没过几天，一封密信送到司马元显手中，使他最终打消了疑虑，决计出兵。写这封密信的人，是第二次昌道内战的导火线，前豫州刺史庾楷。

当初庾楷因为不满朝廷削他的地，觉得昌明党更加得势，便背叛了司马道子，倒向王恭、殷仲堪一边。没想到一场豪赌下来，输了个底朝天，王恭竟然被干掉了，自己的豫州也丢了个干净，被迫投靠桓玄。桓玄对他还算是不错的，刺史自然是不能指望了，但还是给了他一个武昌太守的职位。作为大名还列在朝廷通缉要犯名单中的庾太守来说，能弄一个降职调动，异地为官，也该知足了。

但要能知恩图报，那就不是庾楷了。大概因为有了上次的教训，庾太守认为还是站在朝廷一边更稳一点儿。眼见桓玄一步步走向和朝廷摊牌的架势，担心会连累自己，他决定秘密向司马元显靠拢。在密信中，庾楷大肆诋毁他现在的恩主桓玄，声称桓玄已经丧尽人心，部下都不肯听他的命令，建议朝廷出兵讨伐，自己愿意充当内应。只是庾太守此时可能没想到，这次，他又掷错骰子了……

司马元显得信之后，自然大喜，立即命令张法顺前往京口，与刘牢之商议出兵西征的事。刘牢之对此事却不热心，他认为此时桓玄已经非常强大，不容易对付。尽管接到如此回复，司马元显也没有放在心上，觉得自己仍然有足够的能力让刘牢之听命于他，西征的各项准备工作也就不顾重重困难继续进行。不知不觉中，隆安五年过去了。

402年，东晋历史上的一个多事之秋终于到来了。这年农历正月初一，朝廷宣布大赦天下（不过刚刚被指控有罪的桓玄不在此列），改年号为元兴，同时加授司马元显为骠骑大将军、征讨大都督，指挥全国所有军队（能不能指挥得动是另一回事），刘牢之为前锋都督，司马尚之为后卫，共同出兵征讨罪大恶极的前南郡公、荆州刺史桓玄。

晋朝的新一轮内战爆发。从形式上看，此次内战是原来昌明、道子两党斗争的继续，姑且也可以把它称作第三次昌道内战，尽管双方的内部都已发生了天翻地覆的变化。

桓玄东进

大战在即，张法顺求见司马元显，秘密进言说："我看刘牢之这个人很不可靠，说不定会背叛我们，让他担任前锋，万一生变，就会大祸临头。而骠骑司马桓谦，虽然身在建康，但毕竟是桓家人，据说一直在偷偷给桓玄充当耳目，刺探朝廷的情报通知荆州，也是我们身边应该提早除去的隐忧。我们不妨命刘牢之杀掉桓谦兄弟以表忠心。如果刘牢之接受了，就得罪了桓家人，断了他首鼠两端的念头；如果刘牢之不接受，我们就提前杀掉他。"

这确实是一条毒计，从事后诸葛亮的角度来看，也算有先见之明了，但司马元显没有接受。不接受的原因很好理解：张法顺的主意基本上没有可操作性。

首先，桓谦是桓冲的儿子，桓冲不论在朝廷还是在荆州，一向享有美誉，杀他没有罪的儿子是一件大失人心的事。何况对于桓谦，司马元显已经另有用法：他任命桓谦为荆州刺史，因为在荆州，桓家势力根深蒂固，用桓家人代替桓家人，想来可以减弱荆州军的反抗。这种处理方法，应该说比张法顺的主意高明。

其次，按张法顺的计策，假如刘牢之不杀桓谦，就得杀掉刘牢之，这就更麻烦了：一、刘牢之是你想杀就杀得掉的吗？二、退一步说，就算刘牢之麻痹大意，当真把他杀掉了，你就不怕北府军造反？三、再退一步说，就算北府军不造反，你还能指望他们替你对抗桓玄吗？现在桓玄与司马元显的力量对比中，荆州方面几乎已经占尽了优势，司马元显唯一可以倚仗的力量，就是刘牢之和他的北府军了，所以对司马元显来说，此时杀刘牢之和自杀基本上没太大差别。

再想一想，刘牢之这个人虽然不可靠，但也得"利令"才能"智昏"吧？凡是桓玄可能给他的好处，我司马元显都已经给他了，而我不能给他的好处，桓玄也不可能给。只要他能够理性地评判得失，也没有甘冒骂名背弃朝廷而投靠桓玄的理由啊！

本来司马元显的想法基本是没错的，假如此时北府军的首领是刘裕，他多半就成功了（虽然只可能是暂时的成功），奈何历史不是数学公式，促使人们做出选择的动机不一定出自理性判断，因为一些很蠢的想法而做出的重大决策，在历史上屡见不鲜。这大概也是历史丰富多彩的原因之一吧。

原本桓玄认为朝廷处境如此困难，应该没有余力远征，待得到堂兄太傅长史桓石生从建康给他秘密送来的朝廷讨伐令时，不禁大吃一惊。桓玄这个人，平常似乎英明果断、智计百出，可一到关键时候就要掉链子（说起来，连桓温都多少有这毛病，想来是遗传的），竟打算收缩兵力，退保江陵。桓玄夺取荆、雍的时间还不长，控制的地域虽大，但这些地域的官吏士民主要是畏惧他的强大而归附，诚心投效者并不多。如果他一仗不打就退保江陵，示弱于天下，对这些人的心理示范作用可想而知，那时难保不发生属下叛投朝廷的事，司马元显也就有了取胜的可能性。

幸亏此时长史卞范之一语点醒了他："桓公您的英武之名早已天下传扬，而司马元显不过一个乳臭未干的小毛孩子，刘牢之在三吴也早已丧尽人心，他们哪里值得桓公畏惧？我方只要点起大军，直接挺进京都，展示我军的强大，让天下人知道顺公者昌，逆公者亡，他们马上就会土崩瓦解！岂能反而让敌深入，自寻死路呢？"桓玄听罢，大悟，于是改变了主意，发出檄文，声讨司马元显的罪行，同时集结大军顺江东下。

桓玄与司马元显的此次对决，正应了那句俗语——麻秆子打狼，两头害怕。司马元显得知桓玄主动东进迎敌，原本的万丈雄心化成了绕指柔。二月七日，晋安帝司马德宗与文武官员在西池设宴为即将出征的大将军司马元显饯行。宴席结束后，司马元显登上战船，却不敢下令开船，结果朝廷的讨伐大军就一直待在建康郊外无所事事。另一边，桓玄大军沿江东下，行动也不迅速。桓玄总想着事若不成当如何，如果遇上朝廷的讨伐军是否应该撤退，谁知一路风平浪静，直到过了寻阳，仍然见不到朝廷军队的影子，大喜过望，士气方才振作。果然不出卞范之所料啊！

没过几天，司马元显又接到一个坏消息：原本答应做内应的庚楷阴谋暴露，被桓玄逮捕囚禁。得知此事的司马元显心更虚了，有了凶多吉少的预感，深悔发动这次战争。于是，在二月十八日，他让晋安帝下诏，派宗室司马柔之带着"驺虞幡"前去阻止桓玄军东进，企图重新和解。

驺虞，是古代传说中的一种仁兽，吃荤但不杀生，只吃自然死亡的动物（估计它经常饿肚子），其原型一说为白虎，即得了白化病的亚健康老虎，另一说为大熊猫。晋朝时，将这种"驺虞"的形象绣在长条形的旗帜上，叫作"驺虞幡"，是神圣不可侵犯的和解象征，常用于阻止战争（尽管驺虞的原型可能是白虎，但晋朝也有白虎幡，两者是完全不同的东西）。

这玩意儿在晋朝初年还很有威力。291年，楚王司马玮起兵作乱，杀死汝南王司马亮和太保卫瓘。少傅张华奏明晋惠帝，让人手持驺虞幡前往阻止，司马玮的部下兵士见到驺虞幡，竟放下武器，一哄而散，司马玮遂束手就擒。

但时至今日，朝廷权威早已衰落，驺虞幡在桓玄眼中，如同一块破布。不过，这块破布的到来，也不是没有意义，这让他清楚地看到：司马元显已经胆怯了！因此，桓玄没对驺虞幡有丝毫的敬畏，反而连司马柔之都被他下令斩首。杀人之后，桓玄军继续东进，没因为这件事稍有延滞。至于那块驺虞幡，后来究竟是当了地毯，还是做了铺盖，就不得而知了。

二月二十八日，桓玄大军抵达姑孰（今安徽当涂县），命他的部将冯该进攻历阳（今安徽和县，此时豫州的治所），豫州刺史司马尚之命弟弟司马休之守城，自率九千精兵列阵于洞浦（在历阳之南），另命部将杨秋驻军横江（今安徽和县东南长江北岸）。没想到桓玄军一到，杨秋就投降了西军。接着，桓玄派军切断历阳和洞浦之间的联系，纵火焚烧豫州军的战船，司马尚之军人心浮动，遂全军崩溃，司马尚之本人也在逃亡中被桓玄军擒获。司马休之开城出战，再败，只得弃城逃走，比他哥幸运一点儿，没被抓住。这样，道子党阵营中忠诚度最高的豫州军，轻而易举就被桓玄消灭了。

翻开地图册，按照比例尺简单量一下，就可以发现：从历阳到建康的直线距离不足五十公里，如果走今天的高速公路，只是半个小时的车程，而且连接两者的长江航道宽阔笔直。但是，尽管距离如此之近，在历阳会战打响的时候，朝廷的讨伐大军，不论是主帅司马元显，还是前锋都督刘牢之，都按兵不动，坐视司马尚之被消灭。

司马元显不去，是因为他不敢去，他自受命出征那一天起，就把战船当成了颐和园中的石舫，一直停在码头上一动不动。虽然身边的人把他吹捧成天纵英杰，但自去年与孙恩交手，他对自己这方面的能力还是有了自知之明。说实在的，他既缺少将才，手下也无精兵，真去救援历阳，只怕要早两天当桓玄的俘虏。本来嘛，大家都清楚：要对付桓玄，真正能指望的只有刘牢之的军队。可那个该死的刘牢之怎么啦？他怎么也不动弹呢？司马元显失眠了……

北府倒戈

镇北将军刘牢之此时正率数万大军驻防在溧洲（又名洌洲，在今江苏南京市西南江宁区以西，为长江中的一个小岛，距离历阳不到二十公里）。正在军中的刘裕看得出来，这几天这位老帅一直是一副心事重重、患得患失的样子，劝他迅速出击桓玄，他也是置若罔闻。刘裕可能不知道的是：就在前不久，刘牢之的一个堂舅何穆，悄悄从西边来到溧洲。

何穆是带着桓玄的口信来的，他对刘牢之说："自古以来，人臣握震主之威，建不赏之功者，谁有过好下场？如当年越国的文种、秦国的白起、汉朝的韩信，他们侍奉的都是英明之主，也都尽忠竭力，但大功告成之日，尚且全都不免一死，何况你现在那个顶头上司，只是个既凶暴愚昧又骄傲自大的小毛孩子。所以你今天的处境，已经是进退失据。如与桓公交战，胜了，司马元显要杀你；败了，桓公要杀你。能不慎重选择吗？如想长保荣华富贵，不如彻底改变立场，倒向桓公。桓公是大度之人，必不追究。古时管仲曾射中齐桓公的带钩，寺人披曾斩断晋文公的衣袖，后来照样成为国家的重臣，何况桓公和你本来就无仇无怨。"

这段说辞漏洞颇多，却令一代名将刘牢之动摇了。他想起了不久前的事：朝廷下达了讨伐桓玄的命令后，他作为前锋都督自然要去见主帅司马元显商议军务，谁料这种时候司马元显还对他拿架子，没有预约就拒绝接见。可司马元显天天酒宴不断，竟一直没法预约上，直到在西池的饯行宴会上，他才与司马元显在大庭广众下见了一面，自然是什么正事也没办成。这哪里还像一个即将出征的大军统帅？

真是不怕不识货，就怕货比货。当年侍奉的谢帅多英明啊，后来换上王恭，就觉得他目中无人，不体恤下情，自己才叛了他。谁知道新换上的这个轻佻少年司马元显，还不如王恭。王恭至少不会在将士都忍饥挨饿的时候独自花天酒地；在大敌当前时，王恭甚至能与自己结义兄弟，而司马元显还宛若无事，继续无视自己！刘牢之感到自尊心很受伤，这样的人还值得追随吗？

在司马元显睡不着觉的这几个晚上，刘牢之也度过了一个个不眠之夜，各种成败得失的计算纠缠在心中，结成了剪不断理还乱的大疙瘩……

直到司马尚之被消灭后的第二天，满眼血丝的刘牢之召集众将，宣布了自己的决定：全军倒戈，投降桓玄！此言一出，众将哗然，未经一战便投降叛军，这是北府军历史上从未有过的奇耻大辱啊！刘裕和刘牢之的外甥东海中尉何无忌都竭力劝阻，但刘牢之就是不听。刘敬宣也反对说："如今，天下大势就取决于桓玄和父亲两人，桓玄倚仗其父（桓温）、叔（桓冲）留下的资望，窃据荆楚，占有晋室天下的三分之二，所缺的只是未能挟天子罢了。一旦放纵他入京，就没人能够控制，董卓之祸，必将重见于今日！"刘牢之突然歇斯底里，对着儿子大发雷霆："你们说的那点儿常识，我还能不懂吗？今天要击败桓玄，易如反掌。但击败桓玄之后，司马元显必不容我，叫我怎么对付？"

关于刘牢之投降桓玄的动机，有一种传统的解释：他想借桓玄之手铲除司马元显，然后再干掉桓玄，最后由自己掌握大权。不过，据在下看，这种解释在某些方面把刘牢之估高了，某些方面又把他估低了。

刘牢之是一个胸怀大志的人吗？他杀掉王恭之后，已握有晋朝最强大的武装力量和不小的地盘，要找个机会入据京城，挟天子以令诸侯，本是易如反掌的事，而且上天之前已经给他提供过机会：如在三年前，因司马元显处置不当，孙恩起义，朝廷的直辖区大半沦陷。此时刘牢之不论是乘机入京，借司马元显名望扫地时取而代之，还是借镇压孙恩的机会将三吴郡县据为己有，都不会太难办到。结果，他两者都不为，却为了劫掠一点儿财物，让自己在百姓间声名狼藉，有大志的人能干这样的蠢事？

而且想要夺权的话，这种方法也实在是傻到家了，就像赤壁之战前孙权决定先投降曹操，借曹操之手除掉刘备，再反悔与曹操单挑一样，怎一个笨字了得？刘牢之在政治上也许很蠢，但在军事上绝对不是白痴，如果连强弱都掂量不出，行此下策，哪里还像精通兵法，"沈毅多计画"的刘道坚？

其实，他在烦躁中责骂刘敬宣的话，很可能才是他最真实的想法：他担心司马元显不能容他，或者说，他此举的目的是避祸，而非夺权。他已经被何穆的那一番话说服了，为了不成为下一个文种、白起、韩信，只有投降桓玄。

不过，以我们今天来看，他这种理由也是荒唐可笑的。文种、白起、韩信三人被杀，有一个最基本的条件：勾践、秦昭襄王、汉高祖三人均是大权在握的强势君主。离了这个基础，像曹操与刘协、司马昭与曹髦，才是威震天下的人臣与君主间的常见关系。而司马元显有什么，他连君主都不是，只是一个控制朝廷的权臣罢了，而朝廷的实力在孙恩起义中差不多耗光了，还能有何作为？假如刘牢之真的消灭了桓玄，那晋朝天下还有谁能居于其上？那时候他该操心的，就不是司马元显不容他怎么办了，而是他用不用继续包容那位会稽王世子。这么简单的道理，刘牢之竟一直没能想清楚，不能不让人叹息：只要离开了军事谋略，在政治方面，这位北府名将的水平还很幼稚。

细看关于刘牢之的记载，可发现他非常在乎上司的器重，他的行为是被动的，由上级怎么待他来决定。谢玄重视他，他就出生入死，屡立奇功；王恭视他为普通部将，他就叛了王恭；而司马元显慢待了他，他便心生疑虑，再叛司马元显。从心理学上说，自尊与自卑是一体的两面，这种急于得到别人肯定的心理，恰恰说明了他自身的不自信。他的不自信当然是有原因的：东晋是一个强调门第出身，重视形象风度，盛行清谈的时代，身处其中，刘牢之不可能不受影响。偏偏这几项他都提不起来，他有的只是当时并不很被重视的军功。

刘牢之早年的经历，我们不太清楚，但可以想见，一个出身低下又不符合时尚口味的北方流民，一定碰过很多壁，一定见惯了士族高门的白眼，他们处处用不经意间表露出来的优越感提醒刘牢之：你低人一等！久而久之，刘牢之自己也在不知不觉间接受了这个身份定位：自己只是给人打工的。即使他后来战功卓著，即使他后来荣升高位。虽然他曾对此感到愤愤不平，但他的做法只是换一个老板，从没想到自己也是可以当老板的。

据说印度的驯象师在驯象时会将刚出生不久的小象绑在小木桩上，活泼的小象自然不乐意，会极力想挣开，但因为身体弱小，怎么也挣不脱。一次次的挫败就会深深印进小象的脑海，让它感到小木桩是不可战胜的。等到它长成身强体壮的成年象，驯象人再将它绑到小木桩上时，尽管此时它已经能轻易拔掉木桩，但小时的印象已成为它的心理障碍，使得它再不敢尝试挣脱，不知道自己已经足够强大，仍只能被绑在小木桩上。

刘牢之的误区就在于：他已经到了非当老板不可的位置，仍然把自己当成打工仔，并天真地以为，离开了司马元显，还可以给桓老板打工，不知道已经没有老板敢要他这样的员工了。不管怎样挣扎，他终究还是挣不脱自己心灵深处的那根小木桩。悲哉，刘牢之！

三月一日，刘敬宣奉刘牢之的命令，前往进见桓玄，威震天下的北府军不战而降。

晋廷易主

见到前来请降的刘敬宣，桓玄非常高兴，这标志着进京的道路已经畅通无阻了。为了麻痹刘牢之，桓玄举办盛大的酒宴款待刘敬宣，还特意搬出自己珍藏的名家书画，与刘敬宣一同观看，那情形着实是亲密无比。刘敬宣乃实诚人，对这套把戏信以为真，而桓玄的左右都在一旁偷笑。

朝廷的讨伐军统帅司马元显，听说刘牢之倒戈，桓玄军陆路已到新亭（今江苏南京市南，临江依山所筑的军事要塞）时，连忙离开他住了半个月的"船上宾馆"，逃回建康城。

三月三日，司马元显壮起胆子，集合守军，出城布阵于宣阳门外，筑垒防御。此时，中央军军心已乱，还没有见到桓玄军队，就出现传言说：桓玄已经到朱雀桥（在今南京市南秦淮河上，刘禹锡"朱雀桥边野草花，乌衣巷口夕阳斜"说的就是此处），士兵开始出现逃亡。过了片刻，桓玄军的前锋小队出现，只喊了一声：放仗（就是缴枪不杀的意思）！中央军便完全崩溃，四散逃命。

司马元显几乎是孤身骑着一匹马，仓皇逃进城中。平日里"捧月"的"众星"，此时差不多跑了个精光，只剩下张法顺一个人还在跟着他。巨大的灾祸终于降临，打掉了司马元显身上最后的一点儿自信，洗去了他身上所有的华彩，让他重新回复成一个无助的孩子。恍恍惚惚间，他逃进司马道子的宅第东府，向父亲问计。司马道子那两下子还不如儿子呢，能有什么好主意？父子俩只得相对痛哭。

稍后，曾是司马元显身边马屁军团骨干之一的从事中郎毛泰，带着人闯进东府，逮捕司马元显，押解到新亭码头，绑在拴船的石栏上，当着众人的面一条条数落他的罪状。曾经不可一世的会稽王世子此时似乎已神志不清，只是喃喃自语："我让张法顺害了，我让王诞（王导的曾孙，曾劝司马元显不可杀桓修、桓谦兄弟）害了！"直到此时，他仍然透过于人，没有对自己的反省。

毛泰的事说明，这个世界从来都不会缺少墙头草。三月四日，朝中高官声称奉皇帝的旨意，出城迎接慰劳桓玄大军。桓玄便在众多高官谄媚的簇拥下，得意扬扬地进入建康。持续了多年的昌明党与道子党之争，至此完全画上句号，东晋进入了桓玄时代。桓玄当天就废止了刚刚使用不久的"元兴"年号，恢复旧年号为隆安六年。

桓玄当政后的首要大事，当然是给自己和自己人加官晋爵，于是让司马德宗下诏：一、任命桓玄为都督中外诸军事、丞相、录尚书事、扬州牧，总理朝政，加黄钺；二、任命桓玄的哥哥桓伟为荆州刺史；三、任命桓谦为尚书左仆射；四、任命桓修为徐、兖二州刺史，顶替刘牢之掌管北府；五、任命桓石生为江州刺史；六、任命此次立下大功的谋士卞范之为丹阳尹。

除了这几个自家人，为了显示新政权具有广泛的代表性，桓玄也提拔了一批有名望的非嫡系人士，其中头一个便是王谧。王谧是王导的孙子，他就是当初慷慨解囊，替刘裕还赌债的那位王长史。他在桓玄临起兵之前，奉朝廷旨意前往荆州传诏。桓玄认为他家世高贵，又素有清誉，非常适合给自己装点门面，便把他留下来，殷勤款待，极为礼遇。到此时桓玄掌权，王谧被任命为中书令，也成为新政权中的核心人物。

除了王谧，重要成员还有殷仲文、刘迈、刁逵等。殷仲文，是殷仲堪的堂弟，同时是桓玄的姐夫，原任新安太守。他在得知桓玄起兵时，弃官前往投奔，坚决站在小舅子一边，与堂哥和司马元显划清界限，因此得到桓玄的赏识。刘迈，曾是殷仲堪帐下参军，曾得罪过桓玄，等桓玄打进建康，他专程跑来进见。桓玄板起面孔训斥说："你还敢来见我，不怕死啊？"刘迈回答："射小白带钩的管仲，斩重耳衣袖的寺人披，再加上我刘迈，正好凑够三个人，所以自知不死。"桓玄此时心情正好，刘迈这个马屁拍得又很上档次，再加上提拔一个无害的旧怨很能收买人心，因此他也得到重用。还有前广州刺史刁逵，原先进京述职，被桓玄强留收用，现任命为豫州刺史，接替司马尚之。

论功行赏之后，接下来的事就是惩办罪人了。三月五日，建康的百姓有机会大开眼界了，一大批平日养尊处优的王公贵族被押赴刑场，砍掉了他们高贵的脑袋：前骠骑大将军会稽王世子司马元显、东海王司马彦璋（司马元显的儿子，元显只有二十岁，他自然是个幼童），前豫州刺史谯王司马尚之，前武昌太守庾楷，前庐江太守张法顺，前从事中郎毛泰。稍后，司马元显的另外五个儿子，可能也全部被诛杀。骠骑长史王诞虽然也是司马元显的亲信，但因为他曾营救过桓修、桓谦兄弟，被免死，流放岭南。

作为当今皇帝的叔父，会稽王司马道子得到一点儿优待，暂时得以免死。他先是被人检举：犯有酗酒、不孝的过失，理应斩首。桓玄佯作宽大，将他迁往安成郡（今江西安福县东南）安置，数月后悄悄遣人将他毒杀。

执掌了晋朝朝廷六年大权的司马道子父子，至此双双毙命，道子党势力彻底瓦解。这一年，司马元显二十岁，司马道子三十八岁。客观地说，司马道子父子的失败实属自作自受，两个并不适合执掌国柄的纨绔子弟，因为出身而成为朝廷实际掌权人，不论对他们自己，还是对万千的百姓，都制造了巨大的灾难。

关于他们的故事也没有完全结束。两年后，桓玄倒台，已经死去的司马道子和司马元显父子摇身变成了正面楷模，朝廷下诏褒扬说："故太傅公（司马道子）如伊尹在世，契阔皇家，论亲论贤，世间都无第二人可比。故骠骑大将军（司马元显）则在内总领朝纲，在外宣扬威略，志在荡平世间的灾难，以保护国家社稷。"特追赐司马道子为丞相，追赐司马元显为太尉，并加谥号"忠"。

又过了几年，一个少年突然出现在建康，他自称是司马元显的儿子司马秀熙，当年避难蛮中，逃过了桓玄的屠杀。司马道子的妻子，会稽太妃王氏与他见面，认定是自己的孙子，便请求朝廷让司马秀熙继承会稽王的爵位。

此时，在晋朝朝廷实际掌权的人已是刘裕。表彰司马道子父子，那是做给别人看的，毕竟死人是无害的。但鉴于司马元显在司马皇族中有过的特殊影响力，刘裕并不希望他真有后人活在世上。于是，一个"调查委员会"很快成立了，并且很快拿出了刘裕最希望得到的调查结果：这个司马秀熙是一个叫勺药的奴仆冒充的。这个少年随即被斩首，王太妃痛哭不已，但再不敢多说一句话。

关于司马秀熙案的真相，今天已经难以确知，但有一点是可以肯定的：司马道子一系，断子绝孙了。

白衣还乡

在二百零四年前，曹操攻克下邳，生擒了骁勇过人的徐州刺史吕布。曹操有意将他纳为属下，但因他反复，又有些拿不定主意，便征询左右意见。旁边的刘备提醒他说："曹公记不得丁原、董卓的事了吗？"结果，吕布就被拖下去"咔嚓"了。如今，桓玄不用人提醒，王恭和司马元显的往事他记得很清楚。因此，差不多就在司马元显等人头落地的同时，刘牢之也接到了自己的新委任状：解除军职，调任会稽内史。

一眨眼工夫，自己就被解除军职，好个"大度"的桓公啊，才过河就拆桥！刘牢之就算政治嗅觉再迟钝，也闻出不对了："桓玄刚上台就夺去我的兵权，大祸将至了！"正好，他留在桓玄身边做人质的儿子刘敬宣，向桓玄提出愿意回去做老父的工作，让他一心一意听从安排。面对这样"诚恳"的提议，桓玄竟然同意了，放刘敬宣去见刘牢之。说不清这究竟是桓玄的失算还是他的谋算，也许他认为刘牢之此时造反必败，有意引诱他一下。

果不其然，刘敬宣一见到刘牢之，立刻建议父亲举兵袭击桓玄，不可以坐以待毙。迟疑了一阵子，刘牢之决定再次造反，此时距离他背叛司马元显，投降桓玄才过去几天时间。

造反毕竟是一种超高风险的投资，也是一种不光彩的行为，反复的反叛更是对自身人格的彻底否定。不论成败，刘牢之在这世间都将名望扫地。所以，这并不是一个轻松的决定啊！

但刘牢之仍只能如此，他前两次反叛都还是他自己的选择，这回则真是被逼上梁山了。刘牢之完全没有了背叛王恭时的从容镇定，也没有了背叛司马元显时的武断与专横，只能放下架子，用近于哀求的口气，向刘裕——自己这位最能干的下属寻求支持，像一个溺水的人在拼命寻找可供攀附的稻草。

他对刘裕说："我打算北退广陵，与高雅之（刘牢之的女婿，时任广陵相）会合，然后举兵讨伐桓玄，你可以和我一起去吗？"

不知刘裕看着老师憔悴的样子，心里可曾涌起万般感慨。刘牢之曾是晋朝寒门人士的一面旗帜，他的存在，给所有出身不高的人带来了希望：即使你没有显赫的祖先，依然有可能凭借才干和努力出人头地。刘牢之自然也曾是刘裕的偶像和前进的标杆，刘寄奴能有今天，也离不开刘牢之的提携，他刘裕并不是无情的人啊！

然而，刘裕冷静地拒绝了老师的乞求："几天前，将军手握数万劲旅，不能一战，望风而降，使得桓玄得志，威震天下。如今正是他声望最高的时候，三军的人情，朝野的人望，都已倒向他，还有谁肯跟着你造反？将军如今莫说起兵，就是广陵恐怕也到不了！恕我不能陪将军了，只能脱下军服回京口去。"

望着刘牢之失望地离开，他的外甥东海中尉何无忌拿不定主意，问计于刘裕："我该怎么办？"刘裕的回答展示了他对时势的敏锐洞察力："我看这一次，镇北将军（刘牢之）是免不了一死了！你不妨和我一起放弃军职，回京口避开此祸。等这次事件过去，桓玄为了收买人心，必然会任用我们。将来桓玄如果能保守晋臣的节操，我可以和你一起为他做事；如果他生异心，我们再设法算计他。"

听此一番话，何无忌认定，刘裕便是他此生值得追随的人。两人遂结成生死之交，离开危机四伏的刘牢之，抛弃了军中的职务，返回京口老家，白衣还乡。

一般情况下，刘裕是一个恩怨分明的人。对他有恩的人，如刘敬宣、王谧以及从母家人等，他后来都照顾有加；而欺凌过他的人，他也会加倍报复。但不管报恩还是报仇，都是有前提的，只有在不涉及重大政治得失的情况下，才是如此。一旦事关大局，刘裕绝不会被感情左右，总能根据自己的理智做出近乎冷酷的决定（尽管这些决定也并不全是正确的），这便是他与慕容垂最大的不同吧！

严格来说，刘裕仍然算不上一位合格的政治家，但早在此时，他已经是一名高水平的政客了。他对此后时局演变的预测准确入微，远不是在政治上后知后觉的刘牢之所能相比。大概正是这种政客的特质，让刘裕少了几分人格魅力，却使他能够在政治成就和对历史的影响力上大大超过能力与他大致相当的慕容垂。

道坚自缢

尽管没能得到刘裕的支持，刘牢之仍召集其他属下，宣布自己打算据守江北，讨伐桓玄的决定。如果说他在几天前背叛司马元显的决定已经让众将跌破了眼镜，现在的声明则更遭到部下一致的强烈反对。

早在洛涧之战时就追随刘牢之的参军刘袭，不顾多年同事交情，当面斥责自己的上司："这个世上最不能做的事就是造反！将军在几年前背叛了王兖州（王恭），近日背叛了司马郎君（司马元显），现在又要背叛桓公！一个人三次背叛，还有何面目立于天地间？"说完，他完全不给老帅面子，起身离开大营，很多将佐也跟着四散离开，人一下子就走了差不多一半。刘牢之傻了眼，这回真是人心散了，队伍不好带啊！

难带还得带，惶惶不安的新任会稽内史，让儿子刘敬宣潜回京口，把家属接出来。同时，他带着剩下的部属往东北走，向广陵方向退却。刘牢之此时在北府军中的威信已经丧尽，他的部下一路走，一路散，人越来越少。到了和刘敬宣约定会合的地方，刘敬宣因为那天大雾，城门延迟数小时才开，误期未到。一时之间，不明缘由的刘牢之以为事情败露，儿子可能已经被杀。一连串的打击让刘牢之五内俱焚，伤痛莫名，精神已近崩溃。

浑浑噩噩间，刘牢之带着余众继续走，最后几个属下看他这副恍恍惚惚的样子，备感寒心，知道老帅这次真是没救了，还能跟着他寻死吗？待到达新洲时，剩下的人差不多也跑光了。

四顾茫然，刘牢之突然清醒过来：自己已经无路可退了。刘裕果然说得没错，我连广陵都到不了啊！哈……哈……哈……啊，我刘牢之竟也有今天……

此时正是阳春三月，春风又绿江南岸，空气中弥漫着野花的芬芳，但刘牢之已经闻不到了，他的心中已到肃杀的寒冬。百战老将悲从中来，走到一棵大树旁，用一根绳索结束了自己的生命。曾经的光荣与梦想，所有的罪过与悔恨，皆化作过往的烟云，万事皆休……

过了一阵子，迟到的刘敬宣赶到新洲，才发现老父已成亡魂，他顾不得哀悼，也来不及给父亲收尸，匆匆忙忙渡江，逃往广陵。亏得刘牢之的部分故吏念及往日情义，一起买了棺木，将他的灵柩送回丹徒安葬。

几天后，桓玄听说刘牢之已死，大喜之余，下令挖开坟墓，将刘牢之的尸体拖出斩首，然后暴尸于市。接着，桓玄乘胜追击，开始对群龙无首的北府旧将进行大清洗。吴兴太守高素（有可能是高雅之的父亲、刘牢之的亲家）、将军竺谦之、竺谦之的堂兄竺朗之、面斥过刘牢之的参军刘袭、刘袭的弟弟刘季武，以及刘裕的老上级孙无终等人，相继被杀。从这一系列过分的举动可知桓玄对刘牢之和北府军的忌讳之深，更彰显出刘牢之不久前投降桓玄的做法是何等愚蠢。得意扬扬的桓玄宣布大赦天下，改年号为"大亨"（因此，这一年在晋朝有三个年号，分别是元兴元年、隆安六年、大亨元年）。

面对这种情况，暂时不在桓玄控制中的北府将领及道子党的余部，根本不相信大赦天下能赦到他们，只有联手反抗了。刘袭的兄长冀州刺史刘轨、司马尚之的弟弟司马休之、刘敬宣、高雅之，以及将军袁虔之、刘寿、高常庆、郭恭等人，先到广陵，再逃到山阳（今江苏淮安市），同时派遣使者向后秦求援，企图讨伐桓玄。但人心已散，加上后秦姚兴正好在柴壁之战中大败于北魏拓跋珪，根本无力支援。面对桓玄军北上，众人无计可施，只得各自逃亡。其中刘轨、司马休之、刘敬宣、高雅之逃奔南燕；袁虔之、刘寿、高常庆、郭恭逃奔后秦。由谢玄创建的北府军政集团暂时瓦解。

至此，在原北府高级将领中，只有刘裕、何无忌等少数几人，因为早早辞去军职回乡，既和刘牢之划清界限，又显得没有拥兵自重的野心，大得桓玄欢心。桓玄很清楚：要实现稳定的统治，光靠挥舞大棒显然是不行了，胡萝卜也得适时出手。一方面打击反对派，另一方面也得树立榜样，而刘裕各方面的表现都使他成为此时桓玄最需要的正面典型：他既是常胜名将，又有爱民的好声名，又没有野心（这点最重要，虽然桓玄其实看走眼了），出身北府却不是刘牢之等人的党羽，奖励他正好安抚忐忑不安的北府余部。总之，这样合适的人，还能不大用吗？

于是，刘裕的又一条预言应验了："今方是玄矫情任算之日，必将用我辈也。"大亨元年（402）五月，刘裕辞职回乡之后仅两个多月，就被桓玄征召起用，任命为抚军中兵参军，前往东阳，讨伐孙恩的余党卢循。

孙死卢继

再说自隆安五年（401）底，孙恩被刘裕打得大败，逃回舟山群岛后，晋朝朝廷为防止他死灰复燃，下令封锁沿海，禁止船只出海，切断沿海居民与孙恩军的联系。这项制度的实施，使孙恩的人补给几乎断绝，处境变得极为困难，而后岛上发生瘟疫，很多人病死。万般无奈之下，孙恩带着余部于隆安六年（402）三月第五次登陆，进攻临海。

但这次的声势和实力，远小于前四次，孙恩军一上岸就让临海太守辛景打得大败。孙恩军盛时有十几万人，现在只剩下几千人，他不由得心灰意懒，又怕成为晋军的俘虏，心一横，投海自尽了。

当初孙恩军第一次登陆时，三吴地区的五斗米道信徒，不分男女老少，纷纷加入，其中有不少妇女带着婴儿，时时要喂奶、清洗，影响了大队人马的行军速度。孙恩见此情形，下令将这些婴儿装在竹篮里，投入水中，并作祷文说："恭喜你们先登入仙界，我随后就会来找你们的！"孙天师果然言而有信，说到做到了，同时有几百名信徒陪着孙恩投海。

不过，大部分"长生人"没有跳海，他们公推孙恩的妹夫卢循为首，继续"修行"。

卢循，字于先，小名元龙，祖籍范阳涿郡（今河北涿州市）。与大舅子孙天师相比，卢循的祖上要显赫得多，远祖可以推到汉末大儒卢植。卢植，字子幹，其人学识渊博，刚毅有大节，常怀济世之心。在东汉曾官居侍中，做过刘备和公孙瓒的老师。在黄巾起义时，他连败黄巾军首领张角，但因不肯向来前线视察的宦官左丰行贿，被装在囚车里押送京城，按减死罪一等处罚。

卢植之后，卢家一连数代都是高级官员：卢植之子卢毓，曹魏的司空；卢毓之子卢珽，西晋的卫尉卿；卢珽之子卢志，任中书监，后转尚书，是"八王之乱"中成都王司马颖的主要智囊。凡司马颖接受卢志建议办的事，一般都能成功，反之则屡屡失败。司马颖死时，部属四散逃亡，只有他一人为司马颖送葬，后北投刘琨，于途中为汉军刘粲所虏，与次子卢谧、三子卢诜一起在平阳遇害，唯有长子卢谌幸存。

卢谌，字子谅，清敏有理思，精通老庄，写得一手好文章。因他有一个从母是刘琨之妻，算是刘琨的表侄，一生经历颇为坎坷。他在逃出匈奴人的虎口后，投奔晋阳，刘琨任命他为主簿，后转从事中郎，极得信任。后来刘琨被石勒打败，卢谌跟随他一起投奔幽州刺史段部鲜卑首领段匹䃅（dī）。稍后，刘琨因部分属下与段部鲜卑冲突，被段匹䃅拘禁，自知必死，写了一首传诵千古的五言诗，赠给他最信任的卢谌。这便是著名的《重赠卢谌》：

握中有悬璧，本自荆山璆。惟彼太公望，昔在渭滨叟。邓生何感激，千里来相求。白登幸曲逆，鸿门赖留侯。重耳任五贤，小白相射钩。苟能隆二伯，安问党与雠？中夜抚枕叹，想与数子游。吾衰久矣夫，何其不梦周？谁云圣达节，知命故不忧。宣尼悲获麟，西狩涕孔丘。功业未及建，夕阳忽西流。时哉不我与，去乎若云浮。朱实陨劲风，繁英落素秋。狭路倾华盖，骇驷摧双辀。何意百炼刚，化为绕指柔。

卢谌感刘琨知遇之恩，在他死后逃奔段部另一首领段末杯（《晋书》作"段末波"，慕容垂发妻大段妃的父亲），上疏晋廷，为刘琨鸣冤。再后来，石虎吞并段氏鲜卑，卢谌被后赵军俘虏，石虎颇为赏识他，任命他为中书侍郎、国子祭酒、侍中、中书监。卢谌感到羞耻，却不敢不从，私下对儿子们说："我死之后，你们给我墓前立碑，只要写'晋司空从事中郎'就行了。"后赵末年，冉闵起事，卢谌加入冉魏政权，随冉魏军出征。冉闵在襄国大败，卢谌为后赵军所杀，子孙乘乱逃往南方。

虽然回到晋朝，但卢家的门第一落千丈了。由于过江太晚，更由于卢谌出仕过"伪朝"，江表士族不再把卢家当名门看待。卢家一连两代人都默默无闻，朝廷的蛋糕虽大，却不会有一星半点儿落到卢家人手中了。而卢循，正是卢谌的曾孙，到他这一代，卢家只能屈尊降贵，娶门第不显的孙恩之妹为妻了。卢循少年时就显得神采不凡、多才多艺，他隶书与草书写得很好，棋艺高超。有一个叫慧远的和尚，在算命时对他说："你虽然外表儒雅不俗，但内心不想走正道！"

慧远和尚没说错，但话又说回来，这能怪卢某人吗？不想走正道的原因，是正道不好走啊！卢循的情况与杨佺期颇为类似，都生于落魄的昔日名门，对现实不满是理所当然的，而在当时"上品无寒门，下品无世家"的大环境下，他们的身份要靠官方正常的用人程序来出人头地，几乎是不可能的。而偏偏他们又都是不甘于平庸的人。所以，为了重整门楣，杨佺期选择了从军，而卢循选择了起事。

与孙恩相比，卢循的为人要温和得多，孙恩好多次滥杀无辜，幸得卢循的劝阻而停止，有不少人因此获救。大概出于这个原因，他在孙恩军中很得人心，故在孙天师死后，顺利成为其余部的首领。作为书香世家的卢循，"道行"可能没有孙恩高，但比孙恩更有当首领的能力，尽管受命于危难之际，他还是很快稳住阵脚，这支势力并没有因作战失利和孙恩"成仙"而消亡，实力反而大有回升。

此时，桓玄在建康执政不久，需要操心的麻烦事太多，暂时分不出工夫来对付卢循，于是顺水推舟发了一道招安令，任命他为永嘉太守。卢循也需要时间来喘息，便恭恭敬敬地接受命令，带上部众前去上任。

桓玄弄权

自孝武帝死后直到现在的五年间，晋朝的天下一直动荡不安，内战频繁："昌道内战"爆发了三次，孙恩军登陆五次，还有桓玄灭殷仲堪、杨佺期之战，没消停过一天。百姓苦于连绵不绝的天灾人祸，非常渴望能出现一位政治强人来结束乱局，救民于水火。

桓玄进入建康城，惩办了司马元显信任重用的那些奸邪小人，提拔了一批素有清誉的名士进入领导阶层，使他在一时间内支持率极高。那时，京城一片欢腾，人人都以为太平盛世要出现了。

然而，期望值越高，现实带来的失望就越大。桓玄的本事尽管比司马元显强一些，但从本质上说，他们是同一类人，是贪图享受、眼高手低的纨绔子弟。这一点有不少人已经看出来了。

逃亡的北府将领袁虔之到达长安时，后秦主姚兴问他："桓玄此人的才干如何？及不及得上桓温？将来能否成大事？"袁虔之很有眼光，回答有惊人的预见性："桓玄利用朝政混乱的机会，窃取国柄，并非才干过人。他为人猜忌成性，刻薄残忍，又刑赏不公，以我看，比他父亲差远了！以现在的趋势看，他必然要篡位，但以他的能力，不可能成功坐稳江山，最终只是为将来的英雄开道，成为他人向上攀登的垫脚石罢了！"

果然，没过多久，众人就失望地发现：在建康尚书台办公的官员由司马大人变成了桓大人，朝廷上下都换上了新面孔，但这个新政权没有什么新气象。除了新任广州刺史吴隐之等少数人，各级官员更加腐朽。

桓玄奢侈放纵，比司马元显毫不逊色，他更讲究生活品位，颇似数百年后的轻佻天子宋徽宗。例如，他既喜欢珠宝玉器，也喜欢名贵字画，还喜欢景色幽雅的园林美宅。对这些东西，他时时赏玩不够。只要听说什么地方有这几类宝贝，桓玄就要去把原主人找来，然后与他赌博，把这些东西赢归己有（估计也不是桓大人赌技超人，只是没人敢赢他罢了）。不仅如此，他还派出左右亲信前往四方探访，一旦发现有漂亮的竹木、佳果，就设法搬来装饰自己的宅第，这完全就是"花石纲"的前身。

有桓玄的榜样在前，他的亲信也飞扬跋扈，贪赃枉法。他的主要谋士丹阳尹卞范之，"盛营馆第。自以佐命元勋，深怀矜伐，以富贵骄人，子弟傲慢，众咸畏嫉之"（《晋书·卞范之传》）。侍中殷仲文，"以佐命亲贵，厚自封崇，舆马器服，穷极绮丽，后房伎妾数十，丝竹不绝音。性贪吝，多纳货贿，家累千金，常若不足"（《晋书·殷仲文传》）。

桓玄及其一小撮同党纵情享受的时候，大部分人的生活水准在继续恶化，甚至到了连皇帝司马德宗都受冻挨饿的程度，一般百姓的处境更可想而知。

桓玄缺少政治智慧，但对玩弄表面文章很拿手，很喜欢做戏。大亨元年（402）四月，桓玄离开京城，前往姑孰（当年桓温掌权时，常驻此地遥控朝廷），做出谦让的姿态，请求辞去录尚书事的职务，并让皇帝下诏同意。表面上桓玄不参与国政了，但实际上朝廷每有重大决定，都必须到姑孰请示他才能下发，一般的小事则由其堂兄尚书令桓谦和亲信丹阳尹卞范之决定，换汤不换药。

自桓郎中问诊以来，也没开出过什么好药。因为没有全局观念，桓玄治国喜欢苛察琐碎的小事，以显示自己明察秋毫；因为缺乏长远规划，桓玄朝令夕改，让下边的人无所适从，具体政策的出台往往失误。当时三吴的饥荒仍在继续，百姓逃离家园，外出谋食，到处都是避难流民，于是，桓玄一方面下令赈灾，另一方面勒令各地流民回家。这原本似乎是善政，但桓玄只是泛泛地命令赈济，没有调拨足够的粮米，经手的官吏层层克扣，被召返乡的流民无粮可食，纷纷倒毙路旁，酿成了更大的悲剧。

自然，这种情况并不会妨碍桓玄的属下继续吹捧他爱民如子，为他歌功颂德。到了八月，一批官员在桓玄的暗示下，上疏皇帝司马德宗：太尉桓玄因平定司马元显有功，应该加封"豫章郡公"；因平定殷仲堪和杨佺期有功，应该加封"桂阳郡公"。虽然这些天来，这枚橡皮图章时不时也要饿肚子，但仍忠实履行了自己的职责：准奏。

桓玄原本承袭桓温，已经是"南郡公"，现在又多了两块封地。就像一位有钱人有了三处豪华别墅，但他同时只能住一处，为了不闲置房产，桓玄将"豫章郡公"让给自己只有四岁的儿子桓升，将"桂阳郡公"让给侄儿桓濬。

之后，桓玄继续从事他的演艺生涯。这次他要挑战的新角色，是大义凛然的爱国将领。第二年春，桓玄上疏，表示要亲率三军，北伐中原，扫平关洛，庶竭驽钝，攘除奸凶，兴复晋室，还于旧都。那慷慨义烈，实不下诸葛武侯啊！谁料这份奏章递上去后，朝廷却下诏：不准。一心奉公的"忠臣"桓大人，只得"奉诏"停止行动。

这本来是个好剧本，但因为几乎人人都知道那道不准的圣旨是怎么回事，因而桓玄的演出并不太成功，感动的人不多，大多都在暗中偷笑。

经过这一轮来回折腾，桓玄治国的能力大家总算是了解了，天下人无不对他大失所望。

重装上阵

这个时候，三吴一带连灾情相对较轻的会稽郡，户口都减少了百分之三四十，而临海与卢循刚刚就任太守的永嘉二郡，是其中的重灾区。由于饥饿和逃亡，两郡的民间十室九空，不少富贵人家，虽穿着绫罗绸缎，抱着金银珠宝，却因买不到食物，只能关上大门，活活饿死家中。

卢循已经是朝廷命官，但桓玄肯定不会给他的人发饷。大亨元年（402）五月，卢循率领他的人从永嘉出发，进攻临海郡（辛景虽然打败了孙恩，但拿卢循没有办法），发现这一带几乎没什么可抢的。于是，他转攻东阳。不承想，他很不走运，因为刘裕已经重装上阵，来了！

听说受招安不久的卢循又在惹是生非，桓玄很生气，后果很严重，决定对这个不识好歹的家伙给予迎头痛击。谁能担当这个任务呢？桓玄想到了刘裕。他正想从原北府军树立一个典型，消除军方的不安定因素。未参与政治斗争，没有野心，又特别能战斗的刘寄奴，再次脱颖而出。

自孙恩起兵以来，他的部众和刘裕交手过多次了，不管占有多大的优势，从来都是每战必败。久而久之，他们对刘裕都养成了惯性的恐惧，见到他就如同老鼠见到猫，这样的战斗自然没什么悬念，卢循理所当然被打败，连忙朝永嘉方向溃逃。

可能因为刘裕军也缺粮，或是兵少，或是因为桓玄在上，刘裕也不想这么快就解决卢循，有养寇之心。总之，完成救援东阳的任务就行了，没必要太积极，当出头鸟有什么好？因此，刘裕没有乘胜进击，卢循顺利退回永嘉。

第二年春，缓过气来的卢循命他的姐夫，麾下第一猛将徐道覆为先锋，再次进攻东阳。刘裕率兵迎击，于二月八日大败徐道覆。刘裕因功被桓玄升为建武将军、彭城内史。升官归升官，跟去年一样，刘裕仍然没有趁热打铁，又给了卢循大半年的恢复时间。到了八月，磨磨蹭蹭的建武将军刘裕终于主动出击，兵锋直指永嘉。卢循迎击，战败，退守，再败，只好弃永嘉南逃。刘裕率军在后面不紧不慢地追击。卢循屡败，一路南逃到晋安（今福建福州市），最后从晋安乘船遁入大海，继续向南方逃去。刘裕此时没有水军，追到晋安后回师北返。

十几天后，刘裕到达会稽郡山阴县，在这里，他遇上了正等着他的好友何无忌。何无忌可不是来找他聊天的，而是来说服他起事的。作为刘牢之的外甥，他对舅父的大仇并无一日忘却，而复仇的所有希望就都指望刘裕了。

因此，他一直密切关注局势的变化，感到现在出现了有利的机会：第一，经过一年多的执政，桓玄人心已失；第二，桓氏集团的重要成员，桓玄的哥哥荆州刺史桓伟，刚刚病逝；第三，刘裕得到起用，手中正好握有一支军队；第四，刘裕曾在会稽郡驻军，因军纪良好，在这一带口碑甚佳，容易得到当地人的拥护。因此，何无忌劝刘裕不要回去交令（那等于把现有的兵权交回去），就在山阴起兵反桓玄。

刘裕听罢，感到事关重大，没有轻率决定，悄悄找来与他交情很好的当地豪族孔靖，秘密商议此事。孔靖反对说：“山阴距离建康太远了（约四百公里），起事不易成功（打蛇要打七寸，如果打蛇尾巴，很容易被反咬一口）。而且桓玄现在还没有篡位，此时起兵，也没有足够的号召力，不如等桓玄篡位之后，我们在京口起事，可一举致其死命。”刘裕权衡利弊，认为孔靖说得更有道理，决定暂不动作，装作忠于桓玄的样子，等待更好的时机。

而此时，桓玄可能怕刘裕他们等久了不耐烦，正在与左右心腹策划代晋称帝的事宜。对此事最积极的，是殷仲文和卞范之，两人一面向桓玄劝进，一面已写好了加赐“九锡”和晋帝禅位两份诏书，只差到时候加盖印章了。见部下这么积极拥护，桓玄便同意了，一切按部就班地进行。

九月初，皇帝下诏：任命桓谦为侍中、开府、录尚书事；王谧为中书监、司徒；桓胤为中书令；加授桓修抚军大将军。

九月十六日，皇帝再下诏：划出十个郡建立楚国，加封桓玄为楚王，相国，总管文武百官。接着，又加赐九锡。

所谓“九锡”，是指九种礼器或特殊待遇，表示天子对大臣的最高礼遇，其中包括：一、金车大辂和兵车戎辂各一辆，佩黄马八匹；二、衮冕之服，加上配

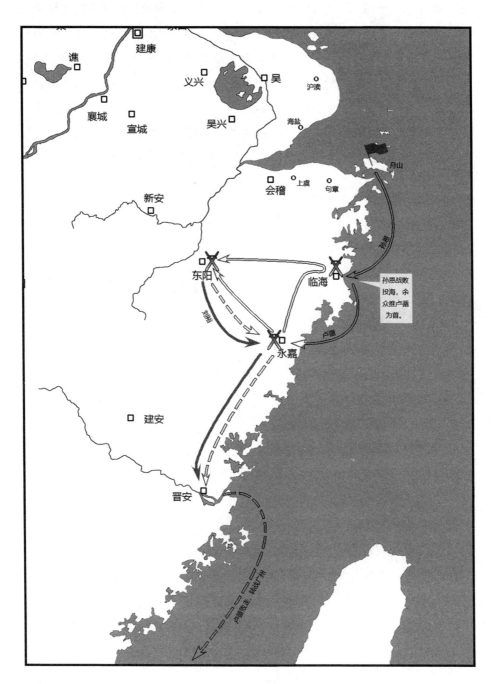

图中标注文字：

谯

建康

义兴

吴

沪渎

襄城

宣城

吴兴

海盐

新安

会稽

上虞

句章

舟山

孙恩

东阳

临海

孙恩战败投海，余众推卢循为首。

刘裕

卢循

永嘉

建安

晋安

卢循败走，转起广州

▲ 402—403 年，孙恩起义

套的赤舄（xì)一双；三、皇家校音器具一套；四、宅第赏赐红漆大门（这条最不稀奇）；五、上朝可享受贵宾专用通道；六、虎贲卫士三百；七、红色专用弓箭一百支，黑色专用弓箭一千支；八、金色斧头（黄钺）；九、供祭礼用的香酒，以少见的黑黍和郁金草酿成。"九锡"本身并没有太大的价值，但有极高的象征意义。

一般来说，在中国历史上，"加赐九锡"是篡夺干线很重要的一站，过了这一站，如果不发生车祸，那么篡位列车的前方到站，便是终点站"祭天受禅"。

灵宝登基

虽然离皇帝宝座只有最后一段路了，但通常这段路是全程中最崎岖的。因此，桓玄仍有不少疑虑，其中很重要的一条，就是要弄清楚刘裕是否支持自己称帝。

击败卢循，凯旋之后，刘裕顺顺当当地将兵权交还北府首领桓修。刘裕表现能干，忠诚无私，让桓玄大为满意。同时，他在北府旧部心目中的地位，也完全取代了刘牢之，成为新的精神领袖，其实际影响力远不是官方指定的桓修能相比的，因此，桓玄已经无法忽视他的态度。

于是，桓玄让负责日常政务的堂兄桓谦去探探刘裕的口风。接到任务的侍中大人不敢怠慢，亲自会见刘裕，悄悄对他说："如今楚王勋高德厚，朝中有不少人在议论，都认为应有禅让之事，不知你怎么看？"显然，桓玄、桓谦兄弟已经把刘裕当成实话实说的至诚君子了，殊不知出惯老千的刘寄奴正准备要"钓鱼"："当今楚王，是宣武（桓温，其谥号是'南郡宣武公'）之子，不论功勋德望，皆是当世无比。而晋朝衰弱已久，百姓的期待指望早已不在司马皇家的身上。此时顺应天意人心，接受禅让，有何不可？"桓谦听罢，大喜："既然连你都说可以，那就肯定可以了！"

事后看来，桓氏兄弟在此事上的天真程度令人咋舌。就算是白纸黑字的誓书，都不见得可信（大河剧《武田信玄》中有一句台词说得经典："盟约这种东西，只在撕毁前有效！"），何况是这样一句空口无凭的话？但桓玄与桓谦竟然就信了！

一般来说，桓玄识人的能力还是不错的，如当初对殷仲堪的判断，就不差分毫。对刘裕的才干，他也有清醒的认识，怎么还会犯这样致命的错误呢？在下认为，桓玄上当，在很大程度上是被刘裕以往的表现及其出身欺骗了。

在桓玄看来，刘牢之反司马元显时，刘裕曾强烈反对，但刘牢之再反桓玄时，刘裕不但不从，还辞官还家，证明了他不仅不是刘牢之同党，还很有操守，绝非刘牢之流的反复小人。他不久前击破卢循，也很快交还兵权，显得完全没有野心，此人应该是一条直性汉子，心口相随，言出必行。桓玄出身高贵，必然沾染了当时盛行的门阀观念，很可能认为，刘裕虽战功卓著，但出身低，资历浅，眼光定然不会很高，就像初进大观园的刘老老，随便得件东西都当成宝，能得到自己的破格提拔，定然感恩图报。

说起来，低微的出身对一个要干大事的人来说，多数时候是一种阻力，但在特定的情况下，也可能是一项优势：慕容垂大半辈子都在低调做人，但仍时时是别人的重点防范对象；刘寄奴一招并不精深的韬晦之计，就把桓玄、桓谦哄得一愣一愣的。

放下心来的桓玄，开始为篡位历程的最后冲刺添加燃料。

首先，他继续做戏，上疏司马德宗，请求辞职，返回封国养老。傻皇帝司马德宗亲自作书挽留，桓玄便顺理成章地留下来，一副勉为其难的样子。

其次，各种天降的"祥瑞"当然也是不能少的。十月，有地方官员奏报：淤塞多年的钱塘县（今浙江杭州市）临平湖湖面突然开通，充满清澈的湖水。这个消息一传到建康，朝中文武百官齐集庆贺，"司马德宗"下诏曰："这样的祥瑞不是我这个德薄的君主能承的，一定是因为相国的功德达于极致，所以天地为之动容。太平的教化，就数今天最为盛大，四方的百姓，无不心悦诚服，只恨语言的贫乏，都找不到可供赞美的言辞了。"不久，又有地方奏报，江州降下甘露，为"祥瑞"锦上添花。

【作者按：临平湖，在今浙江省杭州市临平镇南，已不复存在，但在当年是一个充满灵瑞的奇异圣地，整个湖面长满了荷花，接天莲叶无穷碧，景色十分秀丽。更奇妙的是，据称此湖通灵，当地父老传说：此湖塞，天下乱；此湖开，天下平。临平湖在东汉末年干枯，不久，天下大乱。到东吴孙皓执政时湖面重开，不久，晋灭吴，天下一统。之后湖面又被荷、苇堵塞，直到陈朝末年，湖面再开，接着是隋朝统一。仿佛有几分灵验，至于桓玄这次湖开的记录是否属实，则不详。】

除了制造"祥瑞"，桓玄还有一个很可笑的想法：认为每逢圣王开基之时，天下都会有著名的隐士，比如周武王时有伯夷、叔齐，汉高祖时有商山四皓［汉初隐居商山的四个老头，即"东园公"庚宣明、"夏黄公"崔少通、"绮里季"吴实和"甪（lù）里先生"周元道]，汉光武帝时有严子陵（刘秀的同窗，不愿给老同学做事，隐于富春山），晋武帝时有皇甫谧（汉末名臣皇甫嵩的曾孙，学者，有《帝王世纪》《列女传》等著作传世）。如果自己开国时没有大隐士，岂不是比这些前辈掉价？

奈何大隐士这东西产量不高，并不像货架上的大白菜，随到随买。楚王说了："这个可以有。"但是，下属的调查报告是："这个真没有！"

不过，这点儿小困难岂能难住桓灵宝？桓玄派人像"星探"一样四处搜寻合适人选，找到皇甫谧的六世孙皇甫希之，决定由他来扮演隐士。桓玄给了皇甫希之一笔钱，命他进山中隐居，然后让皇帝下旨，征召他为著作郎，但又命皇甫希之推辞不就。接着，再让皇帝征召，再让皇甫希之拒绝……这样的双簧反复演了几次，朝廷下旨褒奖，宣布了对皇甫希之的鉴定结果——"高士"。一位大隐士就这样被生产出来了。可惜，和上个剧本一样，这次的演出也不太成功，当世人都偷偷讥笑皇甫希之为"充隐"。

各种准备工作都做足之后，大亨二年（403）十一月，冗长啰唆的禅位仪式正式到来。

十一月十八日，由卞范之拟好的禅位诏书拿到皇宫，要安帝司马德宗照着抄写一遍，由临川王司马宝负责协助（恐怕是由司马宝代笔）。十一月二十一日，司徒王谧入宫，从安帝处取走传国玉玺，呈献给楚王桓玄。十一月二十三日，司马德宗搬出皇城，暂住永安宫，后与弟弟司马德文一起，迁往寻阳（今江西九江市）。十一月二十四日，晋朝历代皇帝的牌位被迁出太庙，在朝的文武百官一齐出城，去姑孰向桓玄劝进。十二月三日，三十四岁的桓玄正式在九井山的受禅台上登基称帝，国号"大楚"，改年号为"永始"，实现了桓温未能实现的梦想。桓玄追尊父亲桓温为"太祖宣武皇帝"，嫡母晋南康公主司马兴男为"宣皇后"，儿子桓升为豫章王，桓家人如桓谦、桓修等一班兄弟子侄也各自封王。立国已一百三十八年的晋朝（包括西晋）暂时灭亡。

波澜涌动

请问大楚朝的开国皇帝是谁？十个人中起码有九个半不知道：楚朝？有这么一个朝代吗？莫非是陈胜（张楚）或项羽（西楚）？这怪不得大家，只怪这个"楚朝"实在是短命，而且其地位又未得到正史的承认，尽管它实实在在地存在过。

短命的大楚朝，一开局就没什么好兆头。十二月九日，桓玄住进建康的皇宫。谁知就在他登上皇帝御座的时候，也不知是因为他体重超标，还是御座本身让人动过手脚，这个本该质量很过关的座位竟一下子塌了。摔了一跤的大楚皇帝很没面子，在场群臣全都大惊失色。好在此时，侍中（晋朝同时有四个侍中，桓谦和殷仲文都是）殷仲文挺身而出，及时展示了马屁精的专业精神："这一定是因为皇上的恩德太过厚重，连大地都难以承载！"桓玄才转惊为喜。

这件事让殷仲文糊弄过去了，但桓玄并不心安。一个多月后，大楚永始二年（404）二月一日夜，长江突发洪水，大水突破堤防，冲进石头城（今南京市西北），卷走了不少百姓。当时，百姓的哀号呼救声与怒涛澎湃的声音交织在一起，震天动地。正在皇宫中，尚不明缘由的桓玄听到后，大惊："难道是有人造反了！"

桓玄之所以产生这样的误解，是因为早在他称帝前，百姓对他越来越失望，各地对他的反对声浪渐渐从无到有，由小变大。

大亨二年（403）九月，原殷仲堪的旧部庾仄，乘着荆州刺史桓伟病逝，新刺史桓石康未到任的机会，集结七千余人，突然进攻襄阳，打败雍州刺史冯该，攻克城池。而后庾仄设立晋朝七代皇帝的祭坛，声称要为晋朝讨伐奸贼桓玄。后来，桓石康到任，调大军征讨襄阳，庾仄战败，逃往后秦。

同月，已逃到南燕的高雅之和中书侍郎韩范上疏南燕皇帝慕容备德（慕容垂的幼弟慕容德），请求燕军南下讨伐桓玄，声称"桓玄犯上作乱，上下离心离德"，"即使不能平定吴会，至少长江以北唾手可得"。但慕容备德考虑再三，不愿惹是生非，只在都城广固举行了一场盛大的阅兵式（按史书记载，参加此次阅兵的军队多达步兵三十七万，骑兵五万三千，战车一万七千辆，这几个数字肯定被大大夸张了），便不了了之。燕军南下虽未成为现实，但证明大楚朝那些流亡在外"持不同政见者"，时时"亡我之心不死"，威胁仍然是现实存在的。

不久，更大的乱子发生在益州（今四川）。水淹石头城的同月，益州刺史毛璩（qú）拒绝接受桓玄授予的散骑常侍、左将军官职，不承认这位大楚皇帝，并扣留了桓玄的使臣，传檄四方，列举桓玄的罪状，号召天下共讨之。

毛璩，字叔琏，祖父是东晋初年的名将毛宝，父亲毛穆之曾为益州刺史。毛璩年轻时曾为桓豁（桓温弟，时任荆州刺史）手下参军，后又转任谢安府下的参军，不久调往辅国将军谢琰（山阴之役中败死孙恩之手的那位）麾下任征虏司马。在太元八年（383）的淝水之战中，毛璩立下战功，升为宁朔将军、淮南太守。后来又因讨平海陵县青蒲一带的乱民有功，再升为西中郎司马、龙骧将军、谯梁二郡内史。孝武帝执政末年，毛璩接替郭铨担任益州刺史，从此开始节制蜀中，在昌明与道子两党的历次争斗中，他一直采取中立立场，从未参与，所以他既非桓玄的旧敌，也非旧友。

但现在桓玄篡位称帝，原先一直不管闲事的毛璩终于冲冠一怒，起兵了。他命部将巴东太守柳约之、建平太守罗述、征虏司马甄季之挥军进攻，打败了楚朝任命的梁州刺史桓希，然后亲率益州军沿江东下，推进到白帝城（今重庆奉节县东白帝山上，刘备的托孤地）。立国没几天，楚朝的西面就出现了一个不容忽视的敌人。

英雄集结

可能是为了商议如何对付西边出现的危险事态，本月，大楚帝国的徐兖二州刺史、安成王桓修从京口进京朝见桓玄，在他的陪同人员中，就有彭城内史刘裕。这是桓玄与刘裕两人之间的第一次见面，也是最后一次。

在历史上，这两位同样篡晋称帝的人见了面，究竟说了些什么，史无明文，但可以知道的是，未来的宋武帝给此时的大楚皇帝留下了深刻的印象。第一天会见结束后，桓玄对他的重臣，刘裕曾经的恩公司徒王谧大发赞叹说："刘裕气度不同于常人，真算得是当今的人杰了！"

这句话是纯粹的夸奖，并不暗含"说破英雄惊杀人"一类的居心。接下来的几天，不论是出巡还是朝堂集会，桓玄都要召刘裕作陪，对他殷勤款待，屡屡重赏，还特别下旨嘉奖刘裕及属下有功人员："刘裕以寡敌众，屡次击破贼寇的锋芒，并跨海穷追（指进攻郁洲的事），将这帮妖道十歼七八。其属下众将奋力作战，虽重伤不下火线。因此，从主帅到各级将士都应该重赏，以奖励诸位的功勋。"公平地看，桓玄对刘裕恩遇并不下于苻坚待慕容垂。

当年苻坚初见慕容垂，重臣王猛便认为慕容垂非久居人下之人，劝苻坚趁早杀之。而桓玄身边，正好也有这么一个角色，她便是桓玄的皇后刘氏。刘皇后是两晋更替时代豫州刺史刘乔的曾孙女，也属于汉朝皇族之后。当年"八王之乱"时，刘乔与刘琨是死对头，不知是不是受曾祖父的遗传影响，刘皇后也和姓刘的过不去。她对桓玄说："刘裕龙行虎步，视瞻不凡，恐怕不会久居人下，不如乘现在把他除掉！"这话几乎和王猛说的一模一样，而桓玄的反应也和苻坚相差不太大："我正要扫清北方，平定中原，除了刘裕，还有谁能担当这样的重任？你说的那件事，等将来天下一统，再慢慢考虑吧。"

桓玄大概没想到，他对刘裕的厚待，刘裕内心丝毫不为所动，按照刘寄奴早已盘算好的步骤，大楚皇帝已经是他将要捕杀的猎物。几天之后，刘裕假意声称自己旧伤复发，要回去养病。桓玄毫无戒心，让他离开建康。刘裕与何无忌一起，乘船返回京口。

才刚回到家，就有一位京口老乡来找何无忌。这个人是青州刺史桓弘的参军，桓玄身边红人刘迈的弟弟——刘毅。刘毅，字希乐，祖籍和刘裕一样，都是彭城，至于是不是汉室宗亲，就不大清楚了。他少有大志，自负有文武才干，不治产业。也就是说，他和刘裕一样喜欢，甚至更喜欢赌博，可能赌技还要高一点儿，因为没听说他曾让人吊起来打。总之，这个人极有冒险精神，天生就是不安分的主儿。

刘毅一见到何无忌，便开门见山地提出，要同何无忌一起谋划讨伐桓玄（看来他早看出何无忌的心意，而且胆子也大，不愧是赌徒）。何无忌假意说："如今桓家这么强大，如何对付得了？"刘毅满不在乎："世间的强弱，是不断变化的。如果领导无方，即使现在强大，也很快会变成弱小。要举大事，现在缺的只是一个能干的带头人罢了。"何无忌试探他说："我看草莽之间，不是没有英雄啊！"刘毅坦然道："依我所见，当今能算英雄的，只有刘裕一人而已！"何无忌笑而不答，其意尽在不言中。

随后，以刘裕、刘毅、何无忌三人为首，悄悄会集了一批志同道合的好汉，开始秘密策划讨伐桓玄的具体计划。除了三个领头的，这个反桓密谋集团的主要成员还有以下几人。

刘道规，字道则，刘裕同父异母的幼弟。大概受大哥的影响，刘道规也投了军，此时也担任青州刺史桓弘的参军，和刘毅是同事。虽然没有兄长那么了得，刘道规仍算一个将才，不争名利，比较顾全大局。

王元德、王仲德兄弟原是北方太原人，在前秦帝国危急期间，响应秦主苻丕的号召，发起义兵讨伐慕容垂。结果当然是让后燕军打了个落花流水，两兄弟率余众南逃晋朝，被任命为弘农太守，弘农让后秦攻占后，变成挂名太守。桓玄篡位后，王仲德悄悄对人说："虽然自古以来，革朝易鼎，不乏其人，不过今天登基这位，恐怕不足以成大事。"他与兄长双双加入。

诸葛长民，琅邪阳都人，文武全才，但既贪财又好色，一向没什么好名声。他原在桓玄帐下做参军，后因为捞钱东窗事发，被免职。诸葛长民对此愤愤不平：

"论贪污受贿，我哪有殷仲文、卞范之他们捞得多啊？"他感觉跟着桓家人已没什么"钱途"，愤而加入密谋集团，此时正任豫州刺史刁逵的参军。

檀凭之，字庆子，祖籍高平金乡（今山东金乡县北），世居京口，和刘裕家同住在一条大街上。两人自小便是好友，后来又多次参与刘裕讨伐孙恩的作战，彼此交情深厚。他也加入了密谋。和少时的刘裕不同，檀凭之是个好男人的典范：正直、宽厚、富有同情心。他的一位从兄去世，留下五个年幼的孩子，孤苦无依，他就将这几个侄儿接到自己家抚养，视同己出。值得一提的是，这几个孩子中，就有后来的刘宋名将——《三十六计》的原作者檀道济（这是根据《资治通鉴》及《晋书·檀凭之传》《宋书·檀道济传》的记载推导出来的，如按《宋书·武帝纪》记载，则檀道济是檀凭之的叔父，应为笔误）。此时的檀凭之正担任东莞太守、宁远将军，论职位，在加盟众人中仅次于刘裕。

魏咏之，字长道，任城（今山东济宁市南）人。他出身贫苦，相貌丑陋，长了个兔唇。但他好学不倦，毅力过人。十八岁时，他听说殷仲堪手下有个名医能治兔唇，便想去求治。但此时家里穷得连路费都不够，他说："要一直是这副丑样，我还活着干什么？"他背上几斗米，一路风餐露宿，硬是走到了荆州。一向很有同情心的殷仲堪听说了他的故事，又觉得他很有才干，便做了一次好人，收留他到帐下做事，并让那位医生免费给他医治。医生告诉他，可以做手术，但手术之后百日内，只能喝粥，不能说话，也不能笑，很少有人能坚持。他不以为然地说："就算半辈子不能说话，也还有半辈子，何况才一百天？"他说到做到，果然百日不语。他虽然治好了兔唇，但也变不成美男子。他后来到桓玄那里应聘，桓玄嫌他长相不好，有碍观瞻，便让他下了岗。他郁郁不得志，遂参与刘裕的密谋。

孟昶（chǎng），祖籍平昌（今山东临邑县东北），家住京口，时任青州刺史桓弘帐下主簿。一次处理公务，桓弘派他前往建康面见桓玄。桓玄与他交谈后，对他的才学非常赏识，便向刘迈打听："今天我见到一个人才了，孟昶与你同是京口人，你以前可曾听说过他？"刘迈与这个同乡向来交情不好，也不愿他来分自己的恩宠，便回答说："我以前在京口时，没听说他有什么过人的才能，只是会写几首诗，经常和他的父亲应和。"桓玄听后大笑，就不再有提拔孟昶的想法。因为面试效果极好，孟昶以为马上要飞黄腾达了，谁知什么也没有。他只得愤愤返回京口。

作为他的朋友，刘裕前来安慰他："跟不了桓玄也没什么，你没听说吗？草莽之间很快要有英雄崛起了！"孟昶道："如今的英雄还能有谁？应该就是你吧！"于是，他也加入进来。

另外还有河内太守辛扈兴、振威将军童厚之（这两位事迹不详），共十二条好汉秘密结盟。大家密切配合，准备起事。反正豁出去了，舍得一身剐，敢把桓玄拉下马。

京口举义

　　一个大胆的政变计划很快被制订出来。刘裕密谋集团分成四路，同时起事：刘裕、何无忌、檀凭之、魏咏之等负责杀掉桓修，夺占京口；刘毅、刘道规、孟昶负责除掉青州刺史桓弘，夺取广陵；诸葛长民负责袭杀豫州刺史刁逵，夺取历阳；一旦三处得手，就从东西两面同时进攻，夹击建康，而王元德、辛扈兴、童厚之则潜入建康，会同刘毅的兄长刘迈共做内应，里应外合，一举消灭楚朝。

　　虽然是四路起事，但并不代表兵强马壮。刘裕此时手中并无一兵一卒，其他加盟者也都是光杆司令，只能秘密串联数量很少的亲属、部曲和部分退役的北府旧军士。即使在京口，串联的人数也不过百余人，广陵只有几十人，在历阳和建康的人数不详，但因刘裕等人在此两地没有根基，人数只可能更少，四个地方加到一起，人数也不到庾仄的十分之一。这意味着，刘裕他们将要在大楚帝国的四个统治中心地带，同时上演空手套白狼。用合计不到今天一个营的兵力，去挑战一个面积二百多万平方公里，拥有几十万正规军的帝国，只要稍有差池，就必败无疑！

　　尽管失败的概率很大，但物以类聚，敢参加刘裕密谋的人，大多具有不要命的赌徒气质，怕什么？加盟众人全都信心百倍地分工协作。

　　孟昶是密谋集团的"财政部长"。在这一群草根英豪中，就数他的家资最为丰厚，但他家中财政预算这样的小事，一向是由妻子周氏说了算。钱到用时方恨少啊，他只好硬着头皮来找妻子，施展他拐弯抹角的语言艺术："我听说刘迈在桓玄面前，对我造谣中伤，我这辈子都让他毁了，只剩下造反一条路了。你最好早早和我离婚，免受牵连。将来我万一得了富贵，再重新回来娶你。"但周氏是一个少见的贤妻，回答说："你父母都还在世，连他们都不顾，就要去干造反的事，自然也不是我一介妇人能够阻止的。但我不会和你离婚，就算你失败了，我被没为官奴，也要在奴工营里继续奉养公婆，义无反顾。"

就算放在电视剧中，这也是很煽情的桥段了。孟昶还没达到目的，一点儿也不高兴，怅然若失。到底知夫莫若妻，周氏看出了他的心思："你心里所想的，恐怕不是那几句话，而是要钱，对吧？"周氏指着怀中的孩子说："如果他能卖钱的话，我都舍得！"随后，周氏将全部家产变卖，交给孟昶。周氏有个堂妹，可能是个布店老板娘，周氏假意对她说，自己做了一个很凶的噩梦，请她将所有红布拿来辟邪。堂妹听信了堂姐的话，如约将红布送来，周氏则连夜开工，将它们缝制成战袍。

何无忌是密谋集团的笔杆子。接受任务后，他连夜在家中起草反桓檄文，文思泉涌，慷慨义烈之时，没有注意做好保密工作。他的母亲，也就是刘牢之的姐姐刘老夫人，悄悄踩着凳子，攀到屏风后面偷看，瞧瞧这个儿子大半夜不睡觉，究竟在干什么。她一看之下，又惊又喜，激动得热泪盈眶："我自惭比不上东海吕母（王莽时海曲县一小吏的母亲，因儿子被县令诬杀，她散尽家财，集合百姓，攻进县城，诛杀县令，为儿子报仇），不能为兄弟报仇，但能有你这样的儿子，也没什么遗憾了！"她又问儿子同党有谁，谁是领头的。何无忌回答："刘裕！"刘老夫人大喜："那你们肯定能成功！"

与此同时，山雨欲来的大楚帝国一切正常。皇帝桓玄对刘裕等人毫无戒备，仍在一些不急之务上斤斤计较。不久前，尚书台在回复诏书的公文中，错把"春蒐（sōu）"写成了"春菟"，桓玄发现这么一个卖弄学问的好机会，如获至宝。春蒐，意为天子或诸侯在春天时外出狩猎。春菟，只能理解为春天的菟丝子草了。"明察秋毫"的大楚皇帝决定抓住这个典型事例，对相关责任人进行处理，凡经手此公文，在此公文上签过字、盖过章的各级官员，一律降职的降职，罢官的罢官。

从此，大楚皇帝客串语文老师上了瘾，看公文特仔细，以"天网恢恢，疏而不漏"的精神与错别字做斗争。时间就这样在刘裕等人的精心准备和桓玄的精心抠字眼儿中，一天天过去，马上，就到二月底了。

二月二十七日晨，春风送爽，阳光明媚，一个看起来平常的日子。

在京口，已经泡了十多天"病假"的刘裕，似乎"病体"痊愈了，不过还没去上班。一早起来，他乘着好天气邀上一帮亲戚朋友，出城打猎去了。在城外僻静处，他们又"偶遇"从周边各处赶来的一些"游人"，一百多"猎手"在京口郊外一个不引人注目的地方会合，他们好像兴致很高，今天估计要在外野营……

在广陵的青州衙门，主簿孟昶提议明天全体放假，外出"春蒐"。那个时候，狩猎是中上层人士最流行的娱乐方式之一，并不只是刘裕喜欢。因此，这个令人愉悦的建议，得到了参军刘毅、刘道规等一大帮属员的热烈赞同。青州刺史桓弘也想借机慰劳慰劳自己，很高兴地同意了，决定明天一早出发……

在大楚帝国的都城建康，刘毅的兄长刘迈一早从床上醒来，觉得右眼皮跳得厉害，莫名烦躁。果不其然，来了一个不速之客，名叫周安穆，他带来了刘裕和他弟弟刘毅的一封信。刘迈看完，差点没惊掉下巴，刘裕他们竟然要造反了，让自己充当内应！刘迈的胆识远不及弟弟，而且他正得桓玄宠信，实在犯不着把脑袋瓜子别到裤腰带上，去干这种凶多吉少的勾当。迟疑了半晌，刘迈含糊其词地答应了，但周安穆看出他心神不宁，恐有意外，便又急急奔回。

过了一会儿，桓玄派人传旨给刘迈，把正提心吊胆的刘伯群（刘迈，字伯群）吓了一跳。还好，不是逮捕令，而是外放他为竟陵（今湖北天门市）太守（不知是不是因为他写了错别字）。刘迈初感意外，但转念一想，也好，赶快离开这个是非之地吧，不管刘裕成败，都与自己无关了。刘迈立即收拾行装，只等明天一早就动身出发。

夜色降临，如钩的弯月洒下一片淡淡的光芒，照在一个个不眠人的身上：京口郊外的营地里，刘裕等人正在检查伪造的朝服与令牌；广陵的刘毅、刘道规、孟昶等正在一个秘密的地点，斟酌着明天行动的细节；历阳的诸葛长民则被突如其来的琐事绊住了手脚，心急如焚；而在建康，刘迈正打算早早睡觉，他很想把今天这些让人心惊胆战的事，都当作一场噩梦忘掉，但越是这么想，就越睡不着。正烦躁间，宛如梦魇，桓玄突然派人送来一封信："北府那边最近人情怎么样？你最近和刘裕见过面吧，都和他说了些什么话？"刘迈看罢，大惊失色。桓玄为什么这样问？难道他已经全知道了，等着自己去坦白？刘迈几乎不敢再想下去……

终于，这个漫长的不眠之夜过去，历史迎来了天翻地覆的楚永始二年（404）二月二十八日。

天色微明时，京口的城门刚刚打开，何无忌穿上山寨版的朝服，冒充传诏的敕使，在刘裕等一百多人的前呼后拥下轻易进了城，直奔徐、兖二州刺史桓修的官邸。不明就里的桓修出来接旨，当场被斩杀，随后砍下首级示众。虽然杀了桓修，但刘裕义兵仍身处险境，片刻之后，听闻事变的消息，桓修的属下，司马刁弘（豫州刺史刁逵的次子）急率徐州文武官吏及兵士赶来平乱，人数远超过刘裕。

眼看情势危急，刘裕登上城头，对着刁弘带来的人高声大喝说："你们听好了：江州刺史郭昶之，早已拥戴皇上复位（因安帝司马德宗被桓玄放逐到江州寻阳，由郭昶之负责看管，刘裕故而如此造谣）！我们接到密旨，诛杀逆党桓氏一门，余者不问。今天，匪首桓玄的人头，已经被砍下挂在了大航（建康城南朱雀桥）！你们难道不是晋朝的臣子吗？还想为他卖命？"不愧是刘寄奴，扯起谎来像煞有介事。刁弘和手下闻之色变，信以为真，再加上桓玄篡位之后大失人心，被刘裕这么一忽悠，刁弘和他的人都四散退走。刘裕计划中的第一个要点：京口，被成功夺取！

在广陵，刘毅等人起了个大早，天还没有亮，他们就叫开了城门，声称刺史桓弘大人要出城打猎（这的确是昨天桓弘同意的）。同时假借桓弘的名义，把城中的卫兵都叫到城外候着，等待桓刺史出城。等把州府的卫兵都诓出城之后，刘毅、孟昶、刘道规率五六十名壮士直接闯进桓弘的住处，将正在吃早餐的桓弘击斩。广陵也被刘裕的人成功控制。

控制广陵后，刘毅立即集合人手，渡江南下，前往京口与刘裕会师。刘裕等广陵方面的人一到，就派刘毅将已经退回家的司马刁弘和刁弘的叔叔刁畅一起处死（这是刘裕在公报私仇，报复当年刁家人将他绑起毒打的往事，不过刁家人一向横行乡里，死得也不算太冤）。

在建康，情况则发生了突变。刘迈一早起来，急忙赶往桓玄处求见，一五一十把知道的都向这位大楚皇帝坦白交代了。话说自"春蒐"事件后，那些官员全学精了，又不懂得体恤上情，要找个错别字太难了。桓玄昨晚看得腰酸眼痛也未有斩获，写那封信不过调剂一下情绪，随口问问罢了，对刘裕等人的谋划其实毫无察觉。不想瞎猫一张嘴，落下一只死耗子。此时接到刘迈的报告，桓玄大为震惊，马上封刘迈为"重安侯"以示嘉奖。

可等刘迈刚退下不一会儿，大楚皇帝又发觉有点不对劲，急忙又把他召了回来，问他：那个给你送信的周安穆如今何在？什么，跑啦？当初你为何不把他抓起来？刘迈一愣，知道坏了。果然，桓玄大怒："你根本就不忠于我，只想两头讨好是吧？"于是，他立即下令，将刘迈斩首。

然后，建康城中立即展开大抓捕，王元德、辛扈兴、童厚之三人都被捕，随即遭到杀害，刘裕计划中的建康内应部分完全失败。

在历阳，诸葛长民因为意外耽搁了时间，未能及时发动，消息一经走漏，刺史刁逵立即将他逮捕，后决定用囚车押往建康，刘裕计划中的历阳部分也失败。

世间的事，绝少一帆风顺。在最关键的二月二十八日，刘裕的计划只成功了百分之五十，煮成了一锅夹生饭。因为没能在不惊动大军的情况下迅速推翻桓玄，原本的政变图谋已然落空，接下来只有靠打硬仗了。从总体上看，桓楚帝国在实力上较之刘裕，有绝对优势。京口义兵所处的形势，仍不容乐观。

风云际会

　　楚军的反扑很快会到来，如以现有这一百多号人去迎击，无异于鸡蛋碰石头。所以，当务之急，就是要在最短的时间内，迅速调动京口、广陵两地的人力物力，组建起一支像样的军队，先发制人。这当然不是一件容易的事，需要一个负责的干才，他应该具有高度的专业技巧和非凡的组织协调能力。刘裕问何无忌："我们现在急需一位称职的主簿，你可有合适的人选？"何无忌已胸有成竹，回答说："最合适的莫过刘道民。"

　　何无忌提到的这位刘道民，大名刘穆之，未来刘宋王朝的天字第一号功臣，现年四十四岁，长于刘裕三岁。他祖籍东莞莒县（今山东莒县），也是刘裕等人的京口老乡，早就相识，但似乎也并不是特别熟，因此在首批参加密谋的人中并没有他。刘穆之精通《书》《传》，才华过人，曾做过琅邪内史江敳的主簿，但因门第不高，始终不被重视，怀才不遇，现正赋闲在家。

　　刘穆之的祖上据说是西汉高祖刘邦的庶长子齐王刘肥，不过那是五百年前的老黄历了，和刘裕一样，到刘穆之这一代，破落已久。他年轻时穷得经常吃了上顿就没下顿，可这位刘爷偏偏是位美食家。他博览群书，想来读到《论语》中的"子曰：食不厌精，脍不厌细"时，定然食指大动，心向往之。心虽向往，可惜掏掏两袖，除了左手胳膊肘，就是右手胳膊肘，气得死小偷，没有钱果然是万万不能的。好在西墙塌了，还可以拆东墙来补，刘穆之虽穷，但他的岳父和大舅子并不穷。

　　刘穆之的妻子，是中等士族济阳人江嗣的女儿，娘家颇为富裕。于是，刘穆之每每到吃饭之时，就前往蹭之。一次两次倒也罢了，可刘穆之三天两头来吃白食，江家人渐渐不再给这位穷姑爷好脸色。妻子江氏很着急，劝丈夫不要去江家，但刘穆之既好吃，脸皮又厚，仍常常去打秋风。

　　一天，江家举办庆典宴会，事先说好不请刘穆之。谁知宴席一开始，刘穆之再一次不请自来，江家人也不好轰他出去，勉强安排他入席。刘穆之不把自个儿当外人，等酒足饭饱，见有新采的槟榔，就请求拿两个回家。他的大舅子正一肚子不高兴，便当众人的面讥笑他说："槟榔可是用来消食的，妹夫你跟个饿鬼似的，几时吃饱过，要它何用？"众人哄堂大笑，笑声如掌，狠狠地拍在刘穆之的脸上。此后，他不再去江家。妻子江氏得知此事，将自己的长发剪下换钱，买来酒菜，谎称是自己哥哥送来的。但刘穆之又岂能不知，见到妻子再也不在自己面前梳妆，其中苦辣辛酸的滋味，难为人道，只有自知。

刘穆之发达后，最大的爱好就是摆上大桌子，邀请一大班亲朋故旧到家里开饭局，每顿与他同桌共餐者不下十人，可知"槟榔事件"在他心底留下的伤害有多么沉重。只是刘穆之心胸比较宽大，反应是良性的。他做到丹阳尹时，派人去请大舅子，江氏以为他要报复当年受辱之恨，哭着替自己的哥哥求情，刘穆之笑道："我对他们并无怨恨，谈何报复？"果然，江氏兄弟来后，刘穆之热情款待，酒宴结束时，让人用大号金盘子抬上整整一斛（三四十斤）槟榔，送给江氏兄弟，可以想见江氏兄弟的尴尬样儿。

不过，这些都是后话了。在二月二十八日京口起义以前，刘穆之仍是芸芸众生中，一个一文不名的穷文人。这天清晨，刘穆之听到州政府那边人声喧哗，知道必然有大事发生了，便奔到街头观望情势，正好，见到刘裕派来的信使，邀请他前去相见。刘穆之看过邀请信，马上明白了是怎么一回事，突如其来的重大变故让他呆立在当场，目光发直。他反复考虑了好一阵子：往前一步可能是万丈深渊，好点儿也是艰险难测。但是，自己能不迈这一步，甘居平庸，做别人眼中蹭饭的无赖，与草木同朽吗？终于，他心一横，做出了最终的选择，几步奔回家，撕碎布衣，做成绑腿（这样方便行军，与班超的投笔从戎有异曲同工之意），前往拜见刘裕。今后不管成败，他已将这一生做注，押给刘裕了！

两人一见面，刘裕假意说："我们的义兵刚刚发动，一切都在草创阶段，十分艰难，非常需要一位能干的行政人才，你看谁比较合适？"刘穆之不再客套，当即毛遂自荐："贵府初建，军吏一定得有真才实学的人才能胜任。就现在仓促之间，恐怕没人超得过我。"刘裕会心大笑："你肯屈尊来就职，我的事业必然成功！"就在当场，任命刘穆之为主簿，参与军事。

就这样，短短数语，敲定了南朝历史上配合最默契的一对黄金搭档。此后，刘穆之与刘裕的关系，后来居上，成为彼此最亲密的战友，这大概算是一种另类的一见钟情吧？刘裕和刘穆之从此找到了自己在政治上的另一半，风雨同舟，共同渡过重重险阻，将奋斗的轨迹留在史书的字里行间。正所谓"一朝时运会，千古传名谥"。

接着，大家共推刘裕为盟主，总管徐州军政；孟昶为长史，坐镇京口；檀凭之为司马，接替倒霉蛋刁弘。自然，都是没有委任状的。刘裕随后吩咐将已被暴尸快一年的刘牢之遗骨收葬，同时也让人厚葬桓修。

二月二十九日，刘裕向四方发出一篇慷慨激昂的檄文，声讨桓玄的罪状，称这位大楚皇帝"陵虐人鬼，阻兵荆郢，肆暴都邑"，罪恶超过了夏朝的寒浞（zhuó）（寒浞，传说是夏朝有穷氏首领后羿的心腹。后羿驱逐夏王太康，寒浞又谋杀后羿，篡夺夏王之位，后为少康所杀）、寒貐（yì）（寒浞的儿子）和汉朝的王莽、董卓，所以他刘裕才和一班忠义之士，起兵讨逆。又宣布了目前反桓战争的一派大好形势：益州刺史毛璩，已经出兵平定了荆州，端了桓玄的老窝（实际情况：毛璩军正受阻于三峡，寸步难行）；江州刺史郭昶之，已经在寻阳重新拥护晋安帝复位（实际情况：郭昶之仍然是大楚朝的忠臣）；镇北参军王元德等人已攻占石头城，威逼建康（实际情况：王元德等人已经阵亡）；扬武将军诸葛长民已经夺取历阳，控制豫州（实际情况：诸葛长民已经被捕，正在历阳吃牢饭）。甭管内容真假，它确实起到了震慑人心的作用。

与此同时，短短一天之内，一支一千七百余人的讨桓义军已经在京口组建起来，并在刘裕的指挥下挥师西进，推进到竹里（今江苏句容市北）。他们的人数虽然还很少，但几乎全是战场上如狼似虎的北府老兵，他们对那位百战百胜的刘大哥有绝对的信任和爱戴，对桓玄此前迫害北府旧人的行径深恶痛绝。因而，他们上下一心，气势如虹！

附：刘裕反桓檄文（出自《宋书·武帝纪》）

夫治乱相因，理不常泰，狡焉肆虐，或值圣明。自我大晋，阳九屡构。隆安以来，难结皇室。忠臣碎于虎口，贞良弊于豺狼。逆臣桓玄，陵虐人鬼，阻兵荆郢，肆暴都邑。天未亡难，凶力繁兴，逾年之间，遂倾皇祚。主上播越，流幸非所；神器沉沦，七庙毁坠。夏后之罹浞、豷，有汉之遭莽、卓，方之于玄，未足为喻。自玄篡逆，于今历年，亢旱弥时，民无生气。加以士庶疲于转输，文武困于造筑，父子乖离，室家分散，岂唯《大东》有杼轴之悲，《摽梅》有倾筐之怨而已哉！仰观天文，俯察人事，此而能久，孰有可亡！凡在有心，谁不扼腕。裕等所以叩心泣血，不遑启处者也。是故夕寐宵兴，援奖忠烈，潜构崎岖，险过履虎。辅国将军刘毅、广武将军何无忌、镇北主簿孟昶、兖州主簿魏咏之、宁远将军刘道规、龙骧将军刘藩、振威将军檀凭之等，忠烈断金，精贯白日，荷戈奋袂，志在毕命。益州刺史毛璩，万里齐契，扫定荆楚。江州刺史郭昶之，奉迎主上，宫于寻阳。镇北参军王元德等，并率部曲，保据石头。扬武将军诸葛长民，收集义士，已据历阳。征虏参军庾赜之等，潜相连结，以为内应。同力协规，所在蜂起，即日斩伪徐州刺史安城王修、青州刺史弘首。义众既集，文武争先，咸谓不有一统，则事无以辑。裕辞不获已，遂总军要。庶上凭祖宗之灵，下罄义夫之力，翦馘逋逆，荡清京辇。公侯诸君，或世树忠贞，或身荷爵宠，而并俯眉猾竖，自效莫由，顾瞻周道，宁不吊乎！今日之举，良其会也。裕以虚薄，才非古人，接势于已替之机，受任于既颓之运。丹诚未宣，感慨愤跃，望霄汉以永怀，眇山川以增厉。授檄之日，神驰贼廷。

【作者按：这篇檄文的作者，在下怀疑是刘穆之，不会是何无忌所作的那篇。因为檄文中多次提到刘裕，也提到不少参与密谋的人，如刘牢之的姐姐看到的是这篇文章，应该不会问儿子参加的同党有谁。而且"即日斩伪徐州刺史安城王修、青州刺史弘首"一句，也证明该文应是起事后才写作的。】

罗落桥之战

确认了刘裕已经起兵，京口、广陵两地已经沦陷的消息，大楚帝国进入临战状态。皇帝桓玄回宫，命所有侍从官员取消休假，住进尚书台，任命扬州刺史、新野王桓谦为征讨都督，指挥讨伐作战。姐夫殷仲文接替已死的桓修，担任徐、兖二州刺史。

在随后召开的御前军事会议上，皇帝桓玄与总司令桓谦的意见产生了分歧。桓谦等人主张急速进击，趁刘裕兵力还比较弱小，迅速将他消灭。桓玄另有看法："刘裕等人初起兵，正抱着九死一生的信念要和我们拼命，其锐气正盛，不容易打败，现在与其交锋，必成死战。我军万一失利，则他们气势已成，我方就大势去矣！不如将大军集结于覆舟山，严阵以待。刘裕军一路东来，空奔二百里而一无所获，锐气已然消磨，突然发现前有大军，必定惊骇，我军则坚守不战，让他们求战不得，最终必然自溃，这才是上策。"

桓谦众将都不同意，坚决要求主动出击，不可以向那支小小的叛军示弱。桓谦也有足够的理由生气：前些天问你刘裕赞不赞同我们楚王受禅，你是怎么说的？现在来装晋朝的忠臣，把我们全当猴耍了！不灭了你，何以消心头之恨？桓玄拗不过，派出楚军两员猛将顿丘太守吴甫之和右卫将军皇甫敷为先锋，东下迎击。

讨伐军派出去了，大楚皇帝仍然心中无底，失魂落魄。左右认为皇上大惊小怪，宽慰他：庾仄有七千人尚且一触即溃，刘裕的人不过临时凑起的一群乌合之众，人数又少，不够大军塞牙缝的！陛下何必这么担心呢？

桓玄恢复了进攻殷仲堪时的料事如神："刘裕堪称一世之雄，是真正的帅才！刘毅过去家里穷得连一石米都没有，出去赌博仍敢一掷百万！可见此人做事不留余地，一旦下注，肯定一往无前！何无忌在很多地方酷似其舅父刘牢之，也有名将的潜质。这样三个人合在一起做大事，谁敢说他们不会成功？"

三月一日，京口起兵后的第三天，刘裕指挥的讨桓义军与东进平乱的楚军吴甫之部在江乘（今江苏句容市北）相遇。眼看就要开战，原桓修部下，刚刚加入刘裕军的建武参军朱龄石，突然打退堂鼓，请求担任后卫。他对刘裕说："我家累世深受桓氏厚恩，希望能避免与桓家人刀剑相对。"

朱龄石，字伯儿，沛郡人，刘邦的老乡，有大将才。朱家世代为将，与桓氏的交情要追溯到朱龄石的父亲朱绰。当初桓温北伐前燕，大败而归。桓温回来之后，把主要责任推给豫州刺史袁真，怪他未能打通石门粮道，将他贬为庶民。袁真愤而上疏，列举桓温的过失，要求朝廷主持公道。可当时谁敢得罪桓温？袁真不得不据寿阳起兵，叛降前燕。起兵后，袁刺史怀疑朱绰的哥哥朱宪、朱斌二人是桓温的卧底，将二人处死。朱绰侥幸逃脱，投奔桓温，发誓要为两位兄长报仇，每逢征战，必奋勇当先。不久，袁真病死，桓温攻克寿阳，平定寿阳兵变。朱绰也不请示桓温，擅自挖开袁真的墓，将尸体拖出，砍成几块，以泄心中之愤。桓温对这种败坏自己正义之师形象的行为很恼火，要将朱绰处死，幸得桓冲说情，朱绰才平安无事。此后，朱绰事桓冲如父，在桓冲逝世后，很快呕血而死。朱龄石和弟弟朱超石，小时便与桓冲的儿子桓谦、桓修一齐长大，情同兄弟。长大后，朱龄石追随桓修，朱超石追随桓谦，分任参军。

不知桓修被杀时，朱龄石有何感想，但他仍加入了刘裕的义军，也许是国仇胜于私谊吧？现在将与桓谦指挥的讨伐军作战，要与感情笃深的故主旧友交锋，也可能与亲弟朱超石生死相搏，这样的场面，确实让人不愿面对。

假如是桓玄，见到这么一个直接声称自己同情敌人，不愿作战的属下，很可能勃然大怒，让他去做刘迈第二。

不过，他现在的上司是刘裕。刘裕不但不生气，反而大大夸奖了朱龄石的义气，同意他担任后卫。朱龄石感刘裕之义，后来与弟弟朱超石都成为刘裕麾下名将，并最终双双为国殉难。处理此事后，刘裕便提上长刀，身先士卒，带领义兵，向江乘的楚军阵地发起冲锋。

楚军的吴甫之虽称勇将，但与刘裕一比，高下立见。不知是因为主帅桓谦协调不好，还是吴甫之轻敌冒进，他与楚军另一先锋皇甫敷之间竟毫无配合。楚军在兵力上本有绝对优势，这样一分散，优势就不大了。一场恶战，在勇猛无比的刘裕军的冲击下，楚军大败，吴甫之被刘裕斩杀。

刘裕乘胜追击，挺进罗落桥。罗落桥，今名石埠桥，坐落于今南京城东，栖霞山西北，临近江边的九乡河上。据说始建于秦，是历史上重要的水陆交通枢纽。而罗落桥以东、江乘以北的长江水面，就是后来因韩世忠与完颜宗弼（金兀术）大战而天下闻名的黄天荡。

楚军名将皇甫敷要比吴甫之稳重，他已率数千人在罗落桥严阵以待，兵力是刘裕军数倍，且基本上都是楚军精锐。战斗开始，刘裕与檀凭之各率一军与楚军交战，皇甫敷也挥军猛击，双方恶战一处。在楚军优势兵力的猛攻下，刘裕军初战不利，檀凭之力战身亡，皇甫敷乘机集中兵力，将刘裕团团包围。刘裕面临险境，毫不畏惧，孤身背靠一棵大树，奋力死战。皇甫敷以为胜券已然在握，得意地大声喝问刘裕："你打算怎么死？！"说罢，他执戟向前。刘裕瞪着皇甫敷，一声暴喝，竟吓得皇甫敷一激灵，手一抖，一时不敢向刘裕进逼。

说时迟，那时快，刘裕军其他兵士看到主将危急，都向这个方向舍命冲杀，刚刚被打退的檀凭之余部也反身杀回，一时间流箭四射，倒了大霉的皇甫敷闪避不及，竟被一箭射中前额，从马上摔了下来。楚军见主将落马，一阵慌乱，刘裕军乘机反攻，楚军崩溃。身受重伤的皇甫敷眼见刘裕已冲到面前，用最后一点儿力气对刘裕说："公有天命所佑，将来一定发达，我战败当死，希望公能照顾我的孩子。"刘裕点了点头，挥刀砍死皇甫敷。之后，刘裕信守承诺，对皇甫敷的遗孤厚加抚恤。

刘裕对皇甫敷都有英雄相惜之情，自然更不会亏待多年挚友檀凭之，命由檀凭之养大的侄儿檀祗接替叔父，指挥檀凭之旧部。后来，在檀凭之收养的五个侄儿中，有三个（檀祗、檀祗的哥哥檀韶、檀祗的弟弟檀道济）成为刘宋的高级将领。

据说，就在京口起事前不久，刘裕等人见到一个挺神的相士，便请他看相。相士看了刘裕、何无忌、魏咏之等人，都说有大贵之相，唯独看檀凭之时一言不发。刘裕觉得奇怪，私下对何无忌说："我们既然都参与密谋，风雨同舟，患难与共，按理不应该有差异。没有我们都得富贵，而檀凭之独独不能同享的道理。相士的话恐怕不一定可信。"如今，檀凭之战死，相士的话果然应验了。

这件事可能是真的，但更可能是刘裕激励部众的谎言，让他们相信反桓玄之战必然成功，因为那个很灵验的相士说了：我们都会得富贵！

覆舟山之战

　　一天之内，楚军在江乘与罗落桥两战两败，吴甫之与皇甫敷二将阵亡，桓玄大惊失色。他连忙招来一批巫师和道士给他推算运数，并施展法术压制刘裕军。

　　信心不足的大楚皇帝询问众臣："难道天要亡朕了吗？"吏部郎曹靖之说："如今百姓怨愤，神灵震怒，臣实在不敢说将来会怎么样。"桓玄愕然："百姓也许会怨恨朕，但朕哪里得罪天神啦？"曹靖之回答："晋朝的宗庙，沿江飘零（桓玄称帝后，将晋宗庙先迁琅邪，后迁寻阳）；而大楚的宗庙，又上不及祖父（中国古代新王朝开创时，按惯例要建宗庙祭祀皇帝的至少四代祖先，但桓玄最崇拜父亲桓温，看不起祖父桓彝及以上的祖宗，故而楚朝的宗庙违反惯例，只祭祀桓温），神灵哪里肯护佑？"桓玄一愣："当初你为什么不早说？"曹靖之道："当初朝廷上下，异口同声，都认为当今是尧舜一般的盛世，在下怎么敢唱反调？"

　　桓玄哑口无言了。现在要临时抱佛脚，肯定是来不及了。他做出的真正有意义的反应，是命桓谦放弃主动攻击计划，收缩兵力于覆舟山，按自己原先设想的方案办。具体布置如下：命桓谦和游击将军何澹之驻防东陵（覆舟山东北），后将军卞范之进驻覆舟山之西，合计兵力两万余人。

　　覆舟山，今名九华山或小九华山，位于南京城东北，玄武湖的南岸，已经是一个公园，有为纪念大唐取经高僧而建的玄奘寺。此山的山形狭长，顶呈水平，两头渐低，形状就像一只被翻置的巨大木船，故称覆舟山。它东接京口至建康的大道，北临后湖，西近台城，周回不过三里，高不过百米，本是一座普通的小山，如放在云贵高原的崇山峻岭间，估计连名字都不会有。但它处在古都建康城的边上，地理位置太重要，便成了个战略要地。只要控制了覆舟山，即可俯瞰建康宫城，建康守军的一举一动，便尽收眼底。

　　三月二日，京口起事的第四天早上，刘裕军逼近建康。他先让士兵稍事休息，饱餐一顿，随后命令将剩余粮食全部抛入水中，意思很明确：要是打胜了，建康城里有我们的晚餐；如果打败了，我们一齐死，别指望还有第三条路！全军怀着决死的信念，进至覆舟山以东。

与此同时，驻扎在覆舟山的桓谦大军，人数比刘裕军多出十余倍，却军心浮动。本来也不是他们不能打仗，他们中间很多人都是久经战阵的北府老兵，英勇果敢。但是，他们凭什么给桓家人卖命？桓家人害死了北府多少人？而且将要到来的敌人，正是北府的骄傲：百战百胜的刘裕刘大哥！

没错，桓谦就是带着大量北府老兵去覆舟山迎战刘裕。不知道这个严重错误的主要责任人，是桓玄，还是桓谦。

决死不是送死，面对数量上有绝对优势的敌军，刘裕没有草率行事。他吩咐队伍中的老弱伤兵携带大量旗帜，攀上覆舟山东边的蒋山（今南京钟山，因山上有蒋侯庙而得名），一路走一路插旗，不一会儿，蒋山和覆舟山之间的山谷就布满了刘裕军的旗帜。楚军的侦察兵不敢靠近，远远望见军旗遍野，回去报告说："覆舟山东边布满了叛军，人数多得无法看清。"楚军众将更加惊慌，桓玄忙派武卫将军庾颐之，率精锐的预备队赶去支援。还未交战，不知刘裕将如何出招，便早早使用预备队，可见桓玄慌乱。

还未开战，楚军气势已败。

准备就绪，刘裕与刘毅等将分率军士，猛攻桓谦大营。刘裕仍然一马当先，冒着楚军的刀枪箭矢，带头冲锋！义军将士跟随在后，奋勇作战，无不以一当十，喊杀之声震天动地，连在建康宫城的桓玄都能听得到。这时，东北风正烈，刘裕命大家顺风纵火。刹那间，风助火势，烟雾弥天，向楚军方向席卷而去。本来就很不在状态的楚军，在刘裕军的猛攻之下，斗志尽失，稍作抵抗便全军崩溃。桓谦、卞范之等大将转身而逃。楚军大败。

楚帝遁逃

他们的皇帝桓玄呢？他早在命庾颐之前去增援桓谦之时，也另命亲信领军将军殷仲文去石头城准备逃跑用的船只（和刘裕在覆舟山之战前抛弃余粮的做法，对比鲜明）。过不多久，桓谦战败的消息传来，大楚皇帝忙声称要亲自去前线督战，率数千名亲信卫士，带上最喜爱的儿子桓升、侄儿桓濬，出宫城南掖门，打算逃往石头城码头。

桓玄一行人还没逃出太远，路遇相国参军胡藩。胡藩是位忠勇之士，发现皇上要逃跑，忙拦住他的马头，苦劝说："现在禁卫军还有八百名弓箭手，全是忠勇可靠的荆州老兵，他们世代受桓家恩惠，都愿效死力，不带着他们与叛军决一死战，却抛弃京城逃亡，连都城都不守，天下虽大，又能逃得到哪儿去？"

桓玄此时已哽咽得说不出话来，只是举起马鞭，朝上指了指：天意如此啊！然后，他不再理会胡藩，挥鞭打马，带着一行人急奔石头城，与殷仲文会合，上船西逃。逆江而上，船行得自然缓慢，而桓玄的心情比他的船更加沉重，整天吃不下东西。出逃仓促，准备不足，左右献上的饭菜十分粗劣，吃惯了山珍海味的桓玄更觉难以下咽。

桓玄五岁的儿子豫章王桓升，还没法理解这个大人的世界发生的变化。一向和颜悦色的父亲为何看见自己也不再笑啦？乖巧的小男孩儿为了让父亲高兴，使劲地用小手为他按摩胸口。桓玄见此情景，悲伤得不能自抑，终于不顾体面，放声痛哭……

此时，刘裕率讨桓义军进入了都城建康。躲过了桓玄搜捕的王仲德，抱着哥哥王元德的幼子王方回，站在路边等候。刘裕一看见他，便上前慰勉，从马上抱过王方回。只不过几天时间，与王元德等多少志士已是天人两隔。想到伤心处，刘裕与王仲德一起，相对大哭，同洒英雄泪。哭罢，刘裕立即追赠王元德为给事中，

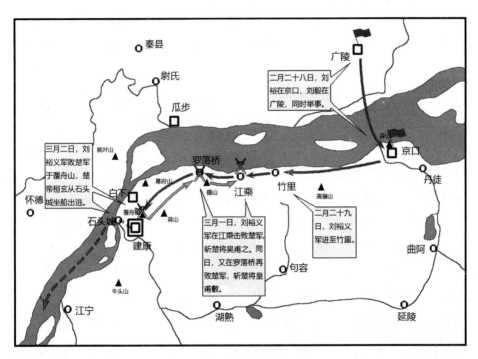

图中文字：

秦县

尉氏

瓜步

二月二十八日，刘裕在京口，刘毅在广陵，同时举事。

广陵

京口

丹徒

三月二日，刘裕义军败楚军于覆舟山，楚帝桓玄从石头城坐船出逃。

桃叶山

罗落桥

幕府山

摄山

江乘

竹里

高骊山

怀德

白下

覆舟山

蒋山

石头城

建康

牛头山

三月一日，刘裕义军在江乘击败楚军，斩楚将吴甫之。同日，又在罗落桥再败楚军，斩楚将皇甫敷。

二月二十九日，刘裕义军进至竹里。

句容

曲阿

江宁

湖熟

延陵

▲ 404 年，刘裕京口举义

任命王仲德为中军参军。

差不多同时，南中国命运的两位主宰者，胜利者和失败者都在抱着一个男孩儿流泪，这情景，是何其相似，又何其不同啊！

三月三日，京口起事后的第五天，刘裕进驻石头城，晋帝国的临时看守政府在建康城重新建立。刘裕只用了不到一周，在几乎一无所有的情况下，连败楚军，让晋朝复生！只能用两个字来形容：奇迹！

当天，大楚帝国皇家宗庙中的桓温牌位被取出，在宣阳门外当众烧毁，新的司马家历代皇帝牌位被送进祭庙。同时，新政府开始有条不紊地运作：一、分派将领追击西逃的大楚皇帝桓玄；二、派尚书王嘏（gǔ）前往寻阳迎接安帝司马德宗；三、凡未能逃走的桓楚宗室，全部诛杀。

这个新政府名义上的最高负责人，正是大楚帝国留在建康的最高官员司徒王谧。以他为首的楚朝高官，无不惊恐地看着时局变化如天翻地覆，苦思自保之策，共同商议后，决定联名推荐刘裕领扬州刺史。东晋的首都建康同时也在扬州，理论上扬州刺史的官位要大大高于其他州刺史。结果刘裕坚决辞让，反而推荐王谧担任侍中、司徒兼扬州刺史，主管朝廷机要。此时刘裕的推荐，自然比朝廷百官的联名推荐效力要高多了，根据多数服从少数的原则，王谧顺利地变换角色，又成为晋朝新政府的最高官员。王谧当初的善举，现在收到高额回报了。

和王谧相比，刘裕的另一个老相识，大楚帝国的豫州刺史刁逵，可就惨了。诸葛长民被捕以后，刁逵也不知出于什么原因，把他关押了几天，才决定用囚车押送建康，呈献给桓玄处置。谁知囚车才走到出历阳十公里的当利浦，就传来建康城已被刘裕攻破，楚帝桓玄已逃亡的惊人消息。押送诸葛长民的那批卫兵，反应比刁刺史敏捷，立即砸烂囚车，放出诸葛参军大人。诸葛长民便带着这批刚才押解自己的卫兵，反身杀回历阳。

刁逵发现情况不妙，忙调动军队迎击，却发现已经没人听他这位刺史大人的命令了，只好弃城逃跑，可也跑不了了，被部下抓获。这回轮到诸葛长民下令，把刁刺史一家装进囚车，押送建康。到了建康城，刘裕毫不留情，将刁氏一门，无论男女老少，除了给事中刁骋一人，全都绑赴石头城斩首。刁氏是丹徒有名的土豪劣绅，素有"京口之蠹"的"美誉"，有良田万顷，奴婢多达数千人，在当地封山占水，家中财富堆积如山。这次刁家被灭门后，刘裕抄没了刁家家产，分给京口的贫苦百姓，让这些百姓尽力去拿，能拿多少拿多少。花了好几天工夫，这些财物才被百姓搬完（不过，能搬走的肯定是动产，史书没提刁家的不动产怎么分配）。

当然，王谧地位虽高，只是刘裕推出的门面，此时在建康更有实际影响力的行政官员，是刘穆之。刘裕进建康以后，几乎把所有重要行动的决策和执行，都交给刘穆之负责，将他当作最亲密的心腹，事事与他商量。而刘穆之也对刘裕竭尽心力，毫无隐讳，充分发挥自己的才干，对各种繁杂的问题都能拿出相应的处理办法，无不恰当。

当时，经过司马道子、司马元显、桓玄三位不称职领导人在建康的轮番掌权，国家政令废弛，法制败坏，豪门贵族横行不法，受难百姓申冤无路。各种法令多如牛毛，又常常自相矛盾，让人无所适从，逐渐变成儿戏，几乎无人遵守。面对这种情况，刘穆之根据出现的具体问题，随时进行校正，以严刑约束不法，如同诸葛孔明治蜀。而刘裕本人以身作则，严格遵守，对犯令者绝不姑息。出身太原王氏的尚书左仆射王愉和儿子王绥，就被满门抄斩。不过十天，京城风气为之一变，文武百官都谨慎小心，尽职尽责地工作，不敢懈怠。尽管主要还是那批人，但在刘裕与刘穆之等人的管理下，已经脱胎换骨，一个高效的、在百姓中有威信的、较为清廉的政府建立起来了。

裂痕初现

晋安帝一时半会儿还回不了建康，为了让己方的行动显得更名正言顺，刘裕突然宣称接到了晋安帝的密诏：为了国家大计，在自己回銮之前，可由晋元帝司马睿的孙子，也就是朕的堂叔武陵王司马遵代行皇帝职权（准确地说，是负责在刘裕及其同党拟好的奏折上盖章）。于是，给司马遵加侍中、大将军之职，除了桓氏一门，大赦天下。

还有一件大事也是不能不办的，那就是改年号。"永始"是伪楚年号，当然不能再用。之前的"大亨"也是由"桓大亨"制定的，也不能用。最后决定恢复当初由司马元显制定的"元兴"年号，这一年（404）就变成了元兴三年。

刘裕此次在建康停留的时间并不长，政治稍上轨道之后，他便和刘穆之一道返回了京口，把中央的行政权力实实在在地交给王谧。这一来固然是为了报恩，二来刘裕毕竟出身低微，向来为士族豪门所不屑，而他们此时在朝中仍然拥有相当大的影响力，对于这些人的反对，刘裕不能视而不见。再说，刘裕此次虽立下大功，但资望还不足以完全压制朝野，不只是世家大族，就是一同起义的人中也还有很多并不是真心服他，如强行执政，极易成为众矢之的。

日本战国终结者德川家康，在总结自己一生时说过："人生如负重远行，欲速则不达。"刘裕也懂得这个道理，此时以退为进，不失为明智（桓玄在这方面显然差远了，还没建下盖世的声望，就急匆匆地篡位称帝，弄得人心格外不服，终致失败）。王谧原先就是刘裕的好友，出身琅邪王氏这样的顶级士族，非常符合当时官场习惯中的三公条件。王谧为人温和，此次更是感刘裕大恩，他绝不可能做对不起刘裕的事，却能让刘裕在时机尚不成熟时免做出头鸟，一举两得。

当然，让王谧掌管朝政也不是没有阻力。王谧和刁逵都算得桓玄的佐命元勋，王谧的官位还比刁逵高得多，曾亲夺安帝的玉玺献给桓玄。如果以"附逆"论，王谧的罪显然比刁逵更大，可现在的结果是：王谧高升三公，刁逵抄家灭门。朝野舆论对此愤愤不平，认为王谧罪大恶极，也应诛杀。如果只是一般人这么私下说说，倒还不妨事，刘裕几次出面为王谧说话，也就大事化小，小事化无了。可树欲静而风不止，在持此论调的人中，出了一个不容忽视的重要人物，他便是反桓义兵的二把手刘毅。

刘毅和王谧过不去，主要原因不是他正义感太强，而是出于人类一个最自然的情感反应——嫉妒。不是嫉妒王谧，而是嫉妒自己的战友，义兵的老大刘裕。

刘毅为人心高气傲，只因形势所迫，推刘裕为首。一旦大业将成，究其本心，是不愿意久居刘寄奴之下的。但要怎么做才能咸鱼翻生，跳到刘裕的上头去？战功？那就别想了，他现在无法与刘裕相比，将来恐怕希望也不大。好在刘希乐虽然出身也不怎么高，却诗赋清谈都很拿手，与多数士族豪门的交情远胜刘寄奴，朝中人脉很盛。只可惜当今这位宰相王谧偏偏是刘裕的人，和自己交情不厚。如果能把王谧搞掉，刘裕在士族中没有了代言人，就能把和自己关系良好的其他士族扶上台，比如谢琰的儿子谢混，这样我刘毅在朝廷的势力就能与刘寄奴分庭抗礼了。

于是，在一次朝会上，刘毅义正词严地喝问王谧："皇帝的玉玺如今何在？"他直踩痛脚，让王谧大惊失色，以为这次大祸终于躲不过了，急忙出逃到曲阿。刘裕得知，立即让武陵王司马遵下指令让王谧回来，也亲自写信安慰他：有我在这里，你怕什么？这样，王谧又回到建康，一切职务照旧，朝廷还给他增加了二十个护卫。刘毅也不敢有异议。

这件事就此了结，仿佛什么也没有变化，只是，一道细细的裂纹已悄悄出现在刘裕与刘毅这对看似亲密的战友之间。就像精美的景德镇瓷器，不管外观多么鲜亮美观，只要出现细小的裂纹，就绝不会自我弥合，只能随着时间推移越来越大。不久，这道裂痕随着刘敬宣的南归再次悄悄扩大。

再说刘牢之的儿子刘敬宣、女婿高雅之以及司马休之、刘轨等人逃到南燕后，燕主慕容备德待他们还算不错，但刘敬宣等人并没因此安心当南燕的忠臣。在劝说燕军南征桓玄无效，又听到桓玄篡位的消息后，刘敬宣、高雅之与司马休之秘密制订了一个大胆程度堪比刘裕京口举兵的政变计划，打算刺杀慕容备德，拥护司马休之为主，在齐地复兴晋朝。

说实在的，这件事干得很不地道，成功的可能性几乎没有。他们中没有谁有刘裕的本事，而慕容备德不论在战场还是政坛，都是老江湖，绝非桓玄可比。就算老马当真失了前蹄，慕容备德突然犯糊涂，硬让他们刺杀成功了，也不代表密谋就能得逞。这里可不是京口，主要实力部门都在慕容家族的掌握之中，慕容备德也是比较得人心的君主，无根无基的刘敬宣等人不可能接管南燕政权。

果然，接下去的程序便是：密谋—泄露—失败—逃亡。刘轨和高雅之被南燕逮捕，随后斩首，刘敬宣和司马休之成功逃出南燕，躲藏到淮水与泗水一带（相当于今江苏、安徽北部，属于东晋、南燕、北魏、后秦的四国交界地区）。正好刘裕京口起兵，听到这个消息，便亲笔写了一封信找人送给刘敬宣，请他回来。信送到后，左右的人怀疑此信有诈，但刘敬宣很信任老朋友："刘裕不会骗我！"他与司马休之一起返回。

不出刘敬宣所料，刘裕确实感激他最初对自己的推荐提拔，确系诚心相邀，要报答当年的恩情，所以刘敬宣一回到建康，立即被任命为辅国将军、晋陵太守，封武冈县男。

刘裕和刘敬宣满意的同时，刘毅很不满意。他曾经在刘敬宣手下当过差，当时因为颇有才气，周围的人都认为他刘毅将来必为一代豪杰，偏偏当时的顶头上司刘敬宣不这么看："非同一般的雄材，应该有宽广的胸襟，刘毅怎么算得上？他为人外表宽厚，而内心狭隘，自以为高人一等，如果有了机会，一定是犯上作乱，最后自取灭亡那号人！"刘毅听到这段评语，恼羞成怒，从此对刘敬宣恨得牙根痒痒。

现在，刘裕竟然以私废公，让这家伙无功受禄，真是岂有此理！算了，现在还得罪不起他，但青山不改，绿水长流，等着，总有算账的那一天……

《起居注》

  西逃的大楚皇帝桓玄，于三月中旬到达寻阳（今江西九江市，时为江州治所）。江州刺史郭昶之迎接楚帝大驾，竭力提供大量的军需物资和后备兵员。一路仓皇的桓玄一行才算放下悬得高高的心：暂时安全了。稍后，曾劝桓玄不可逃跑的相国参军胡藩躲过义兵的搜捕，跋山涉水千余里，追上桓玄。桓玄见到他，大喜："不想今天还能见到王叔治一样的义士！"（王叔治指曹魏大司农王修。曾为孔融下属，黄巾起义时，他闻孔融被围，连夜冒死前往，共同赴难。后事袁谭，袁谭被曹军诛杀，他不顾曹操"敢哭之者戮及妻子"的禁令，为袁谭收尸下葬。曹操感其义气，将他赦免留用。）

  不过，桓玄仍不敢停留在寻阳，决定返回荆州老家。三月十四日，大楚皇帝桓玄带上退休的大晋皇帝司马德宗，一同西上，留下龙骧将军何澹之、前将军郭铨、相国参军胡藩和郭昶之一起，驻防湓口（龙开河入长江处），阻挡晋军追兵。

  安排停当，桓玄从容上路，因为危机已暂时过去。在船上，他开始抓紧时间撰写《起居注》。在《起居注》中，桓玄摆事实、讲道理，雄辩滔滔，充分证明在最近"进剿"刘裕的战争中自己所做出的决策、战略战术，全都是最英明、最合理、最无懈可击的。从建康回荆州，是因为众将没有完全服从他，不听调度。

  桓玄拿出原来查找错别字时那种认真严谨的工作态度，全心全意地投入写作。这项工作是如此辛苦，以至于桓玄都没有时间与部属商讨目前的局势和应该采取的对策。等到《起居注》撰写完成，桓玄下令颁布四方，好让百姓都能学习。

  所谓"起居注"，大致意思是"大皇帝工作生活纪要"，是古代史官记录帝王言行的例行文件，常常成为编写史书的基础档案。最早开始于汉武帝刘彻时，此后成为定制。按常规，《起居注》的编写唯真唯实，为做到这一点，皇帝无权干预。对于有责任心的皇帝，《起居注》制度是对他们的一项约束。李世民曾请求（是请求，不是命令）史官谏议大夫褚遂良让自己看一看《起居注》，被褚遂良一口回绝。李世民不安心，又问："如果我有什么地方做得不对，你也要记下来吗？"褚遂良答："臣职责所在，不敢不记！"可见在这方面，李世民远没有桓玄牛气。亲自操刀，替自己写《起居注》者，桓玄为中国历史上第一人，也是唯一一人。

四月三日，作家桓玄回到江陵，荆州刺史桓石康前往迎接，把刺史的府第腾出来，成为楚朝的临时行宫。桓玄重新任命文武百官，以卞范之为尚书仆射，负责日常政务，楚朝的朝廷又在江陵重新建立，仍然控制原晋朝约一半的疆域，还不能算弱小。

但楚朝这次"天子东狩"，让桓玄的威信大减。他生怕别人因此看不起他，除了颁布《起居注》，还决定采用严刑峻法来重树声威。但如此一来，人心更加不服，上下离心离德。殷仲文看出情况严重，劝皇上处事应该宽容一点儿。桓玄大怒："这次完全是因为诸将不服调动，无视朝廷，再加天象不利，我们才暂时回到故都。可少数别有用心的宵小之辈竟敢乘机散布谣言，对于这样的人，绝不可以姑息迁就。"擅长见风转舵的殷仲文不敢再说话。

不久，荆州、江州各郡的太守，得知桓玄已回到江陵，纷纷上表问候，祝福皇上起居平安。桓玄看了，大为不悦：这些地方官肯定没有认真学习《起居注》，字里行间没有体现出一点儿积极的精神，好像我这次输得很惨似的。

于是，嘴比死鸭子的还硬的大楚皇帝将所有上奏的表章打回，让他们重写。规定好了，要统一口径：只允许大家祝贺朝廷乔迁新都。

做错事并不可怕，可怕的是知错不改，甚至硬把疮疤美化成荷花。楚欲不亡，可乎？

第一次桑落洲之战

刘裕等人之所以没有在攻克建康后立即出兵追击桓玄，是因为义兵成军仓促，没有水军，桓玄才能从容地"迁都"江陵。但没过多久，建康的晋朝新朝廷经过高效率的紧张筹备，到四月中，便组建了一支约一万人的讨伐军。大军以刘毅为主帅，何无忌、刘道规为副，进军荆州。刘裕本人坐镇京口，遥控中央，没有亲至。

楚帝桓玄得知晋军开始西进，采取了三手准备：第一，当然是征发荆州各郡的武装部队，在江陵集结，重组军团；第二，为了重整军备赢得时间，他派武卫将军庾稚祖、江夏太守桓道恭等率数千军队，增援在驻防溢口的龙骧将军何澹之，以加强江州的防御力量；第三，加了牵制刘毅西进兵团的行动，让侄儿桓歆联络氐人酋长杨秋，合兵进攻历阳，威胁刘毅军的侧后。

桓歆和杨秋行动很积极，首先出动，只可惜运气很糟。刚刚上任的豫州刺史魏咏之与诸葛长民、刘敬宣等率州兵迎头痛击。这几位都不是好招惹的，合力一战，大败桓楚帝国这支雇佣军。雇佣军首领杨秋被斩于历阳以北的练固，桓歆只身逃脱。楚军在历阳方面的反攻失败，未能起到预期的牵制作用，刘毅等部继续西进，抵达桑落洲（寻阳东面长江江面上一个小岛，由于长江航道的变化，今天已不存在。具体位置约在今安徽宿松县汇口镇归林滩一带）。

四月二十三日，驻守溢口的楚军大将何澹之、胡藩等主动出击，率领舰队进攻桑落洲。刘毅、何无忌、刘道规等晋将也不示弱，出动所有战船。两军在桑落洲以东的长江江面上展开对峙，暂时没有开打。何澹之的军队虽然只是楚军的偏师，但数量仍超过刚刚组建的刘毅、何无忌部水军。从表面上看，楚军略占上风。

楚军方面，何澹之的作战计划，是利用己方数量上的优势，从两翼包抄晋军。为此，他离开阵营中央旗舰，悄悄转移到侧翼指挥作战，为了不让晋军察觉，他让人在自己原本乘坐的旗舰上插满军旗，布置得像开屏的孔雀尾巴，招摇于两军阵前。只可惜，他忘记了一点：戏一旦演过了头，也就不像了。

在东边晋军的战船上，何无忌注视着楚军的动向，突然发现一个不寻常的现象：楚军阵中有一条最大的战船特别醒目，装饰豪华，旗帜鲜明。何无忌不禁笑了：这招是刘寄奴用老了的，他跟随刘裕作战多次，也深知其详。这位何澹之在关公面前耍大刀，学得又不到家，照着东北虎，画成波斯猫！

于是，何无忌对众人说："何澹之肯定不在旗舰上，我们应该集中兵力，从中央突破，俘获他的旗舰！"众人不解："既然何澹之不在旗舰上，那么俘获旗舰又有什么用？"何无忌回答："如今敌强我弱，硬打不易取胜。何澹之既然不在中军，那么敌人的中军必然很弱，我军集中兵力攻击，一定可以夺取他的旗舰。而且何澹之不在旗舰，他的部下兵士多半不会知道，见旗舰被夺，必然惊慌失措，士气低落，而我军士气倍增，何愁不胜？"

刘毅、刘道规等都赞同何无忌的意见，于是晋军主动出击，猛攻楚军中央。何澹之的旗舰，虽然外表光鲜，但旗多人少，位置过于突出，移动也不灵便，晋军的战船迅速围上靠近，攀上船舷猛攻，很快将这艘战船夺了下来。得手后，何无忌、刘道规等乘机让士兵高呼："何澹之被抓住了！"一船传一船，不一会儿，楚军主帅被擒的消息已响彻整个战场。楚军的旗舰被夺，楚军的士卒大多信以为真，再加上自刘裕起兵以来，楚军屡战屡败，本就是惊弓之鸟，此时无不心胆俱裂，纷纷溃逃。晋军士兵更加锐气百倍，奋力攻击。

自作聪明的大楚龙骧将军此刻估计傻眼了，费尽心力地精心布置，反而弄巧成拙。眼见已经一败涂地，何澹之连忙脚底抹油，赶快开溜，逃回江陵。死心眼的相国参军胡藩还不肯逃，奋力苦战，结果所乘战船被晋军以火攻击沉。胡藩身穿全套盔甲，跳入江中，在江底潜行了三十多步，才得以登岸，欲投江陵，道路已被晋军封锁，只得向南逃往豫章（今江西南昌市）。后来，刘裕听说胡藩忠直的事迹，派人到豫章殷勤相邀，拜他为参领军军事。胡藩复出投晋，成为日后刘裕麾下的名将之一。

大胜的晋军乘胜追击，迅速占领了湓口，随后拿下寻阳，江州光复。安帝已被桓玄带去荆州，刘毅等人只得到了晋朝历代皇帝的灵位牌，派人送回建康。至于那位刘裕在檄文中提及的刺史郭昶之，此后下落不明。

峥嵘洲之战

荆州毕竟是桓氏家族经营了三代的，百姓对大楚的忠诚度远比建康高，因此桓玄没有花太大的力气，就在这里重新调集了两万多水军，而且全都衣甲鲜明，装备精良，战船足备，看上去很美。再加上前些天写作太投入，他差不多被自己的文采折服了，似乎已经相信了自己所写的内容。至于前些天是谁抱着儿子桓升痛哭流涕，估计早记不得了。

于是，桓玄的心情大为好转。桑落洲战后第四天，四月二十七日，楚国大军从江陵出发，东进迎敌。此次出征，桓玄挟持司马德宗，以前秦的前太子苻宏为先锋，自任主帅亲统大军进发。既然前几次都是因为诸将不听节制而失败，这回朕御驾亲征，还能不旗开得胜？

虽然"胜券在握"，但我大楚皇帝也不会赶尽杀绝，仁义为本嘛！桓玄先礼后兵，派散骑常侍徐放前往招安，游说刘裕、刘毅，开出的报价好像在说梦话："只要你们停止暴乱，解散非法武装，改过自新的大门永远向你们敞开。我大楚朝一定会给你们安排一个合适的职位，滚滚长江为证，朕绝不会食言！"

刘毅等人听了这样匪夷所思的和谈条件，有何想法，史书上没说。没人理睬桓玄的自言自语，沿着长江，刘毅军继续往西，桓玄军继续往东，五月十七日，两军相遇于峥嵘洲。

峥嵘洲，位置大约在今湖北黄冈市西北，当时也是长江中的一个小岛，后来由于江水的冲刷和沉积作用，位置渐渐向北移，终与北岸连为一体。说起来，长江的航道虽然不像黄河那样天南地北地溜达改道，但千余年来的变化也是不小的。其变化的总趋势，是身材越来越"苗条"。例如，在刘裕时代，京口北临的长江宽达四十里，一眼望不到对岸，过江如过海，如今在江苏镇江段，长江的平均宽度约是四公里，仅是当年的五分之一。

闲言少叙。此时，刘毅等部的晋军不足万人，桓玄原在江陵集合的楚军已有两万，可能又会合了败下来的何澹之余部和荆州各地后续赶来的援军，总兵力已有数万之众，在兵力上再次形成对晋军的压倒性优势。不但有数量优势，而且在表面上质量优势也属于楚军。楚军所乘的楼船都是原先朝廷军的制式装备，看起来就高大威猛。

晋军众将没想到桓玄屡败之后，还能迅速集结如此强大的一支军队，一时颇感意外，很多人主张退守寻阳，等待援军。但刘道规反对，这位刘裕的三弟，向众人分析说："绝对不可以这样做！如今敌众我寡，强弱分明，我们唯一的优势就在于屡战屡胜所带来的锐气，敌人唯一的劣势就在于连战连败导致士气低落。如果我们现在胆怯撤退，等于主动放弃了我们的长处，重振敌人的士气，必定遭到他们的追杀。那个时候就算撤到寻阳，又怎么守得住？桓玄这个人，虽然名满天下，很多人都把他看成一时的豪杰，但其实内心胆小怯懦，累败之后更加缺少战斗的意志。两军决战，胜败主要取决于将领的勇气，岂在于兵力的多寡？"

刘道规对桓玄的判断，是否正确呢？

桓玄指挥作战时，有一个充满人文关怀的"好习惯"：他总在自己的旗舰后边拴上一条轻快的小艇，里面装上他心爱的字画。曾有人问他为何要这样做，他回答说："兵凶战危，可不是闹着玩的，万一打了败仗，轻快的小船逃起来比较方便！"

可惜，楚军众将士大多数达不到桓玄这么高的思想境界，他们一看到今天皇帝座舰后面又拴着那条小艇，心中格外不平：打了败仗，皇帝可以跑没影，就留下我们当炮灰，就连他的字画都比我们的命值钱。一支军队的士兵如果都这样想，哪里还能有斗志？如果这支军队还能打胜仗，那就堪称奇迹了。

奇迹没有发生。刘道规带领部下，率先冲击楚军水阵，刘毅、何无忌等在后接应，两军很快在大江之上杀作一团。楚军虽兵多船大，但战意阑珊，一时不分胜负。此时，东风突起，刘毅乘机命令顺风纵火，烧向楚军舰船，楚军顿时大乱（覆舟山之战的关键时刻就刮了一次大风，如今峥嵘洲又起风，真是天不佑楚啊）。晋军知道胜利已经在望，全力出击，争先恐后地投入战场，乘势猛攻，楚军已然招架不住。眼看败局已定，楚军的前将军郭铨又识时务地临阵倒戈，楚军的形势终于发展成为谁都无法阻止的大败。

　　溃败之际，桓玄匆匆下了一道命令，将辎重粮草一把火烧了，然后带上安帝司马德宗和几个亲信，乘着装满书画的小艇，连夜遁逃。失去指挥的楚军或降或散，几乎全军覆没。

仲文反正

夜色苍茫，一叶扁舟悄悄地逆流而上，舟中，几天前还信心十足的大楚皇帝，此刻欲哭无泪，输了！确凿无疑地输了！而且，这次再也没法用诸将不听指挥来推卸责任了！这时，同在小艇上的殷仲文上前安慰沮丧的小舅子："此战我军虽然失利，但多数只是被打散了，我愿意前去找到这些军士，重新把他们组织起来，我军还可一战！"听闻此言，桓玄大为感动：到底是自己姐夫，一家人啊！患难之时见忠贞，这种情况下仍能不顾个人安危，挺身而出。好吧，这件事就全拜托给你了！

于是，一脸忠义的殷仲文离开了凄凄惨惨的大楚皇帝，换乘另一条小船，往东而去了。自然，殷仲文并没有去组织楚军余部，不过也不是完全说谎，他确实是去找人，只不过找的并不是因战败而四处逃散的那些大老爷们儿，而是一老一少两个女人：一位寡妇和一位准寡妇。

寡妇的名字叫何法倪，现在的头衔是零陵县君，今年已经六十五岁。她曾是晋穆帝司马聃的皇后，按辈分算，是安帝司马德宗的堂嫂。在何法倪二十二岁那年，她的丈夫穆帝司马聃便病死了，她寡居永安宫中，面对青灯流萤，度过了漫长的四十三个春秋。

直到桓玄篡位，大晋朝改成了大楚朝，何法倪自然也不能继续留在永安宫了，先被命令暂时迁到司徒府。迁居时，途经晋朝太庙，何法倪让人停下车子，跪在晋朝历代皇帝的灵位前痛哭失声，周围听到的人无不感伤落泪。桓玄知道后，大为恼火："自古以来，易鼎禅代，是件很正常的事，与她一个姓何的妇人有什么关系？哭什么哭，破坏大楚开国的喜庆气氛！"何法倪原本还可享受王妃待遇，因这一哭，降为县君级。

准寡妇是一位二十岁的妙龄少妇，名叫王神爱，如今的封号是平固王妃。如果只看她的出生简历，能让世上大多数女孩子妒忌得两眼放光：王神爱是大书法家王羲之的孙女，王献之与永安公主司马道福的独生女。父母一边是顶级士族琅邪王氏，一边是帝国的公主、孝武帝的姐姐，其金枝玉叶的程度，已达非皇族的极致。小女孩儿出身高贵，生得聪明灵秀，有父祖的遗风，字写得极好。十二岁时，女孩儿当上了太子妃。十三岁时，女孩儿成为皇后。还处在稚气未脱的年纪，就达到了正常情况下古时一个女子可能达到的顶峰。仿佛她的名字，果真得到了神之爱。

但如剥去表面的光彩，骨子就只剩下命运的残酷。小神爱在两岁多时就失去了父亲，与父爱无缘。而她的舅父给她选择的丈夫，并不是少女憧憬中的白马王子，而正是连饥寒饱暖都不能分辨的安帝司马德宗，那个能动的"植物人"。青春少女对于初恋的幻想被现实轻易碾得粉碎，其内心的苦闷不问可知。无助的女孩儿无力抗拒皇帝的旨意，只能用非暴力不合作的态度来抗议自己的命运。从史料的记述看，她应该很少与丈夫接触，因为负责照顾安帝生活起居的，一直是安帝的弟弟琅邪王司马德文。这样的丈夫自然是有名无实的。王神爱二十八岁去世，如一朵还未开放便凋谢的花。

这两个高贵却不幸的女人，在桓玄称帝后，与司马皇家其他成员一样，作为楚帝国的高级囚徒，被命运牵引着四处颠沛流离。先是被转移到寻阳安置，后又移往江陵。这次桓玄亲征，又带她们一同东进，停驻在巴陵。如今楚军在峥嵘洲大败，桓玄仓促间只来得及带走安帝司马德宗和琅邪王司马德文，对于这两个次要人质，一时顾不过来了。

但这个小小的失误，立即被殷仲文那双聪明的眼睛捕捉到了。毫无疑问，桓玄这条大船马上要沉了，要想不当溺死鬼，就得赶快离开他。离开一条将要沉没的大船，并不是撸撸袖子，然后一个猛子扎到海里那么简单，一定得有条救生艇。而他发现的这条救生艇，正是何、王两位晋朝皇后。

长期以来，他殷仲文和卞范之，一直是桓玄的两大铁杆心腹，这点早已人所共知。桓玄执政期间，他贪赃枉法，也干了不少坏事，如果不能在反正的时候立下奇功，纵然自己投降晋军，回到建康，恐怕也难逃刁逵的下场。这下可好了，踏破铁鞋无觅处，得来全不费工夫。只要自己护送两位皇后回銮，再用自己拿手的生花妙笔叙述辩解一番，我殷仲文就重新成为晋朝的功臣了！至于"圣德深厚，地不能载"（当初殷仲文吹捧桓玄的名言）的大楚皇帝，既然地都载不动，就让他沉了吧！

于是，建康方面很快就得到一个消息：伪楚的徐、兖二州刺史殷仲文，护送两位皇后反正归晋。同时到的还有殷仲文的一封请罪书。在请罪书中，殷大人纯洁得就像一只小羊羔："臣听说洪水冲过沟壑，溪流中再找不到安静的小鱼；狂风刮过原野，树林中再没有不动的枝叶。为何如此呢？只因为力量太小，为巨大的时势所迫，微弱而不能自保。道理虽是如此，但臣不敢用来自比。前些日子桓玄篡位，被他逼迫驱使的人何其多。比如微臣，罪过实在是大，进不能见危授命，为国殉难；退又不能学习伯夷、叔齐，辞职退避。只能无奈听从奸贼的指令，忍痛接受伪朝的分封。至于赐九锡和作禅文，都是被逼无奈，绝非出自本心。但回想起来，臣没有尽力阻止，应该被处以极刑，以辨明忠邪……现在总算开创新时代，各项事业都上了轨道，此情此景，让人不得不怀念旧主。臣不敢厚着脸皮，跻身功臣之列，只希望辞去职务，回归私宅，等待处罚。虽然被迫离开皇上与朝廷，但心中时时都在挂念啊……"

不久，朝廷下旨，表示体谅他的难处，不接受他的辞职，改授东阳太守。

枚回洲

五月二十三日，桓玄逃回了江陵。曾经在东垣击斩前秦第四代皇帝苻丕的老将冯该，劝桓玄集合兵力，再次率军东下，与晋军决一死战。如困守江陵，只能是坐以待毙。但桓玄的勇气已经在峥嵘洲之战中用完了，而且大败之后众叛亲离，那个该死的殷仲文就是证据，在此情况下，要想整兵再战，恐怕也不太现实了。因此，桓玄没有接受冯该的建议，也没打算守江陵，他的决定是：继续逃跑。

第二天，五月二十四日的深夜，桓玄准备停当，打算乘着夜色偷偷摸摸地逃走。但谁知保密工作做得不好，城中人听说皇帝要跑路，人心大乱，散兵游勇与地痞流氓肆无忌惮地打家劫舍。桓玄只带着心腹卫士一百多人，乘马从西门出城。走到城门口时，左右心腹中突然有人想杀桓玄，挥刀向大楚皇帝的头上猛砍。但因为天黑，能见度太差，并没有砍中。混乱中，谁也不知道发生了什么事，卫士为求自保，相互砍杀，留下一地的尸体。

桓玄还算命大，狼狈逃出城门，勉强逃到码头上船。楚朝朝廷的大员，已然星散，只剩下卞范之一个人还跟着他（桓玄的两大心腹，此刻终于分出了高下）。另外在一起的，还有他的儿子桓升、侄儿桓濬、堂兄桓石康、将军庾颐之、弄臣丁仙期和万盖，以及一个不知从哪儿冒出来的屯骑校尉毛修之等人。连一直以来，总被桓玄当作护身符带在身边的安帝司马德宗，都顾不得管了。

现在往哪儿逃？桓玄最初的打算是逃往汉中，投奔梁州刺史桓希，但稍后发生了一件很奇怪的事，他听从了毛修之的建议，改投益州。

益州刺史毛璩，早在桓玄称帝那一天起，就不承认他这个大楚皇帝，起兵反桓，动手比刘裕还早，此时去益州，岂不是自投罗网？桓玄如果想自杀，留在江陵也办得到，起码还靠近祖坟，没必要跑到四川去送死吧？因此，史书在这里，很可能漏载了重大史实。

那个时候究竟发生了什么事，已难以确知，但可以用另一段类似的历史来进行推测。

晋大兴元年（318）七月，汉赵（此时的国号是"汉"，刘曜继位后改称"赵"，史称前赵）昭武帝刘聪死，太子刘粲继位，大权被大将军、录尚书事靳准掌握。九月，靳准杀死刘粲，挖了刘渊、刘聪的陵墓，尽屠在平阳（今山西临汾市，汉赵此时的首都）的刘氏宗族，自号"汉天王"。他这么一胡来，自然引起汉赵两大地方实力派的强烈反应，控制关中的刘曜和称雄关东的石勒一起起兵，宣布讨逆。

这两位中的任何一个，靳准都招架不了，何况两个一起来，自然是节节败退。其中石勒进军尤其迅速，直逼平阳。在此情况下，刘曜害怕石勒成功灭掉靳准，凌驾于自己之上，于是欺骗靳准派来的使臣卜泰说："先帝（刘聪）末年确实犯了很大的错误，司空（靳准）行伊尹、霍光之事，让朕继位，本是莫大的功勋，如果能早点儿迎接大驾，朕将把国家大政都托付给他，岂止是免死！"靳准虽然没来得及投降就挂掉了，但继立的靳明果然带着传国玺投降了刘曜。刘曜这一招，终使自己后发而先至，抢在石勒之前，拿下平阳。得手之后，他立即食言，将靳氏家族全族杀光。

比较两段历史，可以发现略有几分相似之处：靳准、刘曜、石勒这三个主角，现在分别由桓玄、毛璩、刘裕三人来扮演了，毛璩很有可能套用了刘曜故智。这并不是没有依据的瞎猜，因为向桓玄提议投奔益州的毛修之，正好是毛璩的侄子。毛修之究竟是原来就跟随在桓玄身边，还是刚刚到达，史书没有明说。但按常理推断，毛璩既然早就起兵反楚，桓玄不大可能把他的侄子放在自己身边，所以他可能是毛璩派遣而来的使臣。

综上所述，在下猜想，真实情况可能是这样的。

毛璩派毛修之来见桓玄，假意表示，因为刘裕的崛起打破了原有的平衡，为了益州和荆州的共同利益，他愿与桓玄抛弃前嫌，联手共抗刘裕。但他的实际目的，则是要从刘裕系北府军手中夺走杀死桓玄的大功。而桓玄这一方，虽对毛璩的诚意有疑虑，但此时东晋尚有实力的地方势力，也只剩下毛璩了，如真能与益州联手，大楚似乎还有挽回败局的一线生机。因为别无选择，走投无路的桓玄饥不择食，同意毛修之的提议。

桓玄没能到达益州。他一路西行，于五月二十六日到达江陵以西约三十里的枚回洲（长江中的小岛，具体位置没有查到。名字起得很好，果然是"有来没回"）。桓玄二十四日夜从江陵出发，经过二十五日一整天，到第三天才走了这么一点儿路程。既是逃命，不可能走得这么慢，所以途中极可能有反复，先投梁州，后改益州的说法，应当无疑。只是桓玄可能没想到，自己和大楚帝国的生命，都在这里走到了终点站。

【作者按:《晋书·桓玄传》《宋书·武帝纪》《魏书·岛夷桓玄传》《资治通鉴》均称桓玄死于枚回洲，但《晋书·安帝纪》又称桓玄死于貊盘洲。在下不清楚两洲是否系一地，特立此存疑。】

这时，一支两百多人的益州军，乘船迎面而来，为首的是毛璩的侄孙毛祐之和参军费恬。他们本来是送毛璩之弟，宁州刺史毛璠的棺木回江陵安葬，路过枚回洲，并非早有预谋的伏击部队（假如荆州与益州仍处在敌对的状态下，很难想象毛璩的弟弟能够安然归葬荆州，故这件事也可作为之前毛璩已经与桓玄停战的旁证）。不过，他们发现旁边这条船上坐着逃亡的楚帝桓玄，封侯的大功已经唾手可得时，二话不说，立即撕破了双方的停火协议，对桓玄的船展开攻击。

桓玄身边只剩下几十人了，完全不是对手，益州军箭如雨下，丁仙期和万盖二人，为了保护主君，以身体挡着桓玄，都被乱箭射死。桓玄仍被流箭射中，只是未伤及要害。五岁的小桓升完全被眼前的场景吓坏了，他一边哭着，一边伸出小手去拔射在父亲身上的箭。但一箭拔下，又中一箭。

混战中，双方船只靠近，益州军中一名叫冯迁的小军官纵身跳上桓玄的船，抽刀冲到桓玄面前。大楚皇帝再没有了往日气定神闲的风度，拔下头上的玉导递给冯迁，用半威胁半讨好的口气说："你是什么人，怎么敢杀天子呢？"冯迁冷笑："我不杀天子，只杀背叛天子的逆贼！"说罢，刀光一闪，照亮了桓玄那张因为失血而苍白的脸……

桓玄被杀时，年仅三十五岁，在位仅半年，距离刘裕在京口起兵，只过去八十七天。肥皂泡一般的大楚帝国，随之成为过去式，也标志士族势力执掌南朝天下的时代一去不复返，尽管世家大族在以后南朝的历史上仍有相当大的影响力，但"寒人掌机要"已成为不可改变的政治现实。

与桓玄同时被杀的，还有桓濬、桓石康、庾颐之等人，卞范之则跳水逃走。目睹父亲惨死的小桓升，乞求益州兵士说："你们不要杀我，我是豫章王。"可怜的孩子，你不知道吗？如果你不是豫章王，不是桓玄的儿子，也许还能逃得一命。正因你是豫章王，如今才必死无疑。结果，这个小男孩儿被押回江陵集市，公开处斩。曾经威扬华夏的权臣桓温，儿孙死光，至此绝嗣。

桓振反攻

　　桓玄离开江陵的第二天，五月二十五日，留在城内的荆州别驾王康产与南郡太守王腾之找到安帝司马德宗，共同拥戴他复位，楚国的新都在桓玄死的前一天已改换成了晋朝的旗号。

　　第二天，桓玄被杀，桓升被押回江陵受刑，毛修之因除桓玄有功，升任骁骑将军。五月二十八日，江陵的晋朝临时朝廷宣布天下大赦，除了桓家人，被"胁迫"参加桓楚伪朝的各级官员一律赦免。同时将桓玄的人头送给正在西进的刘毅军，刘毅验明正身后送往建康，悬挂在朱雀桥上示众。刘裕在京口起兵时信口编造的话，三个月后变成了现实。

　　呼啦啦似大厦倾，荆州各地纷纷反正归晋，几个不在赦免之列的桓家人四处逃匿，侍中、卫将军桓谦藏到了沮中一带，桓玄的堂侄扬武将军桓振则逃到了华容浦（今湖北监利市北，当年曹操赤壁败北逃亡所经的华容道）。已历三世的荆州桓家势力，似乎灭亡在即。此时，谁能料到情势在短期内又会发生骤变？

　　刘毅等人在峥嵘洲取胜，认为大局已定，不久又收到桓玄的人头，斗志更加松懈。正好，又赶上天气变化，峥嵘洲交战时的东风不吹了，改成刮西风，一连刮了好几天，使船只西上比较困难。以刘毅为首的西征军诸将干脆止船不走，只停留在当地摆酒庆功，等待顺风。这样，一直到桓玄死后第十天，西征军仍未到达江陵。

　　这时，躲藏在华容浦的桓振接到桓家旧将王稚徽的一封密信，密信中是一份彻头彻尾的假情报：桓歆和杨秋的部队已经攻克京口（实际上桓歆与杨秋早让魏咏之与诸葛长民摆平了），将军冯稚已经收复寻阳（相对来说，这条最靠谱，楚将冯稚、刘统曾乘刘毅主力西进的机会，袭占寻阳，但随后被刘裕从母之子刘怀肃击败），刘毅等各路叛军都在溃退（这条不值一驳）。

桓振得此消息，大喜。以桓振的智商，不见得会看不出这是一份假情报，但他手下马上要散伙的几十号人太需要这样一剂强心针了。桓振立即抓住鸡毛当令箭，鼓动下属：机不可失，要乘"胜"反攻。带上这几十号人，桓振就敢奔袭江陵，其勇气比刘寄奴也不逊多少啊！他沿途招集楚军散兵，走到江陵城下时，已扩大到二百多人，而桓谦听到此消息，忙集结人手，赶来与桓振会师。同时，从枚回洲死里逃生的卞范之也赶来会合。

城外桓家军人虽少，但城内的晋军也是少得可怜，刘毅迟迟不到，使江陵如同空城。闰五月三日，桓振攻陷江陵，立即将城内主政的王康产、王腾之两大臣处死，然后骑马持矛，直奔安帝司马德宗的行宫。见到白痴皇帝，桓振厉声喝问："桓升现在在哪儿？"当得知那个可爱的小堂弟已被斩首时，桓振怒不可遏，大声质问司马德宗："我们桓家有什么地方对不起晋朝？竟遭如此屠戮！"

这个问题问得挺有趣的，桓家把晋朝天下都篡夺了，还问有什么地方对不起晋朝。不过司马德宗不知道回答，别人也不敢如此回答。安帝的弟弟司马德文辩解说："杀桓升，怎么可能是我们兄弟的意思呢？"都是王康产他们干的啊！但桓振仍依不饶，一定要杀掉傻皇帝，幸亏桓谦赶到，竭力劝阻，司马兄弟才逃得一命。在政治上，桓谦毕竟要比桓振高明一些，知道此时的司马德宗是杀不得的。

闰五月六日，桓振正式宣布桓玄已经"驾崩"，追谥为"悼武皇帝"。七日，桓谦将玉玺还给司马德宗，率百官朝见，承认晋朝复辟，以打击东军讨逆的口实。然后，晋朝江陵朝廷任命桓谦为侍中、卫将军、江豫二州刺史，主持政务；桓振为都督八郡诸军事、荆州刺史，主持军务。面对全新事态，荆州各郡跟着风向换旗子，数日之间，桓家又出人意料地夺回了荆州的控制权。

这里简单介绍一下这位新上任的荆州刺史。桓振，字道全，其祖父是桓温之弟桓豁，父亲是桓家有名的猛将桓石虔。桓振颇有父风，同样骁勇过人，果敢善战，为此时桓氏宗族第一人。但他从小就凶狠暴虐，横行霸道，名声很差（大概与石虎类似），桓玄很看不起这个侄子，从未予以重任。后来，桓振感慨说："叔父不肯早点儿用我，才落得今天的结局。如果叔父尚在，以我为先锋，平定天下也不是难事！如今只剩下我一个人（随口就把辈分比他高，官比他大的桓谦无视了，可见其人傲气），不知将死在何地？"

麻痹大意的刘毅等西征将领听说桓氏重夺江陵，已经煮熟的鸭子竟然又飞了，才开始发起新的攻击。刘毅首先攻克巴陵，将散布虚假消息的桓氏旧将王稚徽斩杀。随后，何无忌、刘道规二将在马头打败桓谦，在龙泉（地处江陵之北）打败桓蔚。西征军连战连胜，何无忌不由产生了轻敌之心，决心不等刘毅到达，便直取江陵。只苦了荆州各郡的太守，早知如此，旗子不该换这么快的……

桓振不愧为桓家最后一员名将，并没被前线的节节失利吓住，仍在冷静地捕捉战机（这点正是桓玄最欠缺的）。他预料到西征军屡胜而骄，而且本就不多的兵力又暂时分散，知道机会来了。于是桓振出城，在江陵城西的灵溪主动出击何无忌军，同时让老将冯该设伏于附近的杨树林中。一经交战，桓振诈败诱敌，何无忌未加防备，贸然追击，中伏大败，被斩首千余人。这样，自刘裕京口起兵以来，桓家的荆州军终于赢得了对北府军第一次像样的胜利。

桓氏败亡

　　毕竟是在桓家势力树大根深的荆州，桓振取胜后，荆州军声势大振，刘毅与何无忌、刘道规虽然合兵一处，也感到暂时无力继续进攻，便收兵撤回寻阳，同时上疏请罪。不久，建康朝廷的处理决定下来了：刘毅是主帅，承担主要责任，免除刚刚担任没几天的青州刺史一职。没过几天，这个职位就让刘裕兼任了。这次战败的主要责任人明明是何无忌，可最重的板子落到刘毅头上，二刘之间隐含的矛盾继续加深。

　　桓振打退刘毅的西征军后，接着又打败了东进的益州军，斩益州将领柳约之，桓家在荆州的统治暂时稳定下来，但在其他地方，桓家就没这样的好运气了。六月，毛璩攻克汉中，斩梁州刺史桓希（看来就算当初桓玄没有改变主意，真去了汉中，好日子也不会长久），梁州失守。

　　更糟的是，建康方面当然不可能对桓家重据荆州无动于衷，更何况此时晋朝的两个朝廷，建康朝廷已明显强于江陵朝廷，略假时日，刘裕所能动员的军队很快就会在实力上压倒桓家军。

　　"好心"的刘寄奴没让桓振等太久。几个月后，建康新朝廷对桓家的第二次讨伐开始了。鉴于桓振的确有两把刷子，并不太好对付，刘裕采用了类似当年汉高祖破项羽的战略，兵分两路。主攻的方向仍以刘毅为主帅，在得到刘敬宣的增援后，沿长江西上，连克鲁山城（今湖北武汉市汉阳区）、偃月垒（今湖北武汉市武昌区西南）、巴陵，打败桓家老将冯该；助攻方向由南阳太守鲁宗之指挥，南下进攻襄阳，还没怎么打，桓家的雍州刺史桓蔚便仓皇弃城，逃回江陵。如此，刘毅与鲁宗之两军，南北呼应，夹击荆州。

　　桓振在江陵一琢磨，两相比较，当然是刘毅的威胁更大。于是，他于元兴四年（405）正月初七从江陵出发，挟持安帝司马德宗，出江津（今湖北荆州市沙市区东南），进攻刘毅。刘毅一见桓振出来了，便命全军扼守马头，坚壁以待，就是不与他交战。这个战略的妙处就在此：反正现在桓家就桓振一个人能打，但你总不会分身法，要对付南边，就顾不了北边，反之同样。所以，桓振，你认栽吧，就不和你打，玩死你！

果然，北面的鲁宗之乘桓振南出的机会，大败桓家军将领温楷，推进纪南（地处江陵西北，古楚国的都城郢）。而桓振面对刘毅，求战不得。无奈之下，桓振派人去见刘毅，提出和谈条件：桓家可以把皇帝送回建康，但要求停战，同时让桓家保有荆、江二州的地盘。怎么，想求和？我们可很愿意打下去。刘毅二话没说，一口回绝。桓振气得跳脚，可又拿刘毅没有办法，而鲁宗之在桓家后院放的火已到非救不可的时候了。桓振只好收兵，命桓谦、冯该防守江陵，亲自率大军北上，进攻鲁宗之。

刘毅等的就是这个机会，桓振一走远，刘毅立即挥军出击，大败冯该于豫章口（江陵东南），守城的桓谦已经吓破了胆，慌忙和桓蔚、桓怡等桓家兄弟，以及何澹之、温楷等败将一起弃城出逃，桓家大本营江陵被攻克。皇帝司马德宗和琅邪王司马德文兄弟，也总算摆脱了桓家的控制，被西征军解救出来（只是司马德文等人没有想到的是，这次出狼窝的代价，是进虎口）。

再说桓振到底厉害，他挥军北击，大败猝不及防的鲁宗之。但他知道强敌在后，不敢穷追，得胜后连忙收兵回江陵，谁知还是晚了一步。到达江陵城北不远处时，桓振的士兵看到城头火光冲天，知道江陵已经沦陷，各自的妻儿老小多在城中，霎时斗志尽泄。这次江陵失守与上一回不同，上次江陵城几乎没什么守兵，而此时城中都是很难对付的北府兵。桓振军军心开始瓦解，先是出现一两个逃兵，溃逃马上像急性传染病，越来越多，迅速扩散到全军。桓振纵然声嘶力竭地呵斥，但也无法制止。桓家军终于抛下兵器、旗帜，一哄而散。

这次战败之后，桓家军主力尽失，残存的几个主要人物此后天南地北，生死茫茫。

桓玄的老臣卞范之，在江陵被攻陷时，不知是因为出逃不及时，还是对现实感到绝望，已经不愿再逃，被克城的刘毅军俘虏，立即被斩首。

老将冯该，在石城（今湖北钟祥市）被刘怀肃逮捕，就地斩首。

曾是前秦太子的苻宏，带着少数残兵在各地流窜，五个月后被刘毅、刘道规等消灭。

不服输的桓振，在湖北打了两个月游击，竟然乘晋军防备松懈的机会，奇袭南郡，赶走新上任的荆州刺史司马休之，再次夺回江陵。但他手下已经没几个兵了，很快，刘怀肃和刘毅的军队先后杀到，与桓振战于江陵之北的沙桥。

注定了必败的沙桥战场上，桓家这员最后的猛将，与部下痛饮绝命酒后，拼死一战。桓振瞪着眼睛，奋力突击，几乎无人能挡。然而，大势已去，他身边的人很快死光，桓振毕竟达不到刘裕的本事，也没有刘裕的运气，他在身中数箭之后，被刘毅的部将唐兴斩杀。桓振曾叹息自己不知身死何处，现在，知道答案了……

此后，未逃走的桓家族人基本上被杀光，只有桓胤一人因是桓冲的长孙，朝廷特别加恩赦免。好景不长，两年后，桓胤被卷入子虚乌有的谋反案，被杀。

只有从江陵出逃的桓谦等人，几经辗转，投奔后秦，被好客的后秦主姚兴收留，得到暂时的安全。谯国桓氏，这个曾在东晋影响力极大的名门，从此基本上退出了历史舞台。

卢循入粤

404 年和 405 年，是南方政治版图大洗牌的两年，除了大楚王朝的旋起旋灭，刘寄奴的异军突起，在岭南和巴蜀两个南朝外围区域，也发生了天翻地覆的变化。因为这两个地方的变乱，后来都与刘裕产生了联系，有必要提一下。

引爆岭南变局的，是刘裕的老相识，五斗米道军的大当家卢循。自从卢大当家让刘裕从浙江赶到福建，又从福建赶着下了海，他就带着那帮道友在今福建、广东一带沿海游荡了近一年。因为没有了刘裕的打击，卢循的处境大为好转，再次显示出在拉帮结伙方面的过人才干，原本奄奄一息的卢循军，再次膨胀起来。

元兴三年（404）六七月，重新恢复了元气的卢循，乘着晋朝的建康朝廷与江陵朝廷激战正酣，谁都无暇顾及周边的机会，挥师攻入广州（相当于今广东、广西的大部分地盘），直逼番禺（广州的治所，属南海郡，这才是今天的广州）。

两晋时代的广州比今天的广州面积大近百倍，但那时的岭南基本上还是未经开发的蛮荒之地，远不能与今天的广州相提并论。比如人口数量，偌大的广州没有今天广州市一个区的人口多，人口密度还比不上今天的西藏，即使放在当时也算人烟稀少，因此它是晋朝统治比较薄弱的地方。

【作者按：《晋书·地理志》载，"广州共辖十郡，六十八县，共四万三千一百二十户"，按每户五人这个最常见标准计算，有二十一万五千余人。到了刘宋时代，按《宋书·地理志》载，"辖十七郡，一百三十六个县"，郡县数目增加的原因主要是郡县变小了，并不是广州变大了。这一点从户口就可以看出，共四万九千七百二十六户，人口总数二十万六千六百九十四，与东晋时代相差不大。当然，这两个数字多半统计不全，但即使增加一倍，也不过四十万人。今天广州市仅市区人口就高达九百三十五万，是当时整个广州的四十多倍。】

由于人口少，实力弱，广州在南朝政局中的影响力一向微乎其微。这里气候炎热，多生瘴气，使人易生疾病，所以广州常常被晋朝用来流放，东晋政坛的官员一向对广州刺史一职不屑一顾。桓玄就曾被任命为广州刺史，可在他看来，这个刺史的职位还不如义兴太守那个"五湖长"，他宁可待在荆州老家，也不去上任。

不过，再小的嫩叶，也会放出氧气，当时的广州也不可能没有强项。由于它"包带山海，珍异所出，一箧之宝，可资数世"，像合浦的珍珠、南海的珊瑚，还有从南方林邑、扶南等国进口来的象牙、玳瑁等奇珍异宝，都是当时奢侈品市场上的抢手货，虽然饥不能食，寒不能衣，但大大地值钱。因此，广州便成了东晋部分爱钱不怕死的官员"前腐后继"的主战场之一。

不知从何时起，广州当地就产生了这么一个传说，在番禺城外二十里，有一个地方叫"石门"，这里有一口泉水名叫"贪泉"，只要喝了这贪泉的水，人就会自然而然地产生无法扼制的贪念。所以，没办法了，一方水土养一方人，我们本来都是挺廉洁的，但既然饮过贪泉之水，贪非得已也！

广州官员这种捞钱体系，一直持续到一位规则破坏者——新任广州刺史吴隐之到来之前。吴隐之，字处默，濮阳鄄城人，曹魏侍中吴质的六世孙，可算中等士族的出身。他是一位风度儒雅、仪表出众的美男子，博览文史，善于谈论，为人孝悌仁爱，极重操守。当年豫州刺史袁真造桓温的反，吴隐之的哥哥吴坦之正在袁真手下任功曹，袁真失败后，吴坦之也受牵连而死。值此生死关头，吴隐之前往见桓温，表示愿代兄长受死。桓温接见了他，对这个年轻人的表现大为赏识，便赦免了吴坦之，并提拔吴隐之为尚书郎，转晋陵太守，在任上以清廉闻名，连太守夫人都得像普通民妇一样去背柴火。等到桓玄在荆州执政，为博取名誉，任用提拔了一批名士为官，原先就与桓家有些交情的吴隐之，便被桓玄推荐任命为龙骧将军兼广州刺史，接替素有贪名的刁逵。

吴刺史走马上任，到达著名的石门贪泉时，对同来的家人说："这里并看不到能诱惑人心的欲望，怎会让人心绪不宁？关于越过五岭，就会丧失清廉的说法，我知道是怎么回事了！"于是，他走到泉边，特意饮用了泉水，并题诗一首："古人云此水，一歃怀千金。试使夷齐饮，终当不易心。"究竟是贪婪的风气胜过自己的节操，还是自己的节操胜过贪婪的世风，就来比比看吧！

吴隐之赢了，他做到了廉洁自律，扯下了诸位前任的遮羞布，使地方风气大变。直到今天，在广州城北越秀公园的望海楼旁，还立着"贪泉"二字的石碑及吴隐之的题诗，以纪念这位清正耿直的古代省长。新上台的刘裕正想实现清廉政治，吴隐之正好成为他大力提倡的表率，吴刺史得到上下的交口称赞。

虽没有官场射来的暗箭，但五斗米道的明枪就不好躲了。吴隐之虽然是一个好官，毕竟不懂军事，而且手下兵微将寡，面对卢循军队突如其来的进攻，只好召集军民，固守待援。卢循虽然不是刘裕对手，可也算身经百战，非寻常将领可比，手下将官也多是百战余生，一经交手，便处上风。广州争夺战打了整整一百多天，吴隐之的长子吴旷之战死，但因吴隐之深得人心，军民愿为效力，番禺一时仍然攻不下来。十月九日深夜，卢循发动突袭，助以火攻，大火蔓延三千多家，近万人被烧死，番禺终被攻陷。吴隐之突围未成，被卢循军俘虏。

打下广州之后，卢循自称平南将军，主持广州事务：做了一个巨大的万人墓安葬死者，据说里面有人头三万多个（这个数字很可能被夸大了）；又命徐道覆进攻始兴（今广东韶关市东南），生擒太守阮腆之，堵塞了北方军队南下五岭的入口。岭南之地完全落入卢循之手。

为了证明自己进攻广州乃正义之举，卢循派人向建康政府进贡，同时上疏：坚决拥护朝廷铲除桓氏的正义之举，他卢循也积极投身打击桓氏集团的斗争，故而对桓氏死党、广州刺史吴隐之进行了沉重的打击。如今，岭南的桓氏残党已被他肃清，吴隐之已经就擒，请求将其明正典刑。

第二年四月，卢循才接到建康朝廷的回复。由于此时桓家刚刚被平定，大乱之后，百废待兴，蜀地又发生变乱，朝议也不打算立即对卢循用兵，便顺水推舟，任命卢循为广州刺史，徐道覆为始兴相，承认他们对岭南的占有。同时拒绝卢循惩办吴隐之的请求，要他将吴隐之和当年被桓玄流放到广州的王诞放还建康。卢循果然照办，双方开始假惺惺地"友好往来"。时近五月，卢循特意用糯米加中药益智仁做成粽子，名曰"益智粽"，赠给老对手刘裕。刘裕也不客气，回赠卢循"续命汤"（另一说为"续命缕"，是京口当地的风俗，在端午节时，用彩丝系臂，以辟灾延寿，相当于一种护身符）。钩心斗角，心照不宣：和解是暂时的，摊牌是肯定的，为了秋后算账，就让你多活一段时间吧！

谯蜀建国

刘裕肯给卢循"续命"的重要原因之一，是益州出了比岭南更大的麻烦。

再说益州刺史毛璩攻下汉中，杀梁州刺史桓希之后，听说桓振重据荆州，决定全力出击，调动三万大军，进攻桓振。

从纸面上说，毛璩的计划很好，这三万军队将兵分两路：第一路军由两个弟弟，西夷校尉毛瑾和蜀郡太守毛瑗率领，沿外水进发（从成都府河出发，经岷江，入长江），这部分主要是益州老部队，是比较可靠的；但问题出在另一路，第二路军由参军谯纵、侯晖指挥，沿内水前进（沿涪江、嘉陵江，入长江），这一路掺杂有不少刚刚降服的梁州部队，以及氐人组成的雇佣军。

梁州原先一直在桓家的控制之下，晋朝的氐人也比较亲桓，如前秦太子苻宏就最终为桓家殉难，氐人首领杨秋曾配合桓歆反攻历阳。现在要调动这些人，千里迢迢去讨伐桓振，梁州兵士都格外不情愿，喧喧嚷嚷，军心思变。毛璩在不经意间，已经犯下了桓氏兄弟在覆舟山之役前的错误。更严重一点的是，他没有派强有力的自家人监督这支军队。

果然，第二路军走到五城水口（今四川中江县）时，终于一脚踏上了引信。第二路军主将之一，参军侯晖与巴西（巴西郡在今四川阆中市）人阳昧密谋，打算发动兵变。但这两位老兄在军中都不孚众望，恐事难成，商量之后，决定拉同是巴西人的参军谯纵当头。

谯纵，出身蜀中大族巴西谯氏。那位因劝后主刘禅投降，而名垂《三国演义》的谯周，就是这个家族的优秀代表。不过，无法判明谯纵是否系谯周后人。谯纵可以确定的祖先，只能推到他的祖父谯献之，谯献之做过成汉政权的司空，成汉亡国后为桓温留用，在巴蜀一带享有盛名。谯纵为人，往好了说是温和谨慎，往糟了说是胆小怕事，是个很讨人喜欢的老好人。

侯晖与阳昧认为，谯纵和谯家在巴蜀当地很得人心，以他为首领有利于调动百姓。但凡事有利必有弊，如何让胆小如鼠的谯纵当首领呢？

果然，谯纵听到侯晖与阳昧的造反计划，吓得仓皇逃走。侯晖等人也不客气，立即指挥兵变军士捉拿。谯纵眼见难以逃脱，投江自杀，可不少叛军士兵水性过人，反应迅速，很快又把他从河里捞了出来，把刀架在他的脖子上，命他上轿。浑身湿透、一脸狼狈的谯参军仍不愿意，他扑倒在地，不住地给众军士叩头。

侯晖在一旁看得不耐烦了，命士兵把谯纵绑成粽子，塞进轿子，然后打着谯纵的旗号，回师杀向涪城（今四川三台县西北）。此时尚驻扎在涪城的西夷校尉毛瑾，对兵变毫无防备，结果叛军突然杀到，一举攻下涪城，他也被叛军斩杀。攻下涪城后，叛军正式推谯纵为梁、秦二州刺史。眼看事已至此，不想造的反也已经造了，开弓已无回头箭，谯纵只好一心一意与叛军共进退，老老实实当首领了。

毛璩得知兵变消息，顾不上征讨桓振了，急忙从略城（今四川盐亭县）赶回成都，仓促命令参军王琼调集三千军队讨伐谯纵，随后又派弟弟毛瑗率兵四千增援王琼。毛璩显然慌了手脚，处置是失当的，大概是只要凑起一点儿军队就匆忙派出去。这种"添油"战术使军队形不成有力的拳头，只是方便了叛军各个击破。

王琼的讨伐军北上，先在广汉小败叛军，打败侯晖（更可能是叛军在诈败诱敌，以防止毛璩的两支军队会师），然后乘胜追击，推进到绵竹。谯纵的弟弟谯明子早已在此精心设下两道埋伏，等着王琼上钩。轻敌躁进的王琼前进中伏，大败，兵士折损达十之八九，基本上全军覆没。后边的毛瑗军得知，不敢再战，慌忙逃回成都。

乘着绵竹取胜之威，叛军向成都进军。攻至城下时，城中人心大乱，一个名叫李腾的流放犯打开城门，迎接叛军入城，成都遂被谯纵的军队攻陷。毛璩和毛瑗兄弟没能逃出，被叛军满门抄斩，比桓振还早死了一个月。

随后，史上最三心二意的创业之主——谯纵，抵达成都，自封为"成都王"，独立建国，任命弟弟谯洪为益州刺史、谯明子为巴州刺史。此时是义熙元年（405）二月，一个新的国家又在巴蜀建立起来，历史上称为西蜀王国。这也是自战国时秦将司马错灭蜀之后，唯一一个由四川当地人建立的巴蜀割据政权。

这样，在东晋原有的地盘上，又出现了割据广州的卢循和割据巴蜀的谯纵两支独立势力，它们与建康的晋朝中央政府一道，鼎足而立。南方三大集团互有优劣，就此时而言，建康最强，拥有正统的大义名分，人才也最为济济，但内部尚未真正统一；成都次之，同时人才最为匮乏，但可以寻求外援；广州最弱，但内部最为团结，多精兵良将。

姚兴割地

谯纵建立的西蜀，一开始便是个危机重重的国度。因为当时益州远比广州富庶，晋廷纵然可以默认广州的脱离，也不能容忍巴蜀的丧失。何况卢循在表面上仍然忠于晋朝，也没杀吴隐之，谯纵不但杀了毛璩，而且称王建号，如果不立即对这样的反贼打击，那建康新朝廷的面子也没地方搁。

因此，当刘裕接到益州兵变，谯纵称王的确凿消息后，立即推荐宗室司马荣期为益州刺史，会同龙骧将军毛修之、涪陵太守文处茂、巴东司马时延祖等，共同出兵讨伐谯纵。但这次出兵打得很不顺利，前线又发生兵变，司马荣期的参军杨承祖袭杀主帅，倒向谯纵，毛修之等被迫退守白帝城，蜀军乘机扼守三峡天险，让晋军寸步难进。

谯纵知道，世上没有撞不坏的大门，现在虽然暂时安全了，但晋军更大规模的进攻，迟早是要来的。仅凭蜀军的将寡兵微，如何是刘裕的对手？单干是不行的，一定要找个有力的后台。只是，找哪个国家做靠山比较合适呢？

因为远水救不了近火，靠山还是得从近邻中找。当时西蜀主要有五个邻国。最大的自然是晋朝，西蜀东部和南部边界与之接壤，时时灭蜀之心不死，是谯家最大的威胁。西边是慕容氏分家建立的吐谷浑，西北是鲜卑秃发氏建立的南凉，还有氐人杨氏建立的小国仇池。这三个国家都比较弱小，不足以依靠，只剩下唯一的选项——北边的后秦了。

后秦是由前秦的龙骧将军，羌人首领姚苌在晋太元九年（384）建立的。当年姚苌凭借着娴熟的厚黑大法，用尽了奸诈的计谋，终于屡败前秦，挤走西燕，使后秦雄踞关中。姚苌死后，他的长子也就是现任秦主姚兴继位。

姚兴，字子略，死后被尊为高祖文桓皇帝，在十六国的众多君主中，也是个值得一提的重要人物。虽然是姚苌的儿子，但姚兴在各方面与那个奸诈的父亲相差很大，以个性和经历来看，更像是苻坚的缩小版，比较仁义，宽容大度，以诚待人。他与苻坚的不同之处在于：顺境时没有苻坚升得那样高，逆境时也没有苻坚跌得那么惨。

姚兴继位之初，姚苌的老对手前秦主苻登闻讯大喜："姚兴那个小孩子，我随便折根树枝都可以扁他！"他兴冲冲地调集全部军队，进攻后秦，连克姚奴、帛蒲二堡，推进到距长安仅百余里的废桥（今陕西兴平市东南）。与此同时，似乎是为了证明"祸不单行"这句成语的正确性，后秦的咸阳太守刘忌奴也起兵反叛，后秦两面受敌。

危急关头，"小孩子"姚兴出手不凡，奇袭避世堡，一举擒获刘忌奴，平息内乱。然后，姚兴与长史尹纬配合，在废桥大败前秦军，苻登主力被歼。姚兴乘胜进击，干净利落地灭掉了前秦，一时英名大振。

那时的姚兴，可谓雄姿英发，如同淝水之战前的苻坚，取得一个又一个重大的胜利。396年，后秦出兵河东，夺取蒲坂之地（今山西西南部）；398年至399年，姚兴乘晋朝昌明与道子两党内斗正酣，出兵攻取洛阳和整个河南之地；400年，后秦灭西秦，西秦主乞伏乾归投降，被姚兴拜为镇远将军、河州刺史、归义侯；401年，后秦接受后凉的请降。至此，在姚兴温和但有力的领导下，后秦国力达到极盛，其疆域囊括了关中、河南，向西伸入陇右。后凉、南凉、北凉、西凉甚至南燕，都向后秦称臣。在十六国后期，后秦国势仅次于慕容垂时代的后燕。

但也与苻坚类似，上到顶点之后，接下去便是下坡了。晋元兴元年（402）七月至十月，姚兴遭遇了自己的"淝水"，他在柴壁之战中毫无悬念地输给了北魏主拓跋珪。这是一次真正的惨败，弟弟姚平与四万多秦军精锐全军覆没，在整个交战过程中，姚兴既无还手之力，亦无招架之功。这一战对他的自信心打击巨大，此后姚兴如同换了一个人，沉迷佛法，再无开疆拓土的锐气，只求保守苟安了。从此，姚兴执政，败招连连，后秦国势一年不如一年。

不过，后秦的衰退与前秦相比是一个缓慢的过程，此时仍是瘦死的骆驼，保持着大国的架子。而且姚兴很好虚名，只要你派个使者到他面前一脸忠贞地忽悠，"我要当你的小弟"，姚兴便常常不顾成本与收益比，为了体面，为你这个小弟出头。因此，后秦仍是谯纵寻求外援的不二人选。

称臣于后秦是个好主意，谯纵是这么想的，也是这么做的。同时，西蜀有可能与后秦相勾结这一点，刘裕也注意到了。为此，刘裕决定对后秦开展外交攻势，义熙元年（405）七月，派使臣前往后秦求和。

一般来说，求和总是交战中处于劣势的一方向优势的一方乞求和平，为了避免再打，求和方总会做出一些让步，给对手或多或少的好处。而被求和方往往乘机开出天价，不允便以再战相要挟，求和方只得讨好曰："不急、不急、好商量、好商量！"然后双方开始一轮轮的讨价还价，直到得出一个被求和方满意而求和方也能承受的结果为止。

但做事如果这么没创意，那还是刘寄奴？刘裕的求和完全颠覆了我们的正常思维：要后秦将南乡各郡土地归还晋朝！后秦群臣群情激愤，强烈反对许和。

但接下来，更让后秦群臣跌破眼镜的事情发生了。他们的皇帝秦主姚兴竟然二话不说，大笔一挥：同意！将南乡（今河南淅川县）、顺阳（南乡之南）、新野（今河南新野县）、舞阴（今河南泌阳县西北）等十二郡割让给晋朝。

姚兴知道大家不理解，便做了一番说明："天下的善行都是一样的。刘裕起自寒微，竟能诛杀桓玄，恢复晋朝，对内革新朝政，对外整顿疆土，这是何等了不起啊！我又怎么能吝啬几郡的土地，不去成全他的美名呢？"

后秦割地这件看起来很荒谬的事，为何会发生呢？

在下对此事进行一番推测，供参考。

推测之前，可以先确定一点：土地是好东西，它可以脱离国家存在，而国家不能脱离土地存在，它的大小，在很大程度上决定了国家的强弱。和土地密切相关的国家另一基础资源，是人口。在古代自然经济的条件下，人口的多少与国力的对应关系甚至超过国土的大小。因为在这两项基础资源中，国土是死的，人是活的，国土大的优势正在于能够容纳更多的人口，国家的财富最终是要靠人生产出来的，国家的武装力量也要从百姓中征发。在一定的经济文化条件下，拥有更多的人口往往也意味着拥有更多的财富和更强大的武力。古代的统治者无不把地广人众视作国家富强的象征。

然而，凡事都没有绝对。国家的领土并不总是越大越好，人口自然也不总是越多越好。人终究是有独立思想的生物，并不是没有思想的工具，由于民族矛盾、阶级矛盾等冲突的存在，一个国家拥有的人口中总会有一定数量的"负人口"。所谓"负人口"，是指这样一部分人群：他们对现有的国家政权缺少认同感或缺乏忠诚度，他们的存在不会对国家产生助力，相反具有对国家的破坏力，国家还得花相当的人力、物力甚至军队来防备他们，所以他们对国力的影响是负数。正人口和负人口是可以相互转化的，政治的清明与否、灾荒或丰收、文化的冲突与交流，乃至民族融合或种族清洗等，都会对正负人口的转化产生重大影响。明朝末年，人口数量超过一亿，比周边任何国家都要多，这本是强国的象征，但明末税赋苛重，天灾频繁，大量百姓变成负人口，处处揭竿而起。

土地也是同理。如果在某个地区，它的居民大部分是负人口，或它的位置处在强大外敌威胁之下，易攻难守，使得国家为保卫这块土地付出的成本大于得到的收益，那么这块土地就变成国家的"负领土"。同人口一样，正负领土也是可以相互转化的，但这需要巨大的投入，也不一定担保成功。

再来看姚兴的做法。姚兴所割十二郡的完整版本，在下一直找不到，就知道的其中四郡来看，全部地处今天的河南省南部，距离后秦的政治中心长安较远。这些地方在十六国时代，多数时候是晋朝领土，对后秦的忠诚度估计很低，换句话说，这十二郡是后秦的负领土。

虽然是负领土，但若遇上如后来北魏拓跋焘那样的君主，也绝对不可能退让，因为负领土是可以转化成正领土的，纵然不能转化，也可以作为保卫正领土的屏障。但姚兴自柴壁之败后，显然进取之心已失，其国家战略转向全面收缩：放弃国力难以承受的边远地区，集中力量保护后秦核心区域，以减轻国家负担。

要证明这一点并不困难，因为这并不是姚兴唯一一次主动割地。就在第二年六月，南凉主秃发傉檀向后秦进贡了三千匹马和三万只羊，姚兴便主动将后秦占有的陇西第一重镇姑臧（今甘肃武威市，前凉、后凉均建都于此，南凉得到姑臧后，也迁都于此）割让给南凉。我们固然可以用事后诸葛亮的观点，认为姚兴不敌刘裕，但无论如何，也不能认为后秦会不敌南凉。姚兴割姑臧的根本原因还是在于：姑臧城孤悬于外，几乎处于南凉和北凉的合围之中，一旦有变，守之甚难。

不过，姚兴的做法虽有一定道理，他却疏忽了一条原则：在生存竞争激烈的乱世中，你退一尺，则人进一丈，靠消极退让是不可能赢得长治久安的。这次外交博弈的结果，晋朝兵不血刃，就收复了十二郡土地，让上台不久的刘裕威望大增，大大加强了他的执政地位，今后不管是对外北伐，还是对内整合，都增加了不小的筹码。从这个角度上说，不管姚兴割地的动机是否纯正，他都可算是刘裕的恩公之一，对刘裕一生的功业，助力着实不小。

不过刘裕的为人我们是清楚的：政治利益高于一切，只要成为他前进的拦路虎，刘寄奴绝不会在乎你是否对他有恩。厚道的姚兴白白地助人为乐，最终未能给子孙换来平安。以后的史实证明：与刘裕做邻居，实在是姚家的大不幸，后秦用大放血的方法躲过了初一，终究没能躲过十五。姚家即将迎来的，是亡国，是灭门。

穆之献策

义熙三年（407）十二月二十三日，建康的政坛发生了一次重大变故，刘裕的政治盟友，司徒、录尚书事兼扬州刺史武冈侯王谧逝世。要弄清这件事对晋朝政局的冲击有多大，最好先弄清王谧的官究竟有多大，他在朝廷的位置究竟有多重要。

这是一个既简单又复杂的问题。说它简单，是因为王谧的职务，史书上记载得清清楚楚；说它复杂，是因为这些职务代表的实际职权并不是固定的。

两晋南北朝时期是中国政治架构由三公九卿制向三省六部制变化的过渡阶段，人事制度最欠缺的就是规范化，乱七八糟的官职和将军号让人眼花缭乱。对王谧最重要的三个职务，大致可以这样解释：司徒，是名誉宰相；录尚书事，是实质宰相；扬州刺史，扬州省长兼首都军区司令。

很难用现今的职务做类比，姑且用晚清官职说明：王谧的官大致相当于某某阁大学士、入值军机处、直隶总督兼北洋大臣。晚清重臣李鸿章也没做到这么大的官（李鸿章为大学士、直隶总督兼北洋大臣，一生未入军机处）。

不过在这里，又得引入另一条常识：历史上，职位与职权经常是脱钩的。王谧本身虽有名望，但并无实力，他和刘裕的关系是：王谧站在前台表演，但真正发出声音的是坐镇京口的刘寄奴和他的谋士刘穆之。两相配合，使建康新朝廷既好看，又好听。

但现在，这种两面光的政策执行不下去了。王谧的死，对刘裕而言是一个很大的损失，他此后再找不到这么合适的士族代言人。王谧留下的空缺，如果让别的士族名士来顶替，刘裕将很可能丧失对朝廷的控制，因为现在晋朝的实力派人物并不只有刘裕一人。

这些实力派人物中最重要的一个，就是左将军兼豫州刺史、南平郡公刘毅。面对突然到来的变化，胸怀大志的刘希乐，在竭力压制内心喜悦的同时，早已料定这个机会不容错过。虽是良机，使用也是需要很高的政治技巧的，一定要拿捏到位，不能刺激到刘裕的神经，以免弄巧成拙。

经过精心的盘算，刘毅向朝廷提出两套方案：一、由琅邪王司马德文担任司徒（司徒已经退化为荣誉衔，让皇族担任无碍），由中领军谢混接替王谧其他的职务；二、仍是司马德文任司徒，谢混任录尚书事，扬州刺史则授予刘裕，不过刘裕可以坐镇京口遥领，好发挥强项，捍卫北疆，不用入京，扬州刺史的对内职责由孟昶代理。提出两套方案后，刘毅等人也显得非常谦逊，不敢擅自决定，派尚书右丞皮沈携带方案，前往京口请刘裕选择。

从表面上看，两套方案都可谓合情合理，谢混论门第、声望都最合适接替王谧，而且两条建议似乎都没刘毅自己什么事，他摆出的是一副一心为公的高风亮节。但实际上，不管刘裕选择方案一，还是选择方案二，刘毅都包赚不赔：刘裕的势力都将被悄悄地从中央挤出去，换上他的盟友。

不过，计划尽管很高明，刘毅还是疏忽了一件事：这个世界上的聪明人，并不只有他刘毅一个。

义熙四年（408）正月，皮沈到达京口。他首先见到的人，是刘裕的记室录事参军刘穆之。皮沈向刘穆之传达了廷议的结果，刘穆之听罢，假装要上茅厕，请皮沈稍待。一到茅厕，刘穆之悄悄写下一纸便条，"皮沈来了，他说的话千万不可以同意"，然后遣人送给刘裕。过了一会儿，刘裕出来接见皮沈，不谈正事，净打哈哈，一番你好我好天气好的客套之后，就打发皮尚书去馆驿休息。刘裕再召刘穆之前来询问此事："你说皮沈的话不能听，是什么意思？"

刘穆之先向刘裕分析了此时的政局，预测时势的变化："晋朝失政，非止一天，再加上桓玄篡夺，天命已移。以公今天的功勋、声望、地位，怎么还可能谦让处下，只做一个守边将领？刘毅、孟昶这些人，与你都是布衣起事，共建大义，同为谋求富贵。只是举事之时有先后，为求成功故推你为首，但在心中，他们始终视你为同僚，而不是上司，并不会对你心服口服，效忠于你。既然本非君臣，力量权势又相当，将来怎么可能不反目成仇，相互吞噬？"把政治温情脉脉的面纱一把扯下，露出赤裸裸的利益，一语中的，刘穆之确是个明白人。

接着，刘穆之提出对现实的问题的处理意见："扬州是国家的根本重地，不可以假手于人，原先推让王谧，不过是权宜之计。如今如果再让出去，又没有第二个王谧可用，一旦在中央失去权柄，就将处处受制于人。以朝廷上下对你的猜疑和畏惧，各种各样的诽谤和谣言必然交相而至，将来的灾祸难以估量！怎么可以不深思熟虑？只是他们已经抢先拿出了朝议结果，如果一定说要自己来干，不但不好措辞，也得罪了全体朝臣，不是好办法。公不妨这样答复他们：因为这件事关系重大，不能草率决定，我将亲往建康与大家细细商议。只要公到了京城，他们绝对不敢越过你，将这些职务另授他人！"

刘裕听罢刘穆之这番高论，大悦，依计而行，起程赴建康。果然，几天后，建康又出台了新的朝议结果，除了司马德文仍任司徒，完全推翻了刘毅原先的提议，任命刘裕为侍中、车骑将军、开府仪同三司、扬州刺史、录尚书事，驻京辅政，仍兼徐、兖二州刺史。之后，刘裕推荐诸葛长民任青州刺史，镇丹徒（相当于镇京口），自己的弟弟刘道怜任并州刺史（空衔，晋朝已无并州），镇守建康郊外石头城。至此，刘裕牢牢控制了中央，在与刘毅这位老战友的明争暗斗中，又胜了一个回合。

殷、桓谋反案

刘裕从后台京口走到了前台建康，省去了那套遥控设施，执政更便利了。这一方面更强化了刘裕的权力，但在另一方面，因他出身低微，不符合当时习惯中摄政大臣的条件，也招致更多士族豪门和反桓战友的不满，晋朝内部形成了松散却广泛的反刘裕集团。

在历史上，摆平内部反对派一般有两种办法。一是进行政治大清洗，刀光闪过，人头滚滚，看谁还敢多说话？这种疗法直指病根，但往往副作用太大，自打自受伤，如果条件不够成熟，不排除有阴沟里翻船的可能性。二是化内部矛盾为对外动力，通过对外胜利赢得威望，来压制内部反对派。这种办法的缺点是难度较大，属于那种没有金刚钻就揽不了的瓷器活，不是高手就别想了，纵是高手都可能搞砸。当年桓温多次使用这一招，一不小心就失了手，而桓玄一直不敢用。另外，此法终究治标不治本，不能从根本上斩断病根。

刘裕最后的选择，是两者兼而用之，十八般兵器全用上，彼此优势互补，消灭火力盲区。不过，这样也得有个先后顺序，在同一时间段内只用一个拳头打人，才能力道十足。刘裕采取的步骤是两手交替进行，相互促进：一、铲除那些实力弱、根基浅的，杀鸡儆猴；二、通过对外的胜利扩大声望，加强权势；三、利用加强的权势，清除那些实力雄厚的；四、整合内部，赢取更大的对外胜利。

刘裕计划订好了，现在的问题是：谁是第一只倒霉的鸡？先看看一只符合骇猴标准的鸡，应该具备什么特征。首先，他必须是一只鸡，没有强力的后台，没有背景，没有盘根错节的关系网。其次，他应该是一只名鸡，不能是默默无闻的小鸡雏，应该拥有相当的名望，使得宰他既能让猴子感受到杀鸡刀的锋利，今后变老实一点儿，又不至于因过分震惊而猴急跳墙。一位老熟人就上榜了，他便是曾做过楚朝侍中的现任东阳太守殷仲文。

殷仲文是一个财迷。当年他作为桓玄的亲信，聚敛了大量的金银钱财和珍宝古玩，他将这些东西全藏在了自家的地窖里。后来殷大人跟随桓玄从建康出逃，走得太过仓促，这些东西没来得及带走。等他反正归晋，回建康旧宅一看，惨也，全都不翼而飞！那是多大的打击啊，从无所不有到一无所有，这种痛苦远远超过了从来没有。殷大人从此化悲痛为欲望，竭力跑官，想至少弄个高官，捞点儿外快，好补贴一下消瘦的腰包。

跑官的要诀在于讨好实权人物，现在晋朝的头号实权人物当然是刘裕，所以殷仲文一开始就把工作重点放在刘裕身上。早在义熙元年（405）三月，回建康不久的殷仲文便向刘裕提出一个讨好的建议：朝廷的官廷乐队设施配备不全，希望以刘裕的名义重建。这个建议今天听起来平淡无奇，但中国古代对音乐的看法与今人大相径庭。如《汉书》在追溯音乐的形成时，就认为音乐是由古圣人制作，用来教化万民的。音乐如此神圣，所以"礼乐征伐自天子出"，不是一般人有资格创作的。《左传》又曰"治定功成，礼乐乃兴"，礼乐兴也是为政有道、天下太平的象征。殷仲文此时提出由刘裕来重建朝廷雅乐，是一种高水平的拍马术，其暗含的深意，只可意会，不可言传。

谁知这一拍竟拍到了马腿上。也不知是刘裕的文化修养不够，还是他对殷仲文此人就没什么好印象，竟然对此建议一口否决："现在哪有多余的时间做这种事？我也不懂音乐！"见大鱼不上钩，殷仲文只好继续将他往道上引："只要你对它有兴趣，自然就会懂了。"可刘裕接下来的回答彻底打消了殷大人的献媚计划："正因为了解它就会喜欢它，喜欢它就会耽误正事，所以我绝不去碰它！"

对刘裕的攻略彻底失败，殷仲文只好退而求其次，前去结交刘毅。这次他干得不坏，很快便与刘毅结成密友，只可惜刘毅的大腿毕竟没有刘裕的粗，虽有这层关系，他也未能得到提拔重用，反而被外放为东阳太守。灰心失望也好，愤愤不平也罢，临行之时，殷仲文到刘毅的府第游宴盘桓了好几天。至于他们在这几天内究竟谈了什么，外人就不清楚了。越是不清楚的事，越容易让人产生想象空间，殷仲文的这些举动都让刘裕看在了眼中，进一步加深了对他的厌恶和防备。

当时何无忌正担任都督豫州及扬州五郡诸军事，正好是新任东阳太守殷仲文的顶头上司，他听说殷仲文要来任职，非常高兴，因为他是殷仲文的"粉丝"。何无忌是个业余的文学爱好者（所以当初撰写檄文的事由他来干），而殷仲文除了会

拍马和贪污，还是当时有名的笔杆子。后来南朝谢灵运评价说："若殷仲文读书半袁豹，则文才不减班固。"(《晋书·殷仲文传》)

这样的文坛巨匠，自然是文学青年何无忌的仰慕对象，于是，何无忌热情地邀请殷仲文前来自己府上做客。殷仲文此时心情正失落，便有口无心地答应顺道拜访。何无忌闻之大喜，让人打听殷仲文的行程，在家殷勤准备。谁知殷仲文因为精神恍惚，说过之后就把这事忘了，虽经过何无忌的驻地，却没有前往拜见，穿城而过。再说何无忌带着崇敬的心情，眼巴巴地等着"偶像"，"偶像"却对他视若无睹，随意晾在一边就自己跑路了，他不由得大怒：怎么说我也是你的上司，你怎能如此公然藐视我？因爱之深故而恨之切，何无忌誓不与这个姓殷的善罢甘休。

不久，发生了南燕新皇帝慕容超派兵侵扰晋朝北方边界的事，朝廷讨论应对措施。何无忌私下对刘裕说："桓胤、殷仲文这些人才是国家的心腹大患，应该趁早处理，至于北方胡人的侵扰，那不过是皮肤病，用不着忧虑。"刘裕一听，正中下怀。

一天，殷仲文起来照镜子，发现铜镜中怎么也看不到自己那张英俊的脸，大惊失色（《晋书》上的这条记载如果不是捏造，很可能殷仲文觉察大祸将至，已开始精神失常，出现幻觉了）。数天后，晋朝有关部门适时破获了一桩"谋反"巨案。据线报，东阳太守殷仲文与其弟南蛮校尉殷叔文、晋陵太守殷道叔、镇军将军府部将骆冰、骆冰之父永嘉太守骆球、桓石松（从名字上看，可能是桓豁的儿子，但前文说过，东晋桓家宗亲只赦免了桓胤一人，故存疑）、曹靖之（楚朝的从事中郎）、卞承之（楚朝的秘书监，不知和卞范之有无关系）、刘延祖（来历不清楚）等桓楚余孽串通一气，打算推桓胤为首，发动叛乱，重兴伪楚。经过调查，证据确凿，以上几位不容姑息纵容，要全族诛杀。

随着殷仲文那颗漂亮的脑袋离开相伴多年的脖子，与两个弟弟和数百名同僚、亲属的人头一同落地，刘裕的第一波清洗工作顺利完成。他的下一个行动目标将是对外开疆。当时晋朝的主要邻国有四个，从东到西分别是鲜卑慕容家的南燕、鲜卑拓跋家的北魏、羌人姚家的后秦、汉人谯家的西蜀。刘裕确定的目标，便是其中最东边的南燕，传奇家族慕容本家的末日就快到来了。

其实刘裕想开的"疆"，最初并不是南燕的慕容超，而是巴蜀的谯纵。但巴蜀距离建康过于遥远，在统治根基还不稳固的情况下，刘裕不敢离开建康太远。因此，他对谯蜀发动的几次进攻，没有一次是亲自动手。

义熙三年（407）八月，刘裕曾命老友刘敬宣和弟弟刘道规为主帅，出兵讨蜀。谯纵一面命大将谯道福率蜀军据险死守，一面又紧急向后秦求救，姚兴也迅速调秦军两万前往援蜀。结果战局便长期僵持了下来，一直拖到第二年七月，刘敬宣虽然没在战场上失利，但晋军因粮草不济，疫病流行，损失过半。无奈之下，刘敬宣只得撤兵。

这次失利后追究责任，刘敬宣被免职，刘道规降职为建威将军，刘裕也自请降职一级，由车骑将军降为中军将军。刘毅好容易逮到眼中钉刘敬宣的过错，本想将刘敬宣严厉惩处，但刘裕设法从中加以保护，而且刘敬宣的表兄弟，三巨头之一何无忌也站在刘裕一边，警告刘毅说："岂可以私人恩怨，伤害天下的大公！"刘毅估量自身实力不可能与刘裕和何无忌对抗，只好放弃了这个诱人的念头。

这次失利让刘裕有点儿窝火，很想找个人扁一扁。没过几个月，讨扁的人就自动上门了。义熙五年（409）二月，南燕主慕容超派兵入侵晋朝的北部边镇宿豫（今江苏宿迁市东南），掠走男女两千五百人。刘裕大怒：老虎不发威，你以为是病猫。南燕距离建康可不太远。好吧，慕容超，你个不识好歹的，就准备接受再教育吧！

南燕立国

南燕是由慕容垂的幼弟慕容德（称帝后改名慕容备德）建立的一个小国。当年，后燕成武帝慕容垂死后仅过了四个月，北魏主拓跋珪就发动倾国之兵，全力伐燕，其步骑号称有四十余万。在如此猛烈的打击下，曾经强大的后燕帝国以惊人的速度分崩离析，大部分领土迅速沦陷，其残余的势力分裂成一南一北两大支，其中南边这支的首领即慕容德。

在慕容垂死后的慕容宗室中，慕容德算是比较能干的一个。魏军大举进犯时，他正负责镇守邺城。几经恶战，慕容德虽有几次小胜，但终究还是招架不住魏军强大的攻势，放弃邺城，率四万余户军民退守黄河南岸的滑台。长史李辩乘他外出作战之机，杀滑台守将慕容和，叛降北魏，使他进退失据，濒临绝境。危急时刻，他采纳了谋士潘聪的建议，率残余的数万部下东入齐鲁，避开魏军的打击锋芒，击斩乘乱割据青州，向晋朝称臣的原后燕齐郡太守辟闾浑，剿灭泰山的"太平皇帝"王始等，平定了齐地。之后慕容德正式称帝，定都于广固（今山东青州市益都区西北），他的国号自然还是大燕。史书为了与此时尚存的后燕和后来汉人冯跋所建的燕国相区别，称这个国家为"南燕"，冯跋的燕国为"北燕"。

南燕的国土，东到大海，南达泗上，西至巨野泽，北临黄河，共有十五个郡、八十二个县，约三十三万户，基本上就是原西晋的青州。但堂堂的大燕帝国，疆土才一个州，说起来多没有面子啊！还有这么多功臣想当刺史，就一个刺史的官位也不够分不是？因此，慕容德将这块地皮一分为五：青州，治所设在东莱（今山东莱州市）；幽州，治所设在发干（今山东沂水县西北）；徐州，治所设在东莞（今山东莒县）；兖州，治所设在梁父（今山东泰安市南）；并州，治所设在阴平（今江苏沭阳市）。南燕官方提到本国疆域时，常自称"五州之地"，听起来十分过瘾。可惜小蛋糕不管切成几块，总量也不会变成大蛋糕，五州听起来挺大，也改变不了南燕其实很小的事实。

正因为国小力弱，慕容德称帝后基本上维持了保境安民的方针。他在位期间，除了命大将慕容法在济北击败进犯的北魏军队，没有与邻国发生过大的武装冲突。古兵书《司马法·仁本篇》说过："天下虽安，忘战必危！"何况南燕还是个在强敌北魏虎视眈眈下的小国，根本算不上天下安。因此，虽不打仗，但慕容德对武装力量的建设从无片刻放松。他任用以公廉正直著称的韩𧨑（zhuó）为行台尚书，隐实瞒报的户口五万八千多户，通过内部挖潜加强了南燕的实力。

《晋书》《资治通鉴》等史书称，南燕在慕容德统治末期举行了一次阅兵，参加的军队达到了一个惊人的数目：步兵三十七万、骑兵五万三千、战车一万七千乘。以齐鲁一隅之地，能否长期支撑如此庞大的军队，是很让人怀疑的。在这次阅兵一年多后，慕容德听说桓玄从建康出逃，南方局势混乱，兴起了南征的念头，特命左膀右臂慕容钟为大都督，慕容镇为前锋，准备挥师南下，却因他自己突然病危而中止。值得注意的是，如此重大的军事行动，南燕动员的兵力也不过步兵两万、骑兵五千，仅相当于上述阅兵部队的百分之五点九，这显然是很不合逻辑的。不管怎么说，南燕拥有四十万大军的说法虽然不大可靠，但从后来刘裕伐燕的具体作战经过来看，南燕的军队还是有十余万人，它拥有与其国力不相称的强大军力这一点，应该是可信的，南燕并不是一个软柿子。

义熙元年（405）九月，南燕献武帝慕容德去世，第二代君主是他的侄儿慕容超（这是我们的算法，如果按南燕的官方观点：南燕才是燕国的正统，慕容超是大燕的第八代君主，前七代为慕容廆、慕容皝、慕容儁、慕容晃、慕容垂、慕容宝、慕容德）。慕容超，字祖明，是慕容德之兄北海王慕容纳的儿子，关于慕容德为何传位给侄儿，故事非常离奇曲折，绝不亚于现今任何一部电视剧的剧本，让人在读史之余，不得不惊叹历史本身的编剧才华。

金刀太子

这个剧本的第一幕，要追溯至数十年前。那时，在前秦一代雄主苻坚以及名相王猛的打击下，曾经强大的慕容氏前燕土崩瓦解，大批慕容宗亲和前燕官员进了战俘营。好在苻坚是出了名地优待俘虏，对这批人基本上没有打击迫害，还将其中很多人提拔到前秦的各级官员岗位。作为慕容家族中比较能干的一员，慕容德被任命为张掖（今甘肃张掖市）太守。慕容德有个同母的哥哥，前燕北海王慕容纳，先被苻坚任命为广武太守，后来不知为什么辞去了官职，生活无着，便与母亲公孙氏一起来投奔慕容德，将全家由华北平原搬到丝绸古道旁，伴着塞外的声声驼铃，坐看孤城的长河落日。

这样的平静日子并没有持续太久，苻坚决意南侵东晋，拉开了这个故事的第二幕。颇有将才的慕容德被调任奋威将军，加入前秦南下大军的序列。临行之前，慕容德预感此次出征不同以往，也许再难见面，特地在与母亲公孙氏和兄长慕容纳告别之时，留下金刀作为见证，以期将来相会。

果然，天下大势很快发生了天翻地覆的变化，苻坚在淝水惨败，前秦帝国四分五裂。慕容德追随五哥慕容垂起兵复燕，消息传到陇右，新任前秦张掖太守苻昌，立即逮捕仍留在张掖的慕容德家属和慕容纳全家，满门诛杀，其中有两个例外：慕容纳与慕容德的母亲公孙氏老夫人因年老特别赦免，慕容纳的妻子段氏此时正怀孕，暂时免死，被羁押在牢中，只待生产后处决。

不过，处死段氏的计划最终没能顺利执行。此时在张掖有一个名叫呼延平的狱吏，他当过慕容德的下属，受过慕容德的恩惠，早思报答。极重义气的呼延平见恩主家遭此大难，心中不忍，便放弃自己的职位前程，不顾生命危险，偷偷将公孙氏和段氏放出狱，并带着这对孤寡妇人，逃往羌人居住的偏僻山区，以躲避前秦的追捕。在那里，段氏生下了慕容纳的遗腹子，一个健壮漂亮的男孩儿，他就是后来的南燕皇帝慕容超。

慕容超（慕容超这个名字是他到南燕之后才取的，之前姓名不详）长到十岁时，祖母公孙氏病重，垂危之际，她将这个孙子叫到面前，把慕容德留下的金刀交给他，用虚弱颤抖的声音对他说："假如，有一天，天下重获太平，你一定……要回到……东边，将这把刀……还给……你的叔父。"言毕，经历太多人生苦难的公孙氏老太太去世，离她期盼的东归还乡，还很遥远……

那是一段残酷的岁月，关中与陇西战乱不休，一个个小国和一支支势力骤然而兴，又骤然而亡。呼延平带着一家人与慕容超母子，像惊涛骇浪中的一滴水珠，在身不由己的大潮中艰难求生。曾经强大的前秦灭亡了，呼延平带着大家逃到后凉境内躲避战祸，但后凉也与周边各国连年交战，败多胜少，最终不得不主动投降后秦。后秦接受后凉的投降后，觉得新得的土地孤悬于外，不好防守，对此地并不太热心。但因为当时战乱不止，人口减少，列国都感到人口不足，后秦对新得的民户舍不得放手，后秦主姚兴下令将后凉的百姓一万余户强制迁往长安，其中就有慕容超母子与呼延平一家。

到长安不久，呼延平去世，只留下一个孤女，段氏便命慕容超娶呼延平的女儿为妻，以报答呼延家的大恩。慕容超此时已长大成人，长得"身长八尺，腰带九围，精彩秀发，容止可观"，很符合当时北方对美男子的审美标准。本来就挺吸引眼球的形象，加上常常向人打听东边慕容家的消息，使他高贵的出身也渐渐被人知晓，慕容超害怕后秦知道他的身份后将他扣押，便决定仿效伯祖慕容翰当年在宇文部装疯的故智。于是，帅哥慕容超每天疯疯癫癫，穿着破烂衣裳，在长安的大街上乞讨。

这位乞丐王子的出位表现，引起了不少人的注意。多数人知道这件事都瞧不起慕容超，觉得他太给慕容家族丢人了，但也有人不这么看。秦主姚兴的叔父东平公姚绍，向姚兴建议说："慕容超生得身强体壮，气宇不凡，似乎不像真正的疯子，我大秦不妨给他安排一个官职，将来说不定会有大用。"

姚兴爱才，与苻坚类似，他曾下令，命文武官员向他推荐人才，后秦的尚书右仆射梁喜对这件差事的积极性不高，便回复道："我多次寻访，都没发现有什么杰出人物，看来当今之世缺少人才。"姚兴反驳说："自古以来的帝王，从来没有在过世的人中提拔宰相，也不会在还没出生的人中任命将军，随时随地找出人才治理国家。你自己缺乏识人之明，岂能诬蔑四海无才？"姚兴这段话堪称至理名言，只可惜知易行难，他自己识人也没强到哪儿去。

现在听姚绍这么一说，触动了姚兴的爱才之心，他决定亲自会见一下慕容超，看看这位传奇家族的成员究竟如何。慕容超给姚兴的第一印象不错，小伙子挺帅，也挺精神，但接下来的一番对话让姚兴大失所望，慕容超完全是答非所问，不知所云，其修辞水平与其外貌成反比，正如袁本初手下那两员猛将的名字"颜良、文丑"。会见后，对慕容超大为不屑的姚兴，对姚绍说："俗话说'妍皮不裹痴骨'，分明是骗人的，今天就见到反例了。"其实，慕容超还是很有些小聪明的，只是有意装傻，好打消秦国对他的戒心。他的目的成功达到了，姚兴随后打发他回家，从此对他不再关注。但从后来慕容超到南燕当政的作为来看，姚兴其实也没有看错他，慕容超有的只是一肚子小聪明，真正的大智慧是一点儿也没有。

再说慕容超的叔父慕容德，并没有忘记自己的母亲和胞兄，但因为战乱不止，通信断绝，他一直未能得他们的确切消息。直到南燕建国，慕容德的一个旧日下属赵融从长安来到广固，慕容德方知母兄已死，家人被杀，只有一个兄长的遗腹子流落在长安。对这样的消息，慕容德应该早有心理准备，但真正得到证实，这位六十八岁的老翁还是痛哭吐血，大病了一场。

病体稍愈，一个严肃的问题摆在慕容德的面前：他没有继承人，南燕要传给谁？慕容德的子嗣已经全部死于前秦，之后再没有生育，南燕的帝位只能传给别的慕容氏宗亲了。此时在南燕，最重要的慕容宗室重臣有三人：桂林王慕容镇、南海王慕容法和北地王慕容钟。此三人与慕容德的亲缘关系都比较远，而且三人的功绩、地位相差都不大，不管让谁上，另外两人都很难心服，因此不管从理智上，还是从感情上，慕容德都不愿意从这三王中选择继承人。那么，还剩下的选项，就只能是亲兄慕容纳的那位遗腹子了，慕容超虽没什么功绩可言，但在这些候选人中，就他与慕容德的血缘最近，在"家天下"的时代，这一条足够了。

于是，慕容德派人前往长安，秘密接慕容超回南燕。慕容超见到叔父派来的密使，害怕消息走漏，连母亲、妻子都不敢告诉，便与来使化装潜逃，奔往南燕。慕容超此举，导致他的母亲段氏和妻子呼延氏被后秦扣押，沦为人质。

不久，慕容超到达梁父（今山东泰安市以南三十公里），进入南燕境内。镇南长史悦寿，向镇守此地的兖州刺史南海王慕容法报告了此事，并夸奖慕容超"天资弘雅，神爽高迈"，不愧是"天族多奇，玉林皆宝"。慕容法听后，非常不高兴，如果不凭空冒出这么一位"天族"慕容超，他慕容法本来是最有资格角逐皇位的三大候选人之一，现在是竹篮子打水一场空。因此，心绪不佳的慕容法冷冰冰地回复说："当年汉朝就有个不务正业的江湖骗子冒充皇子（公元前82年，有个卜者成方遂冒充汉武帝太子刘据，被识破腰斩），谁知如今这位会是什么人？"有这样的想法，慕容法自然对慕容超非常不礼遇，两人一见面便结下了仇。

不过，对于慕容超身份的真假，慕容法怎么看并不重要，慕容德的看法才是决定性的。慕容德听说慕容超将要到达，大喜过望，特派了三百名骑兵前往迎接。慕容超到达广固，面见叔父，将收藏了二十多年的金刀还给慕容德。慕容德见刀，睹物伤情，抱着侄儿痛哭了一场，立即给侄儿赐名慕容超，加封为"北海王"，继承慕容纳的爵位，同时任命他为侍中、骠骑大将军、司隶校尉、开府仪同三司，并精选一批人才当他的左右手。长安街头的乞丐，立马变成了南燕帝国的二把手，人生境遇变化如此之快，在历史上也算少见了吧？

慕容德还在皇宫旁边的万春门内为慕容超修建了宅第，以便天天见面，一般帝王就是对亲儿子也很少有这么亲的。有了这样的有利条件，慕容超充分发挥了做表面工作方面的天才，入宫侍奉叔父慕容德，无微不至，出宫则虚心待人，礼贤下士。很快，帅哥慕容超便在南燕朝野内外都传出了美名。

见此状况，早就一心把他当接班人培养的慕容德，备感欣慰。大概是日有所思，夜有所梦，不久，慕容德梦见父亲慕容皝给他传话："你既然没有儿子，何不早立超儿为太子，不这样做，会让野心勃勃之辈有不轨的图谋。"既然连过世的老父都显灵了，还有何话可说？义熙元年（405）十月十日深夜，慕容德病情突然加重，就在病榻上立慕容超为太子，当夜逝世。当时南燕制作了十多口棺材，连夜从四门抬出，将慕容德秘密埋葬于郊外的山谷中。

第二天，只当了几个钟头太子的慕容超顺利转正，成为南燕皇帝，距他离开长安街头才几个月而已。此时，他年仅二十岁。

祖明乱政

俗话说"新官上任三把火",年轻的南燕新皇帝对此可谓有亲身实践。慕容超突然由万人之下,升到万人之上,再没有了约束,可以随心所欲地操纵大权。对于这样一个缺少政治历练的青年,要想管住自己的手脚,不滥用权力,并不是一件很容易的事。因此,慕容超继位不久,便兴致勃勃地开始了他不知天高地厚的放火生涯。

慕容超的第一把火,烧向南燕的元老重臣。为了给自己信任的宠臣公孙五楼腾地方,他刚上台便将重臣北地王慕容钟外放作青州牧,段宏外放为徐州刺史,把他们挤出中央,同时任命公孙五楼为武卫将军兼屯骑校尉,参与中央决策。公孙五楼的来历,缺乏记载,只知他原先便与慕容超相识,可能是慕容超的祖母,公孙氏老夫人的娘家亲戚。公孙五楼此人,擅长溜须拍马和营私舞弊,小有才,但德行很差。

对于这项人事任免令,德高望重的太尉封孚竭力劝阻,但慕容超不听,一意孤行。慕容钟和段宏又恨又怕,与公孙五楼结仇。公孙五楼不是省油的灯,捏造证据,指派人诬告慕容钟犯下死罪,意欲将其铲除。又惊又怒的慕容钟只得联合难友段宏,以及早与慕容超结怨的兖州刺史慕容法一起造反,南燕内乱爆发。危急时刻,重臣慕容镇、韩范(韩诨的兄长)仍站在慕容超一边,叛军最终失利,慕容法与段宏逃往北魏,慕容钟逃往后秦。慕容超的帝位稳定了下来,但南燕因此伤了元气。

坐稳宝座之后,慕容超更加"严格"要求自己,向昏君的标准看齐:他不理政事,将日常政务交给公孙五楼,整天游猎享乐,对于韩诨等正直大臣的规劝,权当东风过马耳,偶尔还施展点儿暴虐手段,以打击那些过分讨厌的逆耳忠言。不过,慕容超倒不是个没良心的,自己在南燕享福之余,不由得想到老母、妻子尚在后秦受苦，心中非常不安。艰苦环境中长大的孩子，可能对母爱体会更深吧，慕容超肯定不是一个好皇帝，但他是一个好儿子。想到痛处，慕容超决定不惜一切代价，也要把母亲和妻子接回来，为此，他遣使到后秦，请求放还被扣为人质的老母和爱妻。

姚兴听说那位"妍皮包痴骨"的慕容超当上南燕皇帝了，觉得正是他将南燕收为藩属国的机会。接见燕国的使臣后，他同意放还慕容超的母、妻，但有两个条件：一是南燕必须向后秦称臣，二是为了证明称臣的诚意，慕容超应将南燕的宫廷乐队送给秦国。

姚兴之所以专门提出索要南燕的乐队，是因为南燕国家虽小，可南燕的宫廷乐队非同一般，它最早是西晋宫廷乐队。西晋亡国后，辗转流离于北方各国，先归汉赵所有，洛阳大战后，前赵衰亡，又为后赵所得。后赵末年大乱，慕容氏前燕入据关东，乐队归入燕国。前秦灭燕后，一统北方，雅乐归秦，迁往长安。淝水之战后，前秦瓦解，西燕军攻入长安，得到这支乐队，而后东迁长子。慕容垂灭西燕，乐队又为后燕所有。后燕被北魏打败，乐队又随慕容德一起搬到广固。弹指间，一百余年过去，经过多少兴亡事，乐师代代相承，仍被视为华夏的正音。把这样一支乐队送往后秦，这就不是一个和平的文化交流事件，而是一个耻辱的政治事件了。

而且与那个平地冒出的谯蜀不一样，慕容氏的燕国已有悠久的历史，一向自诩为大国，有足够的理由看不起后秦，现在虽然时运不济，但也没落魄到向边鄙的羌人称臣的程度吧？大臣封逞痛心疾首地反对说："大燕拥有七代圣主的光辉，岂能一下子便向一个小丑称臣！"左仆射段晖说："当年刘太公被项羽俘虏，刘邦也不肯向霸王屈服，以求赎回老父。陛下如今既然继承了大燕的社稷，就不能因为私情而自降尊号！"

面对众多的反对，慕容超一概不予接受，对众人说："我为了太后，宁可委屈自己，你们不用再说了。"他完全接受了姚兴的条件，将宫廷乐队送往后秦，并面向北跪接了后秦使者带来的诏书。义熙三年（407）十月，慕容超的母亲段氏和妻子呼延氏被后秦放回南燕，慕容超亲率文武百官出广固数十里前往迎接，终于得偿全家团聚的心愿。慕容超的这第二把火，虽然接回了自己的母亲与妻子，完成了一个儿子与丈夫的责任，却让南燕举国蒙羞，进一步降低了自己在国中的威信，更糟糕的是，这成为他点燃第三把火的起因……

原先为了重见家人，慕容超什么都肯付出，等家人都回到身边，慕容超开始对当初太爽快的出价感到有些懊丧了。称臣倒也罢了，反正只是个虚名，但把宫廷乐队送走这件事，深深地影响了皇家的生活品质。

义熙五年（409）正月初一，慕容超在大殿接受文武百官的新年朝贺，正式指出了这个严重缺憾，打算南侵晋朝，掠夺人口加以训练，来补充宫廷乐队。

大臣韩诨被主君这个独出心裁的馊主意吓了一跳，连忙劝阻说："先帝因为旧都沦陷，才被迫退守三齐，是把这里当成日后反攻的基地，而不是享乐的地方啊！陛下继承大业，不寻思休养生息，注视魏国虚实，寻找恢复旧疆的机会，反而要侵犯南邻，制造新的仇敌，能这样做吗？"

经过前两次违背众意，勇敢放火的成功经验，慕容超认为玩火是一项安全系数很高的娱乐活动，因此毫不在意反对意见，便说："我已经决定的事，不用你们多说！"

二月，慕容超点燃了第三把火，他命大将慕容兴宗、斛谷提、公孙归等入侵晋朝。大肆劫掠之后，强行征收了两千五百名青年男女参加免费的"音乐培训班"。慕容超大概没有想到，他点的这把火并没有就此熄灭，火势将不再受他控制。

北伐南燕

给慕容超放的火上添干柴的人，自然是正想扁人的刘裕。义熙五年（409）三月，也就是慕容超向晋朝发起挑衅行动的一个月之后，刘裕正式上疏安帝司马德宗，请求出兵讨伐南燕。

此议一出，众朝臣议论纷纷，多数都持反对意见。有人反对是因为对刘裕的将才无信心，担心北伐不能成功，毕竟从历史经验来看，东晋之前两次最有望成功的北伐，都是栽在慕容家手里的［太和四年（369）的枋头之战和太元十年（385）的五桥泽之战］。你刘裕固然是常胜将军，当年的桓温、刘牢之又岂是无能之辈？也有人反对是因为对刘裕的将才太有信心，担心北伐大获成功，比如野心勃勃的刘毅，如果刘裕再通过灭燕增加权势威望，那自己将来真是没戏了。赞同者只有尚书左仆射孟昶、车骑司马谢裕和参军臧熹三人而已（这情景与当年苻坚决意伐晋时多么相似啊，只是结局大不相同）。其中，孟昶是与刘裕一同举事的反桓老战友，谢裕是谢安的侄孙，臧熹则是刘裕正妻臧爱亲的弟弟。三个人背景各不相同，赞同伐燕，应该只是见解相同，并非串通好的预谋。

虽然反对意见居多数，但此时刘裕的上疏，实质上就是让左手提交报告，由右手来盖章通过，他决定什么事，其实是不用人批准的。所以，最终结果自然还是多数服从少数，北伐建议顺利转变成了北伐行动。四月十一日，刘裕率大军从建康出发，乘船沿长江入中渎水（连接长江与淮河的人工运河，后来成为大运河的一段，即邗沟），经淮水，至泗水，于五月到达下邳（今江苏睢宁县），正式开始他的第一次北伐。

这次北伐，在历史上是颇为有名的，研究、记述它的文章不计其数，内容大同小异，只有很重要的一点在不同的文章中差异颇大，就是刘裕此次北伐究竟动用了多少军队。

古史中对战役的记载，对交战过程的叙述比较详尽，而对参战兵力这样的重要数字，没有明确记录，有记录的也不一定很可靠。虽然没有记载，但不妨碍后人通过各种方法对此数据进行推测。因为是推测所得，使用的方法各不相同，得出的结论自然差异巨大。显然，这并不是一个无关紧要的小问题，这让人搞不清楚刘裕伐燕究竟是以弱胜强，还是以强胜弱。

在下硬着头皮，用自己方法，进行了一番粗略的估算。史书虽然没有提供明确的军队数量，但还是提供了某些线索，其中最值得注意的一条，是刘裕在与燕军交战时，动用了四千乘兵车作为大军的两翼，以阻止燕军骑兵从侧面突击。从后来刘裕大举北伐后秦，布"却月阵"于黄河北岸的记载来看，晋军每乘兵车的定员编制为七人，在战斗激烈的情况下，可以增补二十人，达到二十七人。就让我们都以七人计，那么光那两翼的四千乘兵车就应有车兵二万八千人。作为晋军的主力，军阵中央的步兵数量不大可能少于掩护用的两翼车兵，再加上用于机动警戒的少量晋军骑兵和沿途留驻的部队，刘裕伐燕的总兵力不低于六万。

东晋领土最小的时代在淝水之战前，那时共拥有正规军约二十万人。刘裕伐燕前的晋朝与之相比，虽然丧失了广州，但又增加了襄阳、淮北、南阳等地，这些地方在当时远比广州富庶，国家的总体实力应强于淝水之战前。晋军数量虽然在讨灭桓楚的内战中有所损耗，但此时距离桓氏的灭亡毕竟已过去了三年多，而且备战北伐是刘裕的既定方针，刘裕政府也算晋朝较有效率的一代政府，晋军在数量上的损失应该已经得到弥补，估计此时晋朝所拥有的正规军数量，不会少于二十万，从其中抽出六万至十万人北伐，应该问题不大。而且就每一位军事家而言，以少胜多，只是一种迫不得已的选择，如有足够条件调集更多的兵力，绝不会刻意追求以少胜多。综上所述，在下猜测，刘裕第一次北伐的总兵力，在六万至十万人之间，与南燕军的总兵力相差不大。

晋朝此次出动的北伐大军不但兵力较为雄厚，参战的各级指挥官也称得上人才济济，有刘裕的第一心腹谋士刘穆之、老友刘敬宣，还有一大批资历较浅的职业军官。京口举义的老同事如刘毅等人，正渐渐变成刘裕眼中的异己力量，为了给将来摊牌做准备，刘裕有意提拔忠于自己的新人，建立自己的班底。这其中有前文提到的檀韶、胡藩、朱龄石等人，还有北府将领孟龙符（孟昶的族弟）、向弥、蒯恩等，以及一位刚刚离任的临澧（今湖南桑植县）县令王镇恶。

王镇恶，是前秦名相王猛的孙子，生于五月初五端午节，按当时的观点看，这个出生日期很不吉利，因此他的父亲王休打算把他过继给远亲。祖父王猛知道后，阻止说："当年孟尝君田文也是恶月出生，后来却成为齐国的相国，这个孩子将来也可能兴旺我们王家的门楣。"他亲自给这个男孩儿取名"镇恶"，以毒攻毒。年纪稍长后，王镇恶虽然不擅长骑马射箭，但熟读诸子兵书，谋略过人，果决善断，志向远大。前秦败亡时，他流落到渑池人李方家，曾对李方发下大言："我若遇英雄主，必取万户侯，再回报今日的大恩。"而后，他与叔父王曜一起，南投晋朝，寄居于荆州。

在此次北伐开始前，有人向刘裕推荐这位王县令有将帅才干，刘裕便特意召见。一番交谈之后，刘裕大为欣赏，当晚留他住下，彻夜长谈。第二天一早，刘裕对左右感慨说："我听说将门出将，如今见到王镇恶，方知此言不虚！"他当即下令王县令不用回湖南了，留在自己幕下担任中军参军。王镇恶终于遇上了他所等待的"英雄主"，开始了"取万户侯"的历程，只可惜最终的结局他此时还预见不到。

再说刘裕带着这批精兵良将进抵下邳后，面临的问题是选择哪一条进军路线，打进南燕的腹心地带。这并不是一件很容易的事，因为南燕中部偏南，有一系列东西向的山脉，通常称作鲁南丘陵，成为南燕防备南方军队进攻的天然屏障，它由泰山、鲁山、蒙山、沂山（此时叫作大岘山）等组成，其中蒙山和沂山绵延较长，又彼此衔接，经常连在一起被称为沂蒙山。早在春秋第一霸齐桓公时代起，齐国为防备南方各国可能的进犯，沿着山势修筑了绵延六百多公里的大型防御工事，这就是著名的齐长城。

传说在春秋时，齐国将军杞梁战死，他的妻子孟姜（按春秋时代的命名习惯，"孟"在这里是老大的意思，所谓"孟姜"，姜家大女儿是也，并非姓孟名姜）来寻夫，哭得是天昏地暗，结果稀里哗啦一声巨响，齐国的这项重点国防设施被她哭倒了一大段。按这种说法，齐长城可算中国历史上最古老的豆腐渣工程之一。不过，这种记载并不太可信，根据更可靠的记录，孟姜哭坏的是莒城城墙，不是齐长城；根据更更可靠的记录，齐长城和莒城城墙都安然无恙。从齐长城的遗址来看，其建筑质量是相当过硬的，所谓被哭坏，应属不白之冤。这项优良工程，到十六国时代虽然相当部分已经荒废，但其险要的地势仍在。要穿过这道屏障进攻广固，大约有三条道路可供选择。

中路：沿沂水而上，经琅邪，翻越大岘山，过临朐（qú）至广固。这是最短的线路，故后勤运输比较方便。但翻越大岘山，要过著名的天险穆陵关，山道狭窄，号称两车不能并行，如遇南燕重兵阻击，突破将十分不易。

西路：继续沿当年桓温伐前燕时的水道前进，过梁父之后转向东北，可达广固。这条路有较长的水道可以利用，但要拐个大弯儿，路途遥远，而且会将自己的侧翼暴露在后秦与北魏的威胁之下，很不安全。

东路：向东北经东莞、东武，沿黄海海岸而上，进入潍水，再从如今的潍坊转向西，直达广固。这条路可以绕开山地，也不易受后秦或北魏的威胁，但路程最远，沿途多滩涂，行军补给均不方便。

刘裕权衡利弊，决定选择中路方案。全军在下邳下船，然后徒步行军，轻取琅邪，在沿途修筑了不少城塞，留军守卫，以保护后方的畅通。而后主力继续前进，向着天险大岘山进发。

兵出大岘

针对刘裕的这个进军方案，有人提出了异议："燕军如果以重兵堵塞大岘山天险，或者实施坚壁清野的政策，使我军深入之后求战不能、攻城不下、补给无着，那怎么办？那时候，不但难以建功，连全师而退都不容易！"

刘裕笑着回答："这个情况我已经考虑很久了，就那个鲜卑小螽贼已有的表现看，他只会贪图眼前的蝇头小利，根本没长远的眼光。既然他前进的时候都只是想着多抢点儿东西，后撤的时候又怎么舍得毁坏地里的庄稼？他认为我军孤军深入，势必不能坚持太久，会采取的办法不过就是进抵临朐，与我交战，输了就逃回广固死守，一定不会扼守险要或坚壁清野。而我军一旦越过大岘山，则士卒都知道，想回去已经不容易了，不拼命肯定没命，拼了命才能有命！带着这样的军队，与时时想着撤退逃走的人作战，还有可能不赢吗？这一点，我敢对诸位打包票！"

差不多在刘裕夸下海口的同时，慕容超得知晋军北伐的消息，也在广固召开了御前军事会议。一向没什么好名声的征虏将军公孙五楼，提出了颇有见地的上、中、下三条应对方案：

"吴地的军队（指晋军）一向轻快果敢，但持久作战的能力差，只利于速战速决，应该避免与他们正面交锋。我们最好是先派军队据守大岘山天险，扼住晋军前进的咽喉要道，使其无法前进，待他们士气稍稍松懈后，分出两千精锐骑兵，沿东边海岸线南下，袭击骚扰晋军的粮道，使他们疲于奔命，再命段晖（此时的南燕兖州刺史）率兖州的军队沿梁父山东下，与大岘守军前后夹击晋军，则晋军可破。这样可谓上策！

"如果不用这一招，也可以命令各郡县的长官，各自储足粮食，把守好城池，将百姓迁入各处险要据守，将来不及运走的粮食全部焚毁，田地里的庄稼全部清除。晋军到来之后，无法求战，野外又没有粮食可以掳掠，最多坚持十天半个月，就将无以为继。这样做也不失为中策。

"至于放任晋军进入大岘，我军再与其野战，那就只能算下策了！"

公孙五楼的建议，尤其是上、中两策，得到多数后世评论家的高度评价。很多人认为，慕容超如按公孙五楼的上、中两策行事，则刘裕的进攻可以挫败，南燕不至于灭亡。站在历史的十字路口，对未发生的历史选项进行评估，这本身就是一个很主观的行为，很难做到客观公正，但这种推想毕竟很有趣，仍有很多文章乐此不疲。在下也不能免俗，就让我们来设想一下，假如公孙五楼的上策或中策得以执行，历史将会怎样。

公孙五楼的上策，基本上与当年司马懿对抗诸葛亮北伐的方略相同，都是扼险而守，避其锐气，寻机而动，击其惰归。将才稍逊诸葛武侯的司马宣王，正是利用这一招，一次次地挫败蜀汉军队的北伐，可以说，历史的成功经验历历在目。

但要成功使用这一招，也得双方的水平相差不悬殊才成，因为历史上失败的例子也不鲜见。比如说，就在十多年前，在后燕进攻翟魏和进攻西燕的两次战役中，翟魏主翟钊和西燕主慕容永所采取的防御战略，都与公孙五楼的上策类似，但都被慕容垂轻松摆平。以将才论，慕容超的水平肯定不及身经百战且有过不俗战绩的慕容永，就是比翟钊恐怕也占不了上风，而刘裕的军事天才与慕容垂相比，难分高下。如果碰上燕军扼守大岘不出的情况，刘裕具体会怎么做，历史没有发生，我们很难凭空猜测，但估计将会成为刘裕用兵的又一次经典战例，因为慕容垂能做到的事，谁敢说刘裕会做不到？因此在下认为，慕容超就算守大岘，也不是刘裕的对手。

公孙五楼的中策也不是新主意，当初北魏以倾国之师入侵后燕，后燕采取的应对策略就是如此，结果使后燕的大部分领土在短期内沦陷，再也无法收复。一个政府要成功地实施焦土抗战，就要有非常稳固的根基，在其统治区域内较得百姓的拥护，一定要比入侵者得人心不少，才能使百姓愿意付出牺牲，与政府同舟共济，共渡难关。后燕抗魏的失败，正在于其政权根基不稳，百姓缺乏忠诚度，坚壁清野的实施又让百姓损失惨重，激起广泛不满，因而除少数几个由慕容宗室率重兵把守的据点，原本就对后燕没多少认同感的郡、县、坞堡，在强敌到来时纷纷不战而降。

那南燕的情况又如何呢？似乎不容乐观。一、其立国时间相当短，齐地也不是慕容家族的传统根据地，百姓并未养成效忠南燕的心理惯性。二、国家很小，武装力量却相对强大，证明百姓的负担不可能很轻。三、慕容超继位后，滥用民力，无善政可言。在这样的大背景下，进行焦土抗战，结果恐怕还是凶多吉少。

不过，需要注意的是，以上分析只是针对晋军与燕军双方对抗的情况做出的，但历史进程往往是多方博弈的结果，变数众多，如果在关键时刻有强大的第三方加入，则以上推论将不能成立。实际上，这样的变数也确实发生了，就后文要提到的卢循、徐道覆北伐。公孙五楼的上、中两策，虽然很难从根本上扭转战局，但起码可以避免南燕一战即败，一败即亡，增加刘裕用兵的难度，延长战争的时间，从而在客观上更有力地呼应卢、徐的行动，那样情况就可能会由量变转向质变。

综上所述，在下认为，如果只考虑晋燕双方，则公孙五楼的建议并非灵丹妙药，不能阻止燕军的失败。但由于第三方卢、徐的存在，慕容超如采用公孙五楼的建议，确有可能以拖待变，等待刘裕被迫撤军，暂时避免灭亡。总之，公孙五楼的上、中两策的确是慕容超此时能够找到的最好选择了。

谁知一向对公孙五楼宠信有加的慕容超，以实际行动密切配合刘裕的愿望，偏偏要选择那条下策。如果他不是南燕的皇帝，都会让人怀疑他是刘裕派来的卧底。他是这么说的："今年的天象对我方有利，岁星笼罩齐地，定然会不战而胜！而且以情势论，我们是主场作战，敌人是客场作战，我们有天然的优势。敌军远道而来，士卒疲惫，势必不能持久，而我大燕据有五州之地，拥富庶之民，一望无际的田野都种满了粮食，铁甲骑兵多达数万！如此强大的实力，何必害怕晋军？哪里用得着强迁百姓、割掉庄稼，来自找麻烦？不如放他们入大岘，等他们进入平原后，我军就集中全部精锐铁骑，对晋军的步兵尽情地践踏蹂躏，还怕不能大胜？"

慕容超这番宏论，明显是一个没打过仗的人在自己头脑里想象战争。等他进入刘裕开办的"实战培训班"，明白想象与实际的差距时，为时已晚，那高昂的学费将是他生命不能承受之重！

慕容超虽然没打过仗，但南燕毕竟还是有不少老将久历战阵。太尉桂林王慕容镇劝说道："陛下如果一定要发挥骑兵在平原作战的优势，也应该从大岘出击，在山南迎战晋军，那样万一不胜，也还有险要可以退守。怎能轻放敌人到山北，自弃险要？当初陈馀不守井陉关，被韩信打败；诸葛瞻不据束马之险，为邓艾所擒

（诸葛瞻其实是战死的）！依老臣之见，天时不如地利，扼守大岘才是如今的上策！"辅国将军贺赖卢也苦苦劝阻，但慕容超全都不接受。他的想法也是很好理解的：这些老头子果然是胆小怕事，在山南迎战？那我军取胜之后，刘裕岂不是坐上船就可以跑了，连骑兵也没法追到河上不是？而放刘裕过了大岘天险，我军一旦取胜，就可全歼晋军，生擒刘裕，如此大捷的机会，安可不要？

"老头子"们还是没法与他们的皇上达成共识。贺赖卢退下来后，对公孙五楼说："陛下如果真这么做，那么国破家亡的事，就在今天了！"也许他还指望这位皇帝的宠臣能够再劝阻慕容超一次吧。

桂林王慕容镇则完全失去了信心，对老朋友韩诿说："主上既不能出击迎敌，又不肯坚壁清野，却把敌人请进国家的腹心，愚蠢程度堪称刘璋第二！今年国家是亡定了，我作为慕容家的人，只有以一死报国。只可惜你本是华夏人士，将来也得跟着吴地的野蛮人一起断发文身了！"这话不知怎么让慕容超知道了，他因此勃然大怒，立即将慕容镇逮捕下狱，同时下令撤走梁父与东莞两地的驻军，将南燕的全部主力收缩到广固。一面加固城防，一面厉兵秣马，严阵以待。

就这样，在慕容超无私的"帮助"下，刘裕大军一路畅通无阻，至六月十二日，全军毫发无损地越过了"齐南天险"大岘山，南燕的大限就快到了！刘裕望着眼前一望无际的滚滚麦浪，喜形于色，连连拱手感谢上天。左右不解地问："还没见到敌人，大帅就如此高兴吗？"刘裕胸有成竹地回答："现在大军已经通过险地，士卒有必死奋战之念，粮食都储存在田野，不用担心后勤不继。广固城里那几个鲜卑丑类，已经完全在我的掌握之中了！"

甲骑具装

　　慕容超自然不会认为他和南燕的命运已经被某人掌握了，仍做着大破晋军的美梦。他预料决战将会在临朐城南的平野上打响，故而先命公孙五楼、贺赖卢，以及从东莞撤下来的徐州刺史兼左将军段晖，共同进驻临朐，集结步骑共五万余人。在得知刘裕已越过大岘山的确凿消息后，慕容超又亲率四万大军增援临朐，使这里的南燕军队达到了九万之众，基本上是倾国之兵了。

　　那么，这九万大军是怎么组成的呢？史书称南燕拥有五万七千骑兵，慕容超也自称有数万铁骑，但如果仔细分析南燕的国情，会发现这几乎是不可能做到的，因为存在一个无法克服的困难：没有马。

　　战马这种动物，并不是什么地方都能大量饲养繁殖的，必须要有适合的气候（不同的马种适应的气候不一样，就东亚马种而言，一般喜欢寒凉干燥的温带草原气候），有非常大面积的草场，最好是水草丰美的千里草原，足够马群往来放牧（战马一般需要群养，单独饲养不易养出好马），纵横驰骋（因为马和人一样，也是业精于勤，荒于嬉，一辈子活在马棚里的马，也就能拉拉磨）。

　　受上述条件的限制，中国古代的战马产地主要有以下三大处。

　　一、蒙古马，主要产于内蒙古大草原，平均体高 120～135 厘米，体重 267～370 千克。蒙古马的个头，在世界的战马家庭中只属于中小型马，跑得不算快，力气不够大，腿长得短，使外表显得比较土气，很不上镜。此外，蒙古马四肢粗壮，适应性和耐力极佳，远优于外表神骏的西方战马，一天可在八小时内行军一百二十里，并持续多日不降低标准，能吃非常糟糕的饲料而不得病，稍经调驯就可在战场上做到不惊不乍、勇猛无比。因此，它虽然不是良好的赛马，却是一流的战马，尤其适合轻骑兵使用。中国古代的战马，大部分是蒙古马。

　　二、河曲马，原产黄河上游河曲附近，青、甘、川三省交界的草原上，平均体高 132 ～ 139 厘米，体重为 350 ～ 450 千克。河曲马的体格比蒙古马大，负重能力更强，但耐力稍有不足，一般可日行一百里。

三、西南马，分布于今四川、云南、贵州及广西一带，特点是体形较小，善走山路，但到了平地，其体力和耐力均不及蒙古马与河曲马，只能勉强当战马使用，如丧失了北方马产地的东晋、南朝以及南宋等编组的骑兵，战马就多使用西南马。

南燕就惨了，在狭小的国土内连西南马都没有，其战马只能是当年慕容德从滑台带到齐地的，此后基本上无法补充，死一匹少一匹，而没有战马的骑兵还能算骑兵吗？慕容钟所作的檄文声称，慕容德入齐地时，有骑兵十二万。但夸大其词、无中生有，一向是檄文的常用修辞手法。之前后燕主慕容宝与北魏拓跋珪在柏肆决战时，用尽九牛二虎之力，也只凑起骑兵三万七千，各方面客观条件都不如慕容宝的慕容德，哪能变出十二万骑兵？实际上，当时慕容德带的全部人手加上家属都没有十二万，能有三万骑兵就不错了。

更糟糕的是，战马是一种报废年限很短的军用装备。一般马可以活三十年至三十五年，但战马的服役年限只有十二年至十七年，而南燕从立国到现在已经十一年了，即使不考虑战争损耗，当年的战马怕大部分已经不堪使用了。因此，在下估计，南燕的骑兵总数顶多在一万左右，南燕军的绝大部分也是步兵。不过，南燕军的骑兵数量虽然不多，依然比晋军可怜的骑兵数量要多得多，鲜卑武士的马上功夫也强于晋军骑兵，尽管这些优势随着时间的推移会越来越小，但起码在此时，鲜卑骑兵仍然是南燕军队值得骄傲的王牌。

南燕骑兵中最有名的部分是"甲骑具装"，即人、马皆披盔甲的重骑兵。

在秦汉时代，由于没有马镫，骑兵在马上不能做太激烈的动作，否则很容易摔下来，因而其主战武器是弓箭，近战能力不强。又由于马背并不是一个稳定的火力平台，在相同的训练水平下，骑兵弓弩手的射程和命中率都要低于步兵弓弩手，且骑兵是人与马的组合，目标比单个步兵大得多，如排开阵势与步兵玩对射，或强行冲击训练有素的步兵方阵，无异于找死。所以当时的骑兵战术，主要是利用骑兵在机动性上的压倒优势，袭击和骚扰敌方的补给线，或乘敌不备进行快速奇袭，攻击没有充分准备的步兵。

到十六国时代，马镫出现了（马镫的具体发明时间和发明地点，在历史上颇多争议，但十六国时代马镫得到普及当属无疑），这项外表不起眼的发明让骑兵的战斗力有了革命性的突破。它大大加强了骑手在马上的安全性和舒适性，骑手即使做有很大后坐力的击刺劈砍等动作，也不会再从马上摔下来。它还解放了骑手的双手，使骑兵能够使用更强的近战武器，如马矟［东汉刘熙的《释名》记载，一丈八尺长的重型长矛就是矟（shuò），也称矟，供马上使用。按汉代度量衡推算，一丈八尺约合四点一五米，但在实际制作中，其长度很可能因制造者和使用者的不同而不同，并无统一的标准］，从而让骑兵的近战能力由原来的软档变成了强项。

但是，如何充分发挥这个强项？原来的老问题又突显了，骑兵的弓箭对射能力不及步兵，在接近步兵方阵的过程中会遭到重大杀伤，尤其是战马个头大，更容易被射中，所以连并非军事专家的杜甫都知道，"射人先射马"。要解决这个问题，在当时的条件下，唯一有效的办法，就是给马和人都披上厚厚的铠甲，甲骑具装就这样诞生了。

其实马铠并非什么新发明，早在春秋战国时期已经出现，但因为原先骑兵不利于近战，战马披甲后，机动能力大大下降，得不偿失，因而一直没有成为流行时尚，直到马镫的发明。马镫发明后，重骑兵终于迎来了春天，蹬着马镫、披着厚甲的甲骑具装，是十六国时代战场的宠儿，他们的基本战术已不同于以往的骑兵，而是利用巨大的势能和良好的防护力，冲击步兵阵形。平地交战，只要不撞在步兵方阵的正面，重骑兵的冲击步兵一般是难以抵挡的。而步兵的阵形一旦被冲散，多数时候也就意味着败局已定，失去协调指挥的步兵，在高大的重骑兵追击下，别说打，就是被撞一下都得死，那种打又打不赢，跑也跑不过的绝望处境，使他们几乎只能任人宰割。慕容超自我感觉如此良好，就是建立在这个前提之上的。当然，这只是一个简化的模型，在实际作战中，情况千变万化，不存在一成不变的必胜模式。

还有一点，以上提到的重骑兵的种种优势，都是针对步兵而言的。如果对手也是骑兵，特别是轻骑兵，甲骑具装就没什么优势了。轻骑兵的基本战术本来就是散兵线，不在乎阵形被打破。重骑兵防护虽较好，但成本高昂（全套马铠是很贵的玩意儿，如在官渡之战前，最强大的军阀袁绍也只有三百套马铠，就已被对头曹孟德妒忌得两眼放光，因为曹操只有十套），也不是刀枪不入，特别是东方重骑兵受马种较小、负重力有限的影响，不可能达到西方中世纪骑士那种打得倒也打不死的防护水平。而且轻骑兵的机动性优于重骑兵，就算交战不利，也可以从容撤走，不会有步兵对骑兵时那种心理压力，只要发现有利的时机，又可杀个回马枪。沉重的铠甲在赋予重骑兵更强保护的同时，也让他们持续作战的能力大大降低，极易疲惫。与轻骑兵作战，就像《水浒传》中膀大腰圆的任原难敌轻快敏捷的燕青。不过，轻骑兵对付步兵，又不如重骑兵。

因此，冷兵器时代的轻骑兵、重骑兵其实各有各的用途，并无绝对的优劣，合理编制应该是两者并存，以轻骑为主，后世打下大半个欧亚大陆的蒙古骑兵就是这样组成的。

决战临朐

　　还未到临朐，慕容超通过对战区地图的研究，发现了一个战机。他认为，时值盛夏，晋军又刚刚翻山越岭，一定口渴难耐，所以一定会选择有水的地方扎营（当年马谡失街亭的原因之一是没有水）。正好在临朐城东面，有一条小河，叫巨蔑水（今作弥河，源出沂山，由南向北流入渤海），是城外最重要的水源。于是，他派人快速赶到前线，命令公孙五楼："你应马上率军占据巨蔑水，勿让晋军得到水源，那样渴也能把他们渴死，如果被晋军抢了先，就不好对付了。"

　　这次倒让慕容超猜对了，刘裕确实在打这条河的主意。公孙五楼刚到，晋军中的两员少年猛将，龙骧将军孟龙符和镇军参军沈田子也率晋军的先头骑兵赶到。狭路相逢勇者胜，两军二话不说，就在河边打了一场仓促的遭遇战。五楼大人虽然在谈论兵法时有不俗的表现，但在真刀真枪的战场上水平不怎么样，在孟、沈二将的攻击下，南燕军犹如被餐刀切入的奶油蛋糕，立即败退，水源遂被晋军抢占。

　　本来晋军首项目标已经达成，可年少气盛的孟龙符偏偏想超额完成任务，也不等后续晋军赶来，独自追赶败走的南燕军队。晋军的骑兵数量本来就少得可怜，他又追得太过积极，把从骑都远远甩在了后面，几乎是一人冲进了数千敌军之中，南燕军立即将他团团围住。孟龙符毫不畏惧，抖擞精神，往来冲突，每一回合都要让几名燕军丧命槊下，但终因寡不敌众，最后还是战死阵中，年仅二十二岁。

　　公孙五楼虽然侥幸杀死了孟龙符，却被晋军的勇猛无畏吓住了，尽管他此时的兵力应该多于晋军的先头骑兵，也没有胆量反身招惹沈田子了，只得率军退回。慕容超的干渴战术失败了，他现在只能把击破晋军的希望寄托在南燕军最后的王牌——甲骑具装上了。

　　在临朐城的南边平野上，晋军已经集结完毕，刘裕让大军稍事休息后，开始发起正式的攻击。大战终于要打响了。因为这是刘裕第一次与北方军队大战，他还没有与甲骑具装交战的经验，本着量敌以宽的原则，刘裕采取的战术非常谨慎。

为了防备燕军的重骑兵从侧面冲破晋军的阵形，刘裕将军队排成一个巨大的方阵，动用四千辆兵车，两两相连，在两翼展开，以阻止燕军的侧面冲击。兵车靠外侧的一面，全都竖起了由木板或生牛皮做成的护幕，其结构类似后来机枪或火炮上的防盾，阵中的晋军可以通过护幕间的缝隙，射杀迂回攻击的燕军骑兵，而燕军骑兵的弓箭则被护幕阻挡，很难对阵内的晋军构成有效杀伤。晋军的主力步兵则聚集在方阵的中央，向前方伸出如林的矛槊，闪耀着冷森森的寒光，与两侧的车兵密切配合，缓慢而坚定地向临朐城方向推进，显出不可阻挡的强大气势。晋军数量不多的骑兵，则被刘裕当作救火队，在方阵的两侧和后方机动，随时救援可能出现的险情。就这样，刘裕将数万大军做成了一座移动的坚固城堡，足够崩落同时代任何一支骑兵的牙齿。慕容超，你想试试吗？

慕容超不相信自己的重骑兵会打不败步兵，确实很想试一试。他任命兖州刺史段晖为主帅，率全军迎战晋军，打算先用重骑兵冲破晋军的防御阵形，再将步兵投入追击，力求打败刘裕。自己则高坐临朐城头，远远观战。

南燕军首先发起了攻击。甲骑具装虽然披着厚厚的甲胄，但冲向布满锐利矛尖的方阵正面，显然也不是明智之举，于是他们向两翼机动，试图冲破防御力相对薄弱的方阵侧面。当然，这只是他们一厢情愿的想法，很快南燕军就发现，由兵车相连组成的路障更加难以突破。战马再强壮，也是血肉之躯，去和没有痛觉的兵车相撞，倒霉的只是马，还顺带马上的骑兵。不仅如此，他们的箭和槊也很难伤到护幕背后的晋军，晋军士兵却能躲在护幕后通过护幕的间隙，用强弩给他们一一点名。这仗打得真让南燕骑兵郁闷啊！

几番冲突，南燕骑兵毫无进展，损失却不小，部分骑兵不得不冒着晋军阵中射出的箭雨，从晋军方阵的两侧冲过，迂回攻击晋军的后方，这个方阵总会没有软裆吧？可刘裕又让他们失望了，方阵的后方是晋军参军沈田子之弟沈林子率领的精锐预备队，他对这些勉强冲到晋军阵后，已成强弩之末的零散骑兵，来一个劈一个。

这里简单介绍一下沈田子、沈林子兄弟和在南朝历史颇具传奇色彩的吴兴沈氏家族。与刘裕手下多数将领出身北府不同，沈氏兄弟的父亲沈穆夫，当年曾在王恭手下任前军主簿，王恭倒霉后流落会稽，郁郁不得志。过不多久，正好赶上孙恩造反，沈穆夫也不知道是不是脑袋让驴踢了，晕乎乎地就加入了孙恩的队伍，还颇得重用，被孙天师任命为前部参军、振武将军、余姚令。可惜好景不长，孙恩让刘牢之打得稀里哗啦，便留沈穆夫等人在山阴给他殿后，自己撒腿逃上了海岛。北府将领高素攻克山阴，俘虏了沈穆夫等人，作为孙恩集团的重要成员，沈穆夫论罪当族诛，他和四个兄弟全被斩首，他的五个儿子沈渊子、沈云子、沈田子、沈林子、沈虔子，趁着混乱侥幸逃脱，昼藏夜出，躲藏于草泽之间。后来刘裕受刘牢之命，坐镇句章，军纪严明，沈林子认为这个人可以交往，便主动前往求见刘裕，归罪请命。刘裕吃惊于沈氏兄弟的见识气度，决定予以庇护，将沈家兄弟迁往没有熟人的京口以避人耳目，并给他们安排住宅。从此，沈氏兄弟便成了刘裕的人，其中老三沈田子和老四沈林子都成为一时的名将。

沈田子后来的结局让人惋叹，后文详叙。沈林子后来受封为汉寿县伯，官至辅国将军，于刘宋永初三年（422）病逝，享年四十五岁。沈林子有一个值得一提的小儿子，名叫沈璞，字道真。沈道真自幼便是一个神童，"经耳过目，人莫能欺"（《宋书·自序传》），后任宣威将军、盱眙（今属江苏）太守，在盱眙以二千之众打败北魏自拓跋珪后的第二位天才统帅——太武帝拓跋焘所率的十几万大军进攻，从而名垂青史。可惜刘裕的后人太不是东西了，沈璞在孝武帝刘骏登基后不久，受谗言陷害，被杀，终年三十七岁。

沈家对后世影响最大的人物，要算沈璞的儿子沈约。沈约，字休文，由于父亲被害，抄家没产，他的童年在贫贱中度过。但人穷志不短，沈约极为聪敏好学，白天读书，夜间温习，日日坚持不懈，以至于母亲担心他过分刻苦熬坏了身体，常常减少灯油。经过努力，沈约成为当时知名的大才子，重新被推荐入仕。之后历仕南朝中的宋、齐、梁三朝，是梁武帝萧衍夺位的主要策划人，被封为建昌县侯，官至尚书令、领太子少傅，比几位祖先官都要大，于梁天监十二年（513），以七十二岁的高龄去世。不过，说沈约的影响大，并不是因为他的官大，而是他给中华文明留下了两大遗产：一是他在齐人周颐提出"平上去入"四声的基础上，制定了诗歌声韵的规则，为后来唐诗的兴盛奠定了基础；二是他编写了篇幅为一百卷的不朽著作《宋书》。《宋书》在后来被列为《二十四史》之一，由于稍前和同时代记述刘宋历史的典籍大多已经失传，《宋书》便成为我们了解那段历史的最重要的依据。

闲话说过，让我们把镜头重新转回战场。激烈的战斗已经从早上打到了下午，南燕军的数次迂回均告失败，急红了眼的主帅段晖把全部主力都投入了战场，力图阻止晋军的前进。战事胶着，一时看不出胜负。但因为燕军已无力再从侧后袭击晋军，晋军防御后方的部队暂时闲置，换句话说，燕军已经使尽全力了，而晋军还没有。

见此战况，参军胡藩向刘裕建议说："燕军已经把全部力量都投入了战场，现在临朐城的防御一定非常空虚，我愿率防御后方的骑兵绕道袭击临朐，当年韩信在井陉大破赵军，就是这样做的！"刘裕一听此计，正中下怀，孙子曰："凡战者，以正合，以奇胜。"打了大半日都是"以正合"，等的就是这个"以奇胜"的机会。他立即命令胡藩、檀韶、向弥三将率骑兵从阵后退出，向东兜了一个大圈子，绕到南燕军背后，直取临朐。冲到临朐城下时，胡藩等人高声宣称他们是从海上登陆的晋军援军，城上不多的守军听说晋军又有大部队从海上登陆增援，吓得不知所措，乱成一团。机不可失，晋军立即攻城，将军向弥身披铠甲，奋勇当先，第一个攀上城头，守军一触即溃。正在城上观战的慕容超听说晋军已破东门，大惊失色，弃城而逃，投奔正在城南面指挥大军激战的段晖，却不想想这一举动将给他的大军带来怎样的后果。

片刻之后，临朐城头的燕国旗帜被砍落，换上了晋军的战旗，在猎猎的风中飘扬。正在奋力拼杀的南燕军士卒突然发现身后的临朐城已经失守，既震惊又沮丧。难道皇帝被俘啦？我们已经输啦？南燕军的士气已完全瓦解。刘裕知道胜局已定，命令全军不用再管什么阵形，全力猛攻。刹那间，在刘裕挥军猛击之下，燕军兵败如山倒，再没有抵抗的勇气，纷纷溃逃。包括主帅段晖在内的燕军十余员大将被晋军斩杀，不过，慕容超、公孙五楼等人倒是腿快，成功地逃回了广固，但经此一役，南燕军的主力基本被歼。集中在临朐的大量燕军辎重，包括慕容超发布命令用的玉玺，他出行时乘坐的三十六辆御辇，以及全套皇帝仪仗，都变成了晋军战利品。

刘裕并没有花时间来检点辉煌的战果，他知道事还不算完，所以命令部队不顾疲劳，立即追赶慕容超，不要让他跑远了，目标：广固！

围攻广固

就刘裕时代的人来说，广固是一座历史并不悠久的城市。十六国初年，汉军大将曹嶷进攻齐鲁，打败并驱逐了西晋的青州刺史苟晞，夺占青州之地。不久，因为曹嶷的上司王弥被石勒袭杀，曹嶷成为一支独立的割据势力，只是在表面上臣服于汉。既然已经是自己的东西，当然得用心打点。青州原本的首府在临淄，也就是春秋战国时期齐国的都城，虽然交通便利，土地肥沃，但四野平旷，易攻难守，并不适合当作乱世的大本营，于是，他决定重新选址，新建一座城市。经过仔细勘测，曹嶷选中了今青州市益都区西北的一块地皮，经数年精心施工，一座坚城拔地而起，此城位于尧王山以南，三面临水，一面靠山，因"有大涧甚广，因以为固"（南北·晏谟《齐地记》），故而定名为广固。广固城建成后，立即取代了临淄的地位，成为齐鲁之地的中心城市。

因为从选址到设计施工都完全按照军用标准，不太考虑民居和工商业的需要，建成后的广固城并不大，更像一座军事要塞。据今天考古实测，广固古城东西长约 800 米，南北宽约 600 米，面积还不到 0.5 平方千米（在下怀疑这只是内城的大小），但的确非常坚固，易守难攻，这在乱世是不可取代的最大优点，成为各方势力的兵家必争之地。

而"兵家必争之地"，实际上是一个不祥的词，意味这块土地将比一般的地方沾染更多的鲜血，目睹更多的杀戮与苦难，尤其是在十六国这样的乱世。自广固建城以来，这地方已经发生过两次大规模攻防战，小的冲突不计其数。

第一次大战发生在晋太宁元年（323），后赵主石勒命侄儿石虎率四万大军进攻青州。曹嶷不是石虎的对手，招架不住后赵大军的攻击，青州所属郡县纷纷失守，只好退守广固城中。谁料屋漏偏逢连夜雨，赶上城中瘟疫流行，万般无奈的曹嶷只得开城投降。一贯凶残成性的石虎并不因为对手屈膝就高抬贵手，破城后执意屠城，连杀了三万多人，眼看就要把广固变成鬼城，幸而后赵刚刚任命的青州刺史刘征劝阻他说："既然派我来当青州刺史，就是要治理这里的百姓，你把人都杀光了，让我这个刺史怎么干？"石虎才稍给面子，留男女七百人不杀。而"广固城之父"曹嶷，则被送往襄国斩首。建城没几年，它的绝大部分居民和建设者便命丧黄泉，广固果然是个不吉利的地方啊！

石虎屠城三十三年之后，广固城下再次烽烟骤起。晋永和十一年（355）十一月，前燕主慕容儁命四弟太原王慕容恪为统帅，进攻割据青州的段龛。第二年正月，燕军大败段龛军于淄水，进围广固。面对坚城，慕容恪为了减少损失，采取了围而不攻的策略，在城外修高墙、挖深堑，断绝了城中的一切补给，对其他郡县则以怀柔手段加招降安抚。尽管与石虎那位混世魔王大不相同，慕容恪仁义素著，但战争仍然是战争，不可能不带来灾难，燕军围城至十一月，城中粮食早已吃尽，以致人相食，这就是活在兵家必争之地的不幸啊！濒临绝境，段龛倾其全力出城一战，又败，最终不得不自缚请降。慕容恪入城，没有再多杀一人，只是在安抚救济城中百姓后，将其中属鲜卑、匈奴、羯的三千余户迁往蓟城，以削弱当地实力，抑制离心倾向。

如今，五十三年过去了，广固又迎来了一位新的征服者——刘裕，他将如何面对这座坚城？

再说大败而回的慕容超，终于从不切实际的幻想中清醒过来，开始为挽救行将灭亡的南燕尽最后的努力。他逃回广固的第一件事，就是命尚书张纲为使，紧急前往后秦，向这个宗主国求救。第二件事，则是放出被他关入大牢的桂林王慕容镇，立即任命为录尚书事兼都督中外诸军事，并亲自向众臣赔礼道歉，态度颇为诚恳："朕自从继承先皇留下的基业以来，没能选贤任能，只顾自己的喜好随心所欲，如今大错铸成，如同泼出去的水，再也收不回，后悔也来不及了。但国家危难，正是智谋之士报效国家之时，忠义之臣彰显忠节之日，希望诸君都能尽心竭力，集思广益，共济时艰！"

慕容超虽然是平时不烧香，临时抱佛脚，但仅以战败后的处置来说，他比起当年曹操的对手袁绍袁本初（打了败仗就杀田丰）、自己的堂兄幽帝慕容暐（惨败之后抓梁琛），还是要强一点儿的。

慕容镇对后秦的救援不抱太大希望，对慕容超说："原本百姓的心理依靠，都放在陛下这一次亲征上，如今陛下大败而归，已经使群臣离心、士民丧气，哪里还能长久坚持？而且我听说秦国自刘勃勃作乱以来，已经是自顾不暇，哪里还有能力分兵救人？现在四散逃回的兵卒加在一起，还有数万人之多，为今之计，不如将国库中所有的金银财帛拿出来作为悬赏，激励士气，乘敌大胜不备，与之决一死战！如果上天还眷顾大燕，我们必然可以打败晋军；如果天命已去，那么轰轰烈烈地战死，也好过窝窝囊囊地等死。"

听了慕容镇这种不要命的计划，还想要命的乐浪王慕容惠反对说："不然，如今晋军大胜，士气百倍，我军刚刚惨败，见到敌人都会发抖，哪里还能一战？秦国虽然与刘勃勃交战，但刘勃勃弱小，尚不足以为秦国大患。而且秦国与我们分据中原，彼此唇齿相依，见我们有难，怎能不来救援？只是张纲的名望、地位不够，恐怕请不来重兵，尚书令韩范德高望重，向来为秦人器重，最好是派他出使。"

慕容超也还不想死，不敢按慕容镇说的方法孤注一掷，便采纳慕容惠的建议，又命韩范为第二位使臣，前往后秦再次乞求援兵。

六月十九日，紧随慕容超身后到达广固的晋军攻陷了广固外城（外城可能是后来为容纳新增居民而加筑的，并不坚固），慕容超收缩余部，退保内城。刘裕的攻城方法与当年慕容恪攻广固基本一样，晋军环绕广固城修筑了三丈高的城墙，挖掘了三道深沟。工程完工之后，广固城已被围死，连只老鼠也无法进出。与此同时，刘裕也派人招降南燕各地守臣，并依据各自的能力，量才录用。南燕其他郡县的各级官员对刘裕心悦诚服，又见慕容家大势已去，大多投降了晋军。更有很多北方百姓，早已不满慕容超的残暴统治，自行携带武器、粮食，前来投奔刘裕大军，日夜不绝，多的时候甚至日以千计。有了这样坚实的后盾，刘裕吩咐停止从江淮转运粮草，全军就地筹集给养，以节省开支。不久，连城中慕容超的两个亲信尚书垣尊和京兆太守垣苗，也找了空子翻墙出来投降，刘裕立即将二人任命为参军，好给想降还未降的人树立榜样。

七月，南燕前往后秦的第一拨使团回来了，与慕容镇、慕容惠的预测一样，没能带来后秦的援兵，而且担任使团长的尚书张纲发现，他已经回不了家了，刚刚走到泰山郡就让晋军逮了个正着，当上了俘虏。进了战俘营，张尚书见垣家兄弟都当上了参军，干脆就降了刘裕。

张纲是当时南燕首屈一指的技术型人才、工程技术领域的权威人士，擅长设计、制造各种器械。因此，当晋军在城外制造攻城器械时，城上守军还自我打气地讥笑："你们又没有张纲这样的巧匠，能造出什么好东西？"如今张纲归降，刘裕便命他乘坐巢车，绕城一周，让城中的守军都知道：我军已经有张纲了！他还命张纲对着城内高声扯谎："刘勃勃刚刚大破秦军，秦国再也不可能派救兵来了！"城上的南燕守军见此情，闻此语，无不失色！

慕容超也慌了神，忙派人出城求见刘裕，请求晋军罢兵，作为求和条件，他愿意将大岘山以南的领土割让给晋朝，献战马一千匹，并对晋称臣。刘裕此时胜券在握，理所当然地一口回绝，只是一面命大军继续围城，一面命张纲督造攻城器械。

不久，南燕派往后秦的第二拨使团由尚书令韩范带队，从长安东归，到达洛阳。关于韩范执行这次外交任务的成果，应该说慕容镇与慕容惠各自猜对了一半。慕容惠猜对的那一半是，姚兴确实有心救燕国，他也确实派兵了，特命卫将军姚强率步骑共一万人，随韩范等人同行，前往救燕。不过，面对气势如虹的刘裕北伐大军，这点儿救兵实在是杯水车薪，以这支军队前往救燕，多半只能给刘裕塞牙缝。后秦的卫将军很有自知之明，他只走到洛阳，就不再前进了。姚强不走，韩范使团也只好停下来，希望能等到秦军的后续部队。

姚兴只派出这点儿援兵，原因正好是慕容镇猜对的另一半：后秦确实自顾不暇。

就在两年前，深得姚兴器重的安北将军、五原公刘勃勃，借口姚兴与他的宿敌北魏交好（刘勃勃为匈奴铁弗部首领刘卫辰幼子，当年北魏主拓跋珪攻灭铁弗部，屠杀了刘卫辰的宗族部下共五千余人，刘勃勃侥幸逃出，投奔后秦），在高平川袭杀对自己有救命之恩的岳父没弈干，宣布起兵反秦。不过，借口归借口，刘勃勃起兵之后，从来不去招惹真正的世仇北魏，只是扑到原先的恩主后秦身上不断撕咬，成为后秦挥之不去的噩梦。这位刘勃勃虽然是个忘恩负义且凶狠暴虐的小人，但在军事上有过人的天分，算得十六国时代后期的运动战大师。他率领那支即使放在十六国也算得异常野蛮的虎狼之师，在从黄河到岭北的黄土高原上神出鬼没，屡败秦军，害得后秦的岭北各城白天都不敢开城门。

比起刘勃勃带来的直接威胁，刘裕伐燕，毕竟只是后秦受到的间接威胁，事有轻重缓急，所以姚兴此时最操心的事，是刘勃勃军即将开始的大规模进犯。在这种情况下，他实在分不出太多的力量救援南燕。

姚兴有心无力，但燕国也不能不救，他只好派出使节前往晋营，希望靠虚张声势来阻止晋军。秦使面见刘裕，传递了姚兴的书信："慕容氏是我国的友好邻邦，你们怎么可以把它欺负得这么惨呢？我现今已经调集了铁骑十万，进驻洛阳，如果你们再不罢兵，那我大秦也就顾不得秦晋两国的友好邦交，当挥军直入了！"

刘裕是何等人，马上听出了其中的玄机，心中好笑：就凭你这两把刷子，也想阴我，不知道我刘裕是资深的沙场老千吗？他把秦使叫到跟前，对他说："你回去告诉姚兴，我本来打算灭燕之后休兵三年，再去找他的晦气！不过既然他活得不耐烦了，现在就想来送死，那我也很欢迎，请他来得越快越好！"然后，他将听傻了眼的秦使驱逐出营。

过了片刻，听说秦使来访的刘穆之急急忙忙赶来，才知秦使已走。刘裕随口将刚才那番话告诉他，刘穆之听后，很是着急："平常事无大小，公都要先和我商议再做决定，今天怎么如此草率呢？这一番话并不能吓退敌人，反而足以激怒他们。倘若广固还未攻下，而羌贼（后秦姚氏是羌人）的救兵又到，不知公如何分兵御敌？"刘裕笑着对他说："这是军事上的谋略，不是你的强项，所以没有告诉你。用兵最讲究出敌不意，如果他们真有能力救燕，定然要设法避过我军的耳目，岂有早早派人来通知的道理？所以这摆明了就是他们无力救燕，只能用大话吓吓人罢了。"

南燕继续走霉运，九月，刘勃勃替刘裕圆了谎，他在贰城（今陕西黄陵县西北）大败姚兴亲自指挥的后秦军队，接着连克敕奇堡、黄石固、我罗城（三城在今甘肃平凉市到宁夏固原市一带），姚兴败回长安，紧急下令把姚强那一万军队又调回了关中。至此，后秦对南燕的所有营救行动全部终止。韩范看着西归的秦军，只得仰天长叹："天要亡燕啊！"

终结慕容

韩范使团的一名官员尚书张俊，见事已至此，无可挽回，便偷偷溜走，投降了刘裕，并献策说："燕国到现在还坚持不降，就是寄希望于韩范能够带着秦国的援军回来，如果我们能够得到韩范，让城里的守军看见，使他们知道援军已经无望，必然投降。"刘裕认为有理，一面写亲笔信给韩范，劝其归降，一面上奏朝廷，推荐他担任散骑常侍。这时，后秦的长水校尉王蒲也劝韩范留在后秦为官，但韩范拒绝了王蒲的挽留，叹息说："刘裕出身不过一介小民，竟能从平地崛起，消灭桓玄，兴复晋国。如今伐燕，旌旗所至，无不瓦解！这大概就是天命，不是人力所能抗拒的。燕国灭亡之后，下一个必然是秦国，我受一次投降的屈辱就够了，不能一辱再辱！"随后，韩范降晋。

刘裕得到韩范之后，立即带着这位新任的散骑常侍一同乘车出游，大摇大摆地在广固城外绕了一圈，还不时摆摆造型，好让城上的人看清楚一点儿。城中守军知道后秦来援的希望破灭，无不沮丧失望。有几个臣下建议慕容超立即诛杀韩范满门，以儆效尤，但慕容超认为韩范的弟弟韩谅是难得的忠臣，不予采纳，韩范的亲属全部赦免。但对另一位使臣张纲，慕容超就没这么宽大了。

张纲降晋之后，很是"干一行爱一行"，在他的精心设计和督促施工下，一件件精良的攻城器械被高效率地制造出来。慕容超望着城外一辆辆崭新的冲车、飞楼、悬梯、木幔，心中极为恼火：你小子也太敬业了吧！在我大燕领工资的时候怎么不见你这么努力？简直是吃里爬外，罪大恶极！他残忍地下令将张纲的老母亲抓来，倒吊在城墙上，砍断四肢，再砍头。

至此，守军大多已经没什么士气了，只有他们的皇帝慕容超还在顽强或者说顽固地抵死不降，也不许任何人提"投降"二字，将建议他投降的灵台令张光处死。秋去冬来，广固城仍在坚守，新的一年又渐渐到来。

义熙六年（410）正月初一，慕容超登上天门，接受文武百官的新年朝贺。去年的今天，慕容超关心的头号大事是宫廷乐队不完备，不知道经过这一年的努力，乐队完备了没有？不过，即使南燕有了世界一流的乐队，估计也营造不出喜庆的气氛了。稍后，他与宠妃魏夫人一起登上城楼，望着城外不见边际的围城晋军，知道末日临近，一时痛心不已，无法抑制的悲伤让两人手握着手，相对痛哭。许多年后，这一幕被诗歌记录了下来：

> 慕容攀墙视，吴军无边岸。我身分自当，枉杀墙外汉。
> 慕容愁愤愤，烧香作佛会。愿作墙里燕，高飞出墙外。
> 慕容出墙望，吴军无边岸，咄我臣诸佐，此事可惋叹。

【作者按：这一诗歌可确知的最早出处是北宋学者郭茂倩收集编著的《乐府诗集》，距离十六国已过去数百年，诗歌的原始来源已不是很清楚，诗歌的标题为"慕容垂歌辞"，它究竟对应哪一段历史背景，历来存在争议，至今也没有定论。但歌辞内容并未明确这位"慕容"是何人，而且慕容垂从未有过被南方军队围困于某城的事，与歌辞描写最吻合的历史事件正是刘裕攻广固之战，故它的标题可能是后世的误传。】

为挽回败局，慕容超做了最后的挣扎。二月初，他命公孙五楼与贺赖卢二将挖掘地道，乘夜出城偷袭晋军，虽然乘晋军久围松懈，一度击破檀韶负责的一段围墙，但随后就被闻讯赶来的晋军打败。而广固城被围太久，城中的人大多患上了软脚病，悄悄出城投降的人前后相继，已经无法制止。乘着慕容超再次登上城楼巡视的机会，尚书悦寿劝告他说："如今天助盗匪，我军残存的将士疲惫不堪，困守孤城，外援又已无望，天意如何，已经非常清楚了。自古以来，如果气数已尽，就是尧、舜那样的贤君也只能禅位，陛下难道不考虑一下变通的方法，拯救城中的生灵？"

当年慕容超初到南燕，第一个负责接待他的大臣正是悦寿，并在慕容法面前大赞慕容超了不起，因此他一向是慕容超的心腹之一。此时慕容超听到他这番委婉的劝降之言，没有大发雷霆，只是长叹一声，回答说："兴、亡皆是天命，但我宁可奋剑战死，也绝不能衔璧求生！"

从义熙五年（409）六月到义熙六年（410）二月，晋军围城已达八个月之久，而广固城还未攻下，主要原因是刘裕采取了围而不攻的策略，虽然制造了不少攻城器械，但主要目的是吓唬吓唬城上的守军，让他们早日投降。他的想法和当年攻广固的慕容恪差不多：反正大军衣食无忧，补给充足，一座无援少粮的孤城，迟早会投降，何必为了早几天破城，去死伤士卒呢？孙子曰："不战而屈人之兵，善之善者也。"

但二月之后，情况发生了变化。刘裕接到密报：他的两位老相识卢循和徐道覆，计划趁他不在建康，从广州北上，大举进犯朝廷。虽然因为当时通信技术落后，刘裕对具体情况并不明了，但他已预感到此事非同小可，广固之战不能再无限期地拖下去了。

【作者按：按《晋书·安帝纪》的记载，卢、徐起兵北伐的时间在义熙六年正月，但称刘裕克广固也在同月，《资治通鉴》与《宋书·武帝纪》均称晋军克广固在二月五日，但未指明卢、徐起兵北上的准确时间。在下从情理推测，卢、徐起兵应稍早于刘裕攻克广固。】

二月五日，刘裕下达了对广固城发动总攻的命令。命令发布前，有位黄历专家提醒刘裕：二月五日是"往亡日"，大不吉利，不宜攻城。刘裕大笑说："我往他亡，还有比这更吉利的吗？"此时，正好又有一只苍鹅（大概是灰色的天鹅或大雁）不知是不是犯了心脏病，竟一头从天上扑下来，扎进刘裕的帅帐。众将都很吃惊，不知是凶是吉。参军胡藩是个反应敏捷的精明人，立即大声道贺："苍，是胡人的颜色，苍鹅入我军帐，证明胡虏即将为我军所擒！"

好嘛，既然两个预兆都那么吉利，那还等什么？随后，晋军从广固的四面八方同时发起猛攻。檀韶为弥补前几天松懈失利的过错，率所部奋勇当先，未经激战，南燕的尚书悦寿便私自打开城门，迎接晋军入城，慕容超得知广固已破，率数十名骑兵想突围逃走，结果被晋军擒获。果然是"我往他亡"，广固之战结束。

片刻，这位皇帝俘虏被带到了刘裕的面前。刘裕当面斥责他：为何拒不投降？慕容超虽为一代昏君，但几根硬骨头还是有的，他面色不改，拒不回答。事已至此，唯死而已！直到他看见刘敬宣，才开口请求这位曾在南燕同朝为臣的旧相识，看在当年同事的情分上，帮忙照顾他的母亲段氏。稍后，他被押往南方，在建康的集市上公开处斩，结束了从乞丐到皇帝，又从皇帝到死囚的奇异一生。

虽然取得了全胜，但因为南方传来的消息让人心焦，刘裕的心情也不太好，深恨广固城久不投降，打算杀尽城中残余的男子，把女子全部赏给从征将士。归晋不久的散骑常侍韩范忙劝阻他说："当初朝廷迁往江南，中原混乱无主，人们遇到强有力的武装集团首领，只能依附于他们，求得保护。既然确立了君臣关系，做臣民的自然要对君主效忠。王师出征，本为铲奸除恶，救民于水火，怎么能反过来屠杀百姓？我只怕此事一行，将来北方的百姓，都会失去对朝廷的期望！"

刘裕听罢，很严肃地向韩范道歉，因此缩小了屠杀的规模：只将南燕的王公贵族共三千多人处死（这些人中肯定有相当数量的人员属于慕容家族，但也肯定不全是慕容氏的人，如广宁王贺赖卢，真名应该是贺兰赖卢，本是北魏主拓跋珪的舅舅，另外，公孙五楼一干人等也不可能榜上无名。甚至没有足够的证据证明这三千人都是胡人，因为南燕的汉人高官为数颇多），将他们的家属女眷一万多人降为奴婢，赏给有功人员。

从这件事可以看出，刘裕早年治军严明、爱民如子的形象正在逐渐发生变化，大概随着实力的壮大，仅靠理想教育，以身作则，已不足以约束属下和激励他们的战斗热情，必须以实实在在的重利诱之。这样做既让刘裕招揽到大批精兵猛将为己所用，但士兵军纪的逐步败坏和众将对权势利益的争夺失和，也为后来关中的失利埋下了伏笔。

随着南燕——鲜卑慕容氏本家建立的最后一个国家灭亡，曾在十六国历史上扮演过极重要角色的慕容家族基本上退出了历史舞台，虽然这个家族的某些后人在后世仍零星出现，但都只是配角了。还有一点可以肯定，此后再未发生过慕容氏试图复国的事，复国是十六国时期特有的现象，非慕容氏专利。《天龙八部》中的慕容博与慕容复父子，只是金老先生的杜撰。

大开杀戒之后，刘裕可能是考虑大军必须迅速南归，刚刚打下的齐地可能不稳，广固城很可能又成为某位野心家据地自雄的本钱，因此又下了一道命令：将广固城拆毁，夷为平地。刘裕不但拿下了广固城，而且成为它的最后一位征服者。

此后的广固城，只留下了少许断壁残垣，供人凭吊。

六百多年后，史学家司马光游经广固遗址，回想刘裕的功业与成败，有感而发，题诗记之：

追和张学士从沂公游广固城

苍鹅集宋幕，游鹿上燕台。

霸气山河尽，王师江汉来。

重围经岁合，严锁夜深开。

废殿余沙砾，颓墙翳草莱。

清时间千岁，良牧借三台。

狱市乘余暇，芜城赋上才。

卢、徐北上

能当上广州刺史，卢循本来是很知足的。作为一个破败士族的子孙，能得到广州这么大块地盘供自己支配，也蛮不错的。当然，这地方确实荒凉偏僻，人烟稀少了一点儿，但也正因为如此，建康的朝廷一向对这些边远地区不大重视，天高皇帝远，想干什么就干什么。运气好的话，说不定还能把这份基业留给子孙，世代相承。比如他的邻居交州（总部龙编，在今越南河内市东北）刺史杜慧度，就是刚刚子承父业，轻而易举地顶了父亲杜瑗的职，要放在中央力量强大的荆、扬等州，这是很难做到的。所以，他只想安安心心地在广州住下去，并不想再发动北伐，打回老家去了。

不过，这只是卢循的想法，他手下的大多数人并不想长住岭南。要知道，广东地区在此时及以后近千年，仍然是老少边穷地区的代名词。举两个例子。北宋大文豪苏轼因为政坛斗争失利，一度被下放到今广东惠州市担任地方官，他在此作诗发牢骚说：如果能将宫廷御用的高档水果当饭吃，那么当广东人他也认了（"日啖荔枝三百颗，不辞长作岭南人"）。南宋名将岳飞蒙冤遇害后，他的家属受到的迫害，除了抄家，就是发给人手一份广东户口（"籍家赀，徙家岭南"）。只是后来南方经济的发展常常高于北方，广东后来居上，逐渐变成富庶地区，到清朝时，广东户口已经吓不到人，所以清政府惩办犯人时，就改发东北宁古塔户口了。

卢循手下的老兵大多出生在经济发达的三吴地区，让他们长住岭南，当时固然轰轰烈烈，但只要风头一过，有几个不急着返城的？不过，普通兵士的反对，卢循还可以视而不见，广州也是有居民的，还怕我招不到人？真正让卢循不得不改变安居岭南的主意，重新考虑发展战略的，还是五斗米道军的二把手，他的姐夫始兴相徐道覆。徐道覆自从当上始兴相，就只把始兴的官邸当成出差暂住的旅馆，眼睛始终盯着北边老家的方向，并为打回老家做了精心的准备。

从孙恩起事那一天起，由水乡三吴人组成的五斗米道军就是操船弄楫的行家，数次在大陆上交战失利，都是靠坐船出海，逃出生天。如果要北上进攻扬州，徐道覆认为还是要发挥本方的水战优势，因此战船是必不可少的，必须事先有所准备。为了掩人耳目，秘密储备造船用的木材，徐道覆在始兴上任伊始，便遣人前往南康山（今南岭中的大庾岭）砍伐上好的木材，故意拉到始兴的木材批发市场廉价出售，当地百姓以为有便宜可占，纷纷购买囤积，使始兴民间几乎家家都有不少木材，始兴郡政府反而没有储备，让刘裕主导的建康政府对徐道覆私下的备战行为毫无察觉。

另有一说，徐道覆遣人化装成商人，到南康郡（今江西赣州市，地处五岭以北，并不在卢、徐的控制范围内）砍伐木材，假称要运到北方贩卖。等木材砍下，这批"商人"又谎称资金不到位，在南康当地"放血大甩卖"，南康当地人购买了这些木材，因从南康到北边豫章的水路不好走，木材运不出去，只得囤积在家。等徐道覆起兵，首先突击占领南康，再没收民间的木材造船。较之前一种说法，此说将战略物资储存在敌人的地盘上，更显得徐道覆艺高人胆大。此说也有难以解释的疑问：如果木材是储存在南康，必须攻下南康才能开始造船，再等船只造好才能进一步挥军北上，如此将丧失进攻的突然性。

等得知刘裕北伐南燕的消息，徐道覆知道他一直在等待的战机已经到来，立即写信给卢循，请求挥军北上，乘虚袭击建康。得不到卢循的赞同答复，徐道覆又亲自赶到番禺，向这位小舅子分析天下大势。

在历史上，此次谈话是一番极有见地的宏论，后来未获成功的原因是在执行层面出了差池。不以成败论英雄的话，徐道覆其实也算得上一位战略规划大师。他先是说明此时北伐的利处："我们现在住在岭南，是迫不得已的事，难道你还真想长住下去，把它传给子孙？我们之前之所以不能北上，只是因为打不过刘裕一个人罢了，如今刘裕北上伐燕，屯兵于坚城之下，久久不能攻克，看不到回来的日期，这正是我们北伐千载难逢的良机啊！我军的战士，早就渴望着回家乡，大军一旦北上，将人人敢死，个个当先！我们用这批决死之士，要击破刘毅、何无忌之流的拦截，可谓易如反掌！只要一举拿下建康，摧毁晋朝的根本，那样刘裕即使回来，也是大势已去，难以有所作为了。"

接着，徐道覆又分析此时不北伐的害处："如果你甘心放弃目前的良机，就真能长久苟安吗？别忘了我们是什么出身，朝廷早把我们视作心腹之患，防范和猜忌何尝有一日稍减？我军如果不作为，等刘裕灭燕之后，休兵两三年，然后让皇帝下一道诏书：征召你到建康朝见。到时候你怎么拒绝？去了是自投罗网，如果不去，刘裕就将进驻豫章，指挥他手下那批精兵猛将，越过五岭南下，纵然以卢公您的英明神武，恐怕也抵挡不住吧？因此今天的时机万万不可以错过。如果你不干，那么我宁可单独行动，也要从始兴北上出击寻阳！"

卢循虽然实在不想再打仗，但徐道覆决心如此大，说得也确实在理，让他无法反驳。徐道覆不光是他的姐夫，还是军中第一员上将，足智多谋，能征善战，在将士中威望甚高，没有他的支持，卢循也无法在军中立足，所以卢、徐两人，早已是一辆车上的前后轴辘，不得不同进退，想不同意也不可能了。

得到卢循的肯定答复，徐道覆马上返回始兴，依据当年的销售记录，将始兴民间储存的木材全部征用，立即开工建造战船。按《晋书·卢循传》及《资治通鉴》的说法，仅用了十多天，徐道覆就将数万大军北上用的战船制造完毕。不过，这个时间记录很可疑，虽然那个时代建造战船所需的技术含量不高，但十几天就建成一支庞大的舰队，这速度也快得有点不可思议了。刘裕伐燕是从义熙五年（409）四月开始的，这样大规模的军事行动一旦开始，就不可能保密，卢、徐直到义熙六年（410）一月或二月才出兵北上，中间有九至十个月的时间，这样长的时间跨度，是无法用情报传递时间来解释的。

不管徐道覆造船用了多少时间，可以肯定在义熙六年（410）初这项工作已经完成了。以当时的标准而言，这是一支蔚为壮观的舰队，数量庞大，号称"舳舻千计"（舳指船尾，舻指船头。意思是船尾接着船头，形容数量众多），而且船只普遍较晋朝政府军的战船更加高大坚固。这里还有一个让在下百思不得其解的疑问：始兴附近的河流既不通湘江，也不通赣江，船只造好后，是如何下水的？南康虽在赣江边上，但史书明确记载有"赣石水急，出船甚难"的话，似乎并不适合大型战船航行，即使卢、徐手下的老船工技艺超群，可以克服这一困难，那么出赣江的徐道覆一路有船了，出湘江的卢循一路又该如何解决？无法知道他们是如何战胜这重重困难的，但可以知道，他们确实做到了。能够如此高效地完成这样复杂艰巨的军备计划，即使不考虑作战，徐道覆也是个难得的人才啊！

准备完毕，五斗米道的信徒正式从始兴出发，倾巢出动。他们分兵两路，同时北上：由卢循亲自指挥西路军，沿湘江北上，进攻长沙；东路军由徐道覆指挥，沿赣江北上，直指豫章。五斗米道与晋朝政府十多年来的恩恩怨怨，终于要做一个最后的了断：不是你死，就是我亡！

豫章之战

又一盘决定南中国命运的大棋开局了，南方三大集团先后都参与了此次博弈，他们分别是：一、五斗米道代表队，主要参赛选手有卢循、徐道覆、荀林（此选手的身份存疑）；二、东晋代表队，主要参赛选手有刘裕、刘毅、何无忌、刘道规、杜慧度（这位属于编外替补队员，参赛纯属偶然）；三、谯蜀代表队，主要参赛选手有谯道福、桓谦（桓谦本已是后秦代表队选手，前不久转会到谯蜀）。棋局的大走势可以用一句话简单概括：五斗米道代表队与东晋代表队决死相拼，谯蜀代表队乘机给东晋代表队添乱。

此时，对弈的各方各自投入了多少本钱呢？史书没有明确记录卢循和徐道覆从始兴出发时各自的兵力数目，但提到他们在第二次桑落洲会战前会师，兵力达到十万之众。这个数字过于偏大，估计卢、徐两军在攻入荆、湘、江三州后招募了大量新兵，也可能把随军家属算在其中，但即使如此，史书的记载也多半被夸大了。在孙恩投海时，他的余部只剩下几千人，后来卢循继任首领，也没有发展壮大的记录，再后来数次被刘裕打败，让他像赶鸭子一样给赶下了海，所以跟随卢循到达岭南的三吴老兵不可能很多，应该超不过一万人。打下广州之后，卢循倒是可以休养生息了，但广州毕竟人烟稀少，从东晋到刘宋的统计人口数一直在二十万上下，成年男丁不过六七万，就算全部扫地当兵（这一点根本不可能做到），也达不到十万之数。如果卢循的广州政权达到三国时蜀汉政权的征兵强度（约占统计人口数的十分之一，三国中的最高水平），那还可以在广州征兵二万。不过，如果无视自身供给能力，立足于以战养战，使军队数量在很短的期限内再增加一点儿也是可以的，只是无法维持，但在北伐前，是可能进行这种突击式扩军的。综上所述，在下猜想，卢、徐开始北伐时的兵力最多超不过四万，其中精锐的三吴老兵一万，扩充的岭南新兵三万（都按最多估计）。

作为此次战争中卢循在客观上的盟友谯蜀，拥有的总兵力不详。但谯蜀的面积与政权的强力程度都大大不如蜀汉，蜀汉常备军为十万左右，谯蜀的军力肯定要小于这个数字，而且它在这次友谊赛中只是搅局，并未全力出动，投入兵力为两万。

作为对局的另一方，此时晋朝建康政府所拥有的野战部队，主要有以下四支：最强大的自然是刘裕指挥下，正在与南燕作战的北伐军团，兵力估计在六万至十万人；另外还有荆州（总部江陵，今湖北江陵县）军团，由刘裕的三弟荆州刺史刘道规指挥，兵力不详，其军队需北防后秦、西防谯蜀、南防卢循，同时桓氏在荆、江等州仍有一定影响力，各地都需配备一定的弹压力量，故荆州军团的兵力布署较为分散；江州（总部寻阳，今江西九江市）军团，由江州刺史、安成郡公何无忌指挥，兵力不详，分布也比较散，原因与荆州类似；豫州（总部历阳，今安徽和县）军团，由豫州刺史、南平郡公刘毅指挥，兵力两万，是晋军留守部队中较强的一支机动打击力量。加上各城的守备部队，东晋的总兵力在二十万左右。

以总的实力论，优势肯定在建康方面，但因为刘裕和大部分精兵猛将暂时被拴在南燕战场，剩下的军队又过于分散，可机动作战的军队不多，短期内，卢循与徐道覆两军在单个攻击点上都能拥有兵力优势。

军兴伊始，晋军在荆湘和江州的南部兵力都比较微弱，且毫无准备，故卢循和徐道覆两军势如破竹，南康、庐陵、豫章各郡的守臣都是望风而逃，各地告急的奏章很快如雪花般飞往建康的尚书台，负责在朝廷留守的孟昶等人情知不妙，忙草拟圣旨，急调刘裕大军班师。

由于南燕刚刚被击灭，广固刚刚被强制拆迁，地方形势还不是很稳定，为了不让刚到手的桃子又被别人摘了去，刘裕灭燕之后，没有马上南归，仍在当地停留了二十一天，甚至放出话说要经营下邳，并以此为基地收复河南、关中，用来震慑后秦、北魏，使他们不敢轻举妄动。

同时，刘裕着手组建收复地区的地方政府机构：为笼络当地望族，南燕降臣韩范被任命为都督北青州（因东晋早已在广陵设置过侨置青州，此时刺史为诸葛长民，南燕灭亡后其地改称北青州，原侨置青州改称南青州）八郡诸军事兼燕郡（今山东青州市）太守，另一降臣封融也被任命为渤海（今河北南皮县）太守。但实权还是要掌握在自己人手里的，所以同时任命长史羊穆之为北青州刺史，处理民政，大将檀韶为琅邪太守，作为驻防晋军的武力后盾，并让心腹谋臣刘穆之暂留，通盘处理善后事务。

二月二十六日，接到紧急诏书的刘裕得知南方军情严峻，正式率北伐大军南归，但辎重众多，行军速度仍然很慢。

就在刘裕大军缓慢南归的同时，南方战局正迅速向不利于晋军的方向转化。驻防寻阳的江州刺史兼镇南将军何无忌，在得到徐道覆军北上的消息后，立即命令全军南下迎敌。

对于何无忌的此项命令，他的手下多不赞同。长史邓潜之进言说："刘公不在，国家是安是危，就看将军此次出击的结果，不可以不慎重。听说卢、徐叛军舰船精良，又是据上游顺流而下，势难抵挡，我军最好不要与之正面争锋。方今的上策，莫过于决开南塘的堤防，使赣江水位下降，叛军的大船行进就会变得困难。然后集中兵力扼守豫章、寻阳二城，坚守不战，他们绝对不敢绕过我们进攻建康。我军养精蓄锐，待叛军筋疲力尽，再寻机攻击，才是万全之策。如果轻易将成败系于一战，万一失利，就追悔莫及了！"

参军殷阐也劝阻说："如今卢循的部众，或者是三吴一带的老贼，全都身经百战，或者是在始兴一带招募的亡命之徒，敏捷好斗，都不是好对付的，不可以轻视。将军最好驻守豫章，同时招集分散在各郡县的军队，等大军会合后，再与其战也还不算晚（从这条建议也可证明江州晋军分布是很散的）。如果仅以现在这点儿兵力，轻率前进，恐怕会得到让人后悔不已的结果。"尽管有二人苦劝，但据史书记载，何无忌全不接受，只是未提不接受的原因。在下推测，一是时间来不及。徐道覆军是从南康顺流而下，何无忌军是从寻阳逆流而上，双方速度不一样，邓潜之和殷阐的计划都提出要抢先扼守豫章，但实际上南北对进的两军相遇地点正在豫章，而豫章的晋朝守臣早已逃亡，何无忌已无先天优势，难以在徐道覆攻城前完成防守部署，更不用说决开南塘的堤防。二是何无忌轻敌。不管是卢循，还是徐道覆，都曾屡败于刘裕，被打得上天无路、入地无门，只剩下遁海有术，才得以逃生。对这群北府军的手下败将，有什么值得害怕的？

三月二十日，何无忌军与徐道覆军在豫章附近的赣江中迎头相遇，徐道覆沿河西岸布水阵，何无忌部在其东面。没经过半点儿犹豫，何无忌立即率江州水军向西面的五斗米道军发起攻击。徐道覆事先已有布置，抽出数百名弓弩手埋伏于西岸的小山之上，此时不慌不忙，让本军稍稍后退，将晋军诱入弓弩手的射程范围，然后一声令下，箭如雨下，本军战船也回身反攻，两面夹击晋军。晋军由于战船偏小，士兵缺少甲板保护，只能以盾牌掩护，但挡得了上边，就挡不了前边，顿时陷入被动。激战了片刻，更糟糕的事发生了，战场上突然刮起了强烈的西风，晋军的小船纷纷被吹向东岸，已不成阵形。徐道覆自然不会错过良机，立即借助风势，出动楼船（古代一种具有多层建筑和攻防设施的大型战船，外观似楼，故称楼船）猛烈撞击晋军小船，只要碰上，晋军小船无不被撞翻，在此状况下，晋军大溃，纷纷弃船逃生，完全丧失了抵抗能力。

何无忌发现败局已定，不愿做逃兵，厉声喝令左右："把我的苏武节（指旌节，是中央权力的象征物，由八尺长的竹竿做柄，上带三重由牦牛尾巴制成的装饰物。汉代使臣苏武出使匈奴，被扣十九年，持节不辱，故后世以'苏武节'代指忠臣的气节）拿来！"身边的人把旌节送上，何无忌便手持此节，奋力督战，绝不后退一步，直到徐道覆的军队从四面围定，冲上他的座船，将他打死于船上。作为京口举义的主要首领，建康政府三巨头之一何无忌，本非无能之辈，终因自己的一时轻率付出了沉重的代价，也替徐道覆洗刷了他遇北府军便不胜的历史，成就名将之名。得手之后的徐道覆继续北进，大约在三月底攻占寻阳。

与此同时，卢循所率的五斗米道西路军也进展顺利，连下桂阳（今湖南郴州市）、湘东（今湖南衡阳市）各郡，然后在长沙（今湖南长沙市）击败荆州刺史刘道规。刘道规被迫收兵退保江陵，卢循乘胜追击，一举攻克巴陵，从而切断了荆州与建康方面的联系。就这样，在卢循与徐道覆开始北伐的两个月内，五斗米道军团就攻占了大致相当于今天湖南、江西两省的地盘，并歼灭何无忌军团，重创刘道规军团，战果赫赫。

第二次桑落洲之战

祸事就像天上的比翼鸟、地上的连理枝，一般总是手牵着手成对出现，"祸不单行"的意思就是说坏事全有伴儿。晋军南撤这一路上，走得本来就很不顺利，才开拔不久，就发生了瘟疫，于是军中除了伤员，多是病员，不得不一路拖拉，行军宛如乌龟爬行。刘裕只得在下邳（今江苏睢宁县西北）重新编组，将辎重粮秣和大部分伤病将士送上船，安排他们走水路南下，自己率少量身体健康的精锐步卒由陆路步行南归。结果才走到山阳（今江苏淮安市），刘裕就惊悉至交老友何无忌战死的事，结伴的坏消息如期而至了。

在晋朝军界三巨头中，何无忌为人较低调，一向与刘裕关系亲密。在处置刘敬宣征蜀失利和殷仲文的谋反事件中，他都是刘裕的政治盟友，密切合作，有力地压制了另一巨头刘毅。如今他身死豫章，于公于私，都是刘裕的重大损失。不过，震惊之余，刘裕暂时来不及为老朋友的死伤心了，他更担心在此噩耗之下，建康会不会失守。虽然在姑孰还有刘毅的两万大军，但既然连何无忌的江州军团都能这么快就没了，还有什么事是不可能发生的？

于是，刘裕下令将士抛弃铠甲，加快速度，轻装疾进。同时，他与数十人骑上快马，离开大军，昼夜兼程，以最快的速度赶往建康。当刘裕一行到达长江北岸渡口时，见到刚从建康跑出来的行旅客商，便向这些人打听建康此时的情况。旅人回答说："现在卢循还没有到达，京城暂时还没有事，如果刘公能够及时赶回来，那就什么危险也没有了！"刘裕听罢大喜：老天保佑，还算及时，既然情况如此，那就不能再耽搁了。他立即招呼左右，马上渡江。但此时天气不太好，江面上风浪很大，摆渡很不安全，众人都有些畏惧，想等风停再走。刘裕不顾众人反对，踏上船板，厉声说："如果上天还眷顾大晋，风浪自当平息。如果天命要让大晋亡于此变，那我让江水淹死又有什么了不起的？"说罢，他下令船夫开船。如有天助，船刚离岸，风浪就大为减弱，刘裕一行遂平安到达南岸。

果然不出刘裕所料，不久前何无忌战败阵亡的事传到建康，大晋王朝的京城就陷入了一片恐慌之中，当时就有大臣主张奉安帝出逃到江北，去投奔刘裕，等后来弄清楚卢、徐军队距离建康还很遥远（估计不少大臣连地图都不会看吧），混乱局面才稍稍有所缓解。几天之内，南青州刺史（原驻广陵）诸葛长民、刘毅的族弟兖州刺史刘藩、刘裕的二弟并州刺史（原驻石头城）刘道怜都率军进驻建康。不过这三位都是侨置州刺史，实力较弱，三路合兵也不过几千人。四月二日，刘裕抵达建康，有了他的坐镇，京城的人心才总算安定下来。

因为这次捅的大娄子，在很大程度上是刘裕执意伐燕造成的，为了给不满他的人一个说法，表面工作是非常重要的。所以刘裕一回到京城，便上疏晋安帝，为此次卢循北上、江州沦陷的大难请罪，并引咎辞职。看不懂奏章的安帝司马德宗非常"恳切"地下诏：不许，国家人民需要你啊，你怎么能抛弃国家人民呢？既然天子都这么说了，那旁人自然也不好再说闲话了。

自然，画饼当不了饭吃，忙完了务虚的工作，务实的工作当然更重要：刘裕需要尽快恢复京城的防御力量，迎击卢循军队即将到来的进犯。现在情况不容乐观，北伐的晋军主力几乎都在路上，一时还回不来，让刘裕难为无米之炊。不过，幸好在距建康不远的姑孰，刘毅的豫州军团完好无损，只要用好了这支军队，目前的困难就不难克服。只是还有一个不确定的大问题：刘毅会听从自己的指挥吗？

且说豫州刺史南平郡公刘毅，前些日子正好卧病在床，故而没对卢循、徐道覆的北上做出任何有力的回应，可能也不认为他们真能掀起多大的浪头。不料几仗打下来，卢、徐军队竟然节节胜利，眼看着因刘裕固执北伐而惹出的祸越闹越大，自己的豫州军团已成为阻止卢循军队进军建康的最大长城，一股天降大任于斯人的豪迈在刘毅心中油然而生。

虽然有了何无忌的前车之鉴，刘毅仍然不把卢循等人放在眼中，当初这群道爷被刘裕一路赶鸭子下海的事记忆犹新，他刘裕能轻松做到的事，难道我刘毅干不了？大概因为心情不错，刘毅的病势马上就痊愈了。病一好，刘毅便下令大军挥师西进，荡平卢、徐！他刚要出发，却见族弟兖州刺史刘藩从建康来了，还带来刘裕的一封亲笔信，信上是这样说的："老弟我以往和这群妖道打过多年的交道，深知他们用兵狡诈，诡计多端，如今又侥幸取得了大胜，其锋芒恐怕不易阻挡。

贤兄最好是整装备战，等待我这里舰船修缮完毕，我们再一同行动。只要此次剿灭卢循，上游荆州的重任，就委托给老兄了！"

尽管刘裕在此信中的口气非常低调，用的也全是商量的口吻，还特地安排刘藩来送信，但聪明人刘毅知道，凡事一定要透过现象看本质，他通过这些年同刘裕打交道的惨痛经历，把它翻译成了刘裕的真心话：卢循和徐道覆很厉害，不是你刘毅那两下子能对付得了的，还是等着我来统一指挥吧！只要你这次听话，给我当好帮手，事成之后，我可以把荆州刺史（此时是刘裕的三弟刘道规）的位置让给你！

笑话，今天的危急局面是谁造成的？我当初可是劝过你不要伐燕的。现在还想来阻止我建立盖世功勋，你刘裕闯的祸，由我刘毅来挽狂澜于既倒，今后的天下第一人自然就变成我刘毅，你最害怕的不正是这个吗？哈哈，你刘裕也会有开口求人这一天啊！

对于一向心高气傲的豫州刺史来说，自从倒桓成功后，与刘裕的相互交往，简直就是一段可悲的"血泪史"，几番明争暗斗，他刘毅总是屡战屡败，又屡败屡战，一直被压着一头。如果这次再把主动权拱手让出，那么这辈子也别指望翻身了！除非他刘毅甘愿永远只做个老二，否则刘裕的条件就是绝对不能答应的。刘毅愿意当个二把手吗？其实他早用一句豪言壮语回答过这个问题："恨不遇刘项，与之争中原！"

刘毅勃然大怒，对刘藩说："当初我们起义倒桓，我只是出于一时谦让，才推刘裕为盟主，你们就当真以为我不如刘裕？"说罢，他将信扔在地上，立即率所部水师两万余人、战船数百艘从姑孰出发，引军西上。

此时卢循已攻克巴陵，正遣人命徐道覆前来会师，准备会攻江陵。但徐道覆得知刘毅军团已经西上的消息，反对进攻江陵，反过来派人送书信给卢循说："刘毅的军队即将到来，其阵容非常强大！我们这次举事的成败，就看能不能一举打垮他，我们应该合兵一处，将其歼灭。只要打赢了这一仗，则天下大局已定！晋朝的根本一旦在我们的掌握之中，则上游的刘道规完全不足为虑。"

卢循接到徐道覆的回信，再次听从姐夫的意见，即日从巴陵出发，前往寻阳与他会合。卢、徐会师之后，阵容十分强盛，在下估计，兵力可能已经扩充到五万人，装备也非常精良，特别拥有巨大的八艚舰（有八个水密舱的大型楼船）

九艘，据说每艘的甲板上筑有四层楼，高达十二丈（按当时的尺寸，是现在的29.4米，四层楼不该有这么高，很可能是指到桅杆顶部的高度）。

此时卢、徐的兵力数量是刘毅军的两倍多，装备质量也占上风。以两军统帅而言：卢循稳重，虽无过人之能，但徐道覆足为一时之名将，两人对此战非常重视，密切合作；刘毅虽不算无能之辈，但狂妄轻敌，而且他的心思已被如何设法超越刘裕占据，就像过分紧张的高考学生，竞技状态非常不良好。从以上各项指标的分析来看，刘毅的胜面都很小，只是他不自知罢了。

五月七日，东进的卢、徐军队与西上的刘毅军在桑落洲（寻阳以东长江江面上的小岛。六年前，刘毅、何无忌曾在此地大败何澹之、胡藩等桓楚将领，为与前一战相区别，在下称此役为"第二次桑落洲会战"）相遇，展开大战。关于此战的详细经过，史书上找不到明确的记录，不过结果很清楚：刘毅惨败，数百艘战船，以及堆积如山的辎重，大部分成为卢循军的战利品。两万大军或死或降，刘毅只是在参军羊邃的竭力掩护下，才得以率数百人避开大道，翻山越岭，穿过少数族群的聚居区，侥幸逃回建康。刘毅不折腾还好，这次一折腾，所有人都知道了：他果然不如刘裕。

风雨飘摇

晋军在桑落洲又遭惨败，刘毅全军覆没，这个震撼人心的消息很快在各地引发了一连串的连锁反应，使晋朝局势一度岌岌可危。

首先产生反应的地方，是刘毅原先的驻地：豫州首府历阳。豫州主簿袁兴国得知刘毅战败，立即起兵反叛，据历阳响应卢循（所以刘毅战败没逃回豫州驻地，而是去建康）。他原以为卢循大军很快就会到达，谁料到一连数天没有动静，结果刘裕派琅邪内史魏顺之与部将谢宝袭击历阳，将袁兴国斩首。可随后二将遭到袁兴国的部下反击，魏顺之误以为卢循的军队已到，不顾谢宝独自逃生，历阳终于还是被叛军占据。

卢循的军队之所以几天没有动静，是因为他从俘虏的刘毅军士兵口中得知刘裕已经到达建康。得知此确切消息，卢循与左右大惊失色。想起当年与刘裕交战的可怕经历，卢天师不由得心生惧意，当即就打起了退堂鼓，打算退守寻阳，同时分兵进攻江陵，据荆、江二州，与朝廷对抗。徐道覆见小舅子又要当软蛋，极力劝阻他：此刻只能乘胜追击，有进无退。趁着刘裕实力最弱的时候摆平他，如果错过了这个时机，让刘裕重新缓过气来，我们还是他的对手吗？一旦面临重大决策，卢循很像多谋少决的袁本初，虽然他最终还是接受徐道覆的意见——留部将荀林守寻阳，主力大军继续沿着长江向建康推进——但已经在迟疑踌躇中浪费了宝贵的好几天。

在建康，刘裕将从历阳前线逃回的魏顺之斩首，以肃军纪。因魏顺之是京口起义首领之一，兔唇男儿魏咏之的弟弟（魏咏之已于数年前病逝），他被斩首，使得功臣们深感震慑。刘裕出此狠手，也实在是因为建康城的防备力量实在有限，如不杀几个逃将，说不定守军就可能临阵脱逃了。此时伐燕的大军虽然已经有相当部分回到建康，但回来的大部分是伤病员，暂时不能用于作战，能参战的士兵不过数千，实力微弱。刘毅败后，随着败兵的逃至，京城里流言四起，都说得绘声绘色："卢循大军有十余万人，战船千余艘，车马楼船，络绎不绝，从最头到最尾，绵延有一百多里长！就京城这点儿守兵，根本不够人家塞牙缝！"于是，自刘裕到达后带来的平静局面消失了，建康城中再次出现了广泛的恐慌情绪，不少军民都在犯嘀咕：这仗还打得赢吗？

不过，让城中人心惶惶的主要原因，还不是悬殊的兵力和前线糟糕的战况，而是因为尚书左仆射孟昶的预言。自从卢循、徐道覆起兵北伐以来，"孟半仙"就用他职业乌鸦嘴的专业素质，连连发表惊人之论：当初何无忌从寻阳出征阻击徐道覆时，孟昶就预测何无忌必败，没过几天果然传来了何无忌战死的消息；不久前豫州军团西征，他也放言刘毅会输，果然，豫州军团又全军覆没了！因为连连说中，孟昶在算命先生界的声誉鹊起。现在，"孟半仙"又推出最新系列产品"孟氏预言3.0 版"：刘裕这次肯定要败给卢循。鉴于该预言 1.0 版与 2.0 版所取得的巨大成功，还有谁会怀疑此次预测的正确性呢？

因为对自己的专业技能很有信心，孟昶便串联上南青州刺史诸葛长民，一同向刘裕提出建议：放弃建康，保护晋安帝逃往江北，以避战祸。这件事经过小道消息一加工，连京口起义时的老战友，现任中军参军王仲德都以为刘裕打算逃离京城。不信邪的王仲德心中焦急，忙进见刘裕劝阻说："明公上应天命，成为国家的宰辅，新近又刚刚建下奇功，威震天下，岂可妄自菲薄？这群妖贼只不过听说你不在，才敢乘虚来犯，只要见到你已经凯旋，自然会不战而逃。如果我们先行退让，弃京城出逃，那就等于把多年积累的声望全部抛弃，纵然到得了江北，也只是一介匹夫而已，还会有谁肯听从你的号令？如果刘公真的打算在这个时候离开京城，那就请恕我王仲德不能再追随刘公，要先行告辞了！"

当然，王仲德其实是多虑了，刘裕根本就没有要走的意思，自刘寄奴出道以来，只有人让我，哪有我让人的时候？越是危急时刻，越不能自乱阵脚，这个道理刘裕比王仲德更懂。不过，在这个时候能得到别人雪中送炭的支持，刘裕还是非常高兴的。

于是，在随后召开的朝会上，刘裕正式否决了孟昶与诸葛长民的提案。他分析说："如今卫护国家的两大军团先后覆没，强大的贼寇正步步进逼，士民情绪恐慌，意志都到崩溃的边缘，这个时候，倘若皇帝的车驾一动，必然全局瓦解，再无法收拾残局，江北虽然很近，又怎能到达？纵然逃到了江北，也不过多活两天而已，败局将无法挽回。现在建康的军队数量虽然不多，但仍可与敌一战。假如取胜，则君臣都可以重获平安；万一不胜，我当一死以卫社稷，横尸太庙之前，完成我多年来以身许国的志向，绝不会狼狈逃窜，躲藏到荒草堆间苟且偷生！"随后，刘裕又加重语气宣布，"这就是我的最后决定！你们不管有什么反对意见，都不许再提！"

但孟昶不顾刘裕的封口令，仍然声称刘裕如果不走，必然失败，并提出如果你刘裕一定要坚守建康，那就先把我杀了吧，我不忍心亲眼看到最后的灭亡。刘裕勃然大怒："你这么想死吗？那等我打完这一仗，再死不迟！"他终将孟昶斥退。

孟昶回到自己的宅第，越想越悲观，自觉罪大，留下了一道遗表："当初刘裕要北伐，朝中多数大臣都反对，只有我极力赞成，没想到给了盗贼可乘之机，给国家带来今日社稷倾危的大难！这都是臣的不赦大罪，臣只能服罪，以死谢天下！"表章写好后，孟昶服毒自尽。孟昶也许是个忠臣，但他的自杀是做了一件彻头彻尾的蠢事，即使不算他自身丧命的损失，此举也使已经惶惶不安的人心再增加一份惶惶不安，给眼看被压趴下的骆驼背上再添一根稻草。幸运的是，这不是压倒骆驼的最后一根稻草，刘裕不会给别人再添稻草的机会了。

在江陵，荆州刺史刘道规见卢循引军东走，江陵总算是暂时安全了，但他来不及松口气，又想到卢、徐合兵之后，建康会不会有失。刘道规不顾荆州军团刚刚在长沙战败，实力空虚，仍派出司马王镇之、扬武将军檀道济和广武将军到彦之三员大将，率军跟在卢循大军的屁股后边，沿江东下，希望能拖一拖卢、徐二人的后腿，减轻建康方面的压力。没想到三将一路追赶，到达寻阳，因兵少被守卫寻阳的苟林击败，只好又退回江陵。卢循得报战况，特任命苟林为南蛮校尉，分出偏师，命他西上进攻江陵。此时获悉局势大变的谯纵以为有机可乘，连忙以大将谯道福为主帅，同时任命从后秦请回来的桓谦为荆州刺史，率两万兵出三峡，也想来分一杯羹。在苟林与谯道福、桓谦的两面夹攻下，刘道规镇守的江陵，形势也变得危如累卵。

在刚刚被征服的南燕旧地，刘毅战败的消息则引发了一起冤案。随着晋军在桑落洲惨败、建康有可能失守的可怕消息传到北青州，那些还没有对晋朝形成国家认同感的当地百姓，人心大为浮动。全权负责善后的刘穆之看在眼里，对此局

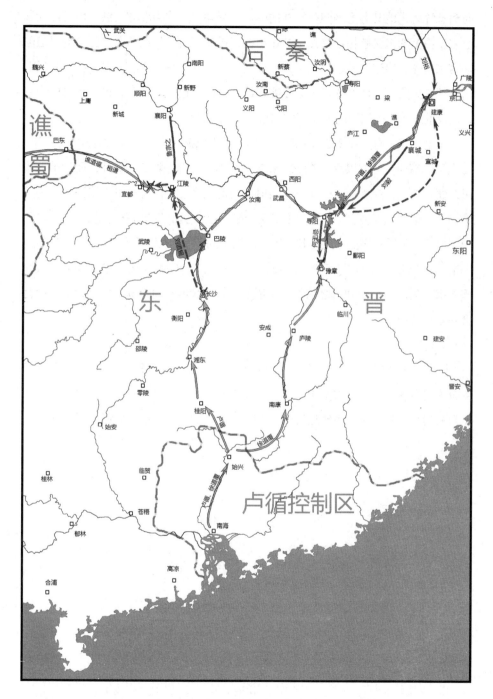

▲ 410年，卢循、徐道覆北伐

面深感忧虑，他又考虑到归降不久的韩范、封融二人均为北方大族，数代出仕慕容家（韩范的祖父就担任过燕国的司空，封氏家族更是早在前燕建国前就已追随慕容家，先后出过多位慕容氏重臣，如封弈、封劝、封孚等），在当地民望甚重，南方如有闪失，这两个人可能会生变，即使他们自己不想造反，也很容易成为别人造反的旗帜（比如谯纵）。防患于未然，此二人绝不能再留。

于是，突然有人秘密告发：都督八郡诸军事兼燕郡太守韩范、渤海太守封融，二人秘密串通，意图谋反。刘穆之随即出其不意，迅速将二人抓捕，而后稍加审讯，便将他们一起处死。一年前，当时尚为南燕尚书令的韩范身在洛阳，认为后秦将来必定亡于刘裕之手，为了不二次受辱，拒绝了后秦方面的邀请，决定降晋。归晋之后，他劝刘裕少杀人，救下了广固城中的不少百姓，不失为一个仁厚长者。可惜，这个实诚人算对了后秦的结局，却算错了自己的命：他根本就等不到后秦亡国的那一天。刘裕和刘穆之的胸襟，还是不够博大啊！时至断头之日，不知韩范会不会后悔。

【作者按：韩范、封融二人在降晋后不久即遭冤杀，这是可以确定的，但史书并没有记载其事发生的确切时间，死于刘毅战败后乃是在下的推断。另外，就在下所查到的史料，尚无法判断此事究竟出于刘裕的授意，还是刘穆之自作主张。】

布防石头

面对自己从军以来遭遇到的最大危机（就刘裕本人而言，虽然没有当年在吴兴"以一敌千"时那么危险，但当时他就算输了，也不过死一个下级军官，现在他若输掉此战，晋朝马上就得灭亡），刘裕非常沉着，既没有丝毫的畏惧退缩，更没花片刻时间来踌躇迟疑，立即开始了紧张的战前准备。

现在首先要面对的问题是兵力不足。对此，刘裕相信重赏之下必有勇夫，宣布凡在此仗中从军建功者，都依照京口起义的标准进行封赏（晋朝政府对京口起义有功人员的赏赐之丰厚，在当时是有名的），借机扩大募兵的范围。

现有的兵力如何使用？有人提出建议：分兵把守从历阳到建康的各处关口，节节抵抗，让卢循军队每前进一步都要打仗，这样就可以最大限度地拖延时间，等待后续的北伐军返回。但刘裕不愧为一代军事大家，马上敏锐地指出如此布局将带来的危害："现在贼军人数众多，而我军能战的兵力很少，如果再分散到各个据点，则每处的兵力就更少，难以有效阻挠敌军的行动。而且因为刚刚经历豫章、桑落洲两次大败，城中军民的士气都很低落，所以只要有一个据点的守军被打败，把守其他据点的军队都会变成惊弓之鸟，势将不战自溃！"然后，刘裕提出自己的方略："现在不如干脆放弃那些关口，将全部主力集中到石头城，再根据敌人的行动相机使用，使敌人难以判断我军虚实，也不易遭受挫败。慢慢等到后续的援军辗转集结，再根据情况，调整部署。"

刘裕将兵力集中于石头城，因为这里的确是个兵家必争的军事要地。据说赤壁之战前夕，诸葛亮奉命出使东吴，与孙权共商联合抗曹的计划。途经当时还不起眼的秣陵县时，他对此地的山川形势大为赞叹："钟山龙蟠，石头虎踞，真乃帝王之宅也！"后来的事实证明，诸葛亮的眼力的确非常好，在赤壁之战后不久，孙权就将东吴的大本营迁到了这里，扩建城池，并以"建功立业"之意，将秣陵改名建业（之后这个地方改名改得不亦乐乎，先后用过建邺、建康、昇州、上元、集庆路等多个名字，直至改称南京。在历代南北对峙之时，南方王朝的首都多在此地）。为了充分利用当地有利的地势，孙权又在建业城西清凉山（又称石头山）上修建了屏蔽建业的军事要塞，即石头城。石头城以清凉山山体作为城基，陡峭的天然崖壁作为城墙，环山筑造而成，周长约三公里，西、北两面可以监控长江，南面可以扼住秦淮河口，地势极为险要。它对建业城（此时的建康城）的重要性，类似蒜山、金山之于京口。不过，到后来因为泥沙沉积，长江主航道不断收缩，江岸逐渐向西移动，石头城离长江越来越远，原有的地理优势渐渐丧失，到唐朝以后，石头城基本上被废弃。

定下迎战方略之后，刘裕调集大批民夫，抢修了石头城的防御设施。同时，为了防止卢循舰队突入秦淮河，刘裕采纳了龙骧将军虞丘进的建议，砍伐大量的树木，沿秦淮河流入长江的出口打下大量的木桩。同时为了给卢循军登陆制造困难，还从石头城开始，沿着长江江岸和秦淮河南岸，修筑了一条长长的木栅栏。城中的兵器作坊也没有闲着，正在加急赶制一种威力强劲的新武器——万钧神弩。总之，卢循到达前的这几天，在刘裕的高效组织下，建康全城的军民都被调动起来，人人紧张备战，严阵以待。

尽管卢循军的行动有点儿拖沓，可在徐道覆的不停催促之下，还是没有让刘裕等待太长的时间。五月十四日，即第二次桑落洲会战后的第七天，卢循大军抵达建康城郊的淮口。站在建康城（或是石头城）头，都可以看到卢循军队那遮蔽江面的庞大舰队了，于是建康全城宣布戒严！

在石头城的城楼上，刘裕的心情仿佛打水的十五个吊桶——七上八下。他万分紧张地密切注视着卢、徐军队的行动。在此之前，刘裕曾对身旁左右将领提出自己的判断："卢循到达之后，他如果在新亭（在今南京城南，与石头城类似，也是依山临江修筑的军事重地，但因距建康较远，且有秦淮河相隔，故重要性不及石头城）登陆，紧逼我军，势不两立，那就是来玩命的，其锋芒将不可阻挡。我军不能强行对抗，只能暂时退让，最终的胜负还难以预料；如果他把船队停泊到西岸蔡洲（地处石头城以西，长江中的小岛），则我们打不着他，他也打不着我们，意味着他没有决死的勇气，那我们就安全了！"那么，卢循、徐道覆究竟会怎么用兵呢？

动起来了，江面上的战船动起来了！卢循军的前进方向是：新亭？！石头城上，刘裕的左右将领脸色大变，连一向沉着的刘裕都沁出了一头冷汗：算了，该来的终究要来，只能拼命了！正在此间，突然又发生了刘裕意想不到的事，只见卢循的大军靠近新亭后，并未上岸，而是一转船头，又驶向了蔡洲，在那里下船登岸，筑起营垒。刘裕见此情况，大喜过望，只是有点意外：卢循刚才在搞什么花样？

原来就在刚才，五斗米道军的两大首领间发了重大的意见分歧。徐道覆下令全军在新亭和白石垒（地处建康城北，今南京下关狮子山）两处登岸，然后焚毁舰船，让大家知道此刻有进无退，战胜可活，战败必死，然后数路并进，让兵少的刘裕顾此失彼，一举拿下建康。但稳重的卢循不敢冒险，他终究还是害怕刘裕，连忙阻止说："据刚得到的情报，我们还未到达，仆射孟昶就吓得望风自杀。现在我大军兵临城下，按情理推断，对方在这几天，内部很可能发生兵变，我军就可不战而屈人之兵了！如果现在就将全部实力孤注一掷，你能有百分之百的把握打赢刘寄奴？输了，后悔都来不及了，还要损失多少将士的生命？所以现在不如立营于蔡洲，以静制动。"

徐道覆大急，反复劝说，但卢循都不听：已经听了你两次了，也该轮到我这个老大说话算数一回了吧？卢循不顾他的反对，强令舰船停驻蔡洲。在刘裕一生的军事生涯中，最有可能被打破不败金身的机会，就这样被卢循错过了。徐道覆无奈，跺脚叹息说："我终究要为卢公所误！如果我能遇英雄之主，听凭驱驰，则平定天下并不是难事！"

卢循不敢决战，屯驻蔡洲之后，徐道覆又有几次请战，但都被他否决，只是坐守江心小岛，一心等着建康城中有哪只不长眼的兔子一头撞上树桩。

可惜保卫建康城的并不是兔子，而是刘裕，他自然更乐意不战：现在每天都有新的军队从北方撤回，生病的士兵也每天都在有人康复，又由于卢循军虽然到达了城外，却一直无所作为，城中军民的惊慌情绪也慢慢稳定下来，卢循军在数量和士气两方面的优势正在对峙中一天天丧失。总之，时间拖得越久，对刘裕越有利，最困难的阶段已经在卢循慷慨赠予的平安无事中从容度过了，天助我也！

其间还发生了一段小插曲。将军朱龄石的弟弟朱超石原本担任何无忌的参军，豫章之战中何无忌战败阵亡，朱超石也当了俘虏。徐道覆一看，这年轻人既英锐果敢，又颇通文墨，是个人才啊！他立即把他收编到麾下，当自己的参军。对这样的要求，朱超石顺顺当当地成为一名虔诚度让人怀疑的道门弟子。等卢循大军到达建康郊外，朱超石瞅了个空子，凭借三寸不烂之舌，说动和他同乘一船的人集体脱离卢循，投奔正在石头城的刘裕。刘裕意外得知朱超石平安归来，大为高兴，马上任命他为徐州主簿，留在自己麾下做事。

这件事有一点值得注意，在当时卢循大军声势还很浩大，尽占上风的时候，朱超石竟然能如此容易地说动一船人倒戈，很可能这船人有相当一部分和他一样，也是被卢循、徐道覆收编的晋军降兵。如果这个推断准确，此事就从一个侧面解释了另外两个问题：卢、徐军队为何能在北伐后扩充得这么迅速？后来他们又为何失败得这么快？

为了更好地唬人，随着后续部队的逐渐抵达，刘裕调整了晋军的布防：以冠军将军刘敬宣屯驻北郊，辅国将军孟怀玉（孟昶的族弟、孟龙符的哥哥）屯驻丹阳郡之西，建武将军王仲德屯驻越城，广武将军刘默屯驻建阳门外，绕着建康的外围北、西、南三面，组成一个看似无懈可击的环形防御。

不过，最抢镜头的还不是他们，刘裕将刚刚从原南燕军队中收编的一千名甲骑具装的鲜卑重骑兵，交给宁朔将军索邈率领，沿江岸往来巡弋。他们全都披上色彩炫目的虎纹铠甲，举着一丈八尺长的马槊，骑在高头大马之上，威风凛凛。基本上没有骑兵的卢循部下这回开了眼界，他们聚在船上观看这支军队，心中惧意顿生，更不敢轻易登陆交战。

建康保卫战

于是，战局发展至此，就像一部编剧失败的三流电影，本该达到高潮的地方却冷了场。卢循等啊等，等到五月下旬，眼看建康城内一直安如泰山，根本没有发生变乱的迹象，守备力量反而越来越强大，他终于也有点沉不住气了，决定进行一次试探性进攻：派了十余条战船突击秦淮河口，靠近江岸时，放下小舟，载人入秦淮河，试图拔出河中的木障，为后续大军攻入秦淮河开路。但江面上无所隐蔽，这一行动才刚开始就为晋军发觉，刘裕立即调一队弩兵火速赶往迎击。卢循军的小船一靠近木障，早已准备好的晋军一起放箭，小船上的卢循军士避无可避，纷纷中箭落水。晋军使用的弓弩中还有力道十足的"万钧神弩"——一般认为这可能是一种用绞盘上弦，安装在车辆或舟船上的大型床弩，发射速度不快，但威力非常强大，可以一箭洞穿小船上的船板，把它直接送进江底。在这样猛烈的打击下，卢循军招架不住，败退回蔡洲。

初战虽然只是小挫，但已经显示出建康此时的防御实力，要想强攻得手，恐怕不成，卢循只得放弃了以舟师攻入秦淮河，迂回到晋军防线侧后的想法。怎么办？他与徐道覆研究了战况，定下了一条声北击南之计。

五月二十八日夜，卢循把军中的老弱集中起来，乘坐大部分战船，向建康城北白石垒方向实施佯动。与此同时，徐道覆率精锐部队借夜色与佯动部队的掩护，悄悄在新亭登陆，而后设伏于秦淮河以南的密林间（从历史记载的位置推断，埋伏地点可能在今雨花台附近）。

五月二十九日，天明，卢循军的佯动部队开始对白石垒实施佯攻，蔡洲的战船不断驶向白石垒，声势非常浩大。驻守石头城的刘裕担心北线有失，决定亲自率军驰援防御北面的刘敬宣。当然，刘裕也想过些道爷声东击西的可能性，为了防备卢循军从新亭北攻，特命参军沈林子、徐赤特、刘钟三将防守淮口以东秦淮河一线，并吩咐说："如果敌军来攻，一定要守住木栅防线，但千万不要出击。"随后，刘裕会合留守建康城中的刘毅、诸葛长民，率军赶去支援白石垒。

随着晋军的主力被佯攻部队成功调到城北，徐道覆率领的精锐主力借着这个机会，派出小股部队进至张侯桥，袭击附近的木栅防线。眼见来袭的五斗米道军队不多，徐赤特打算出击，沈林子劝阻他说："敌军声称要进攻白石垒，却突然在这里出现，可知他们一定是使用声东击西的策略，这定然只是诱饵。敌军总的人数很多，我们的兵力却很少，不如按刘公的吩咐坚守不战，等待北边的大军回援，再战不迟。"

但徐赤特不听，他认为卢循军主力都在攻白石垒，打败这一小股敌军的功劳不可放过，便不管沈林子与刘钟二人，独自率部出击。一出击果然中伏，徐赤特部大败，霎时就阵亡了百余人，徐赤特抛弃剩下的军队，独自爬上一条小艇，逃回秦淮河北岸。徐道覆乘胜追击，夺取丹阳郡城，猛攻木栅防线，沈林子与刘钟奋力死守，终于打退了徐道覆的第一轮猛攻，但刘钟也负伤退出了战斗。

徐道覆首轮进攻没有成功，决定让士兵稍事休息，再发动第二轮进攻。因为徐赤特部已经溃败，刘钟负伤，沈林子兵力不足，而秦淮河正面又太宽，已难以防守，沈林子决定不守木栅防线，而是渡河南下，扼守南塘。南塘是当时秦淮河以南的一个湖泊，清人所著的《上江两县志》中称，它就是今天的南京莫愁湖，但与历史记载的位置相差太远，估计不确。真正的南塘可能早已干涸，所有的南京古地图都未将它标注，其具体位置存疑，怀疑在今雨花台与秦淮河之间，因为当时从南面进建康的陆路主干道正要穿过这一地区。虽然没有地图的标注，但建康南塘的存在是确凿无疑的，有大量的历史记载和诗歌都提到过这个地方。南朝民歌《西洲曲》称赞说："采莲南塘秋，莲花过人头。低头弄莲子，莲子清如水。"这里绝对是当时建康居民闲暇赏春游玩的绝佳去处。

沈林子决定守南塘，当然不是因为风景好，而是因为这里的地形有利。由于受周边复杂水道和大量民居的影响，南塘只有一条不宽的堤道可以穿行（虽然卢循军拥有不少船只，但无法突破秦淮河口的木障，故无法使用这些水道进军），是往来的捷径。由于堤道狭窄，只需百余人就可以封死，大部队只能站在后边干着急，所以这是个以少抗多的良好阵地。八十六年前，晋朝发生第二次王敦之乱，晋将苏峻等人正是在这里大败进攻建康的王敦部将沈充、钱凤，而一举平定叛乱的。

不过，如果进攻一方不攻堤道，肯走点儿远路绕过南塘也是可以的，那样晋军的布防将完全破产，但花费的时间要长多了，沈林子就是把宝押在刘裕大军能够及时回援上了。

再说刘裕到达白石垒，发现卢循军战船虽多，却只是用弓箭与岸上晋军对射，并不真正靠近，马上意识到这是怎么回事，立即命令回师。发现晋军的行动后，卢循也认为决战将至，停止对白石垒的佯攻，亲率大军乘船南下，支援徐道覆。刘裕回师到达石头城，已得知南线正在交战，但考虑到晋军士兵在数小时内往来奔跑，比较饥饿疲劳，为避免以劳击逸而招致败仗，同时他对沈林子的能力也有信心，便命兵士在石头城解甲休息，洗浴用餐之后，再南下增援沈、徐、刘三将。

没过多时，却见败将徐赤特也逃到石头城，刘裕问清原委，极为恼火：今天差点因为你小子的过错全盘皆输！刘裕责备他违背军令，擅自出击，败阵之后又弃军而逃，吩咐立即将他斩首示众。然后，刘裕命将军朱龄石率一千名精锐的鲜卑兵士先行赶往南塘支援沈林子，大队人马随后跟进（从此项命令来看，这一千名鲜卑兵士要有能力赶在其他各队晋军之前先到南塘，他们的机动性应该高于其他晋军，因此，他们很可能就是前不久索邈带着沿江作秀的那一千名鲜卑重骑兵）。

徐道覆的第二轮攻击开始了，他没想到兵力微弱的沈林子不退反进，已抢先占住南塘堤道的北端，五斗米道的大军拥挤在堤道上，无法展开，无从施展兵力上的优势。两军杀作一团，交战多时仍不分胜负。徐道覆挥军反复攻击，将战线一点点往北挤，沈林子毕竟兵少，在五斗米道军的车轮式攻击下，渐渐难以支撑。但正在此时，朱龄石的援兵到了。

虽然朱龄石率领的这一千名鲜卑兵士可能是骑兵，但南塘的狭窄地形根本没给战马提供驰骋的空间，因此他们全部步战，排成密集的队形，端着四米多长的长槊，像一道长满锋利矛尖的钢铁城墙，沿着堤道缓缓推进。

卢循军的强项在水战，其陆战使用的主要是短兵器，如果是在开阔地上一对一地格斗，用这些武器对战笨重的长槊，并不落下风。但在这样重兵对抗的战场，面对密集的槊尖，卢循军士兵无处可避，根本没有机会靠近对手便一个个地被乱矛捅死。因为兵力太密集，前面的人想撤退都不容易，于是一番战斗下来，徐道覆军前锋数百人战死，后边的人惊骇而退，晋军损失非常微小。徐道覆见已无力再攻，只好收兵退回丹阳郡城。

稍后，卢循率领大军到达丹阳郡城，刘裕也率军渡过秦淮河，在南岸筑垒布阵。卢循见徐道覆打了败仗，而刘裕也已赶到，不敢再打，便又从丹阳郡城撤回蔡洲，结束了这次雷声大雨点小的会战。此战卢循、徐道覆开局打得不错，他们第一次成功地算计了老对手刘裕，将晋军主力调到北线，又用诱敌伏击战术击灭徐赤特，差点洞穿晋军南线的木栅防线，实属难能可贵。但徐道覆的后续行动没打好，尤其是不该在第一轮攻击后，在南塘以南休整军队，导致沈林子抢先控制了南塘要隘，使这次进攻功败垂成。晋军方面，沈林子是此战的最大功臣，正是他临危不乱，应对得当，撑到朱龄石的援军到达，终于转败为胜。刘裕在此战中的表现略失水准，整个过程有点被动，这大概与他此时只想坚守不战，等待时机有关。刘裕最大的失误是用人不当，但本身的指挥并没有大的破绽，且此时晋军的处境比起卢、徐二人初到时已大幅度改善，就算徐道覆成功突破了沈林子的防御，要想真正打败刘裕，夺取建康，恐怕成功概率也很低。

卢循在精心策划的军事行动小败之后，再不敢贸然发动攻击，只是分兵袭击京口和沿江各城，但晋军防备严密，都未获得太大战果。刘裕因为晋军此时还缺少足够的战船，当然不愿以己之短，去击敌之长，也没有进攻蔡洲，只是任命庾悦为江州（总部寻阳，现在还在卢循的控制之中）刺史，让他组织力量去骚扰卢循军队的后方。因此，之后一个多月，双方未再发生大的交战。

时间一久，人数众多又远离后方的卢循大军渐渐感到支持不住了。建康附近的各郡县，不是守备太强，就是已经坚壁清野，都弄不到多少粮食。这是什么世道？要抢点儿东西也太难了！于是卢循找徐道覆商议说："如今军队已经疲惫不堪，再留在这里，不被刘裕打垮，也要被饥饿拖垮！不如先回寻阳，然后再攻取荆州。我们占有了荆、江两个大州，就可以倚仗天下的三分之二，与建康对抗。"徐道覆心有不甘，但面对如今的客观情况，也只能如此了。

五斗米道军的两大头目达成共识，七月十日，卢循大军从蔡洲西撤，回师寻阳，只留下将军范崇民率五千兵守卫南陵（今安徽池州市贵池区西南），阻挡晋军的追兵。在确定卢循军已经退走后，建康城宣布解严，历时约两个月的建康保卫战终以晋军的胜利结束。刘裕凭借着过人的毅力、才华，还有运气，度过了他一生事业中最大的一次危机。

荆州争夺战

在刘裕看来，卢循、徐道覆从建康城外撤走，所代表的意义并不仅是朝廷度过危机，也意味着卢循大军已经永远丧失了主动权，接下来的仗怎么打，就要由我刘裕来决定了！卢循、徐道覆，你们的死期快到了！

七月十四日，刘裕命辅国将军王仲德、广川太守刘钟、中军谘议参军孟怀玉和河间内史蒯恩等四将，率军沿江西上，作为追击卢循的第一拨攻击部队。鉴于此时卢循军在水军实力上较之晋军仍有很大优势，真要在长江上与卢循交战，晋军还没有取胜的把握，所以刘裕故意等卢循开拔四天之后才命这支军队出击，并不打算让他们追上卢循。说清楚一点：第一拨攻击部队的作用是象征性的，主要是做个样子给天下看，让天下各州郡知道朝廷已经渡过难关，已有余力反击了！这样做对于维系外地州郡的人心，使他们不至于叛离，是有很大作用的。刘裕判断，卢循此次撤退后一定会进攻荆州，所以又派了淮陵内史索邈率领骑兵（可能又是那一千名鲜卑重骑）从陆路西进，设法进援荆州。但这支军队兵力不多，又沿途受到卢循军队的阻拦，进展非常缓慢。

而刘裕本人，则赶往东府（其实就是京口，原称"北府"，由于晋朝疆土向北扩展，这地方离北部边界已经越来越远，故改称"东府"），大力督造新战船，为第二拨真正的攻击做准备。

一般说来，武器装备的优劣，对水战的影响要大于陆战。在建康之战中，刘裕已经亲眼见到卢循军战船的精良，所以在京口建造的新战船全是按照能够压倒卢循军战船的标准，重新设计制造的，有不少是多层的大型楼船，高度也有十余丈，完全不逊色于徐道覆建造的八槽船（在那个时代，新武器的研制周期有时会短得惊人，但整个兵器科技进步的速度非常慢，不知是何道理）。这样，等到刘裕亲统大军出师的时候，卢循军将要面对的，就不再是他们熟悉的欺负惯了的晋军小船了。

那么现有残存的晋军老战船怎么办，刘裕会让它们退役去打鱼吗？刘裕的答案令江浙沿海的鱼虾欢欣鼓舞：这些旧战船将被集中起来，交由建威将军孙处与振武将军沈田子率领，再配上水军三千人，沿海路南下，穿过今天的台湾海峡，前去袭击卢循的后方老巢番禺（今广东广州市）。这个计划一出，刘裕身边的不少人都表示明确反对，他们认为："船队航行在大海之上，常会碰上难以预测的大风大浪，路途又遥远艰险，不见得能够到达。而且现在大战在即，正是用兵之际，也不该分出三千人去做这种不靠谱的事。"

在历史上，我们常常看到这种现象：一些天才的想法，因为超出常人的理解力，不为众人所接受，最终被平庸湮没。不过这次没关系，因为靠不靠谱，最后还是要由刘裕来决断的。刘裕不理睬所有反对意见，坚持派出这支奇兵，并在出发前，对带队的孙处、沈田子二将说："估计到今年十二月，卢循、徐道覆一定会被我打败！你们的任务就是要在那个时候之前攻占番禺，夺取广州，捣毁他们的巢穴，让败退的卢、徐等人无路可逃，无家可归！再没有东山再起的机会。"后来的历史表明，刘裕这番话处处料敌先机，堪称神机妙算。

再说晋军在东线建康转危为安的时候，在西线的江陵正处于危急之中。随着荆州军团在长沙、寻阳两次失利，苟林率领的五斗米道军已推进到江陵东面不过百里的江津（今湖北荆州市江陵县东）。这还不是最糟糕的，对荆州更大的威胁，来自西面谯蜀任命的荆州刺史桓谦。

两年前，刘裕派刘敬宣讨伐谯蜀。谯纵很慌张，除了派谯道福统军抵御，向后秦讨要援兵，还上疏秦主姚兴，请求派桓谦来蜀，一同谋划攻讨刘裕。对谯纵的请求，姚兴征求桓谦的意见，桓谦见有恢复桓氏祖业的机会，立即表示赞成，并颇为乐观地说："我们桓家数代治理荆楚，对百姓有恩德，如果能借助巴蜀的兵力顺江而下，荆州一定会有很多人响应！"姚兴见他积极性很高，便同意了，但提醒他说："我听说小沟里容不下大鱼，谯纵如果有进取荆楚的能力，就不会找你去帮忙。而如果他没有能力，又岂能重用一个有能力的外人下属？你要去巴蜀，就自求多福吧。"桓谦一心沉浸在恢复祖业的梦想中，没听姚兴的劝告便来到巴蜀。到达成都后，桓谦兢兢业业，礼贤下士，努力招揽各方人才，很像当年刘备应刘璋之邀入蜀，只差没带军队。这样扎眼的表现果然让谯纵起了疑心，他马上将桓谦一行人软禁在龙格（今四川成都市双流区），派军队严加看守，禁止他们与外人接触。至于精诚合作讨伐刘裕的事，自然也就没下文了。失去自由的桓谦后悔不迭，流泪对诸兄弟说："天王（指姚兴）真是料事如神啊！"

本来桓谦差不多也认命了，这辈子也就老死龙格得了。但卢循、徐道覆出人意料的北伐，以及之后更出人意料的节节胜利，让原本没多大野心的谯纵红眼病发作，终于又产生趁火打劫的念头，决定出兵荆州。

要打荆州，当然不能浪费了桓家这张大牌，所以谯纵又把桓谦放出来，任命他为荆州刺史，随同谯道福出征。在龙格享受了两年高级囚徒待遇的桓谦，已经不可能和谯纵一条心了。难得有这个自由行动的机会，桓谦利用桓氏家族在荆州经营日久、门生故吏遍布的优势，一路加以安抚招集，很快，会集到他手下的桓氏旧部就有了两万多人。有了这份本钱，桓谦寻机摆脱谯道福的控制（从谯纵到谯道福，看来谯家人的本事都不怎么样，在明知桓谦不可靠的情况下，竟能让桓谦带兵，还能让他脱离掌握。假如桓谦果真有雄才大略，能够打下荆州，对谯蜀也不会是好消息），率自己的人独自推进到枝江（今湖北枝江市），距离江陵也不到百里，并与苟林所部东西呼应，构成对江陵的两面夹击。

而谯道福被桓谦甩开后，也干脆不再管荆州的战事，带着他的两万人去进攻巴东郡（今重庆市奉节县），并在这年的十一月将其攻克，斩晋朝的巴东太守温祚和将军时延祖，谯蜀完全控制了蜀中。

在两面受敌的险恶局势下，江陵城中人心浮动，议论纷纷，当地不少人已准备迎接桓谦入城了。刘道规见人心如此，干脆来个实话实说，集合将士，公开宣示全城说："桓谦就在城外不远，听说城中有不少父老想去投奔。我从东边带来的人足够做事了，你们如果有想走的，我绝不会阻拦。"然后，他吩咐打开城门，彻夜不关。

在刘裕的宗族包括后代子孙中，除了刘裕本人，大概最能干的就要算这位三弟刘道规了，这一招看似极险的心理战，竟然大获成功。江陵当地人对他这种大胆的做法，既佩服，又害怕，竟无一人出城，城中人心稍稍稳定。

这时，驻守襄阳的雍州刺史鲁宗之主动组织了数千援兵，前来支援江陵。刘道规的属下得知此事，却不认为是个好消息，他们指出：鲁宗之曾在桓家手下做过事，现在桓谦将至，鲁宗之虽然声称来援，但其真实意图难以确知，很可能是来替桓谦骗城的，不可以轻易放他进城，应该设法阻止他的行动。刘道规对这种看法不以为然，他认为鲁宗之虽曾为桓氏部属，但早已叛离，还在讨灭桓振的战争中立过大功，不大可能重新倒向桓氏。而且江陵目前兵力不足，要渡过难关，鲁宗之这几千人就是必不可少的。比如一个人得了重症，只能再活一个月，现在有一种风险很大的特效药，服下去有一半的概率治愈，另一半概率是吃下立马死翘翘，那你吃不吃？刘道规的回答是：吃！为消除嫌疑，刘道规故意不带一人，单枪匹马到城外迎接鲁宗之。鲁宗之见状，大为佩服，也感激刘道规的信任，果然倾心相助。

等到雍州的兵马进了城，刘道规命鲁宗之率雍州援军守卫江陵，自己与檀道济、到彦之等将领率荆州军团主动西出枝江，进攻桓谦。这一计划又遭到了部分将领的反对："现在出城讨伐桓谦，恐怕没有必胜的把握，而且苟林近在咫尺，时时注意着我军的行动，如果他乘将军西出来攻江陵，鲁宗之未必守得住！一旦发生那样的事，大势就无可挽回了！"刘道规回答说："你们说得不对，苟林并非什么了不起的将领，愚蠢胆小，反应迟钝（苟林不久前还打败过檀道济等人，虽然说主要原因是檀道济等人兵弱，但刘道规如此评价，恐怕主要是给部下打气，不完全客观），以为我没有走远，一定不会贸然进攻。桓谦现在虽然会集了几万人，但都是临时拼凑的乌合之众，我军一到达，马上就可以取胜，苟林还在盘算不定，我军就可以回师。等苟林得知桓谦战败，估计胆儿都吓破了，如何还敢来？而且就算他来，鲁宗之只守不攻，支持几天有什么难的？"

于是，刘道规依计划行事，突然出击桓谦，在枝江展开大战。晋军先锋檀道济，奋不顾身地带头冲锋陷阵，桓谦的部下大多数既没有作战经历，也没经过训练，很快就被打乱了阵形，失去统一指挥。刘道规乘机挥水陆大军猛烈攻击，桓谦军大败，二万人马顷刻之间便烟消云散！桓谦本人乘一条小艇逃走，他不愿再去谯纵的地盘，所以没有往西逃，而是往东走，企图去投奔苟林。但要在大败之后穿越敌占区，哪有这么容易的？他很快被刘道规的追兵捕获，就地处决。其间，苟林果然没有动作。

再说得胜的刘道规进入桓谦军大营，除了得到不少辎重粮秣，还发现了一大堆书信，全是荆州的大小官员秘密写给桓谦，表示愿做内应或透露江陵情报的。刘道规立刻仿效刘秀和曹操，将这些书信全部焚毁，一封也不看。江陵城中的人得知此事，都对刘道规感激佩服，人心完全安定下来。

随后，刘道规率军回师，大败苟林于涌口（今湖北华容县附近，涌水入长江处），苟林只率少量残军逃走。刘道规便命谘议参军刘遵率军追击苟林，自己先返回江陵。到了九月，刘遵在巴陵击斩苟林，荆州的局势转危为安。

【作者按：关于苟林此人，《资治通鉴》与《宋书》的记载大相径庭。在《资治通鉴》中，记载其名字为"苟林"，而且身份是姚兴派来援助谯蜀的后秦军将领，其他事迹则大同小异。但在下认为，如果这个"苟林"是后秦援军将领，他必然是与谯道福、桓谦协调行动的，应该先出现在江陵的西面，而不是首先出现在卢、徐刚刚打下的寻阳，也不该接受卢循给予的南蛮校尉一职。而且在涌口战败后，也应该北投后秦，没道理南投巴陵。所以在下采用《宋书》的说法。】

三面张网

　　桓谦、荀林被刘道规打败的时候，卢循、徐道覆已经从建康回师，到达寻阳。刘裕虽然派军追击，但王仲德等人所率的追兵只追到南陵以北，刚遇上范崇民的阻击部队就停滞不前了，这使得卢、徐二人大感安心，既然东线一时没有危险，那就按既定方针办，先解决荆州的刘道规吧。荀林不管用，看来一定得动用王牌了。十月初，卢循决定自己留守寻阳，一面整军备战，一面监视刘裕军的动向，派徐道覆率三万大军西上，夺取江陵。

　　徐道覆决定实施奇袭，也不知他采用什么办法，是避开大道还是昼伏夜行，总之一路隐蔽行军，一直突进到破冢（在江陵城的东南郊）才被晋军发现，大出晋军意外。因为没有料到徐道覆军会突然来袭，在几天前鲁宗之已经率领他的雍州军回襄阳去了，刘道规急忙派人去追他们回来，但远水一时也救不了近火。面对几乎是从天而降的徐道覆大军，江陵城中的军民大为震惊。此时江陵谣言四起，都宣称建康已经被卢循攻下来了，江南已经变天，特命徐道覆来担任荆州刺史（在下认为这很可能是徐道覆让人散布的）。尽管城中人心惶惶，但当地军民已被刘道规枝江焚书的宽容气度折服，全都支持刘道规作战，没人产生二心。

　　刘道规见后顾无忧，率军主动出击，布阵于江陵东南郊的豫章口，与徐道覆决战。战斗初始时，徐道覆的攻势非常猛烈，不多时便击破了刘道规的前军。形势险恶，刘道规冲到前面，激励三军，将军檀道济奋力反击，终于稳住了局面。徐道覆一击不能得手，便将全部兵力投入攻击，力图压倒晋军，而刘道规军也不遗余力，全力抵挡，两军将士挤满了豫章口，徐道覆因兵比刘道规多，渐渐又开始占据上风。

　　正在这个双方都已用尽全力搏杀，已无余力旁顾的时候，发生了一件类似买彩票中大奖的偶然事件，中奖人是刘道规。他原来派出去追击荀林的刘遵那一路人马回师江陵，正好在此时回到豫章口，恰到好处地出现在了徐道覆军的侧面。这情形就像武侠小说中常见的场面：两位功力接近的武林高手比拼内力，谁一分心便将被震断心脉而亡，这时哪怕来一个小孩儿，随便刺一刀都可了断其中一名高手的性命。何况刘遵远比小孩儿厉害呢？他毫不犹豫，一刀狠狠地刺进了徐道覆的腰间。随着刘遵部拦腰冲进徐道覆军的中心，徐道覆军阵形崩溃，大败，阵亡达一万多人，余部也溃不成军。徐道覆只得跳上一条轻快的小艇，几乎是独自一人逃回寻阳。五斗米道军第二次进攻江陵的行动，再遭惨败。卢、徐夺取荆州的计划，这回算是彻底泡汤了。

当初刘道规把刘遵派出去的时候，很多人都表示反对，认为现在兵力本来就不多，强大的敌人随时可能到达，不该分出军队，放到不必要的地方。如今豫章口之战能取得大胜，主要得力于刘遵的偏师，众人因此都对刘道规的深谋远虑大为佩服。（依在下看来，这一战取胜，与其说是因为刘道规神机妙算，不如说是刘道规的运气太好了。从他让鲁宗之过早地率军返回襄阳，以及徐道覆军临近江陵才被晋军发现来说，刘道规是有严重失算的。而且从交战前他紧急派人去追鲁宗之回来，至战斗结束鲁宗之也没有赶到的事实来看，他算不到鲁宗之，又怎会这么神，算到刘遵呢？认为他在战前已经知道刘遵军在哪儿，并且知道刘遵什么时候会到的说法，没有说服力）徐道覆败后不久，索邈所率的援军几经转战，终于到达江陵，上游和下游的晋军至此才恢复了联系，得知彼此安然无恙，都信心倍增。

就在徐道覆仓皇败回寻阳的时候，刘裕用了三个多月时间精心打造的晋军新舰队，基本上也已经宣告完工，大军西征已是箭在弦上，蓄势待发了。就在这时，因为打了败仗而降职为后将军的刘毅向朝廷上疏，强烈要求指挥这次西征，他将用卢、徐的人头，洗刷自己的耻辱。刘裕就纳闷了：这人的脸皮是怎么长的，怎么就能发育得这么结实呢？当初是谁不听招呼，全军覆没？现在战局好转，又想来摘我刘裕种的桃子？曾做过司马元显心腹的长史王诞也秘密向刘裕建议说："公既已平定广固，这次又灭掉卢循（卢循：喂喂，王长史，我还活着呢！），这种盖过前代的功绩，无人能及的勋劳，岂能和人分享？刘毅和公一道起自布衣，只是一时相推，并不甘心为公下属。他既然已经有过战败丧师的经历，最好就不要再让他有立功恢复声誉的机会了。"

尽管两年后两人终于还是摊了牌，但应该说，此时的刘裕还不想杀刘毅：刘毅毕竟是和自己一同起义的战友，也确实有些本事，如果在经历这次惨败之后放弃与自己争夺权力的非分之想，老老实实为自己做事，我刘裕也不会亏待你。

很快，朝廷下诏：任命太尉刘裕为主帅，率领兖州刺史刘藩、宁朔将军檀韶、冠军将军刘敬宣等率军西上，讨伐妖贼卢循。而留守后方这个"艰巨重任"，就由刘毅"全权"负责了。当然，朝廷出于体恤功臣的考虑，为了不让刘毅工作太辛苦，让刚从齐地回来的刘穆之协助一下，也是可以理解的。

十月中旬，刘裕率领的第二拨西征大军正式从建康出发，沿长江而上，指向寻阳。数天后，第一拨西征军的主将王仲德、刘钟等人听说正式的西征大军快到了，决定打个胜仗为刘裕接风。十一月初，王仲德、刘钟等人大败卢循军的南陵守将范崇民，一举拿下南陵，范崇民狼狈逃走，前往寻阳的江路已经洞开。不过刘裕与王仲德会师之后，西征大军行动速度也并不太快，这是因为：在当时通信不便的情况下，刘裕要为那支南下的奇兵发挥作用留出足够的时间。

刘裕对数千里之外远征军行程的计算大体是准确的：就在十一月二日，孙处、沈田子率领的远征舰队经过数月的艰苦航行，终于到达广州番禺。当时卢循率主力远征，番禺的守兵不多，而且自以为远离战场，根本没想到晋军会从海道千里来袭，因此毫无防备。晋军到达离城只有十余里的东冲时，城中守军还一无所知。此时正好天降大雾，孙处、沈田子二将率士兵悄悄登陆，从四面突然包围番禺，当天就攻下了城池。城陷之时，卢循的父亲卢嘏以及长史孙建之、司马虞尫（wāng）夫等人，乘小船逃往始兴，其余没跑脱的亲友党羽则全被诛杀，卢循经营了六年的广州根据地就这样说没就没了。他一旦战败，将无路可逃，只是他暂时还无从得知。随后，孙处留在番禺安抚居民，沈田子率军出击，夺取岭南的其他郡县，完全收复广州。

在估计孙处、沈田子应该已经完成了对广州的战略迂回之后，刘裕率西征部队进至雷池（当时长江北面的一个湖泊，位置在今湖北与安徽两省交界的大官湖、龙感湖及泊湖一带，成语"不越雷池一步"的典故就出自这个地方），距离卢、徐二人此时的驻地寻阳只有百余里了。就这样，到十一月底，经过刘裕的策划和刘道规的奋战，卢、徐的五斗米道军团已经被装入了一个由东面刘裕军、西面刘道规军和南面孙处军组成的巨大罗网之中，最后的清算即将开始。

雷池、左里之战

再说这几个月以来，卢循也没闲着，一直在寻阳片刻不停地重组军队，重修战船。因为苟林、徐道覆都打了败仗，他虽尽了最大的努力，也没能恢复进军建康时的实力，但还是凑起了数万大军，兵力仍然可观。他又见刘裕虽然出师，但一个多月过去，现在才走到雷池，行军好似蜗牛爬，这是为什么呢？卢循经过一番仔细分析：莫非刘裕也有些怯战？是啊，仔细想一想以往的经历，情况也并不是太悲观，虽然我们让他扁了这么多次，但次次都是陆战失利，至于打水战，我们还没有输过嘛！

基于这个判断，卢循与徐道覆商议之后，决定向东出击，与刘裕在水上决战，如果取胜，就可一扫最近屡败的晦气，再次进攻建康。为了防止刘裕守在雷池水寨中不出来，依靠水陆协同抵消水战不强的劣势，卢循军扬言：将不攻雷池，直接沿江而下，进攻建康，攻其必救，这样刘裕就非得出水寨与我军决战于水上了。

刘裕一听到这个传言，就知道卢循准备决战了。事实和卢循的设想有一点儿差别：刘裕行动迟缓的原因并不是怯战，正相反，他对打赢这一仗信心十足。不过刘裕也还是有一点儿担心，只是他担心的原因要是说出来，估计能气死徐道覆：按照刘裕的计划，卢循、徐道覆战败后应该往南逃，好去钻他布好的大口袋，可万一这两个老朋友一时心血来潮，往东逃，出长江去他们的舟山老根据地，那边并没有相应的准备，事情就有些麻烦了。为此，刘裕抽出二百艘战船，命王仲德率领前往下游的吉阳（今安徽东至县）设立封锁线，那里长江的航道比较窄，王仲德将战船一字排开，横断江面，阻断卢、徐可能的东逃之路。（开战之前，还抽出这么多兵力到非交战地域，该说刘裕轻敌呢，还是卢循、徐道覆已经不值得他重视啦？）

完成这项布置后，十二月一日，刘裕移军到雷池东岸的大雷。第二天，卢循、徐道覆的大军倾巢出动，从寻阳出发，沿长江而下。没过多长时间，大江之上就布满了卢循军的战船，后边还在源源不断地冒出来，从头看不见尾，兵势颇盛。根据惯性思维，卢循认为晋军的战船较小，所以他准备使用的战法是撞击，将他的楼船每两艘用铁锁连在一起，加强撞击时的质量。

面对卢循大军的来犯，刘裕先分派马步军准备了大量火攻的用具，设伏于西岸（关于这次战役发生的具体地点，史书的记载有些模糊，这个西岸，在下怀疑是指雷池的西岸，如是在长江内，此段长江差不多平行于纬度线，应记成南岸或北岸。故此役的主战场可能就在雷池内，以下的叙述有一部分出自在下这个猜测，无史料可确证）。

刘裕先命令航速快的斗舰出击，且战且走，将卢循水军诱入雷池。待卢循水军进入雷池，刘裕已率晋军水军在其东面列阵完毕。布置妥当后，刘裕亲自敲响战鼓，挥动令旗，指挥晋军全力迎战。由于之前卢循军在水战上曾经屡次打败晋军，此时声势又颇有些浩大，晋军有不少将领仍有些怯战，右军参军庾乐生登上战船上之后，拒绝执行刘裕的命令，就是不前进。刘裕二话不说，立即命令将庾乐生斩首，这下子诸将再不敢迟疑，纷纷踊跃向前。

此时晋军战船本身的质量，已不逊色于卢循军，更配备了大量当时的先进武器——万钧神弩，用它打穿卢循军战船上的船板，就像用手指捅破窗户纸，这种无坚不摧的威力，让卢循军的士兵深受震撼，惧意顿生。同时刘裕亲自坐镇中流，晋军将士全都奋力攻击，再加上此时刮起东风，战不多时，卢循军便受到压制，渐渐被逼得一步步后退，逐渐靠近西岸。早已在西岸等候多时的晋军步骑兵，待卢循军的战船近岸，立即冲出，用准备好的纵火器具投向这些战船。卢循军船大，又有铁锁相连，在近岸的浅水区越发行动不便，顿时纷纷被点燃，变成水面上的一个个大火炬，整个战场都被遮天蔽日的烟雾笼罩。曹操在赤壁犯下的老错误，卢循又犯一次，结局竟也相同，这些船上的士兵哪还有什么战意，不是被烧死，就是跳水逃生。但岸上就是晋军，又能往哪儿逃？卢循军那些还没有被烧着的战船已顾不得落难的战友，慌忙掉头，向寻阳方向逃跑。刘裕乘势挥动水陆大军紧紧追赶，卢循的败军又一路抛下无数的沉船和尸体。直至深夜，刘裕军停止追击，卢循等人才得以逃回寻阳。

卢循、徐道覆经过雷池大败之后，发现形势已经很明显，原来水战他们也不再是刘裕的对手！东进肯定是无望了，再等下去，必然陷入刘裕与刘道规兄弟的两面夹攻。现在唯一的出路，好像只有南逃回广州了（此时他们尚不知道广州已失）。

没等卢、徐二人议出结果，刘裕已经不想让道爷们久等了，他将雷池之役中未参战的王仲德部从吉阳招至，任命他为先锋，留辅国将军孟怀玉守雷池，大军再次对卢循军发起进攻。

得到刘裕军将至消息的卢循，很快放弃了寻阳，沿赣江南走，向豫章方向撤退。但刘裕军紧追不止，为了能够带着抢掠来的物资从容撤走，卢循决定在彭蠡泽（古鄱阳湖，比今鄱阳湖小得多）中段最狭窄的腰部，一个叫作左里（又名左蠡镇或左麟镇，在今江西都昌县西北的左蠡山下）的地方据险阻击刘裕追兵。

为了守住左里，卢循投入了他剩下的全部主力部队，全套照抄了在建康之战中从刘裕那里学来的战术：在河道口打下木桩，阻止刘裕水军进入赣江，在沿岸布设木栅，构筑防御阵地。可谓精心设防，严阵以待。十二月十八日，刘裕所率的大军追至左里，大战即将再次打响。

开战前，刘裕从远处仔细查看了卢循军的布防，对他们的防御部署嗤之以鼻，立即指挥各军，准备攻击。正当刘裕手挥令旗，指挥各军行动的时候，不知是否因他一时用力过猛，令旗竟然咔嚓一声折为两段，旗子顺势飘落到湖水中。在场的人都大惊失色，认为这是不祥之兆。但刘裕是干什么出身的，撒谎从来不用打草稿，立刻"大喜"说："当初我讨伐桓玄，在进攻覆舟山之前，令旗也曾折断，没想到现在又碰上这个好兆头，看来今天破贼是确凿无疑的了！"

随后，晋军开始进攻。果然，在刘裕的指挥下，看似严密的卢循军防线，顿时变得像纸糊一般，一道道被晋军突破，不多时，卢循军就在战场上被晋军完全压制。面对这种一边倒的战况，卢循、徐道覆大感意外之余，也都急红了眼：这是最后的决战了，岂容再败？两人都赶到前线，拿出最大的勇气，指挥五斗米道军拼死抵抗。但差一筹就是差一筹，不论卢、徐二人如何拼命，仍无法阻止刘裕军的强大攻势。恶战到最后，卢循军的抵抗最终还是毫无悬念地被压垮了，被杀的和投江淹死的卢循部众达一万多人，卢循和徐道覆分别乘小船逃走。五斗米道军的大部分兵士，不是投降，就是四处逃散。

得胜之后，刘裕收容了降兵，并大赦所有被胁迫的参与者。在下估计，逃散和被俘的卢循军兵士，肯定绝大部分都会称自己是被胁迫的，以刘裕的明智，当然不会去调查谁说的是真话，谁说的是假话。这项措施使卢循这些旧部的人心很快安定下来，他们重新成为晋朝的百姓。

半年前，刘裕就对孙处、沈田子说过，他将在十二月破贼，果然说到做到。就在这个月，刘裕通过雷池、左里两次会战，将卢循与徐道覆的主力全部歼灭，他们的根据地广州也丢失了，基本上丧失了东山再起的机会，那么，刘裕的扫尾工作，难度已经不大了。考虑到刘毅和不少对自己心怀不满的士族在朝，自己不能离开建康太远、太久，以免生变。所以等左里之战结束后，刘裕本人就班师回朝了，只命令刘藩和孟怀玉二将率轻装部队继续南下，追击逃亡的卢循和徐道覆二人。

卢、徐覆灭

　　大败之后的卢循一路南逃，沿途收拾残兵败将，勉强又凑起数千人，赶往始兴。到始兴见到从番禺逃来的老父卢嘏和长史孙建之等人，才知道广州已经弄丢了，气急攻心的卢循只好带着老父，拉上队伍，重新去反攻番禺。稍后，与卢循跑散了的徐道覆也带千余残兵逃到始兴，闭城据守，正好当了卢循的断后。

　　在他们身后，刘藩与孟怀玉的追兵正沿赣江南下，一路追来，于义熙七年（411）正月越过南岭，围攻始兴。随后，已平定广州各郡的振武将军沈田子听到消息，也率部赶来与刘藩、孟怀玉会师，共攻始兴。说来也有些巧，他在路上与正南下的卢循擦肩而过，竟彼此都未发现对方。尽管兵力悬殊、士气低落、外援断绝，但徐道覆不失为名将，仍咬牙坚持了近一个月，直到二月五日，始兴城才被攻克，徐道覆被斩，不过他也为卢循赢得了一个月的逃命时间。

　　假如卢循把这一个月时间用来逃命，泛舟东南亚，去欺负当地的土著，说不定还有一线生机，可他偏偏还想要夺回广州。因为当初刘裕派孙处、沈田子渡海远攻时，只给了他们三千人马，打下番禺后又分了一大半给沈田子去攻取各郡，所以此时番禺的守军实力非常薄弱。卢循部虽然是残败之师，但还是要比守城的孙处部强大不少，而且五斗米道毕竟也在这里经营六年了，再加上是宗教组织，根基还是有的。卢循围城后，不少当地信徒响应，连同原有的败兵，竟然又凑起万余人，虽是乌合之众，但也可壮声势。因而就在始兴城中的徐道覆覆灭之际，番禺城中的孙处处境艰难。

　　攻下始兴后，刘藩等人也得知了卢循正在围攻番禺的消息，沈田子便对刘藩说："广州城虽然算得上险固，但原本是妖贼的巢穴，如今又被卢循围住，城中很难说不会发生内变。而且季高（孙处的字）兵力薄弱，不能坚持太久，一旦让卢循得手，重新占据广州，贼军的声势又会恢复。并且下官和季高一起历艰险，泛沧海，于万死之中收复广州，现在又怎么能看着它遭遇危险，不去拯救？"刘藩认为有理，就将兵力交付沈田子，让他率军南下救援番禺。

晋军援兵到达番禺郊外，卢循闻讯，忙统军前来交战。沈田子学韩信的战术，背水列阵，然后身先士卒，冲锋陷阵。不是败兵就是新兵的卢循军，质量很差，马上就被沈田子一举击溃，晋军乘胜进击，卢循大败，只得率残部沿郁水（今珠江及其上游西江、邕江、浔江）向西逃命。孙处与沈田子合兵一处，继续追击卢循，先后又在苍梧（今广西梧州市）、郁林（今广西桂平市西南）、宁浦（今广西南宁市横州市）三次打败卢循。卢循军眼看要全灭了，孙处却突发重病，沈田子停止追击，护送他回番禺（回到番禺不久，孙处病死）。得到这个喘息的机会，卢循又死里逃生，南下袭占合浦（今广西合浦县东北），并从这里乘船下海，准备进袭交州。

此时交州的当家人，是还未接到正式委任状的交州刺史杜慧度。

杜慧度的祖上，原本是长安人，在曾祖父杜元这一代移居交趾，此后逐渐发展成为当地最有实力的地方豪族，到杜慧度的父亲杜瑗时，已官居日南、九德、交趾三郡太守。当时晋朝派腾遁之来担任交州刺史，在交州很有势力的另一地方豪族，九真太守李逊不愿意接受这位领导，派两个儿子阻断水陆要道。杜瑗便出兵击斩李逊，迎接腾遁之到任，并因这项功绩加授为龙骧将军。

谁知这位新来的腾刺史，上任之后草率行事，与南方林邑国（统治今天越南南方的古国，又称占城或占婆）不断发生武装冲突，还连连失利，眼看形势不妙，拍拍屁股走人，林邑王范胡达（世界史常称其梵名"拔陀罗拔摩一世"）乘势大举进犯，连破日南、九德、九真三郡，围攻州政府所在地交趾郡。危急时刻，杜瑗捡起腾遁之扔下的烂摊子，与第三子杜玄之一道守住了郡城，并与林邑军队几次恶战，大破敌军，收复三郡，把范胡达赶回林邑。此次事件以后，杜氏家族在交州的统治地位已无可争议，杜瑗顺利成为交州刺史，实际上处于半独立状态。卢循占据广州时，以为杜瑗可用为援手，曾遣使通好，结果被杜瑗斩杀，从此双方结仇。

义熙六年（410），八十四岁高龄的杜瑗病逝，交州当地官员共同推举他的第五子杜慧度继承父职，因为晋朝朝廷实际上已不能左右交州的人事任免，而且杜家一向尊重朝廷，朝廷便爽快地批准了杜慧度的继任，只是由于路途遥远，又受

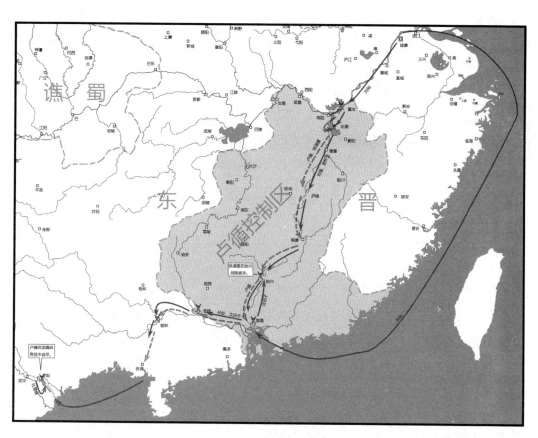

▲ 410—411 年，刘裕击灭卢循、徐道覆

战乱阻隔，诏书暂时还没有送到。

卢循选择进攻交州，原因有三：一、双方本来就有仇，过去的杜瑗老爷子不好惹，现在的杜慧度应该好欺负一点儿，就让他子还父债吧；二、原先被杜瑗击斩的李逊，有两个儿子李弈和李脱还活着，并集结了当地的俚、獠等山民武装近五千人，时时准备报仇，所以进攻交州有一支现成的同盟军；三、这一点更重要，合浦不是久留之地，等过几天晋军再杀来，不去交州，还有地方可去吗？从后来的历史看，卢循进攻交州的第二项原因、第三项原因是比较中肯的，第一项则属于判断失误，因为杜慧度比他父亲更不好惹。

四月，卢循率领他已不多的部众下海，穿过今天的北部湾，从红河入海口进入交州，逆流而上，直取交州首府龙编。杜慧度的消息也挺灵通，率州中文武官员与当地武装共六千人在龙编东南的石崎迎击卢循。因为石崎是卢循与李弈、李脱约定好会师的地方，卢循大概把岸上这么多人都误当成友军了，突遭杜慧度迎头痛击，战败，卢循的长史孙建之当了俘虏。等李弈、李脱的人赶到石崎，杜慧度已经得胜回师龙编了。

此时，卢循的部众据说还有三千人，加上李弈、李脱带来会合的俚、獠山民，又凑起了八千人，兵仍不算少。于是卢循并不因石崎的失利而气馁，明知山有虎，偏向虎山行（只可惜他不是武松），继续向龙编前进。

六月二十五日，卢循军逼近龙编南郊的渡口，他事先已下令三军，今天要打进城后再吃饭。可怜的卢循部众，连饱死鬼都当不上了，因为杜慧度正在这里等着他。杜慧度一回到龙编，就尽出杜家私产，犒赏三军，他的弟弟交趾太守杜慧期和九真太守杜章民也带人来援。因为在水军方面交州军仍弱于卢循军，故而杜慧度选择了河面较窄的南郊渡口作为战场，事先将步军埋伏于河两岸，而杜慧度本人则率船队迎击，将卢循诱进伏击河段。

不知是因为卢循轻敌，还是因为李氏兄弟报仇心切，卢循军很快就上当，冲进了杜慧度设下的口袋。两岸伏兵齐出，向河中央的卢循船队投掷一种特制的武器——雉尾炬。所谓雉尾炬，是以锋利的铁簇为芯，在它后面绑上浸油的束草，再用铁皮捆扎，外形像野鸡尾巴或放大的鸡毛毽子，故称雉尾炬。使用的时候，先将尾部的束草点燃，然后迅速扔出去。和羽毛球的原理类似，它一旦飞出去，就一定是铁簇尖朝前，撞上敌船往往就钉了上去，而它的尾部已经是一团火，所以一旦钉上就几乎没法拔下了，用来近距离攻击古代木制的各种战船、车辆，非常有效。在满天飞舞的雉尾炬攻击下，不一会儿，卢循的船队便化成了河面上的火龙，部众完全溃散。

卢循自己也中了箭，又突围不得，知道这次算玩儿完了，要想不当俘虏，最好是自己了断。卢循是一个很讲究生活档次的人，虽然他之前屡屡失败，手下只剩下几千人，但身边仍有一群娇媚的妻妾歌伎跟随，行军之余，仍可随意进出花丛。现在他要走了，也要带走他的花丛。卢循走进自己的座舱，先毒死妻子（大概就是孙恩的妹妹），然后招集伎妾，问："我要自杀了，你们谁愿意跟我走？"伎妾有的表示"雀鼠尚且贪生，何况是人，自然还希望活下去"，有的则比较坚决，"官家都要死了，我们岂能独生"。卢循便先杀掉所有表示还想活的伎妾，然后投水自杀。至于那些表示愿陪他一起死的伎妾是否都跟着自杀，那就不知道了。

战斗结束，杜慧度军打扫战场，把卢循的尸首从水里捞了上来，砍去首级。卢循的父亲卢嘏、卢循的两个儿子，还有他的亲信阮静、罗农夫以及盟友李脱都被俘，也都被砍掉脑袋，和卢循的人头一道送往建康，巡回展览。

历时十二年的孙恩、卢循之乱至此结束。论规模和时间长度，它在中国历史上的起义或内乱中虽有一席之地，但也不算特别突出。出乎意料的是，卢循给后世造成的余波，久远得让人难以置信，远远超过了中国历史上任何一次农民起义或兵变叛乱。

传说卢循死后，当真变成"水仙"了，此后在南海沿岸，有不少人见到一种半人半鱼的怪物，被称作"卢亭"或"卢馀"，据说就是卢循和其部下所变，此后在历代文人的私家笔记和志怪小说中多次被提到。它究竟是一种稀有动物，还是别的什么东西，或者纯粹就是某些多事的人杜撰，今天已经说不清楚了。

比起虚无缥缈的水怪"卢亭"，下面提到的就实在多了。据说卢循死后，其少量余部逃出，这些人已经无处可去，只好在今天广东、广西及福建一带沿海漂荡，以船为家，不受政府管辖，此后代代相袭，逐渐形成一个具有独特文化传统的水上族群——"卢亭子孙"。今天的香港大屿山，就是当年卢亭子孙的主要泊船地点之一。赵宋王朝时的文人方信孺游广州时，曾有诗作提到卢亭子孙与卢循的关系，文中的口气显然对卢天师很不恭敬，特收录如下：

蛙据方洲妄自尊，沈郎百万若云屯。

归舟无路寻巢穴，空有卢亭旧子孙。

到南宋宁宗时，卢亭子孙因为贩私盐，招致政府军的大规模进剿，死伤惨重，仍旧顽强地生活在海上，直到 20 世纪才逐渐上岸。

刘毅一党

义熙七年（411）正月十二日，得胜还朝的刘裕回到了建康，在京城举办了盛大的阅兵，一时风光无限。朝廷锦上添花的马屁工作，也适时迈上了新台阶：加授刘裕大将军、扬州牧，赐班剑卫士二十人。对此，刘裕的表现很谦逊，凡是给自己的加封全部请辞（反正那些东西早已有名无实，不管有没有那些职务，他都是朝廷的主宰），反而郑重提议，应该从优抚恤在北伐南燕和征讨卢循两次战争中死难的全部将士及其遗属，并特别提出不能让一名战士埋骨他乡。责成他们各自的主将亲自负责此事，一定要把每一名阵亡战士的遗骨送回故乡。毫无疑问，这种充满人文关怀的做法，肯定会赢得晋军中下层将士的广泛爱戴。

要得到中下层人的爱戴，对刘裕来说并不算太难，但要得到上层士族和政界、军界其他元老的一致拥护，就不是那么容易的事了。因为他们中的多数人很清楚：刘裕和我们并不是一道的。比如说，尽管身居高位的刘裕早已经不差钱了，他依然保持着原有的生活习惯，那习惯说好听是俭朴，但在贵族看来是寒酸土气。家居物品和乘坐的车马都没有他这个级别的早该有的金银装饰；住宅也没有配得上身份的豪华装修，办公桌是用泥灰抹砌的，灯笼罩是用下等人才用的葛布制成的；卢循临死前都还带着的歌女舞伎，到了刘裕府上你一个也见不着。总之，真是特没品位，明摆着和我们过不去嘛！

刘裕的这种生活习惯，让他的孙子宋孝武帝刘骏也无法忍受。几十年后，有一次，孝武帝与几名官员去参观刘裕生前的卧室，侍中袁觊（zhī）趁机称赞刘裕的节省，希望能讽劝一向挥金如土的刘骏节制一点儿。刘骏不以为然，说出一段数典忘祖的高论："他的出身不过一个田舍翁，能用到这些东西已经过分了！"

刘裕接下来执行的一些政策，直接把刀劈向了士族的核心利益。例如当时会稽郡余姚县有个叫虞亮的豪族，因藏匿私口一千余人，被人告发，刘裕竟下令将虞亮斩首，连时任会稽内史的皇族司马休之也以失察罪被免职。拥有大量不向政府申报的私匿人口，来充作本家的部曲或佃客，正是大士族势力能够长期存在的实力基础，所以私匿人口这种事虽然不合法，但你要细究起来，大士族几乎人人有份，你刘裕难道也要一一追究？要放在过去，虞亮那点儿事，就算被人揭发，也绝不会被砍脑袋。眼看刘裕权势越来越大，越来越专横独断，谁敢说他没有当年桓玄的野心？因此，于公于私，都必须组成一个能制衡刘裕的集团，只是，谁能担当起这个集团首脑的重任呢？

最佳人选自然还是刘毅。虽然在刘裕击破卢、徐之后，其巨大的军功和声望已经使打了败仗的刘毅完全无法望其项背，即使如此，刘毅仍有自己的强项：他是一位有贵族品位（虽然不是贵族出身）的知识分子，与朝中多数上层士族更有共同语言，所以与他们的关系始终比刘裕密切。这些上层士族既然不愿看到以刘裕为首的寒门新贵侵蚀他们的既得利益，也不愿看着秉持铁血政策的刘裕一步步取代软弱可欺的司马皇家，就只能将希望寄托在刘毅身上了。声望剧减的刘毅虽然已经算不上一张好牌，但除此之外，无牌可打！在这些与刘毅结成政治盟友的士族大佬中，最重要的有两人——尚书仆射谢混和丹阳尹郗僧施。

谢混，字叔源，小字益寿，一代名相谢安的孙子。他的父亲，便是在千秋亭之战中死于孙恩之手的谢琰。秉承谢家优良的遗传基因，谢混是一位气质型的才子加帅哥，很早就有美誉。有一次，谢混与从侄谢晦一同拜见刘裕，刘裕称赞说："不想一会儿就来了两位玉人！"提到文才，谢混更是号称当时的江左第一。他的诗作《游西池》中有一句挺有名："景昃鸣禽集，水木湛清华。"因为意境优雅，清朝咸丰帝就把北京城西北郊一处皇家园林命名为"清华园"，再后来，清华园变成了学校，就是今天的清华大学。不过，在下认为，当时的第一号文化人并不是谢混，而是一位几年前对上级派遣的督察官员不满，便嚷嚷着不为五斗米折腰而擅自离职的彭泽县令。

显而易见，像谢混这样才、貌、家世俱佳的"钻石王老五"，必然也是在大佬级人物中抢手的女婿人选。没等大家抢，晋孝武帝一锤定音，让大臣王珣做媒，将谢混招为自己女儿晋陵公主的驸马。但婚礼还没举行，孝武帝就让宠妃弄死了，大臣袁崧便想乘虚而入，把自己的女儿嫁给谢混，王珣忙提醒他说："那位已经是皇家的禁脔，你就别打主意了。"孝武帝三年丧期满后，谢混顺理成章地娶了晋陵公主，成功阻止桓玄侵吞谢家财产的图谋，历任中书令、中领军、尚书左仆射，为顶级士族陈郡谢氏的新生代领袖。

就在下看过的史书，尚搞不清楚谢混和刘毅是什么时候套上的关系，但显然交情不浅，类似王谧和刘裕。刘毅两次想把他扶上宰辅大臣的宝座，但都因刘裕阻挠而失败，可想而知，在此情况下，谢混与刘毅结盟的立场是很鲜明的。

郗僧施，字惠脱，是原桓温首席谋士郗超的侄子，因郗超无子，便将郗僧施过继为己子，在郗超死后，袭爵为南昌郡公。少年时与王绥、桓胤齐名，先为宣城内史，之后又补授为丹阳尹。他与刘毅相遇，两人可谓一见如故，很快结成密友，嘴巴经常跑火车的刘毅甚至大言感慨："当年刘备遇上诸葛孔明，自谓如鱼得水。今天我与足下相遇，虽然才非古贤，但境遇何其相似啊！"听到的人大多在心中暗叹其傲慢狂妄。其实平心而论，刘毅这段话不算离谱，论才能，他不及昭烈帝，郗僧施也肯定远逊武乡侯，但后来刘毅出镇荆州，郗僧施放弃丹阳尹的职务，跑去荆州干南蛮校尉。从这一点来看，他对刘毅确有知遇之感。

可能正因为有这些名门士族的支持，刘毅也没有因为桑落洲的惨败而学会低调做人，嚣张的态度一如既往。如在朝廷为刘裕庆功而举行的西池宴会上，刘毅当众赋诗曰："六国多雄士，正始出风流。"把战国时的武将和曹魏时的"竹林七贤"相提并论，暗指自己战功虽然不如刘裕，但才学过之，总评起来并不逊色。刘裕西征卢循期间，刘毅受命坐镇建康，理论上应该掌握后方全权，但刘裕又留下了一个刘穆之，不难想象，他们之间的合作是很不愉快的。所以等刘裕刚从前线回来，刘毅便装出贴心老朋友的样子，来拜访刘裕，并悄悄提醒说："刘穆之官不大，权力却不小，到处伸手，老哥啊，你可得小心防着他一点儿！"

刘毅大概不知道什么叫疏不间亲，以他的身份说刘穆之的坏话，能有用吗？果然，刘裕听了这段话后的内心反应是：刘穆之确实是我最值得信任的人啊！他对刘穆之更加亲密。同时，另一点认识也渐渐明确：刘毅没救了，他终究不可能成为我忠实的属下。那么，对于这种不能用又不安全的人应该怎么办？

一千多年前，一位著名的诸侯郑庄公姬寤生，曾对此种问题有过经典的解答：当时庄公的母亲很讨厌他，却极喜欢他的弟弟姬段，一心想搞掉庄公，把姬段扶上国君宝座。而姬段因为有了母亲这个内应，也野心勃勃，对大哥的位置虎视眈眈。郑庄公采取的对策，是假装示弱，有意放纵姬段，让他因得意忘形而胡作非为。

等姬段把能得罪的人都得罪了，该捅的娄子也捅了，庄公给他弟弟收集到的罪状也够得上从严从重了，这位大哥便突然翻脸，拍案而起，大兴"正义"之师，"合理合法"，轻而易举地干掉了姬段。

刘毅这个人，一向自高自大，易于与人结仇，并且睚眦必报，从无既往不咎的雅量。如果放手让他任意行事，肯定是整完旧仇整新怨，从而站到多数人的对立面。对于郑庄公战略而言，这是一个比姬段还要合格的目标。不管刘裕是否了解郑庄公收拾老弟的这段典故，他都采用了相近的手法来对付刘毅，这也算英雄所见略同吧。

欲擒故纵

此后不久，刘毅回任豫州刺史并兼督江州。他每有意见和刘裕相左时，只要不涉及要害，刘裕一般都顺从他的意思，对于他有意无意的冒犯和时常做出的违规行为，大多都装作没看见。刘毅果然是有三分颜色就敢开染坊的主儿，面对刘裕的退让，好像很快就忘记了自己败军之将的身份，越来越骄横。

义熙八年（412）四月，刘裕的三弟荆州刺史刘道规，因为身患重病，向朝廷上疏请求退休，并获得批准（三个月后，刘道规病逝）。这样，荆州刺史这个要职，就空了出来，刘裕一番盘算，将这个职务给了刘毅。荆州是东晋最富最强的州之一，东晋历史上好几位声名显赫的权臣，如王敦、桓温再加上楚帝桓玄，都出自荆州，因而荆州刺史自然也是个诱人职务。当初在第二次桑落洲会战前，刘裕为了让刘毅听他指挥，开出的价码正是事成之后给他当荆州刺史。自然，刘毅不干，这笔生意没能成交。但现在刘裕仍把荆州给了刘毅，从表面上看，颇有以德报怨的君子之风。

刘裕在这一任命的背后，是隐藏了其他深意的。一方面当然是进一步助长刘毅的骄恣，麻痹他的神经；更重要的另一方面，是将刘毅集团分割，便于将来各个击破。刘毅的支持者，主要是集中在中央的高等士族，在地方上的拥趸并不多。

刘毅原来的主要职务，是豫州刺史兼都督豫、江二州诸军事，其驻地不在历阳，就在姑孰，距离建康都只在几十里远，如果骑马，一天之内可以跑个来回，还不带喘气。如果算上刘毅的堂弟，坐镇广陵的兖州刺史刘藩，刘毅集团的势力实际上已从东西两面紧紧围住了建康，再配合上建康朝中的谢混等同党，形成一个紧密联系、反应灵活的力量布局。显然，这使刘毅不管是要防备刘裕对他的突然打击，还是发动政变推翻建康城中的刘裕，都十分便利。

现在任命刘毅为荆州刺史，表面看起来是加强刘毅集团的实力，实际却让刘毅从近在咫尺的姑孰迁到数千里外的江陵，远离了他的主要支持者，如此，刘裕可以从容谋算他的同党，而刘毅无法迅速做出反应。总之，天上是不会白掉馅儿饼的。

刘毅似乎没想这么多，他接到这块大馅儿饼后，首先想到的是如何用它来收拾自己看不顺眼的人。他去找刘敬宣，端出一副黄鼠狼般灿烂的笑脸，无比真诚地给鸡拜年："我现在蒙朝廷错爱，授予荆州刺史，责任重大啊！如无有能力的帮手，恐怕干不好。现在想委屈老兄担任南蛮长史，老兄肯帮这个忙吗？"

刘敬宣当然知道这不是什么好事，等刘毅一离开，忙去求救于刘裕。刘敬宣是刘裕最忠实的支持者之一，私交也甚好，刘裕自然不能对此无动于衷，于是，他笑着对刘敬宣说："我一定会让老兄平安无事，只管放心好了！"稍后，朝廷突然下达诏令，任命刘敬宣为北青州刺史，接替羊穆之，治理南燕故地，使刘毅公报私仇的打算再一次落空。

作为刘裕的铁杆同党，刘敬宣能够屡屡逃脱刘毅的谋算，但其他人多半就没有这种好运气了，比如前不久倒了霉的江州刺史庾悦。

庾悦是曾执掌朝政的权臣庾亮的重孙，墙头草庾楷的侄子，出身一流大士族。不知道是不是高贵的出身让庾悦养成了傲慢待下的习气，这使他在十几年前与刘毅结下了梁子。那时，大家同在京口，刘毅还只是一个小吏，而庾悦已经是司徒长史了。一天，刘毅和一班亲戚朋友聚会，提前包下东堂演武厅，一起射箭消遣。可没过一会儿，庾悦带着一班幕僚突然来到东堂，立即吩咐这里的人统统离开，他要来射箭！刘毅那一班人自然很扫兴，于是刘毅来见庾悦，满脸堆笑地请求说："我们都是小人物，很难有机会凑在一起比射东堂，而庾大人您什么时候来都可以，想怎么玩都没人跟您争，就把今天这个机会让给我们吧。"庾悦的眼睛仿佛是朝天长的，缺乏下视的能力，甚至都不朝刘毅瞟一眼：没商量，快滚！刘毅的亲友一看这个架势，就连忙离开，只有刘毅气不过，就是不走，独自占了一个射位继续射箭。过了一会儿，庾悦带来的厨师摆上宴席，聚众野餐，各种山珍海味的香味诱得刘毅直流口水。于是他又厚着脸皮，请求庾悦的人把吃剩下的烤鹅给他。这么一个小吏敢顶撞他不离开，庾悦已经十分不悦，哪还能请他吃饭？他吩咐，吃不了的东西，宁可扔垃圾堆，也不给刘毅。那时，庾悦的想法几乎是本能反应：给这个不知好歹的小吏一点儿教训，让他知道要尊重长官。

谁知三十年河东转河西，以前东堂演武厅上的小吏，现在变成了自己的顶头上司，庾悦后悔都来不及了。如果当年他得罪的是刘穆之，说不定会回送他一大车烤鹅，但刘毅不一样。一当上都督江州军事，刘毅就向朝廷提出一个"合理化"的建议："江州是国家的腹地，刺史的责任就应该是治理百姓，没必要兼任武职。而且现在国家多困难啊，应该节省开支，精兵简政，所以江州的军府应予以撤销。考虑到寻阳与'蛮族'相距不远，可把江州政府驻地由寻阳迁到豫章，在寻阳保留一千驻军。"

庾悦对刘裕来说，既非旧交，也非旧仇，但他被打击，对刘裕有益无害：你们这些士族不是大多觉得刘毅不错吗，那就等着看看庾悦怎么悲惨吧！因此，刘毅的建议很快得到朝廷的批准，庾悦军府原有军队及文武职员三千余人，全部被刘毅收编。寻阳由刘毅的心腹部将赵恢驻守。庾悦失人失地，成了手无寸铁的单车刺史（魏、晋刺史有领兵、单车之别，单车即不领兵之意。在品级上也有差别，领兵刺史为四品，一般会另加授将军号，单车刺史为五品，不加授将军号。此时因为战乱频仍，不领兵的单车刺史已经非常少见）。

剥夺庾悦的反抗能力，只是整人专家刘毅采取的第一道工序，事情远远没算完。作为上级领导的刘毅，从此对江州政府的工作格外重视，天天派人来巡视，从严治州，下达一道道欺凌庾悦的处罚命令。就像肚子不饿的猫在捉弄老鼠，刘毅并不急于一下子吞掉猎物，而是把庾悦置于掌控中，不断戏耍玩弄。可惜这个游戏的另一方——老鼠受不了了，庾悦总算弄明白当初那只烤鹅的价值，现在要连本带利地还了。他又气又怕，很快得了重病，没过多久就死了。这次事件，庾悦自然是完败，但作为胜利者的刘毅，除了解恨，其实没得到多少实利，反而丢失了一些他真正需要的东西——在士族中的好名声。实际上，这是一个双输的结局。

义熙八年（412）四月，刘毅正式接到任命：朝廷改授他为荆州刺史，都督荆、宁、秦、雍四州诸军事。虽然这块蛋糕已经够大，但刘毅仍不满足，提出荆州久经战乱，人口减少，而且毗邻敌国，为增强防御外敌的军力，请求加督广州和交州。这一过分的请求提出后，没受到一点儿阻力，刘裕立即批准。刘毅一看：答应得这么爽快啊！看来再涨点儿价也没问题。他又提出，调丹阳尹郗僧施为南蛮校尉、毛修之为南郡太守，当自己的助手。刘裕又全部批准，同时以刘穆之代替郗僧施为丹阳尹。

要求都得到满足之后，刘毅离开豫州，先去京口拜祭祖陵，再去荆州上任。当他途经建康东南郊的倪塘时，刘裕亲自前去迎接，在众人面前再次表演了二人之间肝胆相照的友谊。

不过，就在刘裕出发前，已成刘裕心腹的宁远将军胡藩就悄悄对刘裕说："公认为刘毅会甘心居于你之下吗？"刘裕沉默了一会儿，反问胡藩说："那你怎么看？"胡藩说："若论统率百万大军，战必胜，攻必克，刘毅不得不佩服公。但若论博览群书，谈吐风雅，作赋吟诗，刘毅却自认是当今的人杰，所以也很有一班子士族豪绅和白面书生归附于他。恐怕一旦遇到合适的时机，他就不会情愿只当你的属下。不如乘着这次会面的机会，就在当场将他逮捕，以后就不用再麻烦了。"刘裕心中其实早已有底，他要除掉刘毅，但同时也要一个后遗症小的完美胜利，现在还不是时候。他拒绝了胡藩的建议："刘毅和我一同起义，都有复兴国家的大功，现在他还没有显露出什么不赦的大罪，还不能杀。"

拜完祖陵，刘毅终于坐上船，沿江西上，前往荆州上任去了。途中经过他原来管辖的豫、江等州时，他再次无视朝廷的权威，擅自从两州的军队中抽出精锐一万余人归自己统辖，带往荆州。结果，又是风平浪静，刘裕连眉头都没皱一下就默认了。自从在桑落洲输给徐道覆之后，刘毅就没有任何值得一提的功绩，却在仕途上一路高歌猛进，刘裕对他的要求几乎百依百顺，先是官复原职，后来步步提升，现在他掌握的兵力、控制的土地甚至超过了战败前。只是面对这样的大好形势，刘毅不知是不是考虑过这个问题：刘裕并不是个喜欢妥协退让的人，最近的风向怎么会这么顺呢？

棋子的命运

义熙八年（412）闰六月一日，也就是在刘毅到荆州上任之后的第三个月，原荆州刺史刘道规病逝，享年四十二岁。史书上没有记载刘裕的反应，但可想而知，他定然是很痛心的。尽管将来刘宋王朝的皇帝，将皇族之间自相残杀的惨烈度和残忍性进行到一个前无古人的高度，但他们的祖宗刘裕，其实是一个很重亲情的人，孝顺继母，善待兄弟，溺爱子女。这位刚刚去世的三弟刘道规，在某方面是很不幸的，一直没有子嗣。作为大哥，已经有了一堆儿子的刘裕当然不能看着不管，便将自己小名"车儿"的第三子过继给他，但没过多久，刘裕舍不得自己的儿子，又厚着脸皮把车儿要了回去，另外安排二弟刘道怜的次子刘义庆给刘道规继嗣。不过，刘道规虽未留下亲生骨肉，他的这两个养子是大哥和二哥各自最优秀的儿子，均在后世留下了自己的印记：刘车儿，后来取大名刘义隆，即未来的宋文帝，以成功的文治和失败的武功留名史册；刘义庆，南北朝著名学者，留下了《世说新语》《幽明录》等著作。

而且，对刘裕来说，刘道规既是可以信赖的亲弟弟，也是他手下第一流的能臣良将。刘道规在不久前与卢循、徐道覆的较量中，屡挫强敌，保住荆州，厥功至伟。他在担任荆州刺史期间，善于施政，清正廉明，很得荆州人的爱戴。可以说，有两个人的早死，是刘裕一生事业未获全功的重要原因。其中之一便是刘道规，另一个为刘穆之。假如这两人都能多活十年，第一个由南向北统一中国者，就不是朱元璋了。可现在，刘道规怎么就去了呢？只留下素无才能的二弟刘道怜，自己的亲戚中再没有值得一提的人才了。苍天，何夺吾弟之速？

痛苦是可以通过对比放大的，比方说吧，那个该死的刘毅现在有两个比较能干的兄弟，都还好端端地活着：一个是堂弟刘藩，现任兖州刺史；另一个是堂兄刘粹，现任江夏相。应该说，这两个人的为人和刘毅都大不相同，都是小心谨慎之人。

相比而言，刘藩的地位声望都要更高一些，在刘裕指挥下（注意这一点，刘藩在更多的时候都是作为刘裕的部下参战的，较少接受堂哥刘毅的领导），先后参与了灭桓玄、讨南燕、破卢循等多次战争，立下过不少大功。刘藩甚至充当过刘裕的说客，去劝堂兄应该听从刘裕的领导，虽然没能说服他那位心比天高的堂兄，但足以证明刘藩一向对刘裕是充分尊重的，并不能算刘毅的忠实党羽。

不过，不管刘藩过去是更服从刘裕的领导，还是更听堂兄的指派，一个无法改变的不幸事实是：他是刘毅的族弟，还是刘毅的堂兄弟中最能干的一个。他已经变成了夹在刘裕与刘毅二人中间的一枚棋子，而棋子的命运，并不是自己能决定的。

棋子被棋手挪动的时间，是在刘道规病逝之后的第三个月，即义熙八年（412）九月初。荆州刺史刘毅的一份上疏送到了建康的尚书台，上面声称自己得了重病，对于荆州繁重的政务力不从心，请求调兖州刺史刘藩到荆州，作为自己的副手帮助主持荆州的工作。

关于刘毅这份上疏的由来，《资治通鉴》认为是由于刘毅病重，他的心腹郗僧施等人担心刘毅如果病死，他们这班人已经得罪了刘裕，到时候群龙无首，可能会遭到清算，所以想把刘藩找来，建立他们的第二代领导核心。但是，从下个月江陵遭袭时，刘毅还亲率军队奋死拼杀，并突出重围来看，即使他真的病了，估计"重"的程度也非常有限。所以，这份上疏很可能还是刘毅自己的意思：他已经放弃了要在中央和刘裕一争长短的打算，想把自己的人叫到江陵来，集中力量占荆州，像当年桓温一样，把这个大州变成他们刘家的世袭领地。要做到这一点，既是自己兄弟，又和刘裕关系良好的刘藩无疑是最合适的人选了！至少在刘毅看来，自己的这项要求既合理又温和，没有理由不得到批准。

刘毅的判断至少在开始时，看起来是准确的。这一年多来对他几乎是有求必应的刘裕，果然立即同意了，按常规，刘藩要先从驻地广陵前往建康朝见，接受新的任命后再去荆州赴任，一切都显得那么正常。可实际上，刘毅兄弟万万没想到的是，他们已经落入了一个巨大的圈套之中，这段时间以来一直笑脸相迎的刘寄奴就在等这个时机，收网的时候到了！

在此之前，刘裕迟迟未对刘毅集团下手，主要有两点考虑：一方面刘毅毕竟是反桓起义的主要功臣之一，素有名望，而犯下的罪状还不够多，杀了他会使得人心不服，可能会引发动乱；另一方面也是由于刘毅集团原先豫州、建康、兖州这样三点式的力量布局，这种布局可以说是狡兔三窟的完美范例，它使鸡蛋不被放在同一个篮子里，三据点相距较近，又能彼此紧密联系，易于相互支援。那个时候，刘裕如果要同时在三个地方对刘毅集团下手，难度太大，如分别动手，又很容易引起另外两个地方的反弹。

现在好了，刘毅去了荆州，刘藩来到建康，刘毅集团原先无懈可击的三点布局变成了松散的荆州、建康两点布局。因为江陵距离建康非常遥远，在当时的通信条件下，其中一处发生变化，另一处很难做出及时的反应，甚至在很长一段的时间内都无从得知。而且，建康虽然有刘毅的很多支持者，但更是刘裕的大本营，力量对比对谁有利，是显而易见的，在这里摊牌，胜利十拿九稳。

果不其然，九月十二日，毫无防备的刘藩一到建康，估计还没弄明白发生了什么事，立即就被押下了大牢。同时被逮捕的还有刘毅在京城的主要同党——尚书仆射谢混。经调查，他们的罪行是刘毅、刘藩、谢混三人秘密结盟，阴谋叛乱。两人被逮捕的当天即结案，双双被赐死于狱中。

说到这里，在下又想起了刘粹，这位刘毅的堂兄在此事件中幸免于难，后来还成为刘宋王朝的高级官员，刘裕还夸奖过他的忠义。但不难想象，假如当时刘毅选择的副手不是刘藩而是他的话，他的结局肯定与刘藩一样，根本不会有为自己辩解的机会，就直接去阴曹地府旅游观光了。

可实际上，刘粹又何尝不是一枚棋子，只不过他比较幸运，是一粒刘裕用来放进展台，以证明自己心胸宽大、不搞株连的棋子。或许可以说，曾经在这个世界上生存过的人，绝大多数只是一枚枚用途不同的棋子，供极少数在历史上纵横捭阖的棋手博弈拼杀。棋子的幸与不幸，只在棋手的一念之间。

奇袭江陵

　　中国象棋在对弈中，吃掉对方的车、马、炮都只是手段，将死对方的老帅才是目的。九月十三日，也就是处死谢混与刘藩的第二天，刘裕让安帝司马德宗下诏大赦天下，当然，"罪大恶极"的刘毅除外。刘裕正要乘他还完全没有防备，发动一次迅雷不及掩耳的进攻，一举解决自己这位老友。

　　刘裕很清楚，刘毅可不像他以前清洗的殷仲文、桓胤之流，也是身经百战之将，此时正据大州，握重兵，不可轻视，所以西征主帅的位子，就由自己亲自担任了。刘毅功劳大，地位高，要搞掉他，肯定会给朝中的异己势力带来巨大的心灵震撼，所以要避免他们因为恐惧而呼应刘毅的行动，在把大棒挥向刘毅脑袋的同时，得给他们这些不可靠分子准备一些上好的胡萝卜。

　　那么，那些可能生事的异己势力主要都有谁呢？首先，是和刘毅一样，与自己一同起兵反桓的军方元老。参加过京口起义的旧日头目，今天大部分已经去世，还活着的人中，除了自己和刘毅，地位最高的就是新任豫州刺史诸葛长民了，这个人与自己的关系一向算不上亲密。因此，刘裕任命诸葛长民为监太尉留府事，负责他不在建康时朝廷的日常工作，充分显示了对诸葛长民的信任和器重。不过，为了减轻诸葛长民的工作负担，"好心肠"的刘裕又安排刘穆之在建康协助他工作，并加授刘穆之建武将军，设立军府，配属军队，以防万一。

　　其次，可能闹事的，就要算司马皇家和各大士族这些旧日权贵了。因此，刘裕又抛出了一根大骨头：推荐在皇族中比较有声望的前会稽内史司马休之，担任荆州刺史，兼都督荆、雍、梁、秦、宁、益六州诸军事。怎么样，只要干掉刘毅，多出来的那份蛋糕我不要，全分给你们！还有什么不满意的吗？那么，又有另一个问题：把荆州给司马休之，万一将来养虎遗患，让司马氏重获中兴怎么办？对此，刘裕一点儿也不担心，刘毅还勉强算得上是他的对手，司马皇族在他的眼中，纯粹就是一群饭桶，出于策略考虑，暂时把荆州放他们那儿寄存一下，没什么大不了的。

稳住这些不安定因素，刘裕决定立即出兵。就在他准备出师前，曾因一席话让刘裕深为器重的参军王镇恶前来求见，献上了一条奇袭江陵，在最短时间内解决刘毅的计策，并自请担任先锋。刘裕听完王镇恶的建议，对他的计划大为赞叹，决定依计行事。随后，加授王镇恶为振武将军，以骁勇过人的龙骧将军蒯恩为副，拨出轻快战船一百条，作为先锋。这支先锋队的人数不详，不过，假如那些轻快小船每条能载二十人，总数也不过两千人。临行前，刘裕吩咐二将："你们到了荆州，要见机行事，如果一切顺利，刘毅没有防备，你们就干掉他。如果事情不顺利，你们就设法烧毁荆州的战船，在江边等着我。好好慰劳百姓，让他们知道诏书、赦文和我颁发的文书：罪过只在刘毅一人，其余均可不问。"

于是，王镇恶率领这支小船队出发了，开始了史上一次最不像偷袭的偷袭。他们沿着长江逆流而上，不避生人，不怕招摇，不分昼夜地赶路，只在鹊洲、寻阳、河口、巴陵等地因逆风停留了四天。如果沿江关卡有人问起，就声称这是兖州刺史刘藩刘大人的船队，去荆州上任。进入江州后已经属于刘毅的辖区，地方上的大小官员早知刘藩是刘毅的堂弟，也听说了刘毅请刘藩来荆州担任副手的事，将来极可能把荆州传给他。他就是我们未来的顶头上司啊！谁敢阻拦刁难？因此，这支不大的船队一路无阻，非常顺利地穿越了刘毅的数百里辖区，于十月二十二日清晨，抵达距离江陵城只有二十里的豫章口。

到达豫章口之后，王镇恶命军士下船登陆，只留下兵士二百人守船，每船两人，并在每条船对应的岸边竖起六七面旗帜，下面放上一只大鼓。布置好后，王镇恶吩咐这些留守士兵："等过一会儿，你们估算我们已经走到江陵的时候，就给我玩儿命地敲鼓，让远处的人都以为有大军正在这儿登陆。"同时，王镇恶又分出一支小部队，命他们去附近停泊了大量官民船只的江津渡口，让他们一听见鼓声响，就纵火烧船，尽情破坏。布置好这些吓人用的纸老虎后，蒯恩在前，王镇恶在后，率多数人向江陵前进，沿途要有人问，就告诉他们："刘兖州上任来了。"

走到距离江陵城还有五六里的地方，正好碰上刘毅的部将朱显之率数十人出城公干。朱显之一看这个架势，忙问是什么人，得到是刘藩到来的回答后，又问刘藩现在在什么地方，王镇恶的士兵回答他："在后边。"朱显之驰马向前奔，没找到刘藩，心里已略有些奇怪，仔细一打量，但见这些军人并没带酒肉礼品，却扛着梯子，紧握刀枪，行色匆匆，怎么看都和兄弟相会的喜庆气氛不沾边。片刻，只听到豫章口方向隐隐传来了鼓声，江津渡口那边浓烟四起，朱显之猛然醒悟：江陵偷袭！

朱显之的反应是迅速的，他立即骑着马，拼命向江陵城回奔。他跑得飞快，硬是抢先一步进了城，急命守军关闭城门，但为时已稍迟，城门刚刚掩上，还来不及上闩，就被紧随赶到的王镇恶军撞开。朱显之已经顾不得城门了，他急驰入内城，报告刘毅说："外面突然来了一支大军，很可能是从下游上来的，现在已经到达江陵！江津的船只已经被烧掉了！"

这个时候，在江陵外城，刘毅军有甲士一千余人已做好战斗准备。而在江陵内城，刘毅还有追随自己多年的心腹亲兵一千余人，以及刚刚统归属下不久的荆州军二千人。虽然没有防备，但刘毅仓促间仍有约四千人的军队可支配，人数估计是王镇恶军的两倍。看起来，刘毅仍没有必败的道理。

牛牧寺

入城之后的王镇恶军行动非常麻利。蒯恩先入城，绕过城中击射堂，直攻内城东门。王镇恶稍后入外城东门，纵火焚烧外城的东门和南门，制造混乱，然后迅速绕到内城西门，与蒯恩东西夹攻江陵内城。攻城之余，王镇恶命士兵高声宣扬：刘裕已亲率大军将到江陵，罪过只限于刘毅一人，其他人只要投降，全都既往不咎！

刘毅治理荆州的日子还很短，在当地没有多少民望，荆州本地士兵并没有为他卖命的觉悟，再听说是刘裕亲来讨伐，看看豫章口和江津那架势，误以为真有大军到来。那样的话，我们的刘大帅肯定是凶多吉少了，还跟着他干什么？战斗持续到正午时分，这些人不是投降，就是逃散，一个也没有留下，刘毅只好率领一千多名亲兵退进内城，闭门据守。

王镇恶围住内城，向城内喊话，说刘裕率领的主力大军马上就到，让城里的人认清时势，赶快出来投降。同时，他又派人将宣示刘毅罪行的朝廷诏书、赦免刘毅部下的赦书以及刘裕亲笔写给刘毅的劝降信送进内城。愤怒已极的刘毅现在全明白了：好你个刘寄奴啊，原来这段时间你一直把我当猴耍啊！投降，向你投降吗？然后在你面前像狗一样摇尾乞怜，请求你刘寄奴宽大为怀，让我在你的看押之下苟且偷生？不！那不是我刘希乐的活法！面对这些充满了谎言的文书，刘毅一个字也不看，统统一把火烧掉：刘裕，你可以打败我，但你永远别想征服我！

刘裕此次的行动实在太突然了，不是没发生什么大不了的事吗？一向在人前显得亲密无比的刘裕和刘毅，怎么可能就翻脸了呢？因此，刘毅的亲兵多数还不太相信真是刘裕前来讨伐。

此时在江陵城中，有一个叫王桓的军官正在度假，他原是刘道规的部下，曾在前年保卫荆州的战斗中亲手砍下桓谦的人头，得到过刘裕的特别奖赏，现在见王镇恶军入城，也带着十多名家丁主动赶来助战。因为他是江陵当地人，对城中的一砖一瓦、一草一木都非常熟悉，深知哪里是城防的薄弱环节。在他的帮助下，王镇恶军很快在内城东门旁边约三十步的一段城墙上挖出一个大洞，然后由王桓带头，王镇恶的军队很冲进了内城，激烈的巷战很快在内城打响。

因为原本都系出北府同门，刘毅的亲兵和王镇恶军的兵士大部分是老乡，都是京口、广陵、建康一带的人，很多甚至彼此认识，沾亲带故。打着打着，突然发现是他乡遇故知，下手就不那么紧了，还相互打听攀谈起来。这一交谈不打紧，刘毅的亲兵总算确认了一个消息：刘裕和刘毅果然决裂了！这次真是刘裕亲征！在此时普通的北府士兵眼中，刘裕快赶上神仙了，知道是和他为敌，大多斗志全消，再无心作战。等战斗打到入夜一更时分，刘毅的亲兵大部分已经溃散，刘毅手下的勇将赵毅战死，他只和朱显之等率领少量心腹老兵，死守刺史府。

因为刘毅的军队差不多损失殆尽，已经没有翻盘的可能了，再加上天色已晚，王镇恶担心夜间战斗会引起误伤，也怕刘毅会乘着黑夜溜走，于是干脆命令士兵停止战斗，退回内城城墙。到达内城城墙外，王镇恶命令封住内城的东、西、北三处城门，而故意放开南门，在外边设个口袋，等着刘毅钻。

刘毅也是在战场上玩老的人了，知道围三阙一，那是虚留生路，所以他并没有上当，而是决定乘着夜色，率最后三百人尝试从北门突围。突围前，因为刘毅平时骑的战马放在外城，所以现在无马可乘，他想取儿子刘肃民的马，但刘肃民不干：老爹你的命是命，我的命也是命啊！下雨天哪有借伞的？朱显之一看他们这对父子的亲情上演，勃然大怒，走过去一把将刘肃民从马上拽下来，呵斥他说："人家马上就要杀你父亲了，你还舍不得一匹马！等你父亲送了命，你还能逃到哪儿去？"

半夜三更时分，刘毅终于带着最后的残部突击内城北门。守在内城北门的正是王镇恶本人，防守非常严密。刘毅发现强行突围不能得手，他仅剩下的这一丁点儿本钱也禁不住拼了，便马上改变目标，转而突击内城东门。防守东门的蒯恩和他的军士在白天奋战了一天，此时都非常疲劳，稍稍有些松懈就纷纷睡着了，醒着的人不多，刘毅突然冲击，成功地突围而出。惊觉过来的蒯恩和王镇恶都调兵出来围追堵截，刘毅带着残存的部下在江陵城漆黑的街道上奋力死拼，不知经过了怎样的苦斗，刘毅竟然冲出了江陵城，他一路逃亡，来到城北二十里外的牛牧寺。

这时，极度疲劳的刘毅环顾四周，猛然发现自己已是孤身一人，连朱显之都不知在什么时候与自己走散了。一股前所未有的凄凉顿时笼罩了刘毅全身：难道我也走到尽头了吗？

嗯，突然觉得，这地方似乎有点儿眼熟。对了，好像想起来了，那还是在几年前，自己意气风发的时候，指挥着数万大军，讨伐桓氏余党（多么怀念那个时代啊，如今已宛若隔世）。当时桓玄的一个堂弟，应该叫桓蔚吧，他被自己打败，四处躲藏，自己就在这里追捕过他。

精神恍惚的刘毅走近牛牧寺，无力地叩响寺门。吱的一声，寺门开了一条缝，一个小和尚透过门缝朝刘毅看了几眼，连忙又把门关上了。刘毅大急，隔着门乞求说：你们出家人不是慈悲为怀吗？就让我这个落难人进去歇一歇，吃点儿东西吧。小和尚在里面很有礼貌地回绝道："对不住了，施主。一看你就是逃难的大官吧？几年前有个桓大人也逃到寺里，我们的老住持收留了他。后来刘毅刘卫军大人到了，说我们的老住持窝藏逃犯，就把他给杀了，我们现在再也不敢收容陌生人了！"

如同在腊月天被当头浇了一盆冷水，刘毅觉得自己仿佛在一刹那被冻僵了！片刻，他不由得苦笑起来："得意之时，用法严苛；失意之日，无地留客！这大概就是佛家所说的报应吧？"他又看了看周围，发现不远处有一棵歪脖子树，知道自己已经找到归宿了，便带着突然放松的心，向那棵大树走去。刘寄奴，我不会被你俘虏的……

梦游症患者诸葛长民

刘毅悬在树上的尸体，是第二天天大亮后，才被路过的乡民发现的。接到报告，原本因为刘毅逃脱而有些忐忑不安的王镇恶才放下心来。随后，王镇恶下令将刘毅的尸身拖回江陵，在城中的集市上斩首示众，同时被砍头的还有刘毅的子侄（刘肃民应该也在其中吧）。这次奇袭江陵的行动总算是圆满成功了。

交战过程中，王镇恶尽管武艺差劲，也身先士卒，带头拼杀，据说他用的长槊都在战斗中折断，自己更是身中五箭，不过可能是因为穿的盔甲比较好，没受什么大伤。取得的成绩惊人，他仅用很少的兵力，只进行了一天的交战，就灭掉了名震天下的大藩镇刘毅，留下了中国战争史上的一个经典战例，表现极为漂亮。王镇恶从此异军突起，成为刘裕手下最耀眼的将星。

当初刘裕曾对王镇恶说，如果行动不顺利，可以在江边等着他。王镇恶在巷战中也让人一个劲儿地嚷嚷刘裕所率的主力马上就到，但实际上，可能为了保障王镇恶顺利偷袭，避免过早惊动刘毅的探哨，刘裕进军的速度并不快，直到刘毅上吊的二十天后，也就是十一月十三日，刘裕所率的四万西征大军主力才到达江陵。从这个数字上看，刘裕显然也是做了两手准备，一旦王镇恶不成功，以这兵力打一场大仗也绰绰有余了。

不过，王镇恶既然成功了，平定荆州已用不着打大仗，这斗志昂扬的几万大军如果就这么空来一趟，一仗不打又回去，是不是有点浪费国家财富？于是，刘裕决定趁热打铁，把谯蜀一并解决。因为巴蜀远离建康，交通不太方便，现在留在建康城中负责后方事务的那个人又让刘裕不太放心，所以对谯蜀的讨伐，刘裕并不打算亲征。经过一番盘算，刘裕决定任命资历较浅，但文武全才的年轻将领朱龄石为益州刺史，担任讨伐军统帅，率刘裕的妻弟宁朔将军臧熹、龙骧将军蒯恩、下邳太守刘钟等将领，分出西征军的一半，即两万人，前往伐蜀。除此之外，刘裕又像《三国演义》中描写的诸葛亮一样,写了一份详细的作战计划密封起来,交给朱龄石,让他到了白帝城再打开,到时按计划行事(诸葛亮的"锦囊妙计"是演义编的,而刘裕的锦囊是真的)。

除了安排朱龄石伐蜀,刘裕在江陵停留期间还做了几件大事。

首先,当然是对刘毅集团残余人员的处理。这可是个技术活,就像做外科手术,高明的医生会精确地割除病变的脏器,而尽量不损伤其他身体组织。刘毅的主要谋士,大士族出身的南蛮校尉郗僧施,一向不买刘裕的账,是刘毅最坚定的死党,没说的,这种人留之无用,咔嚓了事。刘毅的另一个重要助手毛修之,原先与刘裕和刘道规兄弟都有交情,刘裕也爱惜他的将才,因此赦免不问。刘毅的多数非核心幕僚,如文学家谢灵运等人,都被刘裕赦免并留用。刘毅的堂兄江夏相刘粹,大义灭亲,有为西征大军提供粮草的功绩,加封溇阳县男,食邑五百户。其实等刘裕到达江夏的时候,刘毅早死数天了,傻瓜才会为他殉葬,给刘裕大军提供粮草是理所当然的事。须知王镇恶以此战的功绩,也只是封汉寿县子,食邑五百户,刘粹得到的赏格几乎与其相当,刘裕的用意不问可知。安定人心的工作,不能只限于上层,刘裕顺势大幅度减免了荆、江二州的捐税,使两地民心大悦。

其次,刘裕既然已把荆州许给了司马休之,当然得说话算话。但让司马皇族无功受禄,凭空得这么一大块蛋糕,又觉得有点不妥。荆州过大过强,长期以来,荆州的掌控者常常成为左右朝政的权臣,本事差点儿的也往往能和朝廷分庭抗礼,俨然就是第二中央。如今的晋朝天下,刘裕即朝廷,朝廷即刘裕,他当然不希望荆州再次成为自己的掣肘,因此,削弱荆州的实力势在必行。他采取的措施是调整晋朝的行政区划,将荆州南半部十个郡,大致相当于今天湖南省的地方划出来,以长沙郡为治所,另外建立一个新州——湘州,与原荆州并立,形成今天湖北与湖南两省的雏形。就在刘裕处理这些事务时,有两封书信送到江陵,带来的不是什么好消息:建康可能要出事!

最后,再说那个留在建康负责后方,让刘裕感到不放心的人,正是现任豫州刺史兼监太尉留府事诸葛长民。当刘毅战败自杀的消息传到建康,诸葛长民感到了一阵兔死狐悲的哀伤。虽然以他的眼光,早已料到刘裕迟早会和刘毅翻脸,但刘裕动手如此突然和下手如此之狠,以及刘毅的下场之惨,仍让这位贪财好利的豫州刺史大为震惊。他不敢相信那个意气风发的刘希乐就这么没了!

如果粗略来看，刘毅的死和诸葛长民似乎没多大关系，因为他并不是刘毅的同党。实际上，当初刘裕对付刘毅时，还拉诸葛长民当过帮手，他的为人和刘毅也没多少相似之处，爱财但没有太大的权力欲，只想做一个快乐的贪官，好好享受到手的金银财宝、美色娇娃。原先，诸葛大人以为，官到做时方恨小，贿到受时方恨少，但真正等他到了职高位显、权倾一方的时候，他才发现自己真是生不逢时，贪官也不是这么好当的啊！

要是如今还处在司马道子、司马元显或者桓玄当政的时代多好啊，腐化堕落蔚然成风，自己贪污受贿、巧取豪夺、掠人妻女、侵吞民产那些个业余爱好，根本就不算什么事！可惜啊，现在是刘裕当政了，这个明明已经不缺钱，仍然只用葛布灯笼的土包子提倡清廉政治，不仅仅是口头提倡，还经常抓几个反面典型重加惩处，也不怕丧失官心！物伤其类，诸葛长民不可能不受触动，他现在激起的民愤已经很大了，可是要他就此收手，不贪不占，那份痛苦的指数直逼让他去死。久而久之，这份煎熬让诸葛长民在晚上越来越睡不好觉。

于是，诸葛长民的奴婢发现，自从这位老爷大富大贵后不久，就犯了一种怪病：他常常半夜三更睡得好好的时候，突然一招标准的鲤鱼打挺从床上跳下来，然后拳打脚踢，好像是在和什么人搏斗，又或者是在武力拒捕，吓得没人敢近前。曹操曾经声称他梦中好杀人，但那是假的；诸葛长民梦中好打人，这却是真的。这样的情形越来越频繁，后来一个月就要发生十几次。

诸葛长民已经患上了严重的梦游症。现代心理分析学创始人西格蒙德·弗洛伊德教授认为：梦游，是一种潜意识压抑的情绪在适当的时机发作的表现，因此，严重的梦游症患者往往存在着巨大的心理压力，有些难为人道的痛苦经历。具体落实到诸葛长民身上，他为何而痛苦？答案其实是显而易见的。不过，痛苦归痛苦，煎熬归煎熬，诸葛长民此前还有一条重要的心理寄托，能够说服自己：不用担心，我毕竟是反桓起义的功臣啊！那些人怎么能和我比？再反腐，应该也反不到我头上吧？

可是现在，刘毅死了！那位功劳比自己大、地位比自己高的刘毅死了！不管他原先立有多大的功勋，也不能稍稍阻止诛杀的降临！这个事实无情地粉碎了诸葛长民长期赖以自固的心理防线：既然刘裕能够屠灭刘毅，那么当然也可以轻易地铲除自己！刺骨的凉意透过脊背，让诸葛长民体会到了深深的不安，他对左右心腹叹息说:"前年醢(hǎi)(醢,原意指肉酱,后来引申为一种死刑,即把人剁成肉酱)彭越,今年杀韩信,大祸恐怕就要轮到我了!"

既然大祸将至,现在该怎么办?历史已经提供了一个现成的答案:西汉初年的淮南王英布,在见到彭越、韩信相继丧命之后,采取的对策就是起兵造反。就像他那位骁勇好斗的弟弟诸葛黎民说的那样:"当年的英布和彭越并不是同党,但大势所趋,谁也不可能单独幸免。刘毅被诛杀,足以成为我们诸葛氏的前车之鉴!应该乘现在刘裕还没有回来的机会起兵,夺取中央大权。"然而,诸葛长民原本就算不上胸怀大志之人,又在富贵温柔乡里浸得太久,早已把他原先那点儿机警果敢泡成了棉花糖。刘裕岂是好对付的?刀既然还没架到脖子上,那就还有安享荣华的可能性,他实在提不起勇气,定下造反的决心。

因此,诸葛长民尽管很准确地预测出了自己的未来,但内心深处千方百计地想否认这个未来,思来想去,他想出了一个掩耳盗铃的好主意来安慰自己。诸葛长民来找刘穆之,向他打听说:"现在听外边的人议论纷纷,都说刘太尉〔指刘裕,他在义熙七年(411)三月被加授太尉一职〕非常猜忌怀疑我,事情真有这么严重吗?"刘穆之是干什么的,回答得天衣无缝:"外人的谣言也能信吗?刘公此次西征荆州,把老母、妻子交给您来照顾,如果对您稍有怀疑,怎么可能这么做?"

诸葛长民又获得了他渴望得到的假想安全感,满意地回去了。但一回到自己的府第,诸葛黎民就一个劲儿地怂恿他造反:刘穆之说的话也能信?难道你记不得了,上次刘裕西征卢循时,留守建康,照顾刘裕家小的人是谁?诸葛长民当然记得,那个人就是刘毅。他诸葛长民并不是傻瓜,并没有天真到相信刘穆之说的是实话,但他的内心实在很想相信刘穆之说的都是实话,可这种无奈,又能说与谁听?诸葛黎民毫不留情地揭开了他最不愿意想起的东西,刚刚赶走的烦恼和苦闷在外边兜了个圈,又都回来了。诸葛长民踌躇良久,只得叹息说:"当年贫贱的时候,只想着博取富贵。等富贵真正到手,却与危难相随。如今就是想放手,回头重新做个京口布衣,也不可能了!"

是祸躲不过

　　但总不能什么都不做吧？患得患失的诸葛长民寻思来寻思去，终于下出了一步蠢棋，他给北青州刺史刘敬宣写了一封意义含糊的信："盘龙（刘毅的小名）一向凶狠专断，目中无人，这次纯粹是自取灭亡。如今不和谐分子都已经铲除干净，金光大道正向我们敞开，富贵荣华，我们应该一起去争取！"

　　话说得遮遮掩掩，但刘敬宣还是清晰地闻出了诸葛长民想拉他上贼船的企图。刘敬宣与刘裕，早就是至交好友，刘裕对他又屡有大恩，那种过命的交情远非一般同僚诸葛长民可比。何况对刘裕的本事，刘敬宣也早就佩服得五体投地。要和别人结盟反对刘裕？这种事刘敬宣不但不愿想，也不敢想。他很明确地拒绝了诸葛长民的引诱，回信说："下官自从义熙年间南归以来，先后历任三州、七郡，常常感到所得的福气已经过多，只怕自己的功德承受不起，将来反而遭祸。天天所考虑的，都是如何避盈居损，谦让处下，至于谋取更大的富贵，那不是我敢想的事。"

　　不仅如此，刘敬宣还将诸葛长民的亲笔信遣人送往荆州，交给刘裕。刘裕看信之后，笑道："我就知道，阿寿（刘敬宣的小名）是不会辜负我的！"与此同时，留在建康的刘穆之与亲信何承天商议了目前京城的局势，也派人送信给刘裕，提醒他：诸葛长民有异动，最好不要像平常那样按正常程序返回建康，以防止诸葛长民万一铤而走险，派人行刺你。自然，这便是前文提到的那两封信了。不错，刘穆之和刘敬宣果然是我的人，没有辜负自己的信任。那么，对那个已经辜负了自己的人，还有必要继续包容吗？

　　毫无疑问，不管比能力，还是比实力，诸葛长民都远远不是刘裕对手，只要刘裕下决心摆平他，就绝无失败的可能。诸葛长民如果真发动叛乱，虽然肯定会被自己打败，但那样一来，自己的家小、一班将领的亲属，以及刘穆之等人都会有危险，而且刚刚恢复安定的建康城也可能再遭破坏，这些都是应该极力避免的。

而避免这一切的发生，要做的就是尽量不要刺激诸葛长民，因为他那个人，只要还能苟安，多半就会选择苟安。

因此，刘裕在荆州一待三个月，迟迟不见回去。曾劝刘裕不可让刘毅带兵讨卢循的王诞，此时向刘裕请求先回建康。刘裕对他说："诸葛长民已经起了作乱的心思，你现在回去，不怕有危险吗？"王诞回答："长民知道我一向很受刘公的信赖，如今刘公让我一个人轻身回去，正好显示刘公对他并无怀疑，他就不会轻易造反了。"刘裕笑道："你的勇气超过孟贲、夏育（孟贲、夏育是战国时有名的大力士，古人喜欢将两人并称，当作勇士的代名词）了！"他就让王诞先回去。果然，诸葛长民见王诞毫无防备地回来，认为事情还有转机，更加下不了反叛的决心了。

刘裕终于宣布他要回建康了，并公布了回去的日程表。眼看刘裕宣布的日期到达，诸葛长民不敢怠慢，率领留守建康的文武百官前往新亭迎接。谁知一等就是一整天，一直不见刘裕船队的影子，临近傍晚，才有人来通知说："众位大人不用等了，刘公有事耽搁了，明天才到。"所有人只好回去。第二天，诸葛长民和各位大臣又在新亭等候，结局也和第一天相同，刘裕又有事了，归期又推迟了。接下去的第三天、第四天，仿佛没有创意的肥皂剧，相同的情节一再上演。就算放羊的顽童喊"狼来了"都没这么夸张的，更惨的是，当刘裕喊"狼来了"的时候，你还不能不作为。众大臣虽然不乐意，但又不敢不去，只是在心里犯嘀咕：刘太尉该不是有意耍我们吧？

鲁达在镇关西肉铺里的回答可以代表刘裕的心声："就是来戏耍你的！"义熙九年（413）二月三十日夜，刘裕突然乘坐着一条不起眼的小船到达建康，只在猛士丁旿（wǔ）等数名亲信的陪同下秘密回到自己的太尉府，除刘穆之等极少数亲信，建康城中几乎无人知晓。

第二天一早，诸葛长民原本还打算今天再去新亭熬时间呢，突然接到刘裕已经回到京城的通知，不由得大吃一惊。仓促间，他已经不可能再做出别的什么反应，只好硬着头皮前往太尉府拜见刘裕。

出乎诸葛长民的意料，刘裕的表情格外和蔼，完全看不到暴风雨来临前密布的乌云。难道真是自己多心啦？刘裕根本没有要对付自己的意思？稍过了一会儿，刘裕将诸葛长民请进内室，命所有侍从都出去，只留下他们两个人同床对坐，叙谈旧日情谊。刘裕说得很动情，他的一生已经历了如此多的惊心动魄，如此多的九死一生，站在人上人的巅峰，回顾崎岖的攀登之路，其中有多少是不能说的隐密？又有多少是不足为外人道的伤痛？然而，在这个时候，刘裕全都毫无隐晦，向诸葛长民和盘托出了，仿佛对面坐着的那个人，并不是不久前还谋划反叛的异己分子，而是自己失散多年的生死至交，在历尽艰险、死里逃生之后再度相遇。

而诸葛长民又惊又喜，恍惚间似乎时光又回到了当年一同歃血结盟，密谋反桓的岁月，对面坐的仍是那位慷慨仗义的刘大哥。那一刻，他几乎被感动得热泪盈眶，已无暇仔细思量刘裕为什么会对他说那些话。在一时冲动中，他估计连今后要洗心革面，永远追随刘大哥的念头都有了。

就在诸葛长民心潮澎湃，对外界的感知变得麻木的时刻，可能刘裕做了什么暗号，藏在屏风背后的心腹卫士丁旿突然冲了出来，一把将诸葛长民从床上拉下，坠于地上，然后一连几拳，就把他殴毙于床侧。刘裕仍然平静地坐着，默默地看着诸葛长民一命呜呼，脸上还带着未完全退去的笑意……

很难弄清楚，刘裕为何要用这么戏剧性的方式杀死诸葛长民，因为这大可不必。没有任何史书记载过诸葛长民有什么过人的勇力，即使玩单挑，他也九成不会是曾以一打千的刘裕的对手，何况屋内又有一个忠勇堪比典韦、许褚的丁旿？更不用说众多的护卫。其实就当诸葛长民踏进太尉府的那一刻起，刘裕已经可以不费吹灰之力地置他于死地，根本用不着这么多的废话，那么刘裕为何还会这么做呢？也许，真实的答案并没有多少厚黑的成分，仅仅是因为：刘裕需要倾诉。

电影《花样年华》的结尾，有这样两个镜头。

在新加坡的一家小餐馆里，梁朝伟扮演的周暮云对萧炳林扮演的阿炳说："我问你，从前有些人，心里有了秘密，而且不想被人知道，知道他们会怎么做？"阿炳说："我怎么知道。"周暮云回答："他们会跑到山上找一棵树，在树上挖一个洞，然后把秘密全说进去，再用泥把洞封上。那秘密会留在树里，没有人知道。"

几年后，在柬埔寨一座古老的寺院，有一位小和尚发现了一个奇怪的游客：他对着一根斑斓的旧石柱依依不舍，随着悠扬伤感的大提琴声响起，他把嘴凑近石柱上的一个石洞，轻轻地自言自语。当他离开的时候，留下一个被泥土封住的小小石洞……

现代心理学认为，人是需要宣泄情绪的，如果把所有的事都埋藏在心底，是一种难言的痛苦。生活在这个世界上并不容易，各种各样不如意的应激事件都会使人的心理产生焦虑，这种焦虑如果得不到及时的疏导，就会以一种心理能量的形式积聚下来，当这种积聚到达某个临界点的时候，就会使人患上抑郁症甚至精神分裂。最好的应对手段就是倾诉，将内心的感受对另一个人述说，让这些痛苦释放出去，心灵就会重新得到解放，获得轻松。

刘裕此生的经历，比周暮云复杂何止百倍？他虽然已经干下了惊天动地的伟业，但我们也不能忘记：他仍然是一个凡人，也有和我们一样的喜怒哀乐，也会在危险来临时紧张，也会在敌人挑衅时愤怒，也会在战友反目时感慨，也会在亲朋过世时伤痛。但他的身份，又迫使他必须将这一切隐藏起来，根据需要而不是根据心情，去戴上自己的精神面具。可想而知，那个深藏在面具之下的真实的刘裕，是多么需要倾诉自己的心声。

然而，这个世界上又有很多事，是不能让别人知道的，所以周暮云终于用泥土堵住了石洞。我想，我们现在也就可以大致明白了：刘裕为什么向诸葛长民倾诉自己的隐密，却不去找与他真正关系亲密的刘穆之或刘敬宣，那当然不是因为他把诸葛长民当自己人，也不是他故意要迷惑诸葛长民，让其没有防备，而是因为诸葛长民马上要死了，谁还能比死人更会保守秘密？一句话，刘裕就是把诸葛长民当作那个即将泥封的石洞……

诸葛长民死后，尸体被拖到廷尉府，廷尉府的官员以很高的效率完成了案件的审理工作，证明诸葛长民罪大恶极，现已被依法处决，随后派人捕杀他的兄弟同党。诸葛黎民不甘心束手就擒，挥刀与前来抓捕他的士兵搏斗至死，诸葛长民的幼弟大司马参军诸葛幼民，堂弟宁朔将军诸葛秀之也均被处死，诸葛长民的家族被彻底清除。

与被刘裕清洗的其他政敌相比，诸葛长民在当时获得的同情最少。被他管辖过的官民百姓，得知大贪官诸葛长民全族被杀的消息，无不拍手称快。一句讥讽他的民谣从此开始在建康一带传扬："做官的可不要飞扬跋扈，无法无天，否则丁旿会来收拾你们（勿跋扈，付丁旿）！"人生在世，还是应该多做点儿善事，少做点儿坏事。所以，诸葛长民大人，归根结底，这祸还是你自己惹下的，你是躲不过去的！至此，当年一同密谋反桓的十二个首领，除去刘裕，只有一个像老黄牛般不争名利的王仲德还活在人世。

朱龄石伐蜀

就在刘裕清除诸葛长民一族时，朱龄石率领的征蜀部队还在沿着长江三峡缓缓西进，因为是逆流，水道又险恶，速度非常慢，直到义熙九年（413）六月才抵达白帝城。

按原来的安排，朱龄石打开了刘裕授予的锦囊，密令的主要内容如下：主力沿外水而上取成都，让臧熹率一支偏师沿中水西上取广汉，再拨出最大的战船十余艘，让军中的老弱士兵驾驭着，沿内水而上作为疑兵。

要理解这个计划究竟如何，有何高明之处，先得弄明白这几个名词——内水、中水、外水。简单来说，四川盆地的地形大致是西北高东南低，长江沿着盆地南沿向东流，有几条较大的江河由北向南穿越盆地注入长江。古代水运的效率远远超过陆路运输，这几条江河也就顺理成章地成为巴蜀地区的交通要道。当时的人由东向西将这几条江河分别取名为内水（对应今天的嘉陵江至涪江）、中水（对应今天的沱江）和外水（对应今天的岷江）。

其实，关于这个作战计划的具体内容，朱龄石并非此时方知。早在出兵前，刘裕就与他对此进行过探讨。当时两人商议之后认为：上一次刘敬宣伐蜀，就是取道内水，受阻于黄虎，结果无功而返。一般按常规，既然上次的内水走不通，那么这次就会改走外水、中水。但他们估计会认为我刘裕用兵出人意料，办事不按常规，极可能仍走内水一路，他们自以为能看穿我的用兵，就会仍以重兵防守内水，若出黄虎，正好又落入他们的算计。所以这次我偏偏要按常规办事：以主力沿外水取成都，直捣其老巢；以疑兵出内水，让他们以为自己判断正确；以偏师出中水，插入成都与驻防内水的蜀军主力之间，牵制蜀军回援成都的道路。

初听起来很玄吧？这是一个否定加否定等于肯定的计划，很像《三国演义》中的一段描写。曹操即将在赤壁战败时，诸葛亮命关羽前往华容道设伏，阻截败退的曹军，还特地吩咐关羽在华容道点燃烟火，可以引曹操前来。果然曹操败退，要回江陵，有葫芦口和华容道两条路可走，他让探哨侦察一下两条路的动静，结果得到回报：葫芦口看起一切正常，而华容道处似有狼烟。众谋士认为，既然华容道有狼烟，那多半有埋伏，应该走葫芦口。结果让曹操一口否决，他说：周瑜和诸葛亮都是狡猾的，一定知道兵法上虚则实之、实则虚之的道理，所以肯定是有意派人在华容道放烟，好引我走葫芦口，我偏不上当！

结果，《三国演义》中的曹操上当了，而历史上的谯纵也上当了。

既然这个计划就是由刘裕和朱龄石共同制订的，刘裕又何必故弄玄虚，使用什么锦囊呢？这就涉及两个问题：一、这个计划成败的关键在于保密，一旦让谯蜀的人知道，就不值一文了，所以计划正式实施前，知道的人越少越好；二、为什么不让朱龄石自己下令？这是因为朱龄石资历尚浅，恐不足以服众，如副将中臧熹的官位就比他高。让朱龄石下令，部将中万一有人不服从，事情就麻烦了。而如果是刘裕本人下达的命令，则不可能有人不服。

果然，一切都按刘裕规划的那样发展：征蜀大军顺顺当当地兵分三路，各自进军。谯纵在得知晋军大举西征之后，很听话地将谯蜀头号大将谯道福率领的蜀军主力派往涪城（今四川三台县北），抵挡沿内水而来的"晋军主力"。"敌情不太严重"的中水和外水，也都派了小股部队驻防：由当初把谯纵绑上轿子的前将军侯晖、蜀郡太守谯诜驻防于彭模（《晋书》称平模，今四川眉山市彭山区东），大将军谯抚之防守牛鞞（今四川简阳市西），将军谯小苟把守打鼻要塞。布置完毕，只待晋军。与上次抵御刘敬宣时相比，谯蜀这次的处境要糟糕得多，由于去年地处谯蜀与后秦之间的仇池杨氏与后秦闹翻，受仇池的阻隔，一向对谯蜀关爱有加的干爹后秦，这次没有出兵来救。一切只能靠自己了，但一个受惯了干爹保护的干儿子真有自保的能力吗？

进入四川盆地后，大概因为路好走，晋军行动马上变快了，朱龄石率领的晋军主力很快就推进到了彭模。彭模紧邻岷江，分成南北两城，侯晖早已在此连营固守，其中北城地势较险，兵力也比较雄厚，而南城较薄弱。此时天气已经非常炎热，晋军长途跋涉，十分疲惫，朱龄石一时犯糊涂，便与刘钟商议：是否让士卒先停驻休息，养精蓄锐，等探明蜀军的薄弱处再行进攻？

刘钟听罢，明确反对说："这次行动扬言以大军出内水，让谯道福不敢离开涪城，我军才得以出其不意，打到彭模。蜀军想不到我们突然到达，防备松懈，都已吓破胆，打败他们并不难。如果现在不抓紧时间进攻，让蜀军识破我军的真实意图，谯道福必然率涪城之师赶来增援，到那个时候，敌军人情安定，良将又已经赶到，再想一举攻破彭模就不容易了。而且我军长途远征，粮草供应困难，敌军若坚守不战，让我军求战不能，又无法长期维持，两万大军搞不好都要当蜀人的俘虏！"

朱龄石毕竟是有良将素质的，要不然也不会被刘裕看中了，听罢立即猛醒：伐蜀必须速战速决，没有拖的本钱。于是，他立即下令进攻。此时众将多认为应该先易后难，先攻彭模南城，但朱龄石认为，先克南城，不足以威慑北城，而打下北城，南城可不攻而下。所以，他不接受众将意见，下令进攻北城。

义熙九年（413）七月，朱龄石率刘钟、蒯恩等大将猛攻彭模北城，因为蜀军兵力本处下风，士气不振，又乏良将，战斗从早上打到晚上，谯蜀军队大败。包括侯晖、谯诜在内的十五员大将被斩，彭模北城被攻破。南城的守军见北城失守，完全丧失了守城的勇气，逃得一个也不剩，南城随后也被晋军占领。彭模之战取胜后，通往成都的大道已经完全敞开，朱龄石命全军弃船登岸，向着这座谯蜀的政治中心疾进。

与此同时，出中水的晋军虽因主将臧熹突染重病，改由副手朱林指挥，但行动一点儿也没受影响。连续击败谯抚之和谯小苟，推进到广汉。

蜀王谯纵接到外水和中水的败报，得知晋军已经迫近成都，吓得目瞪口呆。他从来就不是个能干大事的人。当初可能是老天爷喝醉了酒开的玩笑，各种机缘巧合，竟让无识、无能、无胆的谯参军摇身一变，也成了开国之君。可惜时光已过去八年，就算按《西游记》的计时理论，上边也过去八天了，老天爷酒醒了，玩笑结束了。

等重新清醒过来，谯纵发现自己只剩下一招"走为上计"好像还行得通，赶在晋军到达之前开溜，目标：去投奔涪城的谯道福。逃出成都后的谯纵并没有一个劲儿地向涪城跑路，他大概也知道此行幸免的机会不大，所以先到谯家的祖坟拜别祖先。在这里，谯纵的一个女儿很现实地对谯纵说："国势如此，父亲逃得到哪里能免一死？只不过徒增羞辱罢了。与其被当作后世的笑柄，不如一起死在先人的陵前。"这道理谯纵不是不明白，但知易行难啊。自杀？怕痛！好死不如赖活着，能逃且逃吧。于是谯纵又逃了，他的女儿比他有骨气，从容自尽于陵前。

再说防守涪城的谯道福得知彭模失守的消息，急忙抽出五千精兵，亲自带队，火速驰援成都。谁知刚走到半路，正好与逃命的谯纵迎面相遇。一看谯纵那副狼狈样，谯道福不猜也知道原因了，气得大骂这位旧日的主君："大丈夫难得有这样一份基业，你这么轻易就把它扔掉了，还想逃往哪儿去？人谁没有一死？就没见过怕死怕成你这副德行的！"

谯道福越说越气，拔剑向谯纵掷去，正中谯纵的马鞍，昔日的部下此时反目，把这位蜀王吓得只好又逃。但他身边的人也不是傻瓜，既然连谯道福都不保他了，我们还跟着他干什么？谯纵跑出不远，随从已全部走散，只剩下他单身一人，谯纵终于感受到了彻底的绝望。比起被抓住之后受刑而死，也许还是上吊的痛苦少一点儿。经过这一对比，在位八年的蜀王选择了自己的驾崩方式。好在虽然落魄，一根结实的绳子还是不难找的。当谯纵将自己的脑袋伸进绳套，也许还在想：都怪那个该死的侯晖，当初要是我再坚持一下，不当这个天杀的蜀王就好了……

赶跑了谯纵的谯道福并没有气馁，他比那位蜀王要有魄力，还想再拼一下。首先，谯道福把全体士兵召集起来，向他们灌输必胜的信念："我平日里厚待你们，正是为了今天！蜀国是存是亡，主要得看我谯道福，和谯王没多大关系。如今我还活着，还足以与晋军一战。"其次，做完了思想工作，再进行物质奖励，谯道福把库府中所有的财物都拿了出来，全部赏给士兵。

可惜他的部下都是些聪明人，知道谯蜀已经亡国了，犯不着跟谯道福去自寻死路。领赏赐的时候人人一脸忠义，等财物一到手，全都一哄而散，只留下谯道福一个光杆司令。谯司令好容易才合上惊愕的嘴巴，原来自己比谯纵也强不到哪儿去，事已至此，他只好也选择逃跑了。

但就像谯纵的女儿说过的：你还能逃到哪里？不久，谯纵的尸体被巴西人王志发现，给砍下了人头，送往成都。谯道福也在逃亡途中被当地人生擒，后被朱龄石斩于军营的大门之外。至此，刘裕的战略规划又获得一次重大成功，立国八年的谯蜀灭亡，巴蜀之地再次回到了晋朝的版图。

义熙土断

再说自刘毅和诸葛长民被先后铲除，刘裕在朝中已不存在强有力的政敌，地位如日中天，可谓会当凌绝顶，一览众山小。作为有理想、有抱负的政治家，刘裕已经可以将自己一些重大的治国理念，由构想升级为实际行动。于是，就有了著名的"义熙土断"。

何谓土断，又为什么要土断？土断，简单来说，就是省并或取消侨州郡县，让侨人以其定居之处为准，编入国家的正式户籍，取消原先的优待。要解释这些今天看起来晦涩的名词，就不得不把眼光向前推，重新回到百余年前大乱的开端。西晋中后期从"八王之乱"开始，无休止的战乱和仇杀就席卷了中国北方，而同时代的南方相对和平安宁一些，因此为数众多的北方百姓为躲避战祸，纷纷迁往南方，寻求新的安身之地，成为所谓的"侨人"。

侨人的南迁大部分是自发的行动，并无政府的统一规划，到达南方的侨人有相对集中的聚居点，更多则分散而居，"十家五落，各自星处，一县之民，散在州境，西至淮畔，东届海隅"（《南齐书》）。在南方重新立国的东晋政府，为了管理这些侨人，设置了大批没有实土的侨置州、郡、县（到后期，部分侨置州、郡、县还是有了实土，虽然一般都比较小）。侨人分散而居的现实，使这些侨置机构格外多，侨州与所属的侨郡，侨郡与所属的侨县，往往并不在一处，甚至相隔很远，彼此不相连。

就拿京口所在的晋陵郡来说，最夸张的时候，同时设有六个州的十多个郡政府和六十多个县政府。比如，你是东晋人士，家住京口某条小巷，你对门的张三是 A 郡人，隔壁的李四是 B 郡人，巷子口的王五是 C 郡人，各自要听命的大老爷不是一个人。要是某一天巷子里发生纠纷：张三和李四打架，误伤王五，那处理起来可就麻烦了，得惊动 A、B、C 三位市长，到时候光为了解决谁说了算的这个问题，都能让人烦死，推诿扯皮肯定是少不了的。

晋王朝对侨人与南方当地人实行的是区别管理，两者享有不同的权利和义务。例如，两者使用的户籍资料就不一样。记录当地人资料的是政府的正式户籍，为了防止虫蛀，它所使用的纸张都用特殊的药物处理过，呈黄色，所以叫作"黄籍"。而记录侨人资料的因为只是临时户籍，使用没有经过处理的白纸，叫作"白籍"（当然，实际情况是很复杂的，并非所有北方流民都入白籍，也并非所有南方人都入黄籍）。和今天大不一样的是，在当时有份临时户口比有正式户口好，因为有临时户口的侨人，是可以享受免税和免劳役特权的。

既然这些侨人已经把家搬到南方，让他们直接接受当地政府的管辖不就行了，何必再叠床架屋，另设机构，难道还嫌行政效率不够低下？又为什么要给侨人提供免税的特权，嫌国家财政不够困难？在这个世界上，只要是存在的事物，就一定在某方面有它的合理性。我们知道，由于地心引力的原因，水总是往低处流的。同样，由于利益引力的引导，人也总希望向高处走。人类历史的绝大多数事件，只要用这条线索去追查，基本上都能找到产生的原因。

我们就用刑侦学上通过受益人查找嫌疑人的方法，看一下谁是这种制度的受益者。毫无疑问，就是侨人。作案动机有了，那么侨人是否有作案能力呢？查阅史书会发现，侨人尽管是战争难民，但他们并不是弱势群体。唐宋以前，北方的经济文化发展水平一直高于南方，北来的侨人往往是以武装集团的形式涌入南方，对南方土著构成从文化到武力的全方位优势。这一点只要看看东晋的政坛就一目了然：司马皇族本身就是北方人，东晋的一流大士族琅邪王氏、颍川庾氏、谯国桓氏、陈郡谢氏、太原王氏等全是侨人，东晋的历史差不多就是这些侨人集团在联合与对抗中共同执政的历史。南方原有的土著大族，如顾、陆、朱、张等家族，在东晋历史上从未挤入朝廷决策层。

既然东晋政府是由侨人说了算，那它出台的政策，自然就要优待侨人。就拿针对侨人的免税政策来说：上得了台面的原因，是侨人背井离乡，生活困难，需要优待；而台面下的原因，则是东晋的各位官员给自身的侨人小集团提供的福利，属于以权谋私。

同样，侨置郡县大量涌现的原因也就不难理解了。有台面上的原因：一、朝廷虽然已是偏安半壁，但正统不可失，保留北方郡县的编制，显示我们收复失地的决心永不动摇；二、侨人虽移居他乡，但原来生活的地方在战乱前基本上都比移居地发达，还存有郡望门第、地域乡里等观念，普遍希望保留自己的原籍。也有台面下的原因：一、有这么多从北方来的侨人干部，如果不设置侨郡、侨县，无法安置；二、下层的侨人往往成为大士族的私人部曲，设置了侨郡、侨县，才能将侨人与当地人分开，有利于保护北来士族的利益。总之，大家都是侨人，帮别人也是帮自己，有官一起做嘛。古今中外，在多数时候国家出台的各种政令，总会不可避免地向权势集团倾斜。于是，侨置州郡县和侨人优待政策就顺理成章地出现了。

但国家的整体利益和权势集团的利益毕竟是两回事，晋朝的侨人政策在为各大士族及侨人谋福利的同时，也严重削弱了国家的实力。一、大量免税、免役的侨人存在，使得国家收入大减。二、侨置州郡复杂零乱的管理方式，一方面使得行政效率低下，另一方面也使得机构庞大，人浮于事，增加了大量不必要的开支。三、由于纳税人减少，国家就必须从更少的羊身上剪下更多的羊毛，大大加重了侨人以外普通百姓的负担。四、因为有了这样鲜明的对比，负担正税的当地人也往往想方设法逃亡，去弄一张临时户口，混入侨人的行列，使这个问题的严重性不断加强。严肃的现实渐渐展现在东晋掌权诸公的面前：这样的状况能永远持续下去吗？放任不管会不会导致亡国？国如果不存，士族在南方营造出的私人乐土又如何能够保持？

因此，晋朝政府中的一些有识之士（尽管他们大部分也是侨人）早就认识到这个问题的严重性，针对性地提出了土断政策。严格执行土断将伤害到大部分既得利益集团，要让他们挥刀自宫，不可能不招致或明或暗的反抗，如果朝廷没有足够的强力推行，只会沦为轰轰烈烈的走过场。

所以，在东晋和南朝的历史上，尽管有记载的土断改革达十次之多，但真正收到显著效果的仅有两次，一次是东晋最强权臣大司马桓温主持的"庚戌土断"，另一次便是刘裕主持的"义熙土断"。

义熙九年（413），刘裕正式向晋安帝上了一封重要的表章："当年大司马桓温说过，'百姓如果没有固定的根本，对国家的治理伤害极深'，所以他制定了庚戌诏书，规定按现时居住地确定流民的籍贯，分配土地，使他们能够安居乐业。一时之间，国富民强，都多亏了这项政策。可那时以后，人亡政息，这项规定执行逐渐荒废，百姓流离失所，户籍失真，使得王者的教化不能施于民间，百姓（当然是指有正式户口的百姓）的负担沉重烦琐。臣身负国家的重任，对此现状深感耻辱。所以臣恳请恩准重新恢复庚戌土断的诏令，并督促各地严格执行，重现当年的强盛景象。"

刘裕的表文称："只要国力稍有恢复，臣当统领三军，率之以仁义，鼓之以威武，越过大江，跨过黄河，安抚九州，恢复故土！实现臣平生多年的志愿！"后来的历史表明，这绝不仅是说说而已。

如此义正词严，还有谁敢说反对的话？不管士族和普通的侨人乐意不乐意，义熙土断都带着刘裕强烈的意志，在各地雷厉风行地展开了。大部分的侨置郡县被撤销，机构被精简，大批官员下岗，少数残存的侨置郡县基本上都坐以实地，逐渐消除与非侨置郡县的差别。大部分侨人临时户口被注销，领到了本不想领的正式户口。对少数敢于对抗土断、隐匿人口者，刘裕一向不介意使用雷霆手段，杀一儆百，如前文提过的会稽虞亮藏匿人口案，就是一例。

经过义熙土断，晋朝政府的收入增加，又省下了大量不必要的开支，财政状况大为好转，为后来的历次北伐攒下了足够的资本。百姓的负担变得比较均衡，减轻了民间的怨气，而心怀不满的世家豪门，也不得不默认了这样的改变：天下已经不再是他们的天下了。也许可以说，如果没有刘裕执政时期这些强有力的改革攻坚，打击了顽固的大士族势力，也就不会出现刘宋初年"元嘉之治"的繁荣景象。

不过，作为侨人的一员，刘裕发起大刀阔斧的义熙土断，并不能代表他大公无私。首先，作为晋朝事实上的主宰，刘裕自身的利益已经在很大程度上和国家利益重叠，加强国力也就是在加强刘裕自己的权势。其次，刘裕的义熙土断尽管执行力度很大，但并不彻底，采用了不吃窝边草的兔子政策，诏令中明文规定：居住在晋陵郡的徐、兖、青三州的侨人不在土断之列。之所以这样做，就是因为刘裕的武力基础北府军，大部分就是居住在晋陵的徐、兖、青三州侨人，这是他的核心基本盘，刘裕不能不照顾这些人的利益。所以，义熙土断仍是一次不彻底的改革，也为后来侨人问题的再次恶化埋下了种子。

怀璧其罪

一般说来，一个人的理想不会是一成不变的，而这种变化往往随着环境的改变而改变，是一个从量变到质变的渐进过程。比如说，当年在京口卖草鞋时，刘裕心中的理想，也许和绝大多数平凡的下层人相同，只是让妻子臧爱亲给他生个儿子（所以他才给自己的大女儿取名"刘兴弟"），自己在赌场上樗蒲的时候能够多抛出几把"卢"。但一个曾经赤脚的人，一旦穿上了皮鞋，他就不可能再保持对草鞋的向往，随着刘裕走出京口简陋的故居，踏上往来搏杀的征途，取得越来越多的成功，他的人生目标自然也就随着时势不断向上攀升。我们难以确切地知道，刘裕是在什么时候把这个目标上升为当皇帝的，不过我们可以通过史料感觉到，在刘裕铲除刘毅和诸葛长民不久，他将取司马氏而代之的意图已经非常明显，因为他终于将清洗的矛头，从桀骜不驯的昔日战友，转向了顺服已久的司马皇族。而首当其冲的皇族成员，正是不久前经他保举再次成为荆州刺史的平西将军司马休之。

司马休之，字季豫，他的祖先可以上推到司马懿的弟弟魏国中郎司马进，从血缘上说，已经是非常疏远的皇族，成色比刘备那个"皇叔"也强不了多少，但因为司马进的儿子司马逊在晋朝初建时受封为谯王，此后司马逊的嫡系子孙便代代世袭了谯王的爵位。相比庸人居多的司马氏其他支系，谯王家族算是晋朝皇族中比较优秀的一支。在东晋初年，谯闵王司马承曾为国死难，谯敬王司马恬和谯忠王司马尚之都有忠正的名声，因此这一家族一直身份显贵，在皇族中威望甚高。司马休之本人尽管没有承袭谯王的爵位，但他将长子司马文思过继给绝后的兄长司马尚之，使之承袭谯王之位，所以他是谯王的父亲，在司马皇族中声望也是数一数二，而手握的实力则居皇族第一。

在桓玄之乱中，司马休之的哥哥谯忠王司马尚之因为属于司马元显一党，被桓玄擒杀，司马休之虽然也打了败仗，却成功逃走，与刘敬宣等人一起投奔南燕。后来因为卷入谋刺慕容德一案，被南燕追捕，司马休之再次成功逃脱。回到东晋后，司马休之一度被任命为荆州刺史，正好遇上桓振第二次反攻荆州，江陵被攻陷，但他脱身及时，又一次化险为夷。

从他这一系列充满传奇色彩的"逃命史"来看，司马休之似乎除了腿快，别的本事不大，远不及已被刘裕铲除的刘毅和诸葛长民。而司马休之自己其实也很有自知之明。在为人上，他处事低调，待人和气，没有盛气凌人的贵族做派。就仕途而言，司马休之无心参与争权夺利的角逐，在桓玄倒台后的几轮政坛斗争中，一直保持局外旁观，像空气一样无色无味，不对政局施加任何影响，给人的印象就是一个忠厚本分的老实人。

然而，尽管流水无心恋落花，落花却有意随流水。虽然司马休之既没有权力欲，也不贪财，只想平平安安活到老，但由于刘裕暂时拉拢皇族的需要，荆州刺史的大权还是落到了他的头上。习惯于在开会时只拍手不举手的司马休之接受了，他不是很想要这个职务，但他没有意识到这个山芋会有多烫手。

对于有天下之志的刘裕来说，当初让司马皇族执掌荆州，不过是权宜之计，迟早是要收回的。现如今，刘毅和诸葛长民都已经找阎王报到去了，几经打击的旧日权贵在义熙土断及禁止封山占水等政令面前瑟瑟发抖，敢怒而不敢言。司马休之虽非他的政敌，但至少是一个异己分子，而且听说最近他在荆州的政绩不错，很得当地的人心，并不是一个很安全的人物啊！刘裕为了加强自身实力，真正统一晋朝内部，同时防止对自己不满的人找到一个新的领导核心，司马休之此人已到了该被解决的时候了。匹夫无罪，怀璧其罪！谁让你司马休之出身晋室皇族，又当了荆州刺史呢！

借口从来都是不难找的，司马休之自己虽然很低调，但他那个继承了伯父谯王之位的长子司马文思，是一位不知天高地厚、行事高调的豪门公子。应该说，他有点儿生错了时代，作为东晋末年的皇族子弟，却沾染有战国贵族的习气，招揽了一大帮子江湖豪侠当自己的门客，这些人好勇斗狠，时常惹是生非。这简直明摆着给人挑毛病的，实在是个良好的下手目标。

按正史记载，义熙十年（414）三月，建康城中发生了一起大案，而犯罪嫌疑人正是谯王司马文思和他手下那一帮门客。不久，皇帝下诏，赦免司马文思，但将他的党羽全部诛杀。远在江陵的司马休之听说儿子犯案，吓坏了，忙上疏请罪，并请求辞去荆州刺史的职务。这种样子戏谁都不会当真，所以朝廷下诏：不许。随后，刘裕命人将司马文思押送江陵，交给司马休之处置，准备看他"大义灭亲"。

不知是司马休之没有领会刘裕的意思，还是他虽然知道，但毕竟父子情深，下不去手，所以只是上表，请求废去司马文思的谯王爵位，并写信给刘裕，表达自己最诚挚的感谢和道歉。刘裕见司马休之不肯杀子，大为不悦，特命江州刺史孟怀玉都督豫州六郡，开始为西征司马休之做准备。

司马文思究竟犯了什么案子？罪到底至不至死？为何说得不明不白呢？很遗憾，在下确实说不明白，因为几本正史对这起案件的记载都不一致，大致可以分为三种说法。

一、司马文思没犯什么大事，就是招揽门客而已，要放在战国时代，这还是"贤明"的表现，像"战国四公子"之类，就是靠干这个出名的。但刘裕没事找碴儿，说他组织黑社会性质团体。此说可见《宋书·武帝纪》："休之兄子谯王文思在京师，招集轻侠，公执文思送还休之，令自为其所。"还有《南史·宋本纪》："休之子谯王文思在都，招聚轻侠，帝执送休之，令自为其所。"

二、与上一说大相径庭，司马文思犯的是历朝历代的必杀之罪：谋反。他与左右密谋，要发动政变，推翻刘裕。此说可见《晋书·列传七》："文思性凶暴，每违轨度，多杀弗辜。好田猎，烧人坟墓，数为有司所纠，遂与群小谋逆。"还有《魏书·司马休之传》："休之子文思继休之兄尚之为谯王，谋图裕，裕执送休之，令自为其所。"

三、和稀泥的记载，司马文思擅自斗殴杀人，有罪，但没到谋反这么大。此说可见《资治通鉴》："（司马休之）子谯王文思在建康，性凶暴，好通轻侠，太尉裕恶之。三月，有司奏文思擅捶杀国吏，诏诛其党而宥文思。"

从司马文思后来到北魏的经历来看，此人有几分精明干练，但品行不端，的确不是什么善类。不过，他是否有胆量在刘裕的眼皮底下策动谋反，还是很让人怀疑的。稍后韩延之在给刘裕的书信中，只称司马文思"以微事见劾"，如果当时他就已被判成谋反罪，韩延之恐怕不可能这样用词。而在上述正史中，由最熟悉刘宋史事的沈约编著，成书也最早的《宋书》都不认为司马文思谋反，所以谋反一说恐不可信。

在下猜想，这件事可能与赵宋初年的秦王赵廷美谋反案类似，都属于事出有因，查无实据。在动手之时，刘裕和赵光义一样都底气不太足，所以下手还留有一定余地，等时过境迁，人证物证都已湮灭，再来把谎说圆，把谋反案坐实。

不过，不管司马文思案的真相究竟如何，都并不重要。因为刘裕要清除司马氏皇族势力的大方针是不会变的，就算司马休之真的杀掉了儿子，刘裕自然也会有别的借口摆平他。炸药还在，导火线多的是，弄灭其中一根，并不会改变最后爆炸的结局。

延之回书

义熙十一年（415）正月，刘裕正式动手了。他逮捕了司马休之在京城的次子司马文宝和侄儿司马文祖，并立即将两人赐死，随后正式出兵西上，进攻荆州。同时，朝廷加授刘裕为荆州刺史，赐黄钺，并大赦天下。消息传到荆州，司马休之的部下平西府司马张裕、南平太守檀范之两人料定顶头上司这次是死定了，都弃职而走，投奔建康。

而子侄被杀、大军将至的严酷现实也把司马休之逼到了墙角：最初他要杀刘毅，我没有说话，因为我并不擅权；后来他要杀诸葛长民，我没有说话，因为我并不贪污；可现在，他要杀我了！司马休之总算明白：绥靖政策是带不来自身平安的。他就算再本分，也不得不奋起反抗了。

二月，司马休之公开上表，列举了刘裕目无君上，独断专行，擅自杀戮大臣刘毅、刘藩、诸葛长民、谢混、郗僧施等罪行，宣布举兵讨伐。同时，雍州刺史鲁宗之尽管数次立下大功，但他知道自己并不是刘裕的嫡系，眼见刘裕连老好人司马休之都不肯放过，担心清洗的目标迟早会轮到自己，在司马休之的竭力争取下，也和儿子竟陵太守鲁轨一道，在襄阳起兵响应。

尽管出现了计划外的鲁宗之叛乱，但刘裕好像并没当回事，他的行动并不迅速，直到二月二十七日，他本人统率的讨伐大军才正式从建康出发。平静没多久的荆襄之地，又要开战了。这一回，刘裕把留守后方的任务交给了自己的二弟中军将军刘道怜，刘穆之再一次担任助手。不过对于二弟那两下子，刘裕心知肚明，所以特别吩咐：朝中的所有事情，不论大小都由刘穆之决定，至于二弟，你该签字的时候签字，该盖章的时候盖章，其他事就别管了。另外，刘裕又命将军刘钟率军驻防石头、冶亭，负责京城的防务。

如果和两年多前讨伐刘毅的一役相比，不难发现，刘裕此次西征实在大失他该有的水准，完全没有一点儿平日的专业精神。上次讨伐刘毅的保密工作做得多好啊，刘藩被杀都一个多月了，荆州还无人知晓，直到王镇恶的军队杀进江陵城，城中还毫无防备。这回可好，还没动手就弄得天下皆知，让司马休之和鲁宗之有充分的时间做抵抗的准备。

显而易见，这种漫不经心的作风，证明了刘裕根本没把司马休之看成是值得认真应付的对手。在刘裕看来，对付一个无胆无勇的皇亲国戚，只要凭借自己的威名，吓也能把他吓趴下。有点像当初慕容垂派慕容宝领兵讨伐北魏，对于这种"低难度"的战事，刘裕关心的并不是如何取胜，而是安排谁来立功。刘裕虽然还未称帝，但实际上已经把晋朝看成是自家天下了。清除司马家为的什么？还不就是为了给刘家的人腾地方，这种美差肯定是要留给自家人的。

问题是：留给谁呢？与慕容家族不同，刘裕手下虽然称得上人才济济，但自己的亲戚并没几个可用之才：唯一能干的道规已死，道怜属于那种不可雕凿的朽木，自己虽然有几个儿子，但都还未成年。思来想去，刘裕最后决定将这次行动的重点培养对象，选定为自己的女婿、刘兴弟的丈夫振东将军徐逵之。

徐逵之，是刘裕的京口同乡秘书监徐钦之的儿子，他的叔父徐羡之与刘裕的交情非同一般，当年曾一同在刘牢之手下做事，是资深同僚。等刘裕掌权后，徐羡之历任镇军参军、尚书库部郎、领军司马等职，与谢混共事，是刘裕安插在刘毅同党内部的卧底。后来又担任琅邪王大司马参军，替刘裕暗中监控安帝的弟弟琅邪王司马德文，并协助刘穆之管理朝政。因为他从事的是不招人眼球的地下工作，所以一直不太上镜，但暗地里绝对是刘裕最信任的心腹之一，日后更成为刘裕的托孤之臣。刘兴弟和徐逵之自幼青梅竹马，一同长大，感情非常要好，再加上两家长辈又有如此密切的关系，便结成了儿女亲家。

儿子还小，女婿也就等于半个儿了，所以，刘裕在此役中对这位爱婿可谓百般照顾。他任命徐逵之为前锋司令，蒯恩、王允之、沈渊之等三将为副，配以最好的装备、百战的精兵，西出江夏，进攻荆州的司马休之。并且说好了，只要此仗胜利，就将荆州刺史一职授予徐逵之。为了降低正面攻击部队的作战难度，刘裕另派檀道济、朱超石二将率步骑进攻襄阳，牵制雍州的鲁宗之，使其不得南下救援。至于刘裕本人，当然不会去和女婿抢功，只率军在后方远远地压阵。

虽然刘裕认为自己胜券在握，但就像犀牛叫牛，蜗牛也叫牛一样，胜仗也是分三六九等的，如果有方法能赢得更轻松，损失更小，何乐而不为？正好司马休之的下属中，有个比较能干的录事参军名叫韩延之，曾经短暂地在刘裕手下做过事，刘裕觉得我强敌弱的大背景下，这个人是可以争取过来的，便写了一封密信送给他，请他背叛司马休之，给自己当卧底。密信的内容，可谓颠倒黑白的公文范例：

"司马文思犯下的大罪，早已是远近共知，但朝廷没有独断处置，而是在去年秋天，让人将他送给司马休之自己处理，应该说，处事做到我这一步，也算得推诚至公到家了！然而，司马休之对此竟然连一点儿愧疚之心都没有，也没有谢罪的表疏，对司马文思既不严惩，又不把他遣送回朝，行事如此，天地不容！这次我受皇上的圣命，西讨荆州，要追究的只有司马休之、司马文思这两个父子首恶。至于荆州政府的其他旧人，只不过受到他们父子的逼迫驱使，我是不会怪罪的。往年之所以杀郗僧施、谢邵、任集之这些人，是因为他们长年累月，不断地挑唆刘毅造反，你们的情况和他们完全不一样，只是一时受到胁迫，本身没有丝毫的过失。你们是知道的，我刘裕一向都怀有谦敬之心，长久以来从未改变。如今大军已经上路，正是你们回归朝廷的有利时机，如果迟延观望，等大军到达，兵刃相交，稍不留神，就兰艾不分、玉石俱焚了。所以，我才写下此信告之，也请让其他人都知道我的诚意！"

然而，这个世界毕竟是多姿多彩的，并不是每一株植物都是墙头草，也不是每一双眼睛都只盯着势利的走向。韩延之完全拒绝了刘裕的引诱，并不畏权势，在回信中对刘裕的说法一一严正驳斥，透出一股威武不能屈的丈夫气概：

"承蒙您亲率大军，远征西土，荆州全境的士民百姓都不知发生了什么事，无不惊慌恐惧。现在收到您屈尊写给我的亲笔信，我才知道刘公这次出兵完全只为了谯王司马文思那件事，这让我不得不心生感慨：司马平西（司马休之时任平西将军，故有此称）公忠体国，行事宽厚，待人诚恳。因为刘公您曾建下匡复朝廷的巨大功勋，国家和皇室都依赖您的辅佐，司马平西在朝廷之外推崇宣扬您的功德，在朝廷之内对您一向赤诚相待，几乎做的每一件事都听从您的指教，对您的尊崇已无可复加。

"去年只因为谯王有些细小的过错受到弹劾，作为父亲的司马休之大人就主动请辞荆州刺史的职务，如果司马文思真有什么了不得的大罪，大人怎么可能闭口不言？何况大人不久前已经呈报天子，废去了司马文思的谯王之位，唯一没做绝的，就是杀掉自己的亲儿子而已！推己及人，假如您刘裕遇上同样的事，不也会这样做吗？想不到啊，仅仅因为这种算不上理由的理由，您就发动大军，兴师问罪！正所谓欲加之罪，何患无辞？

"刘裕足下：如今四海之内，还有谁看不出您的险恶用心？您还想用花言巧语来欺骗国士吗？您在信中自称'处怀期物，自有由来'，今天您出兵讨伐别人的主公，却在私下里以利益引诱别人背叛主公，这就是所谓的'处怀期物，自有由来'吗？回想一下您的所作所为：刘藩是怎么死于闾阖门下的，诸葛长民是如何毙命于您的左右？对地方大员，先用甜言蜜语加以欺骗，乘人不备再突然派兵偷袭（指刘毅事件）。于是，您成功了，庙堂之上，从此再没有了忠贞诚信之士；京城之外，今后不再有可以性命相托的封疆之臣。但是，对于这样的成功，您不觉得可耻吗？您手下的那些将佐和朝中的贤达，都被迫把命抵押给您，在您的威压之下苟且偷生。我虽然是个粗浅鄙陋的人，可也曾向君子学习过做人的准则，像司马平西这样品行高尚的主公，怎么能让他没有可托命的臣子呢？我不可能去自投虎口，步郗僧施的后尘，这是显而易见的事。假如上天还要让灾乱继续，九流混浊，我自当与臧洪（东汉末年的东郡太守，以重义著称，曾为袁绍属下，后因袁绍拒不救援至交张超而脱离，后为袁绍所杀）同游于地下。其他的话，不用多说！"

韩延之写下这篇措辞尖锐的回信，因为刘裕的父亲叫刘翘，字显宗，他故意将自己的字改成显宗，给儿子取名韩翘，以表明绝不向刘裕臣服的决心。

刘裕要除掉司马休之，只是他建立刘氏江山的一个必要步骤，并非他真的对此人有多少恶感，对于忠义之士，他一向敬重。刘裕收到韩延之的回信，一点儿也没生气，反而大为赞叹，将这封信拿给左右传阅，并夸奖说："做人家的部属，就应该像韩延之这样！"

刘裕的失算

两千多年前的一天，古希腊一位长相比较谦虚的吟游诗人灵机一动，编出一个至今仍脍炙人口的小故事："乌龟与兔子为它俩谁跑得快而争论不休。于是，它们定好了比赛的时间和地点。比赛一开始，兔子觉得自己是天生的飞毛腿，跑得快，对比赛掉以轻心，躺在路旁睡着了。乌龟深知自己走得慢，毫不气馁，不停地朝前奔跑。结果，乌龟超过了睡熟了的兔子，夺得了胜利的奖杯。"

这就是《伊索寓言》中的名篇《龟兔赛跑》，故事浅显易懂，骄傲轻敌带来的危害似乎人人都明白，但是，兔子犯下的错误在古今中外无数人物身上一次次重现，这其中既有很多平庸之辈，也有很多聪明人，甚至有不少是盖世英雄，比如我们的主角刘裕。客观规律永远都是最强有力的，它不会因为犯下错误的是英雄，就高抬贵手，错误总要付出相应的代价，刘裕也不例外。

与刘裕预料的不同，荆、雍叛军并没有被他大军压境的声势吓倒。他们一方面派出使臣，同时向后秦和北魏求救，如果这些"远水"能够到达，实力上就不弱于刘裕了（实际上，在南北朝的历史上，南方的叛臣一般都会向北朝求援，北朝的叛臣也一样。性命攸关的时候，"华夷之防"之类的口号总会被抛到脑后）；另一方面，他们乘讨伐军行动迟缓的机会，选择了主动出击，一马当先者是雍州刺史鲁宗之和他的儿子鲁轨。

此时，属于刘裕一方的江夏太守刘虔之驻军三连，修筑桥梁，积聚了大批的粮草，等待讨伐军的到达。没想到最先等到的不是檀道济，而是鲁轨。这位鲁公子，有一个很有个性的小名——象齿，擅长弓马，勇力绝人，是一员猛将。他发动奇袭，击斩刘虔之，缴获大批辎重，当头给了讨伐军第一个下马威。檀道济、朱超石一军原本全指望刘虔之的粮草，刘虔之的失败让他们的补给落了空，直到这次战争结束，檀、朱一军始终未能参战。这次失利其实已给此次讨伐敲了一记警钟，但刘裕仍没在意。

稍后，鲁宗之、鲁轨率得胜之师南下支援司马休之，与越过江夏口的徐逵之大军交战于江陵城之南的破冢。象牙果然是硬的，徐逵之枉为刘裕的女婿，岳父那种出神入化的用兵技巧，他可是一点儿也没有学会，完全不是鲁轨的对手。一场大战下来，讨伐军惨败，先锋司令徐逵之、将军王允之、沈渊子三将阵亡，只有虎将蒯恩败而不乱，打退鲁轨的追击，安全撤回。

这次西征的开始阶段，可谓失败得一塌糊涂。究其原因，可以这么说，由于过分低估了司马休之那两下子，在此役开始时，刘裕自己根本没有进入临战状态，在他的影响下，讨伐军的将士也都是抱着"轻轻松松取胜，平平安安回家"的念头来的，根本没有打大仗的心理准备，临战之时，自然显不出他们该有的水平。

反观另一方，司马休之被整，给司马氏皇族及非刘裕嫡系的地方实力派敲响了警钟，他们都已经感觉到刘裕咄咄逼人的攻势，受到威胁的已不仅仅是荣华富贵，还有身家性命，形势迫使他们不得不奋起反击。他们已无路可退，战斗意志非常坚定，能够超水平发挥。

总之，过于轻敌的刘裕本来想栽培徐逵之，不承想弄巧成拙，反而害了女儿和女婿。这个错误的性质，与当年慕容垂让慕容宝挂帅征伐北魏稍有几分相似，当然后果没那么严重，毕竟司马休之不是拓跋珪那样的高手，而刘裕自己的身体也还壮实。

因为唇亡齿寒的体会已感同身受，所以从刘裕制造司马文思案开始，到整个战役期间，各地发生了多起反抗刘裕的事件，其首领多是姓司马的晋朝宗室。这大概是已有一百多年历史的晋朝灭亡前，司马家族迸发出的最后一缕血性。

在广陵，受后秦支持的晋宗室司马国璠兄弟，悄悄潜回国内，秘密聚众数百人，乘夜突袭府衙，射伤留守的南青州刺史檀祗（檀道济的哥哥）。檀祗临危不乱，对左右说："敌人在夜晚袭击，就是想乘人不备，他们的人数一定不会太多，天亮必然逃走。"他耍弄了一点儿诡计，吩咐更夫，提前打五更，听到打更的国璠兄弟部众误以为天快亮了，不敢恋战，果然从城中撤走，白白死伤百余人，行动失败。

在国都建康，不知从什么地方冒出一支首领不明的数百人武装，乘夜突袭建康城东北郊的冶亭，一时京城大震，人心惶惶。幸亏留守的将军刘钟反应及时，迅速将其击灭。

而对刘裕更大的打击来自南燕故地。北青州刺史刘敬宣手下有一名参军名叫司马道赐，是晋朝皇族的疏远支系。大概他觉得晋室的兴亡，司马家的人都有责任，在得知刘裕讨伐司马休之的消息后，义愤填膺，秘密串联了同僚辟闾道秀、王猛子数人，密谋刺杀刘敬宣，然后据青州响应司马休之。不久，他们乘一次与刘敬宣单独召对的机会，由王猛子出手，抽刀将刘敬宣砍死于座席。不过，他们行事不够缜密，让刘敬宣的左右文武闻讯，一起动手，迅速将他们打败，司马道赐、辟闾道秀、王猛子三人都被杀死。这次变乱被消灭于萌芽，但刘裕因此失去了此生最忠实的一位挚友……

　　也许正是因为此役初期的失利和各地发生的反抗，刘裕对司马皇族的能量做出新的评估，认识到他们并不像自己原先以为的那样软弱无力，从而为他后来弑杀晋安帝和晋恭帝埋下伏笔。

平定荆、雍

不过，在这一堆坏消息中，荆州南部又给刘裕传来一个不大不小的好消息：原先在平定刘毅之后，王镇恶被任命为武陵（今湖南常德市）内史，理论上要受司马休之节制。武陵郡有一个部落首领叫向博抵，经常下山到汉人的聚居区打家劫舍，为武陵当地一大害。王镇恶到任以后，决定把他铲除。武陵郡兵不多，所以在出兵前，王镇恶又向司马休之请援，司马休之便派将军朱襄率军帮助他讨伐向博抵。

等王镇恶击败向博抵，建康方面对荆、雍二州的进攻也全面展开。王镇恶收到刘裕的密信之后，立即决定站在刘裕这一边，发动袭击，一举斩杀司马休之派来的援军将领朱襄。但杀死朱襄之后，王镇恶军并没有迅速北上会攻江陵，而是停在当地杀掠附近的部落，既出气，又发财，结果拖延了进军的时间。

破冢开战的时候，刘裕正驻军马头，等待女婿的捷报和王镇恶前来会师。万没想到，王镇恶没有等来，等来的却是女儿变成寡妇的消息。被自己寄予厚望的徐逵之就这么战死了，痛心和悔恨让刘裕怒不可遏，便不再等武陵方面的军队到达，于三月二十九日，下令大军向北强渡长江，向江陵进攻，与司马休之决一死战。

大敌当前，司马休之也把全部身家投进这场凶多吉少的豪赌，他自己不善战，便将荆州兵权交给儿子司马文思，会同鲁轨的雍州援军，共集结了四万大军抵抗。荆、雍联军抢先占据了地利，在长江北岸构筑了防御阵地，等待着刘裕的讨伐军。

这一带的长江北岸沿岸都是峭壁，攀爬十分困难，刘裕大军的几次强攻都告失利。眼见敌方连连得手，战船上的刘裕情绪越来越糟糕。在暴怒中，刘裕第一次在战场上失去了理智，他也不试试分兵迂回，而是披上铠甲，要像当年一样，一马当先，率军强行攻击。

但他手下的人都很清楚：现在的刘裕已经不是那个在吴郡以一敌千的小军官，

也不是那个在罗落桥冲锋陷阵，手刃皇甫敷的义军首领了。刘裕今年已经五十二岁了，已略高于当时人们的平均寿命，身手已不复当年矫健。更重要的是，他的命已远比当年贵重。左右将领纷纷劝阻，但刘裕越发暴怒，谁也劝不住。

就在这个时候，一位眉目清秀、风度儒雅的美男子突然从后面奔出，死死抱住刘裕，不让他离船。刘裕愤怒中回头一看，这个人是他的太尉府主簿谢晦。

谢晦，字宣明，是谢混的堂侄，原先曾在孟昶手下担任建威府中兵参军。孟昶自杀后，建威府自然也跟着解散，刘裕认为这是抄底的好机会，吩咐刘穆之说："你看看孟昶府中的幕僚，有什么能干的人可以招到我的府里来。"刘穆之便向刘裕推荐了谢晦。与他那位倒霉的堂叔不太一样，谢晦虽然也是顶级的士族子弟，但早已认定刘裕必成大事，所以倾心相随，没有卷入谢混的案子。谢晦足智多谋，精明强干，先以刑狱断案方面的才能引起刘裕的注意，得到提拔。后来在义熙土断时，他负责分管扬、豫两州，表现也非常出色，以公允著称，是刘裕手下屈指可数的能吏，平日深受刘裕的器重。

作为一个聪明人，谢晦很清楚：当领导在激动之下说错话时，最需要的就是一个结实有力的下行台阶。宋代学者胡三省在评点《资治通鉴》时，忍不住称赞说，谢晦真是懂得抓住时机，该出手时就出手啊！总之，谢晦以刘裕政敌亲戚的身份，能笑傲官场，实非侥幸。

不过现在，震怒中的刘裕简直没理可讲，他抽出宝剑，直指谢晦，大声说："我杀了你！"谢晦高声回答："天下可以没有我谢晦，但不能没有刘公！只要能阻止公犯险，我谢晦死有何惜！"经过他这么一抱、一呼，刘裕的情绪才稍稍平静。

此时，负责组织登岸进攻的将领，正是身经百战的建武将军胡藩，刘裕给他下达了命令，叫他立即发起攻击。胡藩看看对岸的地形，面露难色。这种地方怎么攻？刘裕远远看见胡藩迟迟没有动作，刚压下去一点儿的火气又冒了上来，喝令左右："把胡藩给我抓过来，斩首！"

胡藩听到这道命令，吓了一大跳，死了女婿的刘太尉今天真是疯了，连忙大声对传令兵耍赖说："我正受命攻击敌人，暂时不能接受其他的命令！"

由于感觉到脖子后面那股冷飕飕的气息，胡藩只好拼命了，一不留神成为今天攀岩运动的先驱。他选了一个最为险要，守军没太注意的地方，用刀在岩石缝隙间挖出一个个仅能容纳脚趾的浅坑，身先士卒，一点点向上爬，终于爬上了峭壁，后边的士兵也学着他的样子，纷纷爬上崖壁，突然出现在守军意想不到的侧面。登上岸的讨伐军毫不迟疑，立即展开进攻，年轻气盛的鲁"象牙"，到底不是沙场老将胡藩的对手，被压得步步后退。

刘裕看出战机已至，立即挥动大军从正面猛攻。在刘裕的严令驱使下，这些北府勇士终于找回了战场上那种铁与血的感觉，恢复了他们虎贲之师的威武本色。在这些百战精锐的猛烈攻击下，司马文思和鲁轨指挥的荆、雍联军完全不是对手，被打得大败亏输，溃不成军。

得手的刘裕指挥军队乘胜追击，轻而易举就攻克了江陵。而司马休之不愧是拥有"遁走"特技的逃跑达人，再次平安无事，并携着盟友鲁宗之、儿子司马文思一起逃往襄阳，留鲁轨守石城（今湖北钟祥市），挡一挡追兵。

有了不久前的惨痛教训，刘裕这次没给司马休之等人留下喘息的机会，他命令分兵两路追击：一、命阆中侯赵伦之与将军沈林子率军从陆路追击，进攻防守石城的鲁轨（赵伦之是刘裕生母赵安宗的弟弟，刘裕的亲舅舅，为人孝顺俭朴，但才能平庸，不通人情世故，刘裕把他的位置放在百战名将沈林子之上，提携自家人的意图昭然）；二、训斥了姗姗来迟的王镇恶一通，命他率水军从汉水北上，攻击襄阳。

在沈林子的猛攻之下，鲁轨一面苦守，一面向襄阳方面求救。司马休之和鲁宗之两人不敢迟疑，稍稍收拾余众，便亲自率军救援石城。可两人还未到达，鲁轨已经被沈林子击败，石城失守。司马休之、鲁宗之等人只好会合鲁轨的败兵，再逃往襄阳。但就在他们将要进城之时，王镇恶的水军也已逼近襄阳，鲁宗之的帐下参军李应之立即决定倒戈，关闭城门，不让鲁宗之等人入城。司马休之、司马文思、鲁宗之、鲁轨以及韩延之等人，只好再向北逃亡，投奔后秦，王镇恶一路追赶，一直追到晋秦边界也没能追上，只好回军。此时后秦与北魏派来支援司马休之的军队都还在路上，得知司马休之已败，也各自回师。

督护歌

　　胜利了，荆、雍二州平定了。荆州刺史的职位暂时由自己兼任，雍州刺史一职则交给了舅父赵伦之，东晋政权实现了建立以来从未有过的中央集权（虽然权力并未集中在司马家天子的手中）。刘裕在战前希望达成的主要目标已经达到，但这样的成功难以让他感觉到些许的快乐。为了这个胜利，他付出的代价太惨痛了，尽管这个代价主要是心理上的：他回去该如何面对女儿刘兴弟那失神的目光？

　　刘裕还记得这个大女儿出生的日子，那时他刚满二十岁，第一次当上父亲，身份还只是京口街头一个卖草鞋的小贩。

　　妻子臧爱亲是郡里功曹臧俊的女儿，岳父职称正好与父亲刘翘同级，因此两家实属门当户对。只要想想刘翘的家境，就不难明白门当户对的意思，那就是说，臧家和刘家一样，也生计窘迫，因此那时的刘裕夫妇只能含辛茹苦，一同艰难度日。买不起布料，臧爱亲就将收集来的碎布一块块缝补在一起，做成百衲衣。刘裕就穿着这样酷似万国地图的外衣去新洲（长江中的小岛，后来刘牢之自缢的地方）打柴，再背回京口贩卖，挣几个勉强糊口的小钱。这样看不见尽头的贫苦日子，一天天过下去，直到有一天，不甘心一生平庸的刘裕辞别家人，投身军旅。

　　在这种艰苦环境下渐渐长大的刘兴弟，早早就懂得了生活的艰辛，在白天，与母亲、奶奶一起到田间辛勤劳作，在晚上，就着月光学习缝补针线。那些与母亲一同守候在家乡的日子里，最盼望的事，是外出的邻人捎回有关父亲的消息，但最怕听到的，也正是父亲的消息。因为谁知道下一个消息会不会就是噩耗。她见过京口太多的寡妇那伤痛无声的背影，也见证了未老的母亲头上那日见斑白的青丝。

　　比起那些丧失父亲的同乡，刘兴弟是幸运的，因为她的父亲是刘裕。经过漫长的等待，她和母亲终于迎来了父亲出人头地的日子，臧爱亲成了豫章郡公夫人，而刘兴弟也由一个不起眼的贫家少女，一跃成为众人羡慕的贵家小姐。不过，对于母女二人来说，真正让她们高兴的，恐怕并不是突然降临的富贵荣华——因为她们富贵之后也一直保留着俭朴的生活习惯——而是终于可以真真切切地见到丈夫、父亲，不用再为他担惊受怕，忐忑不安地度过一个个不眠之夜。亲人的平安就是最大的幸福。

臧爱亲已于七年前病逝，历尽辛苦，但她还是幸福的，她等回了刘裕。可谁能知道，这种看起来似乎已经远去的灾难，竟会落到女儿的头上！最后，刘裕还是鼓不起向女儿报知噩耗的勇气，把这个任务交给了替徐逵之收尸的心腹卫士督护丁旿，就是那个曾几拳打死诸葛长民的丁旿。

这的确是个苦差事，本来就不善言辞的丁旿，面对一身缟素的主公之女，有关徐逵之在战场上身首异处之类的惨事，更加难以开口。刘兴弟问一句，他才勉强答一句。刘兴弟只得掩面叹息：“丁督护啊……”

多少伤心苦痛，尽在不言中。

不久，一曲著名的哀歌开始在建康、京口一带传唱，它以刘兴弟那一刻的哀叹而得名——《丁督护歌》。作者不详，不知会不会就是刘兴弟本人。通篇以军人妻子口吻，默默诉说送夫远征时的无奈与哀伤：

> 督护北征去，相送落星墟。帆樯如芒栉，督护今何渠？
> 督护初征时，侬亦恶闻许。愿作石尤风，四面断行旅。
> 闻欢去北征，相送直渎浦。只有泪可出，无复情可吐！

据说刘裕听到这首曲调凄婉的歌曲，担心会影响军队士气，也不利于自己即将开始的北伐，又命人在前面加了两段：

> 督护北征去，前锋无不平。朱门垂高盖，永世扬功名。
> 洛阳数千里，孟津流无极。辛苦戎马间，别易会难得。

此后，这曲哀歌在民间代代传唱，直到唐朝，为李白所谱写的新《丁督护歌》取代。

至于刘兴弟，她拒绝了刘裕让她再嫁的请求，守寡终身，一心抚养她和徐逵之所生的两个儿子徐湛之和徐淳之。她的性格也变得非常抑郁，再没有人见过她的笑脸，一不如意，便会悲从中来，放声大哭。刘裕也没有办法，因为在很大程度上，他感到这是他的错，是他对不起女儿。史书上说，刘裕对两个小外孙，尤其是聪明懂事的徐湛之，给予了百般的疼爱，时时带在身边。透过这个小小的细节，我们看到的是一位父亲对女儿的赎罪。

不仅如此，今后我们将越来越清楚地发现：刘裕留在历史中的形象不仅仅是一个政治家和一个军队统帅，他还是一个父亲，一个对子女过分慈爱以至溺爱的父亲，这一身份随着他的年岁渐渐步入老境，所占比例还会越来越大。绵长的儿女情正在慢慢侵蚀刘裕那豪迈的英雄气，在他晚年犯下的不少错误中，我们还将看到这个变化带来的影子。

英雄所失略同

不过，在这段时间，最痛心的父亲肯定不是刘裕，至少在长安城里，四十八岁的后秦皇帝姚兴就比刘裕痛苦得多。因为刘裕的女婿至少还是因公殉职，而他的儿子正在忙着自相残害。

作为羌人烧当部落的世袭酋长，姚兴的爷爷姚戈仲就有儿子多达四十二个，只不过大部分比较平庸，在史书上无记载。在下知道的只有其中的第五子姚襄、第二十四子姚苌，以及不知排行的姚尹买、姚绪和姚硕德。

那一代姚氏兄弟中最重要的人物莫过于姚苌，这个素以阴险狠毒著称的奸雄，在对待自己的手足时，完全是一个情义深长的模范兄弟。当年姚襄与前秦军队在麻田交战失利，所乘战马被射死，正是姚苌将自己的马让给兄长。姚襄问他："马给了我，你自己怎么逃脱？"姚苌回答："只要兄长能够平安无事，那些小子岂敢伤害姚苌？"那是何等肝胆相照啊！

正是因为有这样的团结互助，姚氏集团才能在败亡之后，又抓住机会重新振兴，建立后秦。在后秦开国的征战过程中，姚家兄弟都是有福同享，有难同当，心往一处想，劲往一处使。姚尹买为国捐躯，姚绪、姚硕德等都在其中建立大功，而史书上从没留下他们兄弟的不和记录。

可惜，姚家的后世子弟正应了"富不过三代"的古语，到后秦帝国的第三代皇族，也就是姚兴的儿子这一辈时，姚家数代保持的友爱传统，终于被这群子弟抛到脑后了。

根据在下查到的记载，姚兴至少有十二个儿子，分别是姚泓、姚懿、姚弼、姚洸、姚宣、姚谌、姚愔、姚质、姚逵、姚裕、姚国儿、姚耕儿（姚国儿和姚耕儿可能是小名），但参考姚戈仲老爷爷的四十二个儿子，这些未必全是姚兴亲生儿子。

然而，姚兴虽然多子，但并不多福。因为他的这些儿子实在不让他省心。不知姚家这基因是怎么遗传的，作为他的法定继承人，太子姚泓，偏偏是个比绵羊还要温顺软弱的人，体弱多病，完全没有一点儿爷爷或父亲的风采。而这位太子的弟弟却是一群野心勃勃的狼崽子，很多人都不买大哥的账。这样的现实，让姚兴怎能放心把后秦的未来交给那位懦弱的长子呢？因此在很早时，姚兴就隐隐有了换掉姚泓的念头。

虽然没有明说，但可以从史料中明显看出，那时在姚兴心目中，存在一个最有力的太子候选人——广平公姚弼。与姚兴其他的儿子相比，姚弼起码看起来显得聪明能干，非常有进取心。他也自恃最得姚兴的宠爱，因而行事高调，不把其他兄弟放在眼里。自从察觉到父亲那隐隐约约的暗示之后，他更加目中无人，仿佛太子之位早已是他的囊中之物。

但太子毕竟不是说换就换的，对于汉化程度已经很深的后秦来说 [义熙二年（406），姚兴主动将姑臧一地割让给南凉王秃发傉檀，消息传出时，姑臧城中士绅纷纷反对，共同遣人向长安请愿，请愿书中有这样的内容：“臣州奉戴王化，于兹五年……无故弃五郡之地忠良华族，以资暴虏……”显然，在姑臧的汉人看来，南凉还属于“暴虏”，而后秦差不多可以算华夏了]，立嫡立长的传统规矩也不是能随便破坏的。姚兴很清楚，如果姚弼不能拿出让众兄弟心服口服的大功，那么废长立幼，强行指定姚弼当继承人，只能是取祸之道，不论对后秦，还是对姚弼本人，都有害无益。因此，姚兴决定给他的爱子姚弼创造一个立大功的机会。

义熙三年（407）十一月，叛秦称王的夏主刘勃勃在阳武下峡（今甘肃靖远县黄河以上）大败南凉王秃发傉檀，南凉的精锐一万多人被斩首，名臣勇将折损十之六七，从此由盛转衰。看到秃发傉檀的衰样儿，姚兴认为这是一个好机会，就把“落水狗”交给儿子打吧，如果姚弼能够灭掉南凉，那他的功绩就足够他取代姚泓，并安稳地继承后秦帝位了。

义熙四年（408）六月，姚兴任命姚弼为主帅，会同后军将军敛成、镇远将军乞伏乾归（原为西秦国王，投降后秦，后又乘后秦衰弱之机恢复西秦，中国历史上唯一一个既亡国又复国的君主），统率步骑三万余人出师，谎称假道讨伐刘勃勃，乘虚袭击南凉，并命卫大将军姚显统军两万做姚弼的后援。为了防备刘勃勃捣乱，姚兴又派左仆射齐难率骑兵两万伐夏，掩护姚弼军的行动。为了麻痹秃发傉檀，姚兴亲自写信给他这位名义上的属国君主："我这次就派齐难出兵讨伐刘勃勃，为你报仇，为了防止他向西逃跑，特命姚弼兵发河西，这也是为了保卫你们啊！"

计划是周全的，愿望是美好的，可惜执行是糟糕的。出军伊始，姚弼的一位心腹部将姜纪提出了一条建议：乘南凉无备，由自己率五千轻骑偷袭姑臧。建议一出，被大军统帅姚弼一口拒绝。于是，后秦大军步骑一起稳步推进，场面非常浩大，很好地满足了一位未来太子的表演欲。

当然了，并不是每一场蹩脚戏都是从头烂到脚的，比如姚弼主演的这场出征大戏。它的第一幕还是不错的，后秦军旗开得胜，攻克漠口（今甘肃永登县西南），斩昌松太守苏霸。战绩辉煌啊！不过，姚弼可能没有仔细想过：在他"成功"之余，已让秃发傉檀如梦初醒，使姚兴原先花了好大力气实施的战略欺骗，全打了水漂。

后秦大军继续前进，进攻姑臧。秃发傉檀一面率部死守城池，向四方征调援军，一面派出少量精锐部队编成别动队，不断袭击后秦军队。姚兴的候补太子面对真正的考验，露出了绣花枕头的本色，他对此毫无办法，连遭小败，只得放弃围攻，将兵力收缩于姑臧城西。城中原有五千多百姓愿做后秦军内应，由于后秦军行动迟缓，行事不密，消息走漏，结果全部被南凉军队坑杀。

随后，南凉的各地援军到达，秃发傉檀故意把一批牛羊放逐到原野上，引诱后秦军队出来抢夺，然后伏兵合击，大败后秦军于姑臧郊外，斩首七千余级。吃了大亏的姚弼总算学乖了，不敢再战，只好躲进西苑营垒。南凉军队立即将西苑团团包围，秦军的水源也被切断，只差一步，姚弼就要被陇右的太阳烤成马谡第二了。

好在此时秃发傉檀处境也不妙，他并不想同强大的后秦完全闹翻，于是在得胜之后，并没有对姚兴的候补太子赶尽杀绝，反而主动派使臣去向姚兴道歉，请求宽恕。正好此时，齐难也被刘勃勃打败，两万大军全军覆没。姚兴无力再继续两面作战，只好又同秃发傉檀恢复"友谊"，姚弼才得以带着败兵撤回。

唉，这件事该怎么说呢？为了培养某人，慕容垂、刘裕、姚兴竟都栽倒在同一条水沟里，难道是"英雄所失略同"？

不幸的父亲各有各的不幸

后秦皇帝的爱子总算平安回来了，可后秦广平公爵爷的太子位飞走了。败阵而归的姚弼仍受父亲的宠爱，但他的职务已经由卫戍中央的中军将军换成了镇守安定的雍州刺史，他不用回长安了。要知道，这可不仅仅是一个工作地点变更的问题啊！

安定，地处今甘肃泾川县北，镇原县南，泾河的北岸，是后秦最重要的边防重镇，其地位接近袁崇焕时代的宁远和吴三桂时代的山海关。后秦政府在这里部署有重兵，安置了大量的羌人熟户，紧急状态下号称可动员十万兵。

按说这样的安排对姚弼也算很够意思了，重兵在握，挑战与机遇并存，这是多少有志之士梦寐以求的施展空间啊？他如果能在这个重要位置上干出点儿业绩，仍有被父亲升级为太子的可能性。就算是当不了太子，也为他将来夺位提供了基础。因为在一千年后的明朝，有一位朱老四，就是凭借强藩的地位夺取了侄儿的皇位。

不过，姚弼虽然追求进步，可经过姑臧之败，也有了自知之明：他并不是那个能把蒙古人教育得服服帖帖的朱老四。安定为什么会是边防重镇？就因为在安定的北边，有那位让所有后秦将领都感到头皮发麻的刘勃勃。想想自己和刘勃勃的手下败将秃发傉檀交手的经历，不难得出这样的推论：把我放到这鬼地方当雍州刺史，这和要我的命有区别吗？

好在姚弼手下那位姜纪真是"任劳任怨"，并没因征伐南凉时的事心存芥蒂，仍积极替他出谋划策。按姜纪的办法，姚弼对准姚兴身边一些说得上话，又可以收买的人，上下打点，发射了各种糖衣炮弹。这些人"中弹"之后，便在姚兴身边不时替姚弼吹风，说他的种种美德，议论对他的待遇不公。

在支持姚弼的这些人中，最重要的一个是姚兴的弟弟（另有一说是姚兴的叔父）东平公姚绍，就是那位曾向兄长推荐慕容超的仁兄。时隔数年，他看人的眼神仍一如既往地不怎么样，觉得兄长的儿子就数姚弼还算可以，也替姚弼说了不少好话，请求将其调入京。

姚兴本来最宠爱的儿子就是姚弼，现在听了左右这些人的话，又让他想起这个儿子的优点：其实姚弼还是不错的，起码比其他的儿子强。年轻人嘛，哪能不犯点儿小错呢，怎能忍心让他一直待在险地？

不久，姚兴又下令调姚弼入京，升任尚书令、侍中、大将军，集军政要职于一身，重新进入后秦政坛聚光灯的照耀中心。姚弼当然不会浪费这到手的大好资源，乘着关系网的扩大，他倾心结交朝野名人，博取礼贤下士的声誉。

地位稍稍巩固，姚弼开始提拔同党，推荐亲信尹冲为给事黄门侍郎，唐盛为治书侍御史，尽掌朝中机要。和提拔同党同样重要的，自然是打击异己。将军姚文宗是太子姚泓的亲信，不甩姚弼的面子，姚弼便设计诬陷他诽谤朝政，将他赐死，从此，后秦朝廷的各级官员对姚弼望而生畏，不敢再得罪他。在姚弼的不懈努力和姚兴对他的纵容默许下，太子姚泓的地位再次摇摇欲坠。

对姚弼来说，那真是一段阳光灿烂的日子啊！不过，用不了多久，他就会悲哀地发现，自己夺嫡的理想就像玻璃瓶中的苍蝇，前途光明，却无路可寻。因为他忽略了一点：父亲并不是只有他和姚泓两个儿子。

除了那个软弱的大哥，姚弼还有一大堆兄弟。秉承西晋以来的传统，姚兴也喜欢以皇族宗室尤其是自己的儿子驻守边镇，因此这些兄弟的实力可都不弱，大多据要地，握重兵，后秦的各个军区司令基本都被他们包了。如果他们一致行动，影响力绝对是不容小觑的。

"有人的地方就有恩怨，有恩怨的地方就有江湖。"何况在权力场博弈的，还是他那些同样贪婪的兄弟，出头鸟必然成为众矢之的，你怎么躲得开？此刻其他姚家兄弟都睁大了血红的眼睛，用妒恨交加的目光盯着姚弼迈向太子位的每一步成功足迹。

同样的感受让这些兄弟形成了一个人人心中有、个个嘴上无的共识：就目前而言，他们中谁也没有被父皇立为继承人的可能性，所以大家必须联合起来，阻止姚弼得逞。因为等到父亲百年之后，从软弱的大哥手中夺位，比从姚弼手中夺取要容易得多。结果，由姚裕、姚懿、姚洸等人为首的反姚弼联盟就被悄悄建立起来。

义熙十年（414），双方的较劲日益激烈。斗争是按先礼后兵的顺序进行的，属于反姚弼党的右仆射梁喜、侍中任谦、京兆尹尹昭等上奏姚兴，请求削减姚弼的权势，明确姚泓的太子位不动摇。同时，属于姚弼党的大司农窦温、左长史王弼先秘密上疏，请求姚兴改立姚弼为太子。面对儿子们的针锋相对，健康状况已经不佳，但又拿不定主意的姚兴不胜其烦，便用装聋作哑的方法来应付：都不接受，只当没看见。

五月，姚兴抱病出征贰城（今陕西黄陵县西北）一带的叛军，得胜之后却病倒了。姚弼很着急：现在老父还没有正式立自己当太子，如果他就这么死了，按正常程序，皇位还是要落到大哥姚泓的手上。为避免这种情况的发生，姚弼秘密聚集数千死士，准备在姚兴死亡时发动政变。

但几千人的调动，哪是这么容易保密的？他的老弟姚裕警惕性很高，很快嗅出了姚弼要造反的味道，立即遣人通知各位加盟兄弟：再不动手，姚弼就要成为我们的新皇上了！

驻守蒲坂（今山西永济市）的并州牧姚懿因为距离长安较近，首先接到密信，看罢，立刻"义愤填膺"，当着部下将士的面痛哭流涕："皇上如今卧病不起，做臣子的谁不是忧心如焚，以至衣冠不整。可就在这举国同悲、上下一心的时刻，姚弼那个阴谋家竟然怀有异心，不忠于储君（指姚泓）！在自己的私宅聚集军队，图谋不轨！今天，我要舍生取义！诸君都是忠义之士，应该和我一起共赴国难！"他赦免狱中的全部囚徒，编入军队，拿出库存的几万绢帛作为赏赐，建牙誓师，即将向长安进军。

利益攸关的时候，坐镇外藩的姚家兄弟非常团结（后来刘裕北伐，后秦国难当头时，他们都没这么团结过），除了姚懿在蒲坂誓师起兵，镇东将军兼豫州牧姚洸在洛阳，平西将军姚谌在雍城（今陕西宝鸡市凤翔区），分别起兵，坐镇杏城（今陕西黄陵县西南）的姚宣也在做参战准备。防御外敌时不怎么积极的各边防重镇，此时枪口一致对内，从四面八方指向了长安城中的姚弼。后秦皇子的内战，已是一触即发！

谁知就在彻底摊牌前，姚家兄弟都认为该死了的老父姚兴，突然病情好转，重新上朝理政。他这才知道，就在自己休假的这几天，他的儿子快闹翻天了。

内战暂时不能打了，但泼出去的水岂能收回？这件事一定得有个结果。因为先动手聚兵的是姚弼，反姚弼派自觉本方是理直气壮加兵强马壮，便联合向老父示威，并不停止军队的动员，由本派的朝中大臣梁喜、尹昭等人开出本方的喊价：诛杀姚弼！

姚兴虽然对姚弼的作为大失所望，还不忍心杀他，但大势至此，也不能犯众怒，其余几位儿子可是掌握了后秦天下的大半。这位可怜的父亲只好大打折扣，向姚懿等人开出了还价：解除姚弼尚书令的职务，以大将军、广平公的头衔回家，闭门思过。

初战告捷，姚懿、姚洸、姚谌、姚宣四人宣布停止各自的军队动员令，相约一同入朝。他们入朝不是慰问大病初愈的老父，而是痛打落水狗姚弼。

姚兴对此当然是心知肚明，所以当反姚弼派的同谋姚裕向他报知四位皇子请求进见时，他拒绝说："他们不过就是想告诉我姚弼干了什么坏事，那些我都已经知道了。"但姚裕不干："如果姚弼有过错，陛下就该听听他们怎么说。如果姚懿他们说得不对，陛下也可以惩罚他们，怎么可以不接见呢？"

话说到这份儿上，姚兴只好召见，四位皇子在父亲面前批判姚弼。其中姚宣的表现尤其忠肝义胆，他一一诉说姚弼祸国叛君的种种罪恶，激动得痛哭流涕。大臣姜虬也来凑热闹，上疏说："广平公姚弼可谓罪行累累，他谋逆的行为已是路人皆知！陛下纵然有心包容爱子，也不可能消除他的叛逆之心。最好是把他关起来，断绝他与身边奸党的联系！"

姚兴觉得自己也该发作一下了，气愤地问左仆射梁喜："为什么天下人要把所有的罪恶都推到姚弼一个人身上，非逼我处理他？"没想到梁喜也吓不住："姜虬说得很有道理啊，陛下应该及早听从。"

这下姚兴彻底没语言了。但爱子的命他还是要保的，他便搪塞说："这件事我已经清楚了，你们要相信，我一定会做出公正的处理，都回去安心工作吧。"对姚弼的进一步处罚决定，理所当然地迟迟没有做出。大事拖久了自然就化小，小事拖久了自然就化了，这件事情就这样不了了之了。

从这次事件的处理经过，不难看出姚兴是拉偏架的，胳膊肘一直往姚弼这边靠。在全过程中，他几乎是以姚弼的代言人身份与其他儿子谈判。而历来评论大多认为姚弼是此事的罪魁祸首，姚懿、姚宣等人此时站在正义的立场上，其作为非常正当。坏事就坏在姚兴心慈手软，除恶不尽，才使后秦后来祸事连连。

不过，平心而论，姚弼固然不是什么好东西，姚懿、姚宣等人又岂是良善之辈？他们此次的行动也在后秦历史上开创了一个藩镇联合压迫朝廷的恶劣先例。想想看，一个人如果由四肢来指挥大脑，那他还属于高等动物吗？

此时姚兴还活着呢，地方各镇就已经如此跋扈，那么等他一死，不管是姚泓还是姚弼继位，谁还可能让后秦保持统一？如果外敌入侵，这个已变成一盘散沙的后秦又如何能团结御敌？后秦实际上面临一场即将到来的继承人危机，对姚兴这个父亲来说，几乎无解。

孟子曰："人必自辱，而后人辱之；国必自伐，而后国伐之！"仅仅出于外部原因，是很难让一个本不弱小的国家迅速走向灭亡的。

姚兴之死

　　姑息养奸从来都不能真正解决问题，第二年（415年），在众兄弟的围攻下没死透，又缓过气来的姚弼策划反击，目标直指去年对他攻击最出力的姚宣。这年三月，姚弼串通姚宣的部下权丕，一同诬陷姚宣。

　　有了人证，已经有点老糊涂的姚兴大怒（这么多人说姚弼的坏话，姚兴都不怒，才一个权丕做证，他就大发雷霆，恐怕他的发怒并不是因为误听人言，而是他的心仍然偏向姚弼，有意打压姚宣这只反姚弼派的出头鸟），立即派人到杏城将姚宣逮捕回长安问罪，同时命姚弼率三万大军出镇秦州（今甘肃天水市）。

　　此时，那位姚兴的老相识，已经放弃了刘姓，改名赫连勃勃的夏国武烈皇帝，见有机可乘，大举进攻暂时没有军区司令的杏城。姚兴得知，急命姚弼前往救援，但还未到达，杏城已被夏军攻克（在下很不厚道地猜想：姚弼可能是故意迟到，一则他怕打败仗，二则死的是姚宣的人，对他有益无害），守将姚逵被擒，后秦将士两万多人被赫连勃勃坑杀。

　　虽然国家既损兵折将，又丧城失地，但在姚弼看来，形势正往好的方向发展：他已经重获父皇的宠信，还拔掉了一枚最碍事的眼中钉。可惜人一得意，就容易忘形，特别是像姚弼这样的半瓶醋。

　　姚兴自去年以来，身体一直不好，天天拿药当饭吃。到了九月，姚兴突然药物中毒，再次迈向鬼门关。姚弼得知之后，老毛病又犯了，他称病不去看望父亲，再次聚兵于私第，准备政变。

　　没想到姚兴这次好转得比上次还快，醒来后知道他最疼爱的乖儿子屡教不改，又要抢班夺权，终于忍不住大怒了。他立即处死姚弼的数名同党，并将姚弼逮捕。

　　这个时候，一直默默无语的太子姚泓突然说话了，他向父皇流泪请求赦免姚弼，并说："我没有父亲的能力，无法让兄弟和睦，以致发生了今天的事，这都是我的过错。如果我死了能消除矛盾，让国家平安，请赐我一死。如果陛下不忍杀我，请废去我的太子名号，退居藩国。"姚兴大为感动，赦免了姚弼及其同党，并对众大臣说："姚泓天性善良平和，不会胡乱猜忌，一定能够和睦群臣，保护好他的弟弟。"总之，姚弼再次化险为夷，但姚兴至此彻底放弃了更换太子的想法，后秦帝国的接班人已确定为姚泓。

到了为身后事操劳的时候了，这一年十月，姚兴将女儿西平公主送往平城（今山西大同市，此时的北魏首都），嫁给北魏皇帝拓跋嗣，两国借机结盟。如果自己的儿子将来有难，也许能指望这个强大的妹夫帮一把。这虽然算不上什么好办法，但至少是没有办法的办法。

义熙十二年（416）二月，姚兴前往华阴休养，让太子姚泓监国，实习皇帝工作。姚兴的想法是不错，但计划没有变化快，才走到华阴，他又病倒了，只好返回长安。一个阴谋，也随着姚兴的病危再次产生。

随姚兴一同出行的黄门侍郎尹冲、尚书姚沙弥等一批人，是原先姚弼当政时提拔的同党，他们眼看老皇帝不行了，而本方的带头大哥姚弼已被软禁在广平公府，所以继位的必是姚泓。一旦他上台，我们还能有好果子吃吗？

尹冲认为，姚兴回銮，以仁孝著称的太子姚泓一定会出宫迎接，可以事先埋伏下杀手，趁那个机会击斩太子。谁知太子身边的人也不是傻瓜，他们也看出危险，极力劝阻姚泓说："而今主上病危，几个奸臣就在皇上身边，谁知他们会有什么阴谋，殿下如果出宫，未必能见到父皇，而大祸难以预测。而且殿下身为太子，保全性命，安定国家，才是大孝。"姚泓也没笨到家，觉得有理，就没有出宫行"小孝"。

姚泓不出来行孝，让尹冲的计划落了空。同党姚沙弥又提出一条亡羊补牢的建议："太子既然不出来，我们不如直接把皇上送到广平公府。禁卫将士一旦知道御驾所在，自然会赶来会合，我们便可让广平公挟天子诏杀进宫，那时太子孤身一人，还有谁能保护他？而且，我们这些人因为是广平公的党羽，早被人家记在黑名单上了，今天此举，不但能救广平公，也可洗清我们头上的罪名！"

但是，阴谋刚刚破灭的尹冲一时提不起再施阴谋的勇气，姚沙弥的计划风险也太大了，姚兴的病情时好时坏，谁知他这次是死是活，万一他突然又清醒过来怎么办？当年赵高敢于立胡亥，那是因为秦始皇已死，又取得李斯的支持，太子扶苏也早被打发去西北支援边疆。现在三个条件都不具备，行事有可能成功吗？于是，尹冲拒绝了姚沙弥的提议，打算再等等看。

随后，姚兴入内宫，发下三道圣旨：一、加授太子姚泓录尚书事，正式主持日常工作；二、命皇弟东平公姚绍与右卫将军胡翼度统领禁卫军，驻防宫城，并在京城实施戒严；三、派殿中上将军敛曼嵬搜查广平公府，没收所有武器，送往国家军械库。（这三道旨意有可能是姚兴的意思，但更可能是姚泓见姚兴病重，借父之名下的命令，以防不测。）

风雨欲来，姚弼的同党都已闻出这几条命令中那刺鼻的火药味，离引爆只差一粒火星了。正好姚兴的妹妹南安公主入宫探病，姚兴最小的儿子姚耕儿借机跟了进去，远远见姚兴已经不能说话，甚至对南安公主的问询一点儿反应也没有。人小鬼大的姚耕儿立即出宫，找到了兄长南阳公姚愔，告密说："父皇已经去世，还不早定大计！"与其他兄弟不同，这两兄弟是姚弼的同党，得此信息的姚愔立即通知尹冲，两人以最快的速度集合死党，直取皇宫。

宫中守卫胡翼度、敛曼嵬等发现势头不对，反应也很迅速，马上紧闭宫门，率禁卫军殊死抵抗。姚愔、尹冲一时冲不开宫门，便另寻道路，攀墙而上，沿着房梁抵达后宫的马道。太子东宫的卫队长姚和都又正好率东宫卫士赶到，堵死了马道，姚愔的人仍无法突破。急红了眼的姚愔、尹冲放火焚烧宫门。两边你争我夺，在宫里杀得难分胜负。

正在此时，一件让姚愔等人意想不到的事发生了：姚耕儿带出去的，其实是一份假情报，姚兴其实还活着。更让他们抓狂的是，姚兴又醒过来了！得知姚弼党人已经造反，正在攻打皇宫的消息，姚兴只得强撑着病体起床，乘轿到达前殿，在众将士面前下令赐姚弼自杀。禁卫军看到姚兴仍在，无不勇气倍增，争先恐后攻击叛军，而姚愔的人见己方是与皇帝作战，士气尽失，稍作抵抗便四散奔逃，姚弼党人终于彻底瓦解。

两个造反主谋的下场不同。姚愔逃到骊山，后被捕获处死。尹冲则带着弟弟尹泓逃过了后秦的追捕，投奔东晋，后来还参加了刘裕的北伐，官至司州刺史。再后来，刘裕去世，北魏南征，这位尹大人又投降了魏军，继续在北朝做他的高官。

姚兴其实是很爱姚弼的，但他终于不得不亲自下令杀了这个自己最喜爱的儿子，在那颤抖的口令中，一定伴随着心碎的声音，对一个重病中的老人，这种打击的残酷程度可想而知。强撑着一口气的姚兴召见姚绍、姚赞、梁喜、尹昭、敛曼嵬等大臣，发下遗诏，让他们用心辅佐新君。第二天，姚兴逝世，谥"文桓皇帝"，庙号"高祖"。姚兴走了，给姚泓留下了一个危机四伏的国家，后秦开始了它的灭亡倒计时。

后姚兴时代

对姚兴的多数儿子和部分邻居来说，他的死都是一件让人期盼已久的事。儿子们等他死，是巴望着他的宝座，因为他不死，皇位就空不出来，大家就没有机会打内战。邻居盼他死，是眼馋后秦的国土，因为他不死，后秦再衰弱，仍能保持一个统一的整体，攻打起来有一定难度，而只要他一死，他的儿子还能不把国家闹个四分五裂？

当初，那位一直用贪婪的眼睛盯着姚家家产的邻居赫连勃勃就说过："姚兴也是一世之雄，各藩镇都愿为他效命，关中还不可图谋……"现在，能让各地藩镇效命的姚兴，终于不负众望地驾崩了，这是一件多么大快人心的事啊！

在后秦幸灾乐祸的邻居中，除了赫连勃勃，还有我们的主角，东晋太尉刘裕。

因为刘裕打算北伐中原，收复长安、洛阳两大故都，已不是一天两天的事了。早在北伐南燕和请旨土断的时候，他就多次公开宣布：将要讨伐后秦，收复中原失地。现在只是有个好机会，把这些早已说过的话付诸实践而已。

其实就算姚兴一直活着，也不会让刘裕放弃进取中原的念头，姚兴还够不上让刘裕害怕的级别。刘裕在此时才正式策划北伐的主要原因，不是姚兴死了，而是南方有实力的异己分子已被他清除干净，后顾之忧空前的小，他已经能够整合东晋全部的军事力量来干点儿大事了。既然天遂人愿，想什么来什么，能够更轻松地得手，谁不乐意？再说刘裕读书也不多，"礼不伐丧"之类的儒家教条，对他毫无约束力。

就像赤壁之战前的孙刘联军，早已是万事俱备，现在又适时地刮起了东南大风，还有不动手的理由吗？于是，一次北伐就要开始了！而第一个目标，就肯定是姚兴死后四面受敌又四分五裂的软柿子——后秦（之所以称后秦为第一个目标，是因为在下认为：刘裕此次北伐最初的打算，并不仅仅是灭掉后秦就收手）。

在正式实施这个计划之前，尽管铲除南方形形色色的反对派占用了刘裕的主要精力，但他仍为这次大行动预先做了不少准备。因为年代久远和事涉机密，我们难以一一厘清当年刘裕的所作所为，但透过一些历史细节，仍能看出他当时努力的一些轮廓。

首先是外交战。对蓄谋开战的一方来说，外交所要达到的基本目的，就是在尽可能地壮大本方、联络盟友的同时，孤立对手，迫使对手在处于劣势的情况下与本方对抗。后秦此时的四邻，除去东晋，东北是北魏，正北是夏国，西北为北凉，西为西秦，西南有后仇池（南凉已在义熙十年即414年为西秦所灭）。

从北伐的实用角度看，这些国家（不计东晋）可大致分为三类：最强大的北魏是后秦的姻亲之国，算是勉强的盟友，刘裕要做的是尽量争取它的中立，防止北魏卷入战争；夏国的赫连勃勃则是后秦的死敌，西秦和后仇池都是先为后秦所灭，后又各自复国，与原宗主国后秦也处于敌对状态，显然，它们是刘裕目前很好的团结对象；北凉原本处于中立，但因与西秦有矛盾，连年交战，有可能拖反后秦联盟的后腿，所以也是刘裕外交战的重点之一。

义熙十一年（415）五月，刘裕让坐镇益州的朱龄石遣使到达北凉（北凉此时的实际国号是"河西"），拜访河西王沮渠蒙逊。经过一番商谈，沮渠蒙逊上疏晋朝，表示臣服："听说车骑将军刘裕打算肃清中原，我沮渠蒙逊愿担任他的右翼，一同驱除戎虏。"

第二年二月（姚兴去世的同一个月），沮渠蒙逊与西秦主乞伏炽磐联姻和解，两国停止交战，虽找不到确实的史料佐证，但其中很可能就有东晋的调解之功。此后，西秦就能无后顾之忧，不断给后秦找麻烦了。

除了联络北凉、西秦，刘裕也没有放松对夏国的接触。他派使者至夏，与夏主赫连勃勃相约为兄弟（因为赫连勃勃原姓刘，一笔写不出两个刘）。赫连勃勃得知刘裕的使者要来，事先让手下文笔出众的中书侍郎皇甫徽写好回书，自己暗中背熟，等到了会面的时候，他当着刘裕使节的面，表演文采飞扬、出口成章的绝技，把回书背了下来。使者回去之后，把会面情况报告刘裕，把肚子里没多少墨水的刘寄奴唬了一大跳。他叹息说："唉，我比不上他啊！"（这件事发生的具体时间不详，可能在刘裕灭后秦之后，但赫连勃勃在刘裕出兵前已知刘裕的伐秦计划，两者应该早有联系。）

当然，因为今天能找到的这些证据彼此孤立，无法形成完整的证据链，以上都只能算是捕风捉影的推测。比起外交战，今天可以找到确凿证据的，是刘裕发起的情报战。

刘裕对情报工作的重视，可能源自刘穆之。史书上说，刘穆之在处理政务之余，还专门花了很大功夫来打探各种各样的消息。他每天都要接待宴请大量的宾客，然后以这些人为耳目，组建起一个相当规模的情报机构，大到朝中官员的动向，小到民间街巷的趣闻，都很难瞒过刘穆之的眼睛。而刘穆之又将这些情报事无巨细地密报刘裕，使刘裕在众人面前显得明察秋毫，故人不敢欺。

有了这样的成功经验，刘裕自然会将它发扬光大。于是，一个规模庞大的谍报攻势，在正式北伐前已对后秦全面展开，负责人是有勇有谋的冠军将军檀道济。檀道济向后秦派出了大量的谍报人员，从事侦察、收买、策反等工作。最好叮的蛋都是有缝的，所以檀道济把工作重点放在了河南的秦军主帅陈留公姚洸身上。

坐镇洛阳的姚洸，虽然在参与兄弟相争时目光如炬，但面对外敌的渗透，就糊涂得可以了。他最信任的手下，如尚书姚禹，主簿阎恢、杨虔等人，都被檀道济发展成了晋军的卧底，他还茫然不知，依旧视他们为心腹。

如同高手博弈，胜负往往在布局阶段已见端倪。由于后秦新主软弱无能，后秦自身存在各种矛盾，北方列国并立的战略现实，再加上刘裕从中运筹帷幄，自姚兴死后，后秦形势持续恶化，出现了对刘裕北伐极为有利的态势。

义熙十二年（416）二月，姚兴刚刚去世，后秦就发生了北地（今陕西三原县东）太守毛雍的叛变，姚泓派叔父，也是朝廷的头号重臣东平公姚绍，前往镇压。正在镇守李闰（今陕西大荔县北）的姚宣得知此事，不由得怦然心动。这位在和兄长姚弼的斗争中显得“忠勇无比”的公爵，在部下参军韦宗的建议下，决定乘姚泓新立，姚绍又出征，导致中央空虚的机会，率部南下，逼近长安，建“霸王之业”。没想到姚绍用兵神速，很快生擒毛雍，回师又攻破李闰，姚宣只好厚着脸皮来进见姚绍，向叔父谢罪。姚绍毫不客气，立即把这个侄儿斩首，这次变乱被迅速平定。

四月，西秦大将乞伏昙达进攻后秦，击败后秦的秦州刺史姚艾，掳走居民五千余户。

六月，仇池王杨盛出兵后秦，攻克祁山（今甘肃西和县北，三国时诸葛亮数次北伐途经之地），又败秦将姚嵩于竹岭（今甘肃天水市西南）。

差不多同时，夏主赫连勃勃亲率四万大军南下，攻克上邽（今甘肃天水市）、安定，又在阴密（今甘肃灵台县西南）大败秦军，随后推进至镇西将军姚谌据守的雍城。大敌当前，姚谌弃城逃往长安，夏军已逼近后秦的国都。危急关头，又是东平公姚绍力挽狂澜，他集结五万步骑反攻，逼退夏军，收复安定。接着，姚绍又在马鞍阪（今甘肃平凉市）击败不可一世的赫连勃勃。因为这是后秦军第一次在战场上打败赫连勃勃亲自率领的夏军主力，后秦军士气为之一振。

大概受这次胜利的影响，后秦军终于改变了之前连战连败的颓势，又连续获得几次胜利：殿中将军敛曼嵬在陈仓（今陕西宝鸡市）击败仇池军，车骑将军姚裕在池阳（今陕西泾阳县）打败赫连勃勃的侄儿赫连提，战局重新向有利于后秦的方向发展。不过，这个趋势马上就要结束了，因为刘裕要来了。

仔细分析这一段常被忽略的战史，不难看出，从姚兴死后到刘裕北伐前的这一系列交战，基本上都发生在关中，几乎都是按照刘裕的需要来进行的（刘裕的外交战在其中起了多大的作用，不太好评估，但一定对此产生了影响）。后秦军在内部不稳且三面受敌的情况下，先败后胜，重新稳住阵脚，但也受到了不小的损失，远没有获得胜利。更重要的是，这些战役使后秦军的精兵良将几乎全部被牵制在潼关以西，而潼关以东的广大地区变得非常空虚，就像一个熟透的桃子，只等刘裕伸手去摘了。

附：后秦的"减肥"历程

后秦的国势兴衰，从领土变迁中能够更直观地表现出来。

393 年，当姚兴从父亲姚苌手中接掌帝国的大印时，后秦的疆土并不大，只相当于今天大半个陕西和甘肃的一小块。此后，姚兴励精图治，四处用兵，后秦的疆域和国力同时膨胀。394 年，姚兴灭前秦和盘踞武功的窦冲，后秦占据关中、陇东；396 年，姚兴乘后燕慕容宝被北魏拓跋珪打得乱窜的机会，出兵从后燕手中夺取河东、平阳、蒲坂等地；397 年，姚兴乘北魏重心东移，北上夺取河套；从 399 年开始，由于东晋的昌明、道子两党内战，后秦陆续蚕食东晋领土，逐渐控制包括洛阳在内的河南、淮北大部分土地；400 年，后秦灭西秦，收降西秦王乞伏乾归，又夺取陇西；403 年，后秦灭后凉，并迫使南凉、北凉、西凉等国臣服，势力伸入河西走廊。至此，后秦的疆域达到最大，"南至汉川，东逾汝颍，西控西河，北守上郡"，更直观点儿说，约相当于今天陕西、宁夏全部，甘肃的东半部，内蒙古的南部，河南的大部，再加上山西的东南部，总面积在当时并存于中国的各政权中居第二或第三位。

402年的柴壁之战，是后秦国势由盛至衰的转折点，但由于惯性作用，后秦在第二年还取得了迫使仇池降服的最后一次战果。在此之后，后秦结束了扩张，疆土开始了痛苦的"减肥"过程。

第一次大瘦身是姚兴的主动选择。406年，迷上了佛教，一有空闲就帮着鸠摩罗什译佛经的姚兴，对《金光明经》中佛祖"以身饲虎"的博爱精神活学活用，主动将河西的中心城市姑臧割让给南凉，将南乡等十二郡归还东晋。

第二次，就不再是后秦自觉自愿的结果了。407年，刘勃勃背叛后秦，在河套地区建立夏国，此后不断蚕食后秦领土，把后秦的北部边界逐渐压缩到安定、杏城一线。409年，乞伏乾归乘后秦征讨南凉和夏国双双失利的机会，重建西秦，后秦势力退回陇东。412年，仇池王杨盛背叛后秦，击败姚兴组织的四路征讨，成为后秦、西秦西南面一个很小却颇为顽固的敌人。415年，后秦又因为姚宣事件丧失了杏城。

总之，经过一系列丧城失地，到姚兴逝世时，后秦的疆土已缩小到不足极盛时的一半。不过，后秦丧失的土地多数是相对贫瘠的地区，而保留下来的领土都是当时最富庶的地方，它仍然保有一个大国的潜力。

放歌戏马台

自从出道以来，刘裕给人的印象就是擅长打硬仗，但这并不意味着他不喜欢摘桃子。这株桃树虽然不是他种的，但为了让桃子成熟，他也是施过肥的，没理由让给赫连勃勃那些人摘。

于是，到了义熙十二年（416）八月，也就是姚兴去世半年之后，刘裕的各项准备工作已经就绪，可以对北方一试身手了。

和以往的出征一样，刘裕这次的准备也是分两方面进行的，首先仍是对内。大军出征，后勤的重要性不言而喻，而保证后方政局的稳定和安全则更不可少，否则家里起火，前方还能打仗吗？世上没有无根之树，江南是刘裕的根基所在，是不能不用心打点的。

尽管此时，所有看得见的朝中反对派都已被刘裕铲除了，但大权在握的刘太尉依然非常小心。这大概是与他自己的发迹史有关：刘裕就是在几乎一无所有的情况下揭竿而起，挑翻桓玄，而成为东晋政坛第一人的。以己度人，谁敢说像当年的自己一样跃跃欲试的人如今就不会有？因此不管多谨慎都是没错的！何况，现在因不满他低下的出身，不满他强硬的政策，不满他的飞扬跋扈，而对他敢怒不敢言者，大有人在。刘裕对此心知肚明，要不然去年讨伐司马休之时，怎么会平地冒出这么多叛军？

所以，为了避免历史重演，刘裕先给自己刚满十岁的长子刘义符封了一大串官衔——中军将军、监太尉留府事，做京都名义上的留守最高长官。刘义符只是一个资质平庸的小孩子，当然做不了大多数成年人都不见得能干好的复杂工作，所以实际留在朝中管事的人还是最忠实的老部下刘穆之，他也被加授为尚书左仆射兼中军府军司，住进东府，全权处理朝廷内外政事。

刘穆之的工作效率非常高，此时他对内总管各种政务，对外供应北伐大军的粮草军需，事务极为繁重。按史书的说法，刘穆之能够同时用眼睛阅读上报的文件，用手书写批示回复，用耳朵听一个下属的汇报，还能用嘴与另一个下属讨论实施方案，一心四用，还从不会混淆错乱。不过，这种服务器式的工作量，不管放在谁的身上都是超负荷运转，不可能长久维持，这种情况不用太聪明的人也能看出来，所以刘裕属下的谘议参军张劭悄悄对刘裕说："人的生命其实很脆弱，必须考虑长远。刘穆之万一过世，有谁能接替他的工作？"

于是，刘裕把老同事徐羡之任命为太尉左司马，担任刘穆之的副手。除此之外，刘裕命自己一手提拔的左将军朱龄石负责戍卫宫禁；刘裕从母之子刘怀慎，沾刘裕报恩的光，已经做到徐州刺史，此时被刘裕调任京都警卫；还有亲信扬州别驾张裕，暂时替自己代理扬州牧的职务。总之，刘裕在朝廷上上下下的要害位置全换上了自己信得过的人。

刘裕有信得过的人，自然更有信不过的人，其中又以晋安帝的亲弟弟琅邪王司马德文为最。说句实在话，司马德文其实够规矩了，从没给刘裕找过麻烦，比司马休之还要安分，手中又无兵无粮，本不该享受这一待遇的。但谁让你司马德文是皇帝的弟弟，整天在皇帝身边（司马德文是安帝司马德宗的大保姆，一直照顾吃喝都不能自理的哥哥），智商又很正常。这样的人，即使自己没有异心，也很容易成为有异心者的工具，何况刘裕又怎么会相信，司马德文能心甘情愿地坐等晋朝灭亡？自己这次要远离建康，在傻皇帝身边有这么一个定时炸弹，能放心吗？

隐患很快就暂时排除了。三月时，司马德文上表，请求随同大军北上，前往洛阳祭扫皇家的祖陵。换句话说，就是他司马德文将乖乖地置身刘裕的亲自监视之下，甘当人质，绝无二心。至于司马德文这个请求的由来，是他太善解人意，主动要求避祸，还是刘裕暗中派人唆使，他不敢不来，那就不得而知了。

大军出征前，正好宁州（大致在今云南）派人进献琥珀枕，刘裕得之大喜。按中医的说法，琥珀性味甘平，有镇静、利尿、活血的作用，可以用来治疗惊风、癫痫、心悸、失眠（这大概就是宁州用琥珀做枕头的原因），因能活血，也可治疗刀箭伤。于是，刘裕命令将琥珀枕捣碎，分赐给北征将士。

一个枕头，捣碎了也不会有几斤重，均分给数量庞大的出征将士，每名兵士能分到的数量，恐怕得用放大镜才观察得到。所以这个枕头在北伐军医疗保障方面所做的贡献，那是相当有限，但刘裕通过此事树立了不爱财宝爱将士的良好声誉。

做好朝廷的人事安排后，刘裕本人则在一大批文武阁僚的簇拥之下，从建康出发，于九月初进驻北伐的大本营彭城。因为彭城是刘裕的祖籍所在，此行也颇有当年高祖还乡唱《大风歌》的风采。

九月初九，正是重阳佳节，古代有登高远望的习俗。刘裕便与谢晦、孔靖、谢灵运等一百余同行文武，登上城南里许的南山（今称户部山）戏马台，置酒高歌。戏马台，原为西楚霸王项羽所建，以"因山为台，以观战马"而得名，号称"徐州第一胜迹"。其台"高十仞（约十八点四米），广袤百步"，这在一马平川的淮北平原颇为难得，正是"欲穷千里目"的绝佳去处。

上得台来，迎着清爽的秋风，已经五十三岁的刘裕举目西望，不见沦陷已久的中原故土那袅袅的炊烟，但见威武雄壮的北伐大军那猎猎的旌旗。眼看着这必将载入史册的时刻，刘裕兴致大发，一种"对酒当歌，人生几何"的感叹充盈胸膛，只可惜他没有曹孟德的文采，自己横槊虽然拿手，却没有本事赋诗，便让谢晦代替他当场挥毫，诉说此行必胜的豪情。随后，众人纷纷赋诗相和唱，文华集一时之盛（此后，聚会赋诗便成了重阳习俗之一）。在这些诗作中，不乏谢灵运这种大诗人的佳作，但最能体现刘裕此时心情的，还是谢晦所作的五言绝句：

> 先荡临淄秽，却清河洛尘。
> 华阳有逸骥，桃林无伏轮。

而就在谢晦赋诗书壮志，刘裕放歌戏马台之时，他所布置的各路北伐兵马，已在大批北府名将的率领之下，挥师杀入了后秦的疆域，开始了他"却清河洛尘"的征途。这便是赫赫有名的"义熙北伐"了，它虽然没有获得最后的成功，但仍是朱元璋之前中国历史上成就最大的一次北伐。

辛稼轩赞曰："想当年，金戈铁马，气吞万里如虎！"

七路兴师

刘裕第二次北伐各路兵马，是在八月中旬从彭城、寿阳、襄阳及巴蜀等数个地点分别出发的。这次用兵，是东晋立国以来，第一次真正倾全国之力发动的战争，声势远比刘裕七年前征伐南燕的第一次北伐要浩大得多。晋军在东临齐鲁，西至秦岭的千里战线上，从东到西排开了七路大军，齐头并进。

第一路是北伐的主力之一，由老将冀州刺史王仲德为前锋，刘裕本人所率的大军为其后继，从彭城出发，沿泗水入清水、济水，至巨野泽，然后重新开通巨野泽与黄河间的人工运河（当年桓温北伐前燕时开凿的"桓公渎"）进入黄河，控制黄河水道，然后沿河西上，直向洛阳。这一路大军的行军路线与当年桓温伐燕所走的道路基本相同，不同点在于刘裕伐秦时，淮北和齐鲁之地早为晋朝占有，已成为晋军可靠的后方基地，在补给上远较桓温优越。

第二路，由建武将军沈林子和刘裕的族弟彭城内史刘遵考指挥，也从彭城出发，沿流汴水西上，经荥阳过石门入黄河，而后与第一路会合，西进洛阳。

第三路，为北伐军的陆路主力，由龙骧将军王镇恶、冠军将军檀道济指挥，从寿阳出师，沿颍水、汝水北上，进取许昌、洛阳。

第四路，由新野太守朱超石、宁朔将军胡藩指挥，从襄阳向东北前进，越南阳直抵阳城（今河南登封市东南）。

第五路，由振武将军沈田子、建威将军傅弘之指挥，出襄阳沿丹水而上，经武关入关中。这一路军队的兵力根据不同史书的记载，差异很大（《宋书·自序》中称只有数百人，而《晋书·姚泓载记》称有兵力一万。以沈田子的级别，虽然执行的是疑兵作战，只带数百人也太少了，而且沈田子是《宋书》作者沈约的伯祖，不排除沈约有夸大祖先功绩的嫌疑，故在下认为，《晋书》的记载可能更接近事实）。这一路的任务，是虚张声势，在长安东南面制造压力。

第六路，别将姚珍率数千人经汉中，入子午谷，从南面威胁长安。

第七路，别将窦霸也率数千人假道仇池，入骆谷，从西南面威胁长安。

这七路军队按其承担的任务不同，大致可以分成两大组。

前四路大军实力较强，所经过的大道平坦易行，且大多有水道可依，后勤补给也比较方便，是北伐的主攻力量。从地图上看，他们的进军路线就像一把倒置的巨大折扇，后秦与东晋的东部边界就像弧形的扇檐，四路大军就像四条扇骨，大军席卷而过的河南就像广阔的扇面。扇骨越向上，彼此的位置越靠拢，最后在扇柄的根部洛阳会合，攻占洛阳，完成第一阶段目标。

后三路军队所行进的路线多为高山深谷，行军和补给均不容易，并且狭窄的地形也常常使人多的优势难以体现，所以刘裕给他们配备的兵力都比较薄弱（三路合计应不足两万），只是作为牵制性的疑兵使用（特别是姚珍和窦霸两路，因为兵少将微，又没什么显著战果，一般讲述刘裕北伐的文章干脆把他们省略了）。他们的任务是制造有大军威逼关中的假象，让秦军主力不敢东出潼关，救援洛阳，从而为前四路大军的胜利创造更良好的条件。

七路大军的总兵力，在史书上没有明确记载，一般认为在十万人以上，二十万人以下。

对比刘裕七年前的那次北伐，不难发现，刘裕这两次出征的基本方略是大不相同的：刘裕进攻南燕时，将全军集中于一路，如一柄钢刀，直插向广固；而这次进攻后秦，使用的兵力如风吹蒲公英，遍地都开花。

兵分多路，听起来威风凛凛，很容易造成一种山雨欲来风满楼的浩荡声势，非常适合用来吓唬经验不足的战场"菜鸟"，但假如要对付的敌人是个高手，那么这种多路分兵的做法，无异于作茧自缚，正好方便对手来各个击破。

典型的例子，如明末讨伐后金的萨尔浒之战。那次战役开始前，明军加上少量的朝鲜、叶赫联军，共集结参战兵力约十万零三千，与之对抗的后金天命汗努尔哈赤，手下有八旗军约六万。两相比较，明廷拥有优势兵力，本处上风，但明军主帅杨镐错误地把十万大军平分成四路进军，这样每路的兵力就只剩下两三万人，而且四路兵马相距都较远，难以相互支援。久经沙场的努尔哈赤根本不是吓大的，不管边界如何告急，抱定"任尔几路来，我只一路去"的方针，将六万大军集中使用，往来攻杀，在每一战场都能集中两倍于明军的兵力。五天之内，后

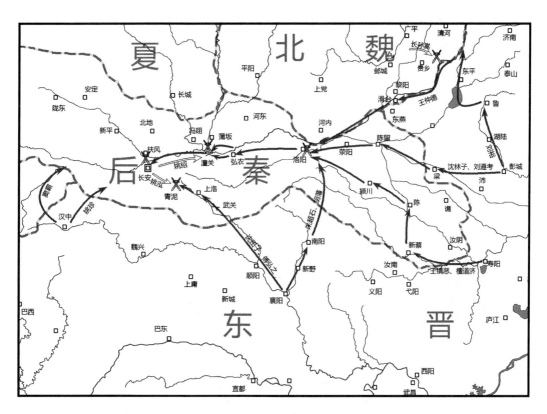

▲ 416—417 年，刘裕北伐后秦

金军先后在萨尔浒、尚间崖、阿布达里冈三地大破三路明军，歼灭明军四万五千多人。此后，明军对后金的进攻只有招架之功，再无还手之力。

回头来看义熙十二年的情况：刘裕的兵力比杨镐要多一些，但他面对的后秦也比萨尔浒战役前的后金要强大，东晋与后秦双方投入的总兵力应该是差不多的。在此大背景下，刘裕把兵力分得比杨镐还要散，战场铺得比杨镐还要广，难道不是犯了兵家大忌？

分兵的害处如此显而易见，但只要是这个世界上存在的事物，就往往有利有弊，完全错误的东西是不会有生命力的。而且我们很清楚：杨镐是个军事蠢材，而刘裕是个军事天才，两者用兵布置在表象上相似，就必然隐含着内在的差别。要弄明白刘裕兵分七路北伐的原因，还应该来看看硬币的另一面：分兵有什么好处？

多快好省

一般来说，进攻方主动分兵，主要有战术运用和后勤需要两大原因。

《孙子兵法·势篇》曰："凡战者，以正合，以奇胜。"孙武认为但凡作战，一面平推不是好办法，最好要兵分两路，一路做正面牵制，另一路侧面迂回，而取胜的关键就在于侧面迂回。我们可以发现，刘裕的计划在战略角度上并没有违背这个原则，他的西边三路是用来正面牵制秦军关中主力的，东边四路打向软弱的关东秦军。但兵分得这样散，显然光靠孙武的理论还是不能解释的。

战术分兵的另一种主要原因，是寻找或包抄敌人。如汉武帝反击匈奴的数次战争中，除了诱敌深入的马邑之谋，几乎次次都是兵分数路。这主要是因为当时的侦察手段比较低下，而匈奴人数不是太多，控制的地域却非常广大，又没有固定的据点，一有警报，逃得比兔子还快。汉军面对这样的敌人，如果不兵分几路搜索，往往连匈奴人的影子都找不到，战争变成浩浩荡荡的武装大游行。不过，这种解释并不适用于刘裕伐秦，因为羌人并不是游牧族群，后秦更不是游牧国家，刘裕要攻击的各个点在地图上都非常明确，秦军也没有太多可供逃跑的地方。

其实，古代分兵更常见的原因，是后勤压力。

《孙子兵法·作战篇》说："智将务食于敌，食敌一钟，当吾二十钟；萁秆一石，当吾二十石。"意思是说，聪明的将领一定要设法从敌人的土地上获取补给，因为从战地征集一钟粮食，相当于从后方输送二十钟粮食。

孙武之所以如此说，是因为在古代，要从陆路长途运输大宗物资，是一件事倍功半、出力不讨好的事。所谓一比二十，当然是一个粗略的比例，在实际操作中，路程的远近、路况的好坏、运输工具的优劣等，都会对这个比例产生影响。

对此，北宋学者沈括在《梦溪笔谈》中有过更详细的论述。据沈括的计算，一支军队的补给假如完全依赖后方陆路运输，那么按三个民夫用人力负粮供给一名士兵的最大限度，军队最远只可前进十六天的路程，并且在整个行军过程中，每一石八斗粮食，民夫要吃掉一石六斗，只有九分之一的粮食能够供给军队。注意，这还是按民夫随军一同前进计算的，如果军队已在远方，则还达不到九分之一的比例。陈寅恪在《魏晋南北朝史讲演稿》中，就提到过这样两个实例：秦始皇派蒙恬北征匈奴时，每征粮三十石，只有一石能运到前线；隋炀帝一征高句丽时，因为有大运河水运提高了效率，但平均每运到辽东一石粮，仍要在中原征集十几石。

正因如此，在古代仅仅依赖后方运输来实施的远征几乎不存在，多位兵家都强调"因粮于敌"的重要性。实际上，这个"敌"不一定指敌人，而是说军队最好要实现就地补给，尽量减少后方运输，不管是不是处在敌人的土地上。

但"因粮于敌"也有一定上限，因为一个地区所能提供的物资总是有限的，军队如果超过了它能承受的数量，就必然要依赖其他地区进行输送。最简单的解决方法，就是分兵。下面，我们用一个极简化的模型来说明这个道理。

假设有A、B、C、D、E、F六个地区，每个地区的剩余物资可供给两万军队，要出动四万军队发动进攻，并有A、B两条道路可供选择，那么就有以下两种情况：

一、分兵前进，从A、B两道各出动两万人。因为A、B两地足够供给，不需要从外地运粮，总消耗等于A、B两地物资的和。

二、合兵前进，四万人全从A道走，其中两万人可以就地补给，另两万人需要其他地区输送。假如其他地区运粮到A地的效率为五分之一（这个比例并不低），那么就需要B、C、D、E、F五个地区向A地运粮，总消耗等于A、B、C、D、E、F六地物资的和。

很明显，以上两个方案虽然都是出动四万军队，但即使不考虑运粮民夫的人力费用，以及因运输造成的时间损失（这一点也非常重要），合兵方案的物资消耗也高达分兵方案的三倍。不过，以上理论只适用于古代，越靠近现代，特别是战争进入机械化时代后，军队所需的油料、弹药、武器配件等物资，从数量上说已经远远超过了食物，而这些东西都是很难甚至根本不可能就地补给的，同时由于现代化运输工具几百上千倍地提高了运输效率，军队已经可以完全依赖后勤运输进行远程作战，分兵的省钱效果基本上消失了。

一般说来，每一个成功的大型方案，都是多个因素相互协调的产物，并不能仅用一个原因加以解释。在下推测，刘裕伐秦的计划如此制订，除了满足西面钳制、东面主攻这个战略主基调，主要原因还是出于对秦晋双方实际情况的准确评估，就是孙子兵法所说的"知己知彼"。

所谓"多"，就是指兵分多路。如此能造成大兵压境的强大声势，以期迅速夺取后秦在关东的地盘，瓦解后秦军的抵抗。

"快"是兵分多路带来的利处，因为军队从数个地点出发，减少了事先集结部队和粮草的准备时间，使晋军的攻击行动一旦开始，就能迅速展开，同时就减小了后秦根据情况变化调整战略部署、加强关东防御的机会。

"好"的意思，是说晋军面对的敌人好对付，这是刘裕敢于分兵多路的先决条件。刘裕在开战前的情报工作是非常到位的，连洛阳的关东秦军统帅部里，都塞满了在秦国居高位、领高薪的东晋间谍。通过这些人的努力，刘裕应该已经清楚地了解了对手的虚实：秦军主力已聚集于关中，潼关以东的秦军兵力非常薄弱，主帅姚洸又愚蠢无知，论作风是位典型的纨绔子弟，论军事是个标准的无能鼠辈。用多路攻击来吓唬这种战场"小白"，再合适不过了。

实际上，等战争进行到第二阶段，王镇恶、檀道济等进攻关中，打击名将姚绍指挥的秦军主力时，晋军主力便改为集中使用。

"省"当然是指省银子了，这也是分兵带来的好处。从刘裕用武力手段铲除最后一个异己司马休之到现在，只过去短短的一年时间，在之前的几十年，晋朝几乎是在不间断的内乱中度过，在这种情况下，国家库府自然大多空空如也，而普通百姓也一直未有休养生息的机会。刘裕出身下层，亲身体验过贫苦大众的艰难生活，即使后来成为皇帝，也一直注意照顾百姓的利益，尽量不让他们负担过重。但羊毛终究必须从羊身上剪，打仗是一件非常花钱的事，如果仗必须要打，那只好在它的进行过程中能省一点儿就省一点儿了。

势如破竹

正如刘裕预料，后秦在关东的防御力量确实薄弱，晋军东面的几路大军攻入后秦，进展顺利，如入无人之境。

其中攻势最犀利的，还要算王镇恶、檀道济指挥的颍水、汝水方面军。才刚刚进入秦境，后秦将领王苟生便献出漆丘城（今河南商丘市东北），向王镇恶投降。稍后，后秦的徐州刺史姚掌也献出项城（今河南沈丘县一带）向檀道济投降。有了这两位的示范效应，后秦河南各地的守臣纷纷效仿，晋军兵不血刃，连克多城。会如此容易，自然有秦军兵弱的原因，恐怕也有晋军间谍策反的功效。

当然，也不是每一个后秦的守将都当了软骨头，新蔡（今河南新蔡县）太守董遵便坚守不降，但他的力量毕竟太微弱了，新蔡城很快被檀道济攻破，董遵被生擒。董太守被擒之后，大声喝问檀道济："古代的圣王仗义伐国，都待国士以礼，你们为什么要兴无名之师，待国士以非礼！"檀道济为了杀一儆百，立即让手下人大刀一挥，送他去见古代的圣王。随后檀道济乘胜进军，又轻取许昌，俘获了后秦的颍川太守姚垣和大将杨业。

在王镇恶与檀道济部的北边，沿汴水西进的沈林子、刘遵考部，进展也很顺利。入秦境不久，襄邑（今河南睢县，慕容垂败桓温之地）的地方大土豪董神虎聚众一千余人，响应晋军，沈林子便以董神虎部为向导，合兵攻克仓垣（今河南开封市北），后秦的兖州刺史韦华投降。

在更北边，王仲德所率的晋军水师从巨野泽进入黄河，溯流而上，前方便是黄河边上著名的重镇滑台（今河南滑县，当时地处黄河南岸，因黄河改道，今天这个地方已在黄河之北）。

滑台曾为翟魏都城，慕容垂灭翟魏时并入后燕，北魏南下攻燕时，滑台部分守将乘主帅慕容德出征之机，叛降北魏，此地便归北魏所有。拓跋珪当时无心经营河南，滑台就成为北魏在黄河以南的唯一据点，而北魏占有滑台，就等于在黄河河道上设置了一道随时可以关闭的闸门，给晋军利用黄河河道运兵和运粮造成很大的威胁。

这本来是一件挺麻烦的事，因为此时刘裕的战略是尽量争取北魏保持中立，避免两线作战，但只要东面主攻的四路晋军按计划在洛阳会师，其对后勤补给的需求必然大增，而黄河水道自然就成为晋军最主要的补给线，它的运输效率不是其他水陆通道可以代替的。因此对于滑台，晋军真是攻也不好，不攻也不好。

谁知人运气好的时候，撞到头的都是肉包子。北魏的滑台守将兖州刺史尉建，慑于晋军的强大声势，竟吓得弃城北逃，晋军不费吹灰之力，意外拿下滑台。王仲德得了便宜，顺便又卖了一个不值钱的人情，向魏国宣布说："我们本来打算用七万匹绢布的价钱向魏国借道，没想到你们的人这么好客，连钱也不收，就把道让给我们了！"

北魏的开国之君，一代雄主拓跋珪已于七年前去世，现在的当家人是二十四岁的拓跋嗣，这个年纪只相当于刘裕儿子辈的北魏君主，还是有脾气的。他得知这个让北魏大丢面子的事件后，无法不大怒，便派刚刚在平定并州叛乱中立下功勋的相州刺史叔孙建与将军公孙表，前往南方与晋军交涉。

叔孙建与公孙表二人，率领大军从河内气势汹汹地开到枋头，随即派兵渡过黄河，就在滑台城下，当着城上晋军将士的面，将"过分好客"的尉建斩首，投尸黄河，以向晋军示威，再派人质问王仲德侵犯边境的原因。王仲德把原先说过的理由加上"清扫山陵"之类的借口，又向魏使忽悠了一番，把这个皮球软软地踢了回去。不过，拓跋嗣不肯罢休，又派叔孙建前往彭城质问刘裕本人。

为一件事找一个冠冕堂皇的借口，这种任务的难度对于政坛老千刘裕来说，实在是太小儿科了，他光明正大地回答叔孙建："第一，洛阳是我们晋国的故都，已经被羌人侵占很久了，我们必须要收回。第二，我国历代先皇的陵墓长期沦落异国，无人清扫，我们早就计划要重新修整祭祀。第三，桓氏宗族、司马休之父子、鲁宗之父子等我国的败类，逃到北方，后秦不但不遣返，还将他们收留，甚至给予资助，成为我国的隐患。因此，我大晋如今兴兵讨伐羌人，实属理直气壮的正义之举。只是在讨伐的过程中，我们需要暂借魏国的道路通行，并不敢破坏我们之间的传统友谊。"

应该说，刘裕这番话算得上有理有据，不卑不亢，给足了北魏面子，拓跋嗣有了台阶下，暂时也就没做进一步的反应，叔孙建、公孙表所率的军队又全部退回黄河北岸，王仲德部晋军得以安然通过黄河水道。

当然，刘裕的习惯是只遵守对自己有利的承诺，说话并不都算话，比如他借滑台，就和刘备借荆州差不多。终刘裕之世，滑台一直被南朝"暂借"，北魏始终没敢派人来索还。

找死与等死

纸总是包不住火的。晋军大举北上，关东各城纷纷失守的情况，终究还是传到了长安，摆上了秦主姚泓的办公桌。亡国危机迫在眉睫，后秦朝廷召开了紧急会议，几位核心人物为救亡图存的大计，进行了一次激烈的争论。

在后秦皇族中最具远见卓识的东平公姚绍，向侄儿姚泓建议说："据报晋军已经越过了许昌，东边的局势已经非常危险，现在应该收缩兵力，巩固根本。安定镇的位置，既偏远又孤立，与长安难以相互救援，不如把它放弃，将那里的镇户全部南迁，以充实京畿。这样一来，我们便可以多补充十万精兵，即使刘裕和赫连勃勃交相入侵，我们至少还能保住关中，勉强维持不亡国。否则，晋军进攻豫州，夏军进攻安定，我们没有足够的机动兵力来应付，只能腹背受敌，疲于奔命，最终将一处也保不住！目前情况已经万分紧急，必须迅速决断！"

但姚绍的意见刚出口，左仆射梁喜就明确反对说："现在镇守安定的齐公姚恢（姚泓的堂兄弟）一向有威名，很得岭北的人心。何况夏军多次屠戮岭北，安定的镇户早与赫连勃勃结下了深仇，必然奋力死守，而不会有二心，夏军不可能轻易攻克安定。只要安定不失，赫连勃勃就不能轻易越过岭北而迫近长安。而如果放弃安定，夏军马上就可以打到郿城（今陕西宝鸡市眉县东北，东汉末年，董卓在这里建有著名的郿坞）。现在关中的兵力足以抵抗晋军，用不着调动岭北之兵，先削减自己的手足。"

姚泓迟疑了一会儿，在内心仔细地评判了得失，最终还是决定采纳梁喜的意见，不撤安定之兵。当然，关东的危机还是不能置之不问，姚泓便从长安朝廷还调得动的秦军中，像挤牙膏一样挤出了骑兵三千、步兵一万，分别交给越骑校尉阎生和武卫将军姚益男，让这两员将领捧着这两大杯水，去扑灭关东被晋军点燃的车薪。同时，他又命皇弟并州牧姚懿出兵陕津（今山西运城市南，与河南三门峡市陕州区隔黄河相望），为阎、姚二将做声援。

吏部郎懿横觉得如此处置不妥，又秘密向姚泓进言说："姚恢在姚弼党人叛乱时，曾为陛下建下大功，而陛下即位以后，他并没得到特别的封赏。现在让他镇守安定，就如同被置于必死之地，又不能参与朝廷的决策，他心里能没有怨气吗？而且那里的镇户百姓认为安定是一座岌岌可危的孤城，想迁回长安的人十占八九。假如姚恢鼓动几万思归心切的军民叛乱，回师长安，不就成为国家的大灾难啦？所以，臣认为应该把姚恢调回，以抚慰其心。"

原来，在姚愔、尹冲等人造反冲击皇宫失败后，姚泓命姚恢处死姚弼党人的重要成员——安定太守吕超。姚恢对这一道命令迟迟没有动作，很久之后才将吕超杀死。姚泓因此怀疑姚恢也参与了姚弼党人的阴谋，姚恢自己也深感不安，悄悄聚集私兵以图自卫。因此，两人的关系名为君臣加兄弟，实际上早已互不信任，离仇敌不远了。

这时，听到懿横的谏言，姚泓叹了口气，说出了自己不撤安定镇的真实想法："姚恢如果已经决定造反，现在征召他入京，只能是加快大难的到来罢了！"

读史至此，让人不禁生出感慨：想知道一个国家怎样才算是病入膏肓，看看公元 416 年的后秦就行了。姚泓其实并不是一个太差的君主，既有容人之德，对局势也有较清醒的认识，绝非惹是生非的慕容超可比，假如他生于太平盛世，说不定还能成为一代守成明君。只可惜等他上场之时，面对的已是一局死棋：动，是找死；不动，是等死。反正横竖都只剩下了一死。姚家天下，其实已经丧失了自救能力。

光复洛阳

作为后秦在关东的最高负责人，陈留公姚洸的表现，与刘裕给他预定的剧本几乎一丝不差，没办法，这叫"本色演出"。看着各地送来的文书，其内容不是面面告急，便是处处失利，姚洸被搅得头昏目眩、方寸大乱，那是一点儿法子也没有了。

无计可施的陈留公只好一面派出使节，向长安紧急求救，另一面把属下都招来共议对策。

此时秦军中仍不乏有识之士，宁朔将军赵玄向姚洸提出了一条重要的建议："如今晋朝的入侵部队，已深入我国的疆土，各地人心恐慌，都无固志。而且我军人数太少，敌军兵力又多，很难与他们正面对抗。如果我们出击，在野外迎战晋军，一旦失利，大势一去，就再也不可挽回。方今之计，最好是将外地的守军撤回，放弃所有外围据点，集中兵力固守金墉城，等待朝廷方面的援军。只要金墉城不被攻破，晋军绝对不敢越过我们西进潼关，而我们正可以凭借坚城，以逸待劳，等待晋军的士气慢慢衰竭，再寻找取胜的机会。"

所谓金墉城，是当时在洛阳西北角一组要塞式建筑，始建于曹魏时期。在魏晋时期，其用途接近于英国的伦敦塔或法国的巴士底狱。那时候，在政治斗争中失败的政坛大人物，很多都"享受"过下榻金墉城的待遇。如晋武帝的皇后杨芷、晋惠帝的皇后贾南风、一度篡位称帝的赵王司马伦等人，都是在这里走完人生的最后一程。而传奇皇后羊献容，更是金墉城的常客，进进出出如串门。因此，它的防卫设施是非常完善的。据今天考古实测发现，金墉城由紧紧相连的三个长方形小城组成，从高空俯瞰，就像叠加在一起的三个玻璃杯或是洛阳城长出的犄角。它的南北总长1048米，东西宽200米至250米，城墙厚度达12米至13米。馅不大，皮却很厚，这种饺子自然是比较难啃的。金墉城虽小，却是洛阳城最易防守的地段。

赵玄提出的这个作战计划，与六年前卢循、徐道覆大军进逼建康时，刘裕采取的对策如出一辙。当时晋军所处的情况，与此时的关东秦军相似，也是屡战屡败，士气低落，而且兵力又少，卢、徐连胜，锐气十足，又兵力众多，刘裕的方案也是放弃所有外围据点，扼守石头城，终于艰难地转败为胜，转危为安。

姚洸如果按赵玄的建议行事，未必能挫败晋军，但起码可以坚持更多的时间，给晋军造成更大的损失，延缓后秦灭亡的进度。以此时关东秦军兵微将寡的实际情况来说，这不失为一个可行的方案。

这种关键时刻，刘裕谍报战的成果再次显现。早就被檀道济给"无间道"的司马姚禹等人，一起站出来反对赵玄的提议。他们认为应该寸土必争，御敌于外。姚禹还向姚洸拍马屁说："殿下向来谋略出众、英明神武，所以才担当了坐镇洛阳、防卫关东的重任。现在如果困守孤城，不敢一战，岂不有伤威信，又怎能不受朝廷的指责？"

以姚洸的智商，根本就没法判断赵玄和姚禹的建议究竟谁更利于御敌，但有一点好像听明白了：如果按姚禹的办法，就不用丧失国土，他便是"谋略出众、英明神武"；按赵玄的办法干，他就得和士兵一起缩进大牢房似的金墉城，与洛阳城中的陈留公府第相比，舒适度那是没法比了，还有伤威信，会受朝廷的指责。

这么一比较，姚洸便做出了自认正确的决策，分兵防守洛阳外围各要隘，阻止晋军前进。洛阳的秦军本来就不多，再这么一分，自然就更少了。其中，赵玄接受的命令是，率一千余人防守柏谷坞（今河南偃师市洛河南岸。《晋书》和《资治通鉴》都称其地在洛阳之南，可能是传抄造成的笔误，对照地图，柏谷坞的位置应在洛阳正东微偏南，就是电影《少林寺》中十三棍僧救唐王的地方），正当晋军的东来主力。

接到这个命令，老将赵玄悲愤不已，流着泪对姚洸说："我侍奉了姚家三代皇帝，深受国恩，自问一生行事堂堂正正，不曾亏欠国家，现在只差一死罢了！我死不要紧，只可惜你不听忠臣之言，任由奸臣摆布，将来兵败城陷，你一定会后悔的。"

不久，驻守成皋（今河南郑州市上街区西北，著名的虎牢关所在地）的后秦兖州刺史韦华向晋军投降，晋军前锋在冠军将军檀道济的指挥下，长驱直入。后秦的广武将军石无讳，原本受命防守柏谷坞更东边的巩城（今河南巩义市西南），才走到石关（今河南偃师市西），听说晋军将至，仓皇逃回洛阳。晋军因此不战而下巩城，继续前进，抵达柏谷坞。

负责攻击柏谷坞的晋军将领，是王镇恶的部将，多谋善战的龙骧司马毛德祖，将来他也会成为刘宋王朝的名将之一。赵玄率领可怜的一千多人拼死抵抗，但因实力悬殊，对手也不是吃素的，没打太长时间，后秦军队便遭到了毁灭性的失败。赵玄身受十几处创伤，与属下司马骞鉴一起，都不愿再逃，双双战死。这样，没过几天，姚洸部署在洛阳外围的防御力量，或降或败，损失殆尽。

姚洸得知虎牢、巩县相继失守，赵玄又在柏谷坞战败阵亡的消息，发现自己惨了。看来姚禹出的主意也不像计划中那么完美，姚洸忙派人去叫自己这位心腹，探讨在目前的情况下如何收拾现在的烂摊子。谁知找来找去，那几位平日总缠在自己身边的属下，此时全不见了踪影，原来这几位任务完成，早已悄悄潜出洛阳城，投奔檀道济去了。

十月二十日，檀道济所率的晋军抵达洛阳城外，两天后，走投无路的姚洸开城投降，晋朝的故都在被后秦占领十七年之后，再次为南方政权所收复。

与洛阳一同落入晋军手中的还有四千多名秦军俘虏。此时，有人向檀道济提议：把这四千名秦军全部坑杀，将尸体堆积在一起，外面再盖上浅浅的一层土，筑成小山。这种用尸体堆成的人工小山，当时称为"京观"，用于夸耀武功。但善战者不一定是好战者，更不见得就是杀人狂。檀道济认为，洛阳已下，这种多余的杀戮有害无益，便堂堂正正地回答："所谓仁义之师，吊民伐罪，正要在今天体现！"随后，他将这些被俘的秦军士兵全部释放，遣送回家。河南一带的百姓，对晋军的这一举动都心悦诚服，纷纷归附。

而姚泓派来的援军，阎生部进至新安，姚益男部前进到湖城，听说洛阳已被晋军攻克，都不敢再前进。

刘裕制定的第一阶段战略目标，只用了短短两个月时间，已基本达成。

一位"皇帝"的诞生与覆灭

洛阳失守，关东沦陷，这对已处在四面楚歌中的后秦帝国来说，自然是坏得不能再坏的坏消息，不过，在后秦的高层官员中，也不是每个人都对此感到震惊和悲痛。比如坐镇蒲坂，掌控河东的后秦并州牧姚懿，很快便从"塞翁失马"中发现了"焉知非福"。

大哥即位不到一年，已经把父皇留下的疆土丢失了近一半，这已经充分证明了当今皇上的不称职，虽然皇帝这个职业极少有引咎辞职的例子，但这样重大的失败毫无疑问会极大打击朝廷的威信，降低其统治基础，从而为新皇帝的出台创造有利条件。

当然，由于这些道理有点复杂，也不是姚懿一时就能想清楚、弄明白的，他的理论水平能够得到这样大的进步，多亏了一位精神与行动上的导师——他的属下司马孙畅。

这位孙军师给他出的行动计划，是要分两步走的。第一步，在大哥丧失威信的时候，要尽全力收买人心，以期造成和当今皇帝的鲜明对比，取得民意基础。第二步，以"众望所归"之势，发兵突袭关中，诛杀姚绍，废黜姚泓，正大位于长安。

听到如此"精密"的计划，展望如此"美好"的前景，姚懿激动了！于是，这位几年前曾在众士卒面前流泪演忠贞，誓死捍卫大哥继承权的姚家亲王，彻底原形毕露。他大悦，决定予以采纳，至于能不能成功，以及就算成功又能在宝座上待几天，就都不在他的考虑范围之内了。

如何能够最快地收买人心呢？姚懿想到了一条捷径：开仓放粮！怎么看，这也是一条"好主意"。当年的冉闵等诸多前辈在夺权前都用过这一招，效果挺好的，后世的包拯在陈州放了一次粮，更是名垂千古。当然，与那些例子相比，也有一点儿小小的不同：此时的后秦河东地区并未遭遇饥荒。

后秦并州地方政府这次过分慷慨的社会福利活动，很快引起姚懿两位属下的劝阻。左常侍张敞、侍郎左雅对姚懿说："论亲，殿下是当今皇上的同母弟，论职，您身居方面大员，分陕之重，与国家可谓休戚相关，荣辱与共！当年汉朝能够平定七国之乱，多亏了景帝的弟弟梁王刘武。而今，吴寇（指晋军）大举入侵，已经有四个州的土地沦陷（四个州即后秦的徐州，首府项城，向檀道济投降；兖州，首府仓垣，向沈林子投降；豫州，首府洛阳，为王镇恶、檀道济军攻占；荆州，首府上洛，为沈田子军攻占），西边的戎虏（指赫连勃勃等）又时时扰边，国家在秦、凉二州都遭遇了挫败，朝廷面临的危险，如同高高垒在一起的鸡蛋！这正是需要诸侯勤王效死的时候，殿下您不但不学学刘武，为国分忧，反而无故放粮，虚耗国库。要知道，粮食是国家最重要的战略物资，您这么做，究竟想要干什么？又怎么向朝廷交代？"

姚懿听了，自然大怒，但二人的质问又让他无可辩驳，便搬出历代暴君无理走遍天下的最强必杀技：将二人绑起来，用皮鞭活活抽死！

又放粮，又杀人，姚懿把本该小心保密的造反准备事业干得过分轰轰烈烈，他的大哥姚泓想不知道都不可能了。无可奈何之下，姚泓只得将叔父姚绍招来，密商对策。

和这些侄儿比起来，姚绍的智商要高得多了，他一眼便看穿了那位并州牧的底牌："姚懿一向愚昧无知，见识浅陋，自己没什么主见。现在给他出这些坏主意的人，一定是孙畅。朝廷可以马上下旨，征召孙畅入京，断其奸谋，同时再派抚军将军姚赞进驻陕城（今河南三门峡市陕州区），威胁其侧背，老臣我则赶往潼关节制诸军。孙畅如果接受征召最好，我就集合姚懿的河东部队共同东进，抵御晋军；如果他们拒不从命，则我立即公开他们的罪行，就近出兵讨伐！"

姚泓听罢，欣慰地说："叔父的话，真是挽救国家社稷的最好办法了！"于是，他派遣姚赞和冠军将军司马国璠、建义将军蚍玄率军进驻陕津，武卫将军姚驴率军防守潼关。

很快，姚懿便接到了关于将孙畅调往朝廷的命令，也得知朝廷军正向陕津、潼关一带集结，叔父姚绍也正在赶来的消息。显然，突袭关中的计划已经变得更不现实，姚懿面临的选择是：要么放弃野心，老老实实效忠于大哥；要么铤而走险，立即开始成功率已极低的叛乱。

在七十八年前，靠政变上台的成汉之主李寿想过一把皇帝瘾，让巫师一占卜，算得有数年天子命。大臣解思明反问他："做数年天子难道比得上做百世诸侯？"李寿竟然回答说："朝闻道，夕死可矣！哪怕能做一天皇帝也值了。"

如今的姚懿也是这么想的。他没有一点儿犹豫，立即发动叛乱，在蒲坂（今山西永济西，当时是后秦并州的首府）称帝，并向自己管辖的河东各郡县发布文告，征兵调粮。

后秦在河东地区的军队主要有两支：一支由姚懿亲自统辖，驻扎于蒲坂；另一支由宁东将军姚成都指挥，驻防于匈奴堡（可能在今山西临汾市境内）。姚成都是后秦军中的一员猛将，在正常情况下，他是姚懿的下属，要服从姚懿的指挥，不过，对于造反这种非正常指令，那就另当别论了。

实际上，姚成都非常果断地拒绝了自己这位前顶头上司的命令。姚懿知道姚成都的向背对他造反的成败有多大分量，摆出了最礼贤下士的笑脸，想引诱姚成都上自己的贼船，并送去一把"姚懿皇帝常用佩刀"作为盟誓的凭证。

姚成都肯定不缺那把刀，不收，也不理睬。姚懿见来软的不行，又命将军王国率数百敢死队袭击匈奴堡，结果大败，王国被姚成都生擒。姚成都得胜后，遣使责问姚懿："殿下你以皇家至亲的身份担当一方诸侯的重任，国家有难，你不思拯救，反而想谋求非分之福。三位先祖（姚弋仲、姚苌、姚兴）的在天之灵可能保佑你吗？我将马上集结义兵，讨伐叛逆，你就等着在黄河上（蒲坂城紧靠黄河）相见吧！"

结果原先姚懿所管辖的各郡县大多响应姚成都，没有一个郡政府服从姚懿的调遣，只在临晋（今陕西大荔县）有数千户人家呼应起事，但马上就让姚成都打败。

稍后，姚绍和姚成都的平叛军队开赴蒲坂城下。还没等开战，蒲坂城中的镇户郭纯、王奴等人率百姓暴动，把"皇帝"姚懿围在他的官邸之中，这位"皇帝"才"惊喜"地发现，他果然已经变成"寡人"了！接下来的事就没什么悬念了，姚绍进入蒲坂，不费吹灰之力便平定了此次叛乱。狗头军师孙畅被诛杀，姚懿被囚禁。

史书上没再提到这位短命"皇帝"的结局，按常理推断，他不可能幸免。不知姚懿受死前一刻，是为自己终于当了一回皇帝而高兴，还是为这次自寻死路的举动而后悔。

"九锡"事件

自从北伐开始以来，前方的各种捷报就像发现了蜜源的工蜂，接连不断地造访彭城的晋军大本营。

当晋军的旗帜插上洛阳城头时，晋军大本营更是一片欢腾。这是可以理解的：虽然之前东晋也曾两次收复洛阳，但用的时间如此之短，付出的代价如此之小，却是前所未有的。而且最近的好消息像一位模范员工，并没有因为取得了成就而稍有懈怠，依旧络绎不绝地找上门来。

先是西秦王乞伏炽磐主动派使臣来晋见刘裕，表示他将出兵攻击后秦，配合晋军作战，以示忠心。而且他可不像北凉主沮渠蒙逊那样光说不练，果然派大将王松寿进驻马头（今甘肃礼县东北），进攻上邽。刘裕则代表晋安帝，加封乞伏炽磐为平西将军、河南公。

稍后，姚懿"皇帝"起兵，对晋军的行动给予了"无微不至"的配合。这些事件的发生，弥补了西线晋军牵制兵力的不足，使整个局势继续向着对晋朝有利的方向大步推进。

在这种大好的形势下，刘裕自然成为身边众臣属赞誉和谄媚的中心，要一直保持完全清醒，恐怕是不容易的。很可能就在这喜庆的气氛中，有某个聪明人投刘裕之所好，向他心中那个可意会而不可言传的痒处使劲挠了一下，于是，被挠得一时兴起的刘裕，做出了一个冲动的，让后人说不清道不明的决定：派一个人回一趟建康。

派回来的这个人名叫王弘，字休元，此时正在刘裕手下担任左长史。这位王长史也是个有来历的，他出身顶级名门琅邪王氏，曾祖父是东晋初年赫赫有名的宰相王导，其父王珣，是刘裕老友王谧的堂兄。刘裕让王弘回建康，当然不是看他工作辛苦，给他休假探亲，而是让他提醒一下反应迟钝的建康朝廷：刘太尉的功绩已经如此之大，朝廷难道不该有点儿觉悟，赐予刘太尉应得的高规格礼遇？

对于目前刘裕这个级别的人物而言，所谓更高规格的礼遇，自然便是"九锡"了。前文已说过"九锡"代表的意义：它是权臣在篡位前需要迈过的最后一级台阶。十三年前，桓玄曾经跨过这道台阶，现在，他的对头刘裕也要跨过去了。参照刘裕的功业和地位，这本来是一件水到渠成的事，并不出人意料，但选择的时机和方式出现了微小的偏差，带给刘裕一个不曾料到的后果。

谁都知道，如今真正在建康发号施令的人，并不是连人话都不会说的安帝司马德宗，也不是最高留守长官中军将军刘义符，而是刘义符名义上的辅助官员中军府军司刘穆之。长久以来，身担重任、忠心耿耿的刘穆之屡次在刘裕出征时负责看家。他一向自视为刘裕的第一心腹，在刘裕面前无所隐讳，知无不言，言无不尽。

所以，当刘裕做出什么决定没有咨询他时，他都会问："这事为何不和我商量？"所以，当别人讥讽他和刘裕靠得太近时，他才会回答："以刘公的雄才大略，将来自然会发达。我受他的大恩，在大义上不会向他隐瞒任何事情，这正是当年张辽向曹操告发关羽要叛逃的原因。"所以，只有他才会直言不讳地指出刘裕的字写得太难看，并设计一种适合刘裕书写的大字体，以便刘太尉在发函和批示文件时显得比较有体面。所以，他才会对自己豪奢的毛病以掏心窝子的方式主动向刘裕坦白："我年轻时家里贫穷，日子过得很苦。自从追随您以来，虽然常常想着应该节约一点儿，但实际每天的开销还是太多。除此之外，再没有一丝一毫对不住公了。"

总之，在刘穆之看来，他和刘裕就是一体的，祸福同享，荣辱与共。可现在，封赐"九锡"这么重大且应该是由后方做出的决定，刘裕竟然完全绕开自己，另派专人负责，这让刘穆之感到深深的震惊。惊惧之下，本来就一直在超负荷工作的刘穆之病了。

关于刘穆之的得病以及后来的逝世，后人认为他的死类似荀彧。荀彧，字文若，河南颍川人，生于官宦世家，因为生活在汉末三国，又是大名人曹操手下的第一号谋臣，所以他的名声比刘穆之大多了。当年曹操处在与今天刘裕类似的地位时，几个有见机的手下，如董昭等人，也张罗着让朝廷给曹操赐"九锡"，并与地位重要的荀彧商议此事。不想荀彧虽然为曹操立下过汗马功劳，内心仍忠于东汉王朝，所以他极力劝阻，从而惹怒了曹操，曹孟德下狠心决定除掉自己这个忠实的属下。后来，荀彧从征至寿春，曹操赏赐他一盒美食，等打开一看，却只是一个空食盒，明白了曹操意图的荀彧，随后服毒自尽，以一个大汉臣子的身份死去。

后人也认为刘穆之忠于晋朝，没想到自己侍奉的主公竟和桓玄一样有篡位之心，因而惭愧恐惧，以至病逝。在下认为，这种观点可能并不正确。

刘穆之是个忠臣，但从可以找到的史料来看，他忠心的对象一直是刘裕，并不是司马皇家，他与荀彧不同，并不反对刘裕最终登上皇位。最明显的例证就发生在刘裕即将北伐后秦时。当时刘穆之前去会见龙骧将军王镇恶，对他说："刘公如今把平定关中的重任交给你了，你可要努力啊！"王镇恶当即发下誓词："此次出征，我王镇恶如打不下咸阳（指长安），绝不再渡江回来！不过，到了那个时候，如果赐刘公'九锡'的诏书还没有发下来，那就是您的责任了。"听了这样大逆不道的回答，刘穆之并没有大惊小怪，也没叫王镇恶不许乱说、下不为例什么的。可见，对于刘裕的属下来说，即将改朝换代早已是一个共识，正如陆放翁的诗句"寄奴谈笑取秦燕，愚智皆知晋鼎迁"。

当然，关于王镇恶的后半句话，只见于《魏书·岛夷刘裕传》，《宋书》及《资治通鉴》均未采用，其可靠性要打一点儿折扣，但从《宋书》和《资治通鉴》的一些记载中，我们可以发现，刘穆之认识到这一点，其实远比王镇恶早。例如，他在刘裕还未完全掌控中央大权时就对刘裕说过："昔晋朝失政，非复一日，加以桓玄篡夺，天命已移。"（见《宋书·刘穆之传》）

显而易见，刘穆之从来就不是晋朝的忠臣，认为他是因为反对刘裕篡位而死，是比较缺乏说服力的。

其实，真正给刘穆之以重大打击的，是他在此事中发现，他与刘裕之间的关系并不像自己认为的那样亲密无间。士为知己者死，但当士已经为知己者付出一切时，突然发现那个"知己者"并未将自己当作知己，这才是让刘穆之震惊和失落的原因。

那么，刘裕为何要这样做？是他已经对权力越来越大的刘穆之产生了戒心，有意疏远他吗？依在下看，刘裕对刘穆之的信任和倚重，其实并未改变。这一点，我们可以从后来刘穆之病逝，刘裕竟找不到满意的人选来接替，必须亲自赶回南方坐镇的史实中看出，更可以从刘裕对刘穆之的怀念中感受到。

刘裕称帝之后，每当回忆起旧事，常感慨说："穆之如果不死，一定能帮我治理好天下！贤才早亡，实在是国家的灾难啊！"后来，刘裕甚至发展到自言自语："穆之死了，别人不再看得起我了（穆之死，人轻易我）。"

刘穆之是刘裕此生中最后一个可以生死相托的真朋友，在他去世以后，刘裕身边只剩下了表面上的恭敬与赞誉，再难见到发自内心的真诚与友谊。因此，索赐"九锡"这件事，极可能是刘裕在某个人的鼓动下一次未经深思的失误。而那个鼓动刘裕犯错的嫌疑人，最有可能是聪明过人的太尉主簿谢晦。

拿刘裕的部下与汉高祖刘邦的班底做一下比较，大致可以这样看：刘穆之的角色相当于萧何；王镇恶、檀道济等人分担了韩信的戏份；而扮演张良、陈平，在幕后运筹帷幄的人，则是谢晦。

由于事关机密，史料不载，谢晦在刘裕身边究竟出过何谋、划过何策，今天已搞不大清楚，但我们可以从旁人对他的评价中看出他在刘裕集团中的重要性。檀道济就说过："当年臣与谢晦一同随先帝北征，入关破秦的十条策略，有九条出自谢晦，他的才略不凡，精明干练，都是很少有人及得上的。"

才华过人又加上门第高贵，大帅哥谢晦自然是高傲的，对家世寒微的刘裕不敢轻视，但对出身同样不高的前辈刘穆之就没这么客气了。所以，虽然他得以跟随刘裕是出自刘穆之的推荐，但此后他与刘穆之的关系并不融洽。刘穆之守后方，派人向刘裕陈事时，谢晦总喜欢当着刘裕的面吹毛求疵，从中大挑毛病，以彰显自己的聪明和刘穆之的失误，惹得刘穆之也非常恼火，反问谢晦："你到底有完没完？"

两人失和的结果是：刘裕打算提拔谢晦做从事中郎，因刘穆之坚决反对，谢晦的升官前景暂时就泡汤了。谢晦也因此深恨刘穆之，机智过人的他如果不找个机会，加以巧妙报复，那才是让人感到惊奇的事。

太久的时光，让很多发生过的事件掩埋得了无踪迹，我们并不能找到他报复刘穆之的真凭实据。但刘裕临终前对继承人刘义符说："谢晦多次跟随我出征，很有见机应变的才能，将来如果有什么变故，那么产生异心的人一定是他！"现有史料看不出谢晦有过让刘裕不放心的举动，刘裕却如此不信任他，其中的原因是值得深思的。

不管是不是失误，刘裕的要求是不能抗拒的。十二月二十九日，东晋朝廷以晋安帝司马德宗的名义下诏，封刘裕为宋公，采邑十郡，加授九锡，位列亲王之上，达到人臣的顶点。诏书送达彭城，刘裕辞让，并未接受。

附：晋安帝赐刘裕九锡的诏书原文

朕以寡昧，仰赞洪基，夷羿乘衅，荡覆王室，越在南鄙，迁于九江。宗祀绝飨，人神无位，提挈群凶，寄命江浒。则我祖宗之业，奄坠于地，七百之祚，翦焉既倾，若涉渊海，罔知攸济。天未绝晋，诞育英辅，振厥弛维，再造区宇，兴亡继绝，俾昏作明。元勋至德，朕实赖焉。今将授公典策，其敬听朕命。

乃者桓玄肆僭，滔天泯夏，拔本塞源，颠倒六位，庶僚俯眉，四方莫恤。公精贯朝日，气凌霄汉，奋其灵武，大歼群慝，克复皇邑，奉帝歆神。此公之大节，始于勤王者也。授律群后，溯流长鹜，薄伐峥嵘，献捷南郢，大憝折首，群逆毕夷，三光旋采，旧物反正。此又公之功也。出籓入辅，弘兹保弼，阜财利用，繁殖生民，编户岁滋，疆宇日启，导德明刑，四境有截。此又公之功也。鲜卑负众，僭盗三齐，狼噬冀、青，虔刘沂、岱，介恃遐阻，仍为边毒。公搜乘秣驷，夐入远疆，冲櫓四临，万雉俱溃，窃号之虏，显戮司寇，拓土三千，申威龙漠。此又公之功也。卢循妖凶，伺隙五岭，乘虚肆逆，侵覆江、豫，旍拂寰内，矢及王城，朝野丧沮，莫有固志，家献徙卜之计，国议迁都之规。公乘辕南济，义形于色，巍然内湛，视险若夷，摅略运奇，英谟不世，狡寇穷恤，丧旗宵遁，俾我畿甸，拯于将坠。此又公之功也。追奔逐北，扬旌江濆，偏旅浮海，指日遄至。番禺之功，俘级万数，左里之捷，鱼溃鸟散。元凶远迸，传首万里，海南肃清，荒服来款。此又公之功也。刘毅叛涣，负衅西夏，凌上罔主，志肆奸暴，附丽协党，扇荡王畿。公御轨以刑，消之不日，仓兕电溯，神兵风扫，罪人斯得，荆、衡清晏。此又公之功也。谯纵怙乱，寇窃一隅，王化阻阂，三巴沦溺。公指命偏师，授以良图，凌波浮湍，致届井络，僭竖伏锧，梁、岷草偃。此又公之功也。马休、鲁宗，阻兵内侮，驱率二方，连旗称乱。公投袂星言，研其上略，江津之师，势逾风电，回旍沔川，实繁震慑，二叛奔迸，荆、雍来苏，玄泽浸育，温风潜被。此又公之功也。永嘉不竞，四夷擅华，五都幅裂，山陵幽辱，祖宗怀没世之愤，遗氓有匪风之思。公远齐伊宰纳隍之仁，近同小白灭亡之耻，鞠旅陈师，赫然大号，公命群帅，北徇司、兖。许、郑风靡，巩、洛载清，伪牧逆藩，交臂请罪，百年榛秽，一朝扫济。此又公之功也。

公有康宇内之勋，重之以明德。爰初发迹，则奇谟冠古，电击强妖，则锋无前对，聿宁东畿，大造黔首。若乃草昧经纶，化融于岁计，扶危静乱，道固于苞桑。辨方正位，纳之轨度，蠲削烦苛，较若画一，淳风美化，盈塞宇宙。是以绝域献琛，退夷纳贡，王略所宣，九服率从。虽文命之东渐西被，谷隰之迈于种德，何以尚兹。朕闻先王之宰世也，庸勋尊贤，建侯胙土，褒以宠章，崇其徽物，所以协辅皇家，永隆藩屏。故曲阜光启，遂荒徐宅，营丘表海，四履有闻。其在襄王，亦赖匡霸，又命晋文，备物光锡。惟公道冠前烈，勋高振古，而殊典未加，朕甚懵焉。今进授相国，以徐州之彭城沛兰陵下邳淮阳山阳广陵、克州之高平鲁泰山十郡，封公为宋公。锡兹玄土，苴以白茅，爰定尔居，用建冢社。昔晋、郑启藩，入作卿士，周、邵保傅，出总二南，内外之重，公实兼之。命使持节、太尉、尚书左仆射、晋宁县五等男湛授相国印绶，宋公玺绂，使持节、兼司空、散骑常侍、尚书、阳遂乡侯泰授宋公茅土，金虎符第一至第五左，竹使符第一至第十左。相国位无不总，礼绝朝班，居常之名，宜与事革。其以相国总百揆，去"录尚书"之号。上送所假节、侍中、中外都督、太傅太尉印绶，豫章公印策。进扬州牧，领征西将军、司豫北徐雍四州刺史如故。

公纪纲礼度，万国是式，秉介蹈方，罔有迁志。是以锡公大辂、戎辂各一，玄牡二驷。公抑末敦本，务农重积，采繁实殷，稼穑惟阜。是用锡公衮冕之服，赤舃副焉。公闲邪纳正，移风改俗，陶钧品物，如乐之和。是用锡公轩县之乐，六佾之舞。公宣美王化，导扬休风，华夷企踵，远人胥萃。是用锡公硃户以居，公官方任能，网罗幽滞，九皋辞野，髦士盈朝。是用锡公纳陛以登，公当轴处中，率下以义，式遏寇仇，清除苛慝，是用锡公虎贲之士三百人。公明罚恤刑，庶狱详允，放命干纪，罔有攸纵。是用锡公鈇、钺各一。公龙骧凤矫，咫尺八纮，括囊四海，折冲无外。是用锡公彤弓一，彤矢百，卢弓十，卢矢千。公温恭孝思，致虔禋祀，忠肃之志，仪刑万方。是用锡公秬鬯一卣，圭瓒副焉。宋国置丞相以下，一遵旧仪。钦哉！其祗服往命，茂对天休，简恤庶邦，敬敷显德，以终我高祖之嘉命。

姚恢之乱

正像一首江南古曲中唱的那样，"月儿弯弯照九州，几家欢喜几家愁"，彭城的欢乐气氛是不会分一星半点儿到长安的。

义熙十三年（417）正月初一，按照惯例，后秦的第三代皇帝姚泓坐在皇宫前殿，接受文武百官的新年朝贺。就在这个往年都喜气洋洋的日子里，姚泓突然望着阶下的群臣放声大哭，接着，文武官员也以哭声呼应他们的皇上，整个朝堂顿时泪雨纷飞。也许在冥冥中，这个不吉利的开端正是为后秦帝国的最后一年做了预告吧！

不过，此时让姚泓悲从中来的原因，除了晋军不断进逼，秦军节节失利，还有就是悬在他头上的另一柄达摩克利斯之剑已经落下来了：他的堂弟齐公姚恢大概不忍心让堂兄继续在担惊受怕中过日子，终于率安定守军三万八千余户起兵反叛，以"清君侧"为名，挥师东下，杀向长安！怕什么偏偏就来什么，他与姚恢之间的猜疑终于演变成了对他而言最糟糕的结果：后秦自立国以来最大规模的一次内战爆发。

姚恢最初的进展很顺利，很快便逼近阴密（今甘肃灵台县西南）。曾经是姚弼得力助手的扬威将军姜纪（姚弼征讨南凉时，他曾献计），大概认为以自己的历史问题，如果跟着姚泓，肯定不会有出头之日，说不定还会等来秋后算账，不如把筹码投到与姚弼有交情的姚恢身上（姚弼曾担任安定镇将，那时姚恢是其属下），便率所部主动投靠姚恢。得知此事，镇守阴密的建节将军彭完都，吓得弃城逃回长安，叛军声势更加浩大，推进至新支（今地不详）。

根据形势，足智多谋的姜纪向新主子姚恢献计说："因为晋军进逼和姚懿造反，现在姚绍和朝廷军队的主力都被调到了东边的潼关和蒲坂一带，长安城非常空虚。这个机会是万万不可错过的，主公应该避开所有外围据点，率轻装部队直取长安，赶在姚绍回来之前抓住姚泓，则大事就定了。"

可惜姜纪没想到，自己这次又押错筹码了。在前往长安的大路南侧，还有镇西将军姚谌率领的一支军队驻扎在郿城，姚恢觉得留一支敌军在自己的侧后是件很不安全的事，便不听姜纪的话，先挥军南下，进攻郿城。

姚恢手下的安定镇户果然是与赫连勃勃周旋了多年的秦军劲旅，一战下来，大败姚谌，关中大震，扶风太守姚俊、安夷护军姚墨蠡、扬威将军彭蚝等一大批文武官吏纷纷向姚恢投降。姚泓虽然派弟弟姚裕和辅国将军胡翼度驻防于沣水（长安西面的一条小河，发源于秦岭，向北注入渭水）西岸，但兵微将寡，实力不足，而且长安城内普遍人怀二心，姚恢的造反事业似乎已经胜利在望了。

但实际上，姚恢为了郿城这次无关紧要的胜利，已经浪费了对他而言最最宝贵的时间。他现在离长安还稍微远了一点儿，而刚刚拿下蒲坂，生擒姚懿的东平公姚绍则在接到姚泓的紧急诏令后，立即率轻骑紧急回援，随后部将姚洽、司马国璠（晋朝宗室，因惧刘裕加害而逃亡后秦）等率步卒三万也昼夜兼程，都抢在姚恢之前赶到长安。因此，等到姚恢叛军终于前进到长安西北郊的灵台时，发现姚绍所率的大军已挡在了他的前面。姚恢当然知道这个叔父不是好对付的，他不敢轻易进攻，只好安营扎寨，与姚绍对峙，轻取长安的机会就这样被错过了。

稍后，镇守潼关的抚军将军姚赞，留下部将尹雅为弘农太守，负责把守弘农与潼关，自己也率潼关守军的大部分兵力回援长安。姚泓接见了姚赞，流泪对他说："都因为我不能崇明德义，引导大家虔心向善，导致祸起萧墙，变生宗室！自觉上负祖宗，也没脸再见死去的先帝。姚懿刚刚才谋逆，自取灭亡，姚恢又起兵造反，现在可怎么办？"姚赞安慰他说："姚懿、姚恢这些人胆敢起兵叛乱，是以为臣等软弱，不能替主上削平灾难。臣与大将军（指姚绍）这次出征，如果不灭此叛贼，绝不再回来面见陛下！"

就这样，姚恢继续傻待在灵台不动，后秦各处勤王的援军不断赶到，渐渐形成对叛军的合围之势，双方的优劣形势完全逆转。哪怕是最原始的草履虫都有趋利避害的生物本能，何况是人呢？于是，现在轮到姚恢叛军的军心浮动了，他手下的大将齐黄等人首先向中央的平叛军投降。

后秦军统帅姚绍认识到时机已到，立即指挥各路勤王军队对姚恢叛军发起总攻。他率军从正面进攻，吸引姚恢的注意力，同时命令姚赞率军绕到姚恢军阵之后，实施前后夹击。早已人心惶惶的叛军经受不住这样的重击，顷刻间全军崩溃。这次叛乱就这样让姚绍迅速平定了，姚绍实在不愧为后秦末年的"救火队长"。

至于叛军的首领姚恢，则和三个弟弟一起被斩杀。得知这个消息的秦主姚泓痛哭失声，命以公礼将他们安葬。那位智计过人却多次押错宝的姜纪，此战后下落不明，再也没有在史书上出现。他可能在姚恢失败前早早逃走了。对于一个曾在后凉、南凉、后秦三个国家打过工，换主子和换衣服一样勤快的乱世老混混儿而言，这是他最合理的选择。

鏖战潼关

　　作为一位军事家，刘裕很清楚在战略上可以藐视敌人，但在战术上要重视敌人。考虑到关中的情况与关东大不一样，后秦在那里经营多年，根基较稳，其精兵良将都聚集于其中，不是轻易可以拿下的。因此刘裕原先下达的指令也很稳重：晋军东线的四路大军在洛阳会师，完成第一阶段任务后，应暂停进攻，等待刘裕本人亲率的后续及辎重后勤部队。继续进攻应该等到后方完全安全（主要是防止北魏的介入），且大军会合后再开始。

　　刘裕本人也是按这个计划行事的。他在彭城过完义熙十三年的新年后，大概沿途的水道已经疏浚一新，且运粮用的大船以及各种物资已准备停当，便留他只有十岁的第三子刘义隆守彭城，自率水师从彭城出发，沿着王仲德军走过的路线向洛阳进发。

　　不过变化总能改变计划，原本在洛阳等待刘裕大军的王镇恶等人发现：潼关、蒲坂一带的后秦军队为了平叛，正急速西调，屏蔽关中的这两大要地一时变得防备空虚，唾手可得。在洛阳的晋军众将商议之后，认为战机不可失，便决定不再等待刘裕的后续军队，也不顾军粮不足的困难，立即开始攻击行动。

　　洛阳的晋军是分两头行动的，主力由王镇恶、檀道济、沈林子等人率领，西进攻击潼关、蒲坂，朱超石和胡藩二将则沿黄河东下，任务是保障后路的安全并迎接刘裕大军的到来。

　　西进的王镇恶、檀道济等部开头是很顺利的，他们很快就拿下了宜阳、渑池。在渑池，王镇恶找到当年对他有恩的李方一家，重金酬谢，并立即任命李方为渑池县令，实践了他当年"若遭遇英雄主，要取万户侯，当厚相报"的诺言。王镇恶接着命部将毛德祖袭击正驻防在蠡城（又称南渑池，在今河南洛宁县西北，《晋书》及《资治通鉴》称蠡吾城，似误）的后秦弘农太守尹雅。尹雅出战，马上就被晋军击溃，他本人也在逃亡中被毛德祖派出的晋军轻骑抓获。不过，这位尹雅也真是个人物，打仗虽然不太在行，但逃生有术，他竟然趁晋军松懈时，杀掉看守，又逃回了潼关。

西进大军继续前进，攻陷陕城，并在这里兵分两路：檀道济、沈林子率一路北渡黄河，攻克襄邑堡（今山西芮城县西北），目标直指蒲坂；王镇恶则率其余军队沿黄河南岸西进，指向潼关。这次分兵的原因不详，从事后来看，应该算西征诸将的一个失误。

正所谓贪多嚼不烂，檀道济、沈林子进入河东地区后，又分了一次兵，派偏将苟卓进攻匈奴堡，结果让后秦的宁东将军姚成都击败，这是晋军北伐后秦以来打的第一场败仗。檀道济对蒲坂的进攻也不顺利，后秦的新任并州刺史尹昭据城死守，轻装前进，缺少攻城装备的晋军一时也攻打不下。

更让王镇恶、檀道济等人大失所望的是：那个姚恢实在是太不争气了！怎么这么快就让姚绍给打没了！姚恢失败得太快，让后秦能够迅速抽出兵力，驰援潼关、蒲坂前线。

姚泓先是派将军姚驴增援蒲坂，胡翼度进驻潼关，随后，他又给战功卓著的叔父姚绍进位为太宰、大将军、大都督、都督中外诸军事、假黄钺，并进封鲁公（姚绍的原爵位东平公则封给了姚赞），再集合步骑共五万余人前往潼关抗敌。总之，姚泓让姚绍成为后秦全部军队的"总司令"，后秦的存亡就全托付给这位英勇善战的叔父了。

因此，等晋军到达这两地时，原以为防备空虚、能很好拿下的地方都已有重兵把守，曾经的战机已在转瞬之间失去了。这一点很快在战场上体现了出来。姚驴的援军渡过黄河，出晋军侧后，与尹昭的蒲坂形成表里之势，夹击攻城的檀道济军。檀道济只好修筑野战工事，深沟高垒，坚守不战。

建武将军沈林子见晋军已经把进攻战打成了防御战，蒲坂其实已成鸡肋，弃之似乎有味，食之其实无肉，便劝檀道济及时调整部署。他说："如今看来，蒲坂城坚池深，守军也不弱，不是短时间内能够攻下来的。一定要强攻，只会白白地损失士卒，正好给守军拖延的机会，我军不如干脆不管它，挥师南下，先拿下潼关。和蒲坂相比，潼关才是通往关中真正的咽喉要地。现在王镇恶虽然已经到达潼关，但他兵力单薄，形势孤危，难以独自攻取，如果不能速战速决，让姚绍将潼关的防务安排妥当，那就更难对付了。我们只要乘姚绍新到，立足未稳，迅速攻下潼关，则姚绍也将无能为力，而蒲坂的尹昭、姚驴部队，更将不战自溃！"

檀道济也是个大将之才，对战局的看法与沈林子一致：以现在的兵力要同时拿下潼关和蒲坂是不可能的，只能集中力量攻取更关键的要点。于是二人便放弃对蒲坂的攻击，南下与王镇恶部会合，于三月初渡过黄河，逼近潼关，从而拉开了长达五个月的潼关争夺战的序幕。

今天山海关的城楼上，有一块气势雄浑的大匾，上书"天下第一关"。不过，从战事之频繁，以及对整个中国历史的影响来看，真正有资格称为天下第一关的地方并不是山海关，而应该是我们即将迎来大战的沙场——潼关。

潼关，古称桃林塞。传说在上古时代，巨人夸父逐日不得，口渴而死，他的手杖失落在今河南灵宝市到陕西华阴市一带，化为一片茂密的桃林，桃林与桃林塞因此而得名。真正作为军事要塞的潼关，可能始建于东汉，在函谷关被废弃之后，成为连接关中与关东的第一要冲。它北邻渭水与黄河的交汇处，南依险峻巍峨的秦岭，在这高山大河之间，有一块东西宽约2000米，海拔约550米的天然台地，被称为麟趾原，因其大部分位于潼关城塞之南，又称南原。麟趾原顶面较平坦，但它的西、北、东三侧均是陡峭绝壁，是极适于驻军的天然险要。千万年来风雨侵蚀，原面碎裂，被冲刷出数条深沟，从而成为关中与关东之间来往的天然交通要道。

在刘裕的时代，潼关关城坐落于今陕西潼关县港口镇东麟趾原的杨家庄与寺角营之间，正常的商旅如要过关，先要从阌乡（今河南灵宝市豫灵镇），进入长约15里，车不方轨的黄巷坂到达远望沟口，再顺沟涧逆势登上麟趾原，进入潼关关城，然后再下关，沿关城西面的金沟北行，到达渭河南岸，再沿渭河河岸西行，才算进入关中。其整个路径就像一个倒放的"几"字，其中的远望沟、金沟沟底与麟趾原原面的落差都高达200米，中间又极狭窄，堪称"一夫当关，万夫莫开"的天险。

到隋朝以后，由于水土流失和黄河侵蚀冲刷，麟趾原的北面发生部分坍塌，加之泥沙沉积，黄河河岸与南原之间形成一条新的东西大道（原先此段河岸就是绝壁，无法通行），潼关关城的城址也随之发生数次移动，原先的道路被禁止通行，金沟也改称"禁沟"，并设"十二连城"加以防御，险要依旧。这一雄伟的关隘，

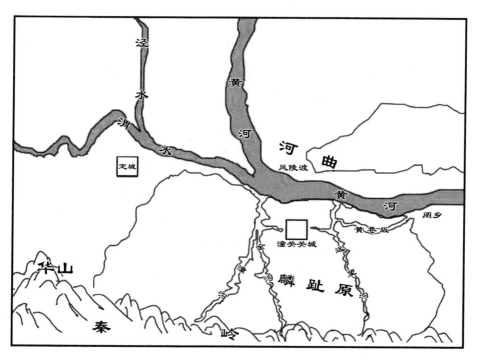

▲ 潼关地形

历经近两千年风雨，基本保持完好，后来因三门峡水利枢纽工程被彻底拆除。

言归正传，姚绍得知檀道济、沈林子军南渡黄河，已迫近潼关的消息，采取了一个大胆的方案，要主动出击，在檀、沈二将与王镇恶部会师之前，将久战疲惫的北路晋军挤到黄河里喂鱼！

主意拿定，新受封的鲁公姚绍便以少量军队牵制王镇恶，亲率秦军主力，排成巨大的方阵，向刚刚渡河的檀道济部气势汹汹地逼过来。檀道济见此架势，知道不可硬拼，便采用了类似长勺之战中曹刿的策略，命全军坚守营垒，不得出战，慢慢消耗秦军的锐气。

姚绍见晋军大队不出，觉得伤其十指不如断其一指，便亲自指挥一部分秦军攻打晋军西营。不想晋军虽然是仓促扎营，防守却极为严密，姚绍挥军一头撞上去，碰了个头破血流，小小的晋军西营岿然不动。

晋营打不下来，姚绍太伤自尊了。想一想，姚绍在这一年多来，内平诸位"小姚"的叛乱，外抗赫连勃勃的进犯，连战连胜，现在统率几万精兵，连晋军一个临时性的野战阵地都拿不下来，面子何存？

做将帅的人，最忌讳的毛病之一，就是冲动。冲动便容易丧失理智，一失去理智就容易犯错，将帅如果犯错，那后果严重多了，所以孙子曰"将不可以愠而攻战"。然而，素有名将之称的姚绍，此时就因为初战不利而冲动了。他下令秦军将士全部压上去，一定要把小小的晋军西营拿下。几万大军围着小小的西营挤成一团，不再有严密的阵势。

如果说姚绍初率秦军以方阵进逼晋军时算得上是"一鼓作气"，那么初攻西营失利就是"再而衰"，而现在以全军围攻西营则差不多是"三而竭"了。见秦军几经折腾，已显疲态，蓄势已久的晋军立即在檀道济、沈林子两大名将的率领下横冲后秦军阵。秦军顿时阵形大乱，被冲得七零八落。慌了手脚的姚绍，连忙重新组织秦军，结阵再战，但在檀、沈两位行家面前，要在战局不利之时找个喘息之机，又谈何容易？

正在姚绍苦苦支撑之际，王镇恶军也出动了，他打败牵制他的小股秦军，也不来与檀、沈二将会合，而是取围魏救赵之势，直接向潼关发起攻击。潼关若失，还在与晋军交战的姚绍大军后路将断，就变成大包子馅儿了！于是秦军大溃，争先恐后地向潼关方向逃命，檀道济、沈林子二将在后面紧紧追赶，杀得秦军血流成河，姚绍打了他带兵以来的第一个大败仗。

败退的姚绍好容易前脚跨进潼关关城，王镇恶、檀道济、沈林子所率晋军追兵也紧跟秦军溃兵的后脚冲了进来。见一时无法阻止败势的姚绍当机立断：放弃潼关关城，收兵退保定城（今陕西华阴市东），封死潼关西面的出口金沟。

此时的潼关号称天险，其险要远不止一个潼关关城，而是一个多重的绵延的防御体系。此次大败，秦军虽然失去了远望沟和城塞的控制，依然能够封住金沟，同时在麟趾原之上，还有秦军武卫将军姚鸾部在驻扎，随时可以威胁潼关关城和远望沟。可以这么说，姚绍毕竟还是一员名将，虽败，但未乱，秦军并没有彻底崩盘，仍与晋军平分了潼关天险。

会打仗的人都知道打败仗之后该说什么话，比如《三国演义》中的曹孟德，从赤壁逃下来，一路大笑对手无谋，不会用兵。姚绍的表现也与此差不多，他非常乐观地对部下说："王镇恶、檀道济等人的兵力并不强大，而且是孤军深入，补给也不太充足，其实不足为虑！现在他们拿下潼关关城，却不能乘胜进击，正是他们实力不足，需要固守以等待后援的明证。我们只要分兵控制潼关的东面入口阌乡，断绝潼关晋军的粮道，那么顶多一个月，檀道济这帮人的脑袋就可以被我军砍下来！而只要打败了王镇恶、檀道济，打退刘裕也就不难了！"

姚绍展望的前景十分美好，秦军众将也多表示赞成，但在姚绍之前已负责潼关防务的辅国将军胡翼度，兜头给大家浇了一盆冷水："作战时兵力应该尽可能集中而不要分散，我军已经打了一场败仗，如果派出去的偏师因兵力不足再败，士气必然瓦解，如何还能再战？"其实，在此时潼关关城、远望沟、黄巷坂都被晋军控制的情况下，秦军要从陆路直接迂回到阌乡，是一件极其困难的事。偏师比较可行的路线，只能是先从蒲津东渡黄河进入今山西省，然后再南渡黄河到达阌乡，需要渡黄河两次。显然这也是一条很不好走的路，如果偏师不利，在定城的秦军主力几乎不可能及时救援。

姚绍听罢，认为胡翼度所言有理，便放弃迂回阌乡的计划，改命此时尚据守麟趾原的姚鸾所部出击，设法居高临下，切断远望沟大道，以断绝潼关晋军的补给。

姚绍能够想到的主意，水平并不逊于他的晋军王、檀、沈三大将自然也不可能想不到。姚鸾命从蠡城逃回来的将军尹雅率军出击晋军粮道，结果再次正中晋军下怀，被檀道济的部将徐琰打得大败，尹雅在不到一个月的时间内，第二次当上了晋军的俘虏。

战斗结束后，晋军众将检点战俘：咦，此人好面熟。噢，这不是前几天杀了我们的哨兵，逃走的弘农太守大人吗？于是把他押往后方，交给主帅刘裕处置。刘裕听说这位是"二进官"：那还有什么好客气的，拖出去砍了吧！尹雅见状，高呼："我前些日子被俘，就该死了，只是侥幸逃出而已，今天再被你们擒住，一死理所应当！但汉人与夷人在君臣大义上是一致的。晋朝既然以大义为名兴师，为何不能让秦国也有坚守节义的臣子呢？"刘裕见他言语雄壮，颇有胆识，很欣赏，就赦免了他的死罪。

再说后秦军的这次出击，虽然没给晋军带来实质的威胁，但麟趾原上还有秦军驻扎这一事实，始终如芒刺在背，让潼关关城不得安宁。于是，在三月四日的夜晚，晋将沈林子率精锐部队奇袭姚鸾大营，结果后秦军遭遇潼关战役的第三次大败，姚鸾被斩，所部九千秦军全军覆没。此战后，后秦军队被完全逐出麟趾原，从陆路切断晋军补给线已经变成一件不可能完成的任务。

陆路不行，就打水路的主意，屡战屡败的秦军主帅姚绍没有气馁，决心屡败屡战。他派东平公姚赞率军西渡黄河进入河东，屯兵于黄河北岸，打算切断晋军的水运粮道。在古代，由于水运的效率要远远高于陆路运输，所以粮道能用水运的地方，一般都不会考虑使用陆运。虽然从洛阳到潼关的黄河水道并不是很好走，中间要经过水急礁多的三门砥柱之险（三门峡），但它仍是潼关晋军赖以维系的生命线。

姚绍的计划是没错，但还要看执行得怎么样。沈林子再次挥军渡河，大败秦军，东平公姚赞几乎是孤身一人逃回定城。后秦的河北（今山西芮城县西）太守薛帛见秦军屡败，估计大势已去，便献出河曲（今山西西南角风陵渡一带，黄河大拐弯处）地区，向晋军投降。后秦军阻断晋军粮道的计划再一次告吹。

四战四败，后秦军中最后一个偶像，曾经战无不胜的鲁公姚绍，至此光芒尽失。

潜在强敌

从满怀希望到希望破灭，是人生最痛苦的体验之一。义熙十三年（417）三月，命运毫不吝啬地将这种痛苦再次赐给年度倒霉大奖得主，秦主姚泓。

去年下半年，后秦在对晋军的交战中，虽然也是屡战屡败，但至少还有一点儿心理安慰：毕竟晋军打败的只是我们秦国的二流部队，秦国真正的良将精兵还没有出场。可现在，后秦最大的王牌，自己寄予厚望的叔父，竟然会一败再败，输得一点儿面子都没有。莫非自己上辈子欠了刘裕好多钱，这辈子得连本带利全还上？否则自己这个皇帝怎么会当得这么倒运？

如果连姚绍都靠不住，那还能指望谁？姚泓被迫把自己期待的目光，从东面的潼关移向了东北方向。因为在那千里之外的平城（今山西大同市），还有后秦帝国可能的最后一根救命稻草：他的妹夫北魏皇帝拓跋嗣。

后来被尊为太宗明元皇帝的拓跋嗣，这时虽然只有二十来岁，但已经在北魏帝国的领导岗位上干了八年。因此，若仅以当皇帝这份职业而论，他的工作经验不管是比大舅子姚泓，还是比"岛夷"刘裕，都要丰富好几倍。

不过，工作经验并不总能解决工作中遇到的问题，自古皆然。比如说现在，这位年轻而资深的北魏皇帝就遇到了一个非常棘手的超出了他以往工作经验的选择。麻烦是由两位使臣带来的，一位是刘裕要求借道伐秦的使者，另一位自然是姚泓请求妹夫救援的使者。他们一个晓之以理，一个动之以情，从完全相反的两个方向向拓跋嗣施压。

就自身感情上说，拓跋嗣是愿意拉姚泓一把的，因为姚兴的女儿是他最宠爱的妃子（死后被追谥为昭哀皇后，是拓跋嗣封的唯一一个皇后），但为此与刘裕打一仗是否明智？这着实不好决断。拓跋嗣只好召集群臣，共议对策。

北魏多数大臣的意见是比较一致的，他们认为，刘裕现在已经夺取了后秦在关东的地盘，如果要继续攻取关中，就必须突破潼关天险，这对晋军来说并不是一件很容易办到的事。反之，假如刘裕要掉转枪口，渡黄河北上，进攻我们魏国，则要容易得多。因此，刘裕虽然以伐秦的名义向我们借道，但其真实的意图很难判断，我们不能掉以轻心。何况后秦与我们是姻亲之国，他们有难，我们也该出兵援助。最好是以重兵屯驻黄河的上游，封锁河道，阻止晋军的行动。

这时，一个容貌俊秀的汉人文臣越众而出，提出了与众人大不相同的意见。这个人便是在北魏初年赫赫有名的第一谋臣崔浩。崔浩出身北方士族名门清河崔氏，是曹魏司空崔林的第七世孙，此后崔氏子孙历仕多国，代代高官。崔浩的父亲崔宏，号称冀州神童，深得北魏两代皇帝器重，位至吏部尚书，受封白马侯。崔家更有名也更有才气的前辈，算崔浩的第七世伯祖，即那位因腹诽的罪名被曹操冤杀的崔琰。崔浩一生的命运与他这位旁系远祖颇有相似之处，只是他留在史书的痕迹更重，而最终的结局也更惨，不过，那些都是后话了。

崔浩青出于蓝而胜于蓝，其学问之广博，就像评书上给诸葛亮、刘伯温一类人的常用语——阴阳五行，无所不晓，诸子百家，无所不通。魏道武帝拓跋珪在位时，见他字写得好，便安排他在自己身边，为著作郎，职位虽不高，地位很重要。拓跋珪死后，继位的拓跋嗣喜欢阴阳术数、占卜算卦一类的东西，精通天象的崔浩因此更受器重，常常参与军国大事的谋划。

现在，他见群臣犯糊涂，便侃侃而谈，说出一段有名的高论："刘裕有吞并秦国图谋，早就不是一天两天的事了。如今姚兴去世，即位的秦主姚泓个性懦弱，几个兄弟姚弼、姚懿、姚恢等人又接连不断地制造内乱，这正好给了刘裕灭秦的天赐良机。依臣看，刘裕此举，志在必得，绝不会半途收手。如果我们切断黄河上游河道，拦阻晋军前进，那么刘裕势必迁怒我国，转而渡河北上攻我。那时，就变成我们代替秦国遭难了！"

崔浩接着向魏主分析国内形势："如今蠕蠕（北魏给此时崛起于漠北的柔然汗国取的小名）时时侵扰我国的北部边界，代北一连数年遭遇饥荒，百姓缺少粮食，国家并没有一个安定强大的后方。现在如果与刘裕为敌，就必须发兵南下，那时蠕蠕肯定会乘虚而入，我们就会陷入首尾难顾的困境。"

崔浩最后提出自己的建议："我们与其为了救秦国而惹祸上身，还不如做个顺水人情，就借道给刘裕，然后发兵控制晋军东归的道路。假如刘裕得手，就会感激我们借道。如果姚家得胜，我们也有出兵救秦的美名。至于大家对刘裕会不会声西击北，进犯我国的担心，倒不用太在意。南方与北方风俗不同，习惯各异，就算我们放弃恒山以南的土地，刘裕也不可能用吴越的士兵来与我们争夺河北，这个道理是非常明显的。我们为国家谋划，就应该把国家的利益放在第一位，怎能为了一个女人（指姚兴之女，拓跋嗣最宠爱的皇妃）耽误国家大事呢？"

崔浩雄辩滔滔，分析得入情入理，但他毕竟资历尚浅，官职只是一个秩第五品的博士祭酒，也还没有后来那种算无遗策的名声，在众多老资格的元老重臣面前，说话的分量还不足。多数重臣仍然主张出兵阻击晋军。他们强调说："刘裕如果西入潼关，必然害怕我们断其后路，以致腹背受敌；如果北上攻我，则姚家的兵马肯定不会出关助我。所以刘裕虽然声言西讨，其实际意图一定是北上。如果我们借路给他，放弃大河的防御，那就成了开门揖盗了！"

听了这些话，拓跋嗣认为双方都有道理，因此采取了折中方案：既不直接阻断黄河上游，也不痛痛快快地借道，而是任命司徒长孙嵩为都督山东诸军事，统帅曾屡建战功的振威将军娥清、冀州刺史阿薄干等，率步骑共十万大军屯驻黄河北岸，严密监视并伺机干扰晋军的行动。北魏与东晋，进入剑拔弩张的准战争状态。

这位大人的真名已经难以确知，我们遵从古史的习惯叫他长孙嵩。长孙嵩出身拓跋鲜卑的世袭贵族家庭，号称"宽雅有器度"，十四岁时便代父统军（只比慕容垂首次出战大一岁），其父长孙仁（当然也不是真名）为北魏前身代国的南部大人。代国为前秦所灭后，长孙嵩率其族人依附刘库仁，后拥护拓跋珪复国，再任南部大人。他在北魏统一漠南和征伐后燕的战争中，军功累累，是北魏的开国元勋、资深老将，曾历任侍中、司徒、相州刺史等职，并受封为南平公。

拓跋嗣即位后，诏命地位最显赫的南平公长孙嵩、山阳侯奚斤、北新侯安同、白马侯崔宏（崔浩之父）、元城侯拓跋屈、濮阳公王建（劝拓跋珪参合陂杀降的那位）、寿光侯叔孙建、屈蛇侯罗结等八位大臣在皇城止车门（文武官员到此必须停车下马，步行入内）的右边设立办事机构，共议朝政，号称"八公"。长孙嵩位列八公之首，也可以说，他算得此时北魏的第一重臣，处一人之下，万人之上。拓跋嗣以他为主帅侵扰晋军，足以证明北魏对刘裕伐秦这件事，是相当重视的。

当时的北魏，拥有东亚最强大的骑兵部队，在当年雄才大略的道武帝拓跋珪的统率下，这些彪悍的鲜卑铁骑曾横扫塞北，击灭独孤、贺兰、铁弗三大部，打得柔然磕头求饶，纵横河北，肢解慕容氏后燕，并在柴壁痛扁姚兴。可以说，在慕容垂死后，他们就是打遍北中国的无敌雄师。长孙嵩统率的魏军，正是这样一支常胜之师。而且在数量上，长孙嵩所率领的魏军也超过了南边刘裕本人指挥的晋军，如果再加上屯驻枋头的叔孙建部和屯驻河内的于栗䃅部，北魏在黄河北岸部署的军队数量已经与刘裕北伐军的总数相当，对晋军构成的潜在威胁远远超过了后秦军队的现实威胁。

而且，我们知道：不管哪个国家，如此兴师动众，都不会只是来打酱油的。

北魏挑衅

不过，刘裕一旦下定决心要做的事，从来不会在意别人同意不同意。天下岂有听人摆布的刘寄奴？

因此，不管北魏愿不愿借道，晋军仍在前进。三月八日，刘裕本人所率的北伐后续部队通过桓公渎，进入他已借但北魏还没答应让出的黄河水道。已经在滑台吃过一次哑巴亏的北魏军队，这次因为底气很足，反应也很迅速，立即派出几千精锐骑兵紧逼黄河北岸，随时紧盯住河中央晋军的一举一动。

要让装满了粮食辎重的沉重运输船逆着黄河的滚滚浊流西上，也不是一件容易的事，光靠风帆和划桨很难行动，只能靠人力拉纤前进。那个年代的水土流失虽然没有现在严重，但黄河仍然是"黄河"，并不是"清河"。沉积的泥沙使黄河下游的河面虽然很宽，但平均深度并不深，为了不让吃水深的大船搁浅，一般要让运输船尽量离河岸远些。于是，晋军的水手在黄河南岸拉开足有百丈（约等于今天的 245 米）长的纤绳，拖曳着船只缓缓前进。

很显然，这种前进方式不但是对晋军水手体能的考验，更是对东晋时代制绳工艺的检验。王仲德等前锋部队的船只主要是运送部队的，排水量不会太大，而刘裕的后续船只主要用于运送粮草辎重，因而航行的难度比前锋高很多。遗憾的是，晋朝制绳匠的考试成绩实在是不尽如人意。

如果是顺风或水流平缓，还算表现正常，一旦水恶风急，这些负担过重的纤绳就常常发生断裂，导致部分失去牵引的船只被湍急的水流冲往黄河北岸。早在北岸守候的北魏骑兵，马上对这些靠岸的晋军零散船只实行了抢掠，使晋军屡受损失。

刘裕的老虎屁股岂能让人随便摸？他命晋军登上北岸反击。但这些北魏骑兵好像是属苍蝇的，一见到大队晋军拥上来，便嗡地一下跑得没影了，骑兵不多的晋军追也追不上。等晋军一回撤，他们立即又嗷地回来，继续抢掠。长孙嵩率领的魏军，与晋军玩了好几轮这种猫和老鼠的游戏，这让刘裕很恼火，但暂时还没有制订出有效的反击方案。正在这时，又发生了一件让刘裕不悦的事：远在潼关的王镇恶、檀道济等人向他求援来了。

那么，节节胜利的潼关前线，又发生什么大变故了吗？答案是恰恰相反，什么大事也没发生。原来，屡败之后的姚绍已经学聪明了，他认识到，以后秦军现在的士气和战斗力，要与晋军在野战中取胜，难度太大了，他暂时放弃了所有的出击计划，学习当年司马懿对付诸葛亮北伐的老办法，只是坚守险要，再不出战。这种缩头乌龟似的招数，虽然看似笨拙，但在有险可守，且己方享有后勤优势的情况下，是非常有效的防守策略。

前文说过，王镇恶等人之所以没按刘裕制订的原计划行事，提前发动对潼关、蒲坂的进攻，是因为后秦发生了姚恢叛乱，并不是晋军做好了长期作战的各项准备工作。无奈姚恢虽然既有贼心，也有贼胆，却缺少点儿贼技术，败得太过麻利，不但没能代替姚泓，也使王镇恶等晋军将领乘虚突破潼关天险的计划搁浅。

现在，姚绍坚守不战，终于点中了王镇恶、檀道济等人的软穴。轻装前来的晋军缺少有效的攻坚设备，一时无法攻破后秦军设在金沟和定城的坚固防线。没过多久，这些携粮不多的晋军将士就开始体会到因口粮减少而带来的饥饿感觉了。谁都清楚，在可预见的一个时期内，饿肚子的感觉将会越来越强烈，因为计划中的补给距离他们还很遥远。他们身处如今陕西的东部，而给他们运粮的刘裕大船队，还在遥远的如今的山东，中间隔了整整一个河南。

此时以北府军为核心组建的晋军北伐部队，无疑是一支英勇善战的精锐之师，但再旺的火苗也不能失去燃料，再猛的跑车也不能断了油料，所以一支军队，只要还是由人而非仙人组成，没饭吃就肯定要完蛋。

弘农募粮

不管王镇恶还是檀道济，他们都不是仙人，只得把将领召集到一起，讨论是否撤兵这个很现实的议题。会上提出的基本方案是，抛弃那些不能用来填肚子的辎重，全军东撤，与刘裕的后续大军会合（按《宋书·自序》的记载，这一方案的知识产权可能属于檀道济）。

这么做固然可以解决将士的肚子问题，但前一段时间辛苦奋战取得的战果，也就全都打了水漂，因此遭到建武将军沈林子的坚决反对。

沈林子只是前锋部队的第三号人物，但论跟随刘裕的资历，他比王镇恶、檀道济都要久，与刘裕的关系也更亲密（刘裕曾对儿子刘义隆说过，沈林子和谢晦是他身边片刻不能少的两大得力助手）。正因如此，他不顾大家的面子，手按剑柄，呵斥道："刘公勤王，立志要肃清河洛，一统天下！如今许昌、洛阳都已经收复，关右（潼关以西，即关中。中国古代地图的绘制方位与今天恰好相反，是上南下北、左东右西）也即将被平定，而大事成败的关键，就看我们前锋部队的表现。我不知道怎么会有人要长敌人志气，灭自己威风，放弃即将到手的大功。而且敌人的兵力还很强盛，刘公大军距离我们又太远，我军一旦撤退，就是对敌人士气的巨大鼓舞，他们必然奋起追击，我军又岂能安然退走？下官自接受任命的那一天起，心中就再没有回头的想法！今天想回去的将军们好好斟酌一下，你们回去后还有何面目再见刘公！"

"长敌人志气，灭自己威风，放弃即将到手的成功！"这顶帽子大且重，谁也不敢承担，同时敌前撤军不易，也是个很实际的问题。沈林子一番议论，让原先主张撤退的将领都无话可说了。于是，前锋部队的头号首领王镇恶只好决定继续咬牙坚持，同时为克服困难做了两手准备。方法一，是派使者飞马前往，向刘裕汇报前线情况，请求尽快支援粮草和兵力。于是，就发生了前面提到的那一幕。

心情正不爽的刘裕把王镇恶派来的使者召上大船，打开北边的窗户，指着岸上正耀武扬威的北魏骑兵对他说："我早就吩咐过你们，要等到大军会合再发起进攻，你们偏偏草率进军，过早孤军深入，现在这里的情况如此恶劣，我哪里派得出人手？"

方法一看来暂时是指望不上了，好在王镇恶还有方法二，他前往弘农郡（今河南灵宝市），号召当地的士绅、百姓向晋军捐献粮食。

王镇恶此人的口才极佳，善于鼓动百姓，他的爷爷王猛曾任前秦宰相，颇有善政，很得秦地百姓的爱戴与怀念，百姓的这种好感也在一定程度上转化为对王镇恶的支持。南方汉人政权才代表华夏正统的观念，已逐渐弱化，但仍有相当的影响力，刘裕治下的东晋远比姚兴晚年以来的后秦政治清明。几个因素共同作用，使王镇恶在弘农发起的募捐获得了巨大的成功，刚刚才成为大晋臣民的当地百姓，纷纷响应号召，捐粮运粮，支援北伐王师。晋军的粮食危机竟然只靠民间捐助便得到了化解，刚刚松了口气的姚绍又该头痛了。

不过，福兮，祸之所倚。王镇恶在这次活动中大得当地人心的出色表现，也为自己不久后的悲剧结局，埋下了伏笔。

却月阵

　　刘裕送走了王镇恶的使者，北魏军队仍在北岸没完没了地骚扰，晋军的主要补给线——黄河水道始终非常不安全，基本不能正常使用。虽然刘裕并不想两线作战，但也发现，对于拓跋嗣小朋友，光靠几句甜言蜜语的哄骗或喂颗糖都是不够的。于是，他决定给北魏一点儿教训，要对付过分淘气的小孩儿，再没有比揍一顿屁股收效更快的办法了。

　　正好此前发生了一件小事。

　　从洛阳赶来与刘裕会合的宁朔将军胡藩，他所属的一条大船也因为断了纤绳，被大风吹到北岸，遭到北魏骑兵的洗劫。胡藩见状，大怒，带上十二名亲兵，乘一条小船渡河登上北岸。正在抢劫大船的有五六百名北魏骑兵，他们也看见了这一小队胆大妄为的晋军，不过并没什么太大的反应。十三个人，实在太少了，甚至激不起他们的杀戮欲望，毕竟正在品尝鱼翅燕窝的嘴，不会对新发现的一个小馒头垂涎欲滴，只是对这个小馒头的勇于献身感到好笑。

　　让他们没想到的是，这一小队晋军不是来被杀的，而是来杀人的。胡藩在此时猛人如林的晋军诸将中，也是有名的神射手，上岸便射，箭无虚发，魏军立即有十多人应弦而倒！毫无心理准备的几百名魏军一时大惊，竟被这一小队晋军吓退。胡藩从容地夺回自己的大船，重新驶回南岸。

　　对刘裕来说，教训北魏的主要难度，并不在于北魏骑兵能打，而是在于北魏骑兵能跑。受自然条件限制，东晋拥有的战马在数量和质量上都远远逊色于北魏，这使晋军在大平原上的机动性天然不如魏军，而且这一缺陷几乎不能通过高明的指挥来弥补。当然，如果一定要打，晋军也可以用攻其必救、围点打援一类的战术手段来实现，但这又与刘裕避免两线作战的战略相矛盾。

　　现在，胡藩这次微小的胜利，虽然对改善晋军运输线的恶劣环境没多大帮助，但很可能给了刘裕一个启示：在不能发兵大举北上的情况下，要抓住魏军揍一顿的关键，就是出动的人不能太多，这样就不会把他们吓跑了。

四月，刘裕让自己的近卫队指挥官，那个拳头硬度和鲁智深差不多的丁旿，率领勇士七百人、兵车一百辆，登上了黄河北岸。上岸之后，晋军在每辆兵车上布置七名武士，然后以黄河做底边，将一百辆兵车排成了一个向北凸出的圆弧形，弧形的最顶部距离河岸约一百步，两端则逐步向南收缩，与河岸相接。

很快，一个在后世大名鼎鼎的阵形，便出现在了一千六百年前的古黄河岸边。这个地点的准确位置，今天已经难以考证，从《魏书·明元帝纪》中"诏司徒长孙嵩率诸军邀击刘裕，战于畔城（今山东聊城市西）"的记载来看，应该在今山东东北部的聊城市境内，距离武松打虎的景阳冈不会太远。

如果从高空俯瞰，此刻晋军的阵形就像紧贴黄河北岸的一弯新月，所以这个阵形后来被命名为"却月阵"。却月，就是弯月或半圆的意思。等阵形摆好，丁旿在阵中竖起一面带着白色牦牛尾毛的旌旗，作为第一步骤已完成的信号。

看到北岸飘扬的牦牛尾巴，早已在船上整装待命的宁朔将军朱超石，立即率两千名军士进入却月阵，每车增加分配二十人。他们先给却月阵按"秀外慧中"的标准进行"装修"：慧中的主要内容是巨弩一百张（可能就是当年用来对付卢循、徐道覆的万钧神弩或万钧神弩的改进型），给每辆兵车上装一张，并配有大铁锤若干，长槊一千余支；秀外，则是在兵车靠外一侧的车辕上竖起木制的护障，以保护阵内的晋军士兵不受魏军的弓箭的杀伤。

刘裕安排晋军布阵期间，一直跟踪晋军行动的那几千名北魏骑兵，表现就比较搞笑了，他们不太像是来作战，更像是来参观友军演习，好奇心十足地、非常礼貌地等待晋军布阵完成，颇有观棋不语真君子的风度。

这也不能怪他们，魏军主帅长孙嵩大人的命令是：晋军人少，我们就砍；晋军人多，我们就闪。现在，晋军上岸的就两千余人，说多不多，说少也不少，究竟该按哪一条指令行事呢？

过了一会儿，魏军的传令兵终于送来了长孙大帅的指令：砍！把这些上岸的晋军全部干掉！大帅已经亲率三万骑兵赶来支援，马上就到！

得到明确的命令，吃了定心丸的魏军骑兵开始对晋军的车阵发起了冲击。他们非常乐观，因为从局势上看，这将是一次辉煌的胜利，加上长孙大帅的后续骑兵，我军的兵力比上岸晋军多得多，光靠踩也能把这些晋国人踩成肉泥去做饺子馅！

面对来势汹汹的魏军，这些早已身经百战的晋军勇士毫不慌张，沉着应对。将军朱超石故意让士兵先用力道不足的软弓射击魏军，以迷惑敌人。魏军见晋军方向射过来的羽箭，没飞太远就纷纷落地，就算被射中，也很不容易受伤，以为晋军战斗力低下，不由得大喜，毫不在意地以密集队形从三面冲向晋军的车阵，就像找到食物的兴奋蚁群。

见魏军靠近，晋军改用强弓猛射。因为魏军人员密集，距离又近，晋军都不用瞄准，随便射出的一箭都不会落空，这些曾纵横北国、彪悍善战的北魏骑兵，很快便伤亡惨重。而晋军士兵因为有兵车的护障，只要弧形车阵不被突破，就不易被魏军杀伤，所以损失非常小。

片刻之后，长孙嵩、娥清、阿薄干等北魏将帅所率的三万铁骑加入战场，魏军参战兵力已是晋军的十多倍，而且全是精锐，他们不惧伤亡，前仆后继，猛烈冲击，晋军的车阵渐渐难以支撑。

危急时刻，朱超石命士兵将长槊折断，变成三四尺长的短矛，用大铁锤锤击，杀伤敌人。这种刚被采用的武器系统，威力惊人，一槊甚至能洞穿三四个人，直杀得魏军人仰马翻，遍地都是人肉串。

古史在这里的叙述是不够清楚的，所谓大锤锤击，究竟是怎样锤，怎样击？似乎有两种解释：其一是把断槊放在某个支架上，用铁锤敲击槊尾，让断槊飞出去，射杀敌人；其二是用断槊代替巨弩所使用的大箭，用铁锤击打巨弩的发射机关，使断槊射出杀敌。在下认为第二种的可能性比较大。

一、晋军的万钧神弩是一种威力非常强劲的大型床弩，能够在较远距离轻易击穿大型楼船的船板，要在近距离打穿几个人似乎也不是难事。而且在交战时，晋军采用了断槊来代替大箭，加大了穿透力。断槊和大箭的区别，在于槊头的重量远远超过箭头，迎风面积却差不多，这意味着它能在目标身上施加更大的单位动能。不过，断槊分量太重，缺乏保持稳定的尾翎，所以射程不远，精度也比较差。一般作战中，它并不能取代大箭，但如果敌人以非常密集的队形进攻，且距离很近，则断槊的缺点就基本上都被掩盖，只剩下优势了。

二、大型床弩因为上弦的力量太大，常常很难直接用人力发射。晋军使用的巨弩，其形制今天已不大清楚了，但宋代三弓床弩就是要用大锤敲击来发射的，这一相似之处恐非巧合。

　　三、在整个人类的冷兵器时代，没有一种发展成熟的抛射型武器，是用人力撞击抛射物尾部来实现发射的。这一事实足以说明，方法一存在着难以克服的弊端，不具有实战价值。

　　这种床弩加断矟的组合，究竟击杀了多少魏军倒在其次，其巨大的杀伤力给北魏骑兵带来的强大心理震慑，才是它的真正威力所在。尤其是当一枚断矟，轻易地打穿原以为能保护自己的盾牌和甲胄，将几名熟识的战友穿在一起，让他们倒在地上痛苦嘶喊的惨状，谁见了能不心惊肉跳？

　　此刻，围绕着却月阵冲锋的北魏骑兵，在似乎无法抗拒的伤害面前，心理防线完全垮塌，数万大军顿时崩溃！魏军在逃亡中，因为人马过于密集，在丧失秩序的情况下不可避免地相互践踏，死者彼此相压，堆满了地面，连魏军大将冀州刺史阿薄干也被晋军斩杀。

　　坐在战船中观战的刘裕见胜局已定，又派宁朔将军胡藩和宁远将军刘荣祖率晋军骑兵上岸支援朱超石。三员战将打开却月阵，率四千余晋军骑兵追击败逃的魏军。逃了一阵之后，长孙嵩回头发现追击的晋军人数不多，又已无战车掩护，便又集合败兵回击，仗着兵多，又将晋军包围了数重。但朱超石、胡藩这些人都是百战虎将，对此毫无畏惧，奋力死战，再次将已成惊弓之鸟的魏军打得大败，斩俘数千人，魏军再溃。

　　倒霉的魏军老将长孙嵩这次可算一跟头栽到了家，被数量不到自己十分之一的晋军杀得一败涂地，几十年来，南征北战的威名都扫了地，原来这些晋人也是这么难对付的！他不敢再战，率败兵缩回畔城，再也不敢出来捋刘裕的虎须了。

　　在刘裕指挥过的各次会战中，却月阵之战可能是知名度最高的一次经典战例了，以至后世一提到"以步克骑"，常常把它拉出来作为最有力的例证。

　　有篇文章为却月阵的布阵，总结了以下一些条件，如必须紧靠大河，必须拥有制水权，必须同时配有步兵、水兵以及少量骑兵，并实现多个兵种协同作战，认为只有如此，敌方骑兵才无法对却月阵实施迂回和包抄，保证阵形侧后的安全，又能在作战不利时通过水面增援或撤退。因为在千变万化的战场上，这些条件很难同时达成，所以却月阵在中国古代战争史上只出现了一次。

　　当然，刘裕也完全可能采用别的方法来作战，对于训练有素且装备精良的精锐步兵，骑兵只有机动性方面的优势，在攻击力方面并无优势可言，以步克骑是可以有多种方法的。以刘裕的水平而言，只要北魏骑兵不跑，他要打胜仗就是十拿九稳的事，并不需要拘泥于一种战术。

而且对刘裕来说，却月阵也不是完全的创新，它不过是刘裕处在有利地形与有利势态的情况下，将灭南燕时用过的临朐方阵加以变化，制作出的一个袖珍改版罢了。因为这次作战中各种条件的特殊性，狭义上的却月阵不具备推广价值，所以它在军事史上的意义并不大，只是证明了刘裕用兵不拘常规，善于随机应变，能够在各种情况下迅速找到最有利的作战方式。恐怕，这才是一个军事家最可贵的潜质。

却月阵之战，是刘裕在此次北伐中亲自指挥的唯一一次战役，也是刘裕军事生涯的收官之作，从此，他没有再直接指挥过作战。

可能正因为如此，现在有观点认为，刘裕在他发动的第二次北伐中，其实并没起到多大作用，因为大部分战役都是他的手下打的。

这种观点值得商榷。这次北伐除了对付后秦这个现实敌人，还要对付北魏这个比后秦更强大的潜在敌人。要威慑魏军，使其不敢大规模参战，这个任务的意义一点儿也不比前方破秦小。刘裕在这次战争中所承担的，正是这个不战而屈人之兵的任务。这一重任，在晋军诸将中，似乎也没有其他人还能担当得起。假如刘裕不是统率后续部队，而是像王镇恶一样指挥前锋，使北魏认为有机可乘而大举出兵，晋军攻灭后秦的难度将提升不止一倍。

盐酒论英雄

再说正在平城皇宫里坐等捷报的魏主拓跋嗣，得到魏军大败的报告，后悔得直想拿脑袋去撞豆腐，幸亏长孙嵩马上送来了第二批报告，才保卫了北魏皇宫厨房里的豆腐：刘裕竟然没有乘胜进攻，反而让晋军主动撤出了黄河北岸，并派人给长孙嵩送江南所产的酃（líng）酒和各种特色食品。

可以这么说，刘裕基本上是用哄孩子的方法对付北魏，先在拓跋嗣的脸上狠狠扇了一巴掌，又给他喂了颗糖。

作为一位战略家，刘裕对战略目标的定位非常清晰，目前只是后秦。因此对拓跋嗣的教育是要把握分寸的：要把北魏打疼，不然它不会长记性；但也不能把北魏打得太疼，以免它正式参战。刚刚实现统一的南方现在底子并不厚实，目前东晋的国力，还不足以同时对这两个北方大国发起全面进攻，而且北魏的地形、气候也不太适于水师强大而骑兵不足的晋军作战（这也是崔浩认为刘裕不能以吴越之众与北魏争河北的主要原因）。打赢一场战役与打赢一场战争，是完全不同的两回事，为逞一时之勇而不惜两线作战，那是蠢货的做法。刘裕可一点儿也不蠢。

实际上，刘裕的目的也基本上达到了，经过这次事件，北魏军队虽然仍沿着黄河北岸监视晋军行动，但再也没有做出挑衅行为，刘裕大军得以顺利进军，很快抵达洛阳，实践他给晋朝"清扫山陵"的承诺。

把提到嗓子眼的心重新放归位之后，拓跋嗣不得不对崔浩的神机妙算大为佩服，于是，他决定再仔细听听这位谋臣的高论。

到了这一年的五月二十四日，发生了一件颇为蹊跷的事。东晋的齐郡（今山东淄博市东北）太守王懿叛国，向北魏投降，并急不可耐地上疏新主子拓跋嗣，建议说："刘裕已经离开齐地，到达洛阳，我军应该立即发兵断其归路，可以不战而胜！"

为什么说这件事蹊跷呢？首先，这位太守大人的名字"违章"了。因为晋朝的实际开创者，后来被尊为"宣皇帝"的那位老爷子，大名就叫作司马懿，中国古代有避讳的传统，在两晋，谁的名字都不准带"懿"字。很难想象这位王太守知法犯法，还能当上太守。实际上，此时的晋军老将王仲德在北方时的原名，就叫王懿，他后来南投晋朝，得避讳，才以字行世，改称王仲德。可以肯定的是，这位降魏的齐郡太守，不是王仲德。王懿太守在历史记载上，就出现过这么一次，对于这个人的经历和这件事的因果，找不到来龙去脉，此后齐郡仍然在南朝的版图之内。

　　其次，这一事件见于北朝的《魏书》，但在南朝的《宋书》或《晋书》上没有记载。没记载也不奇怪，因为叛国投敌对于南朝来说本就不是什么光彩的事，加以掩饰也是可以理解的。但发生了这么大的事，也不见刘裕有任何反应（在南北朝双方的史书上都没有），继续放心大胆地西进，这就有点奇怪了。鉴于魏收写《魏书》时的制假名声，此事的真实性要打一点儿折扣。

　　不管真实情况如何，史书记载的是，北魏拓跋嗣，在听了王太守的煽动后，怦然心动，伤疤还没好就有忘了疼的趋势，有心依计行事。但考虑到事关重大，拓跋嗣决定先咨询"崔神算"的意见。咨询是以拐弯抹角的形式开始的。拓跋嗣乘崔浩给他讲授经史的时候，向崔浩提问："你看刘裕这次讨伐姚泓，他能成功吗？"

　　"肯定成功。"崔浩的回答很干脆。

　　"为什么呢？"拓跋嗣接着问。

　　崔浩开始侃侃而谈："当年姚兴在位的时候，好虚名而不在乎实用，已给后秦种下了众多的隐患。即位的儿子姚泓懦弱多病，不论精神还是体魄，都不能胜任君主的重担。他的兄弟又自相残杀，争相为外人削弱本国的实力。刘裕乘其危难出征，麾下又尽是精兵猛将，还有不成功的道理吗？"

　　拓跋嗣见崔浩把刘裕抬得很高，便提出了一个"关公战秦琼"式的问题："那你认为刘裕的才能比慕容垂如何？"慕容垂是慕容鲜卑最后的神话，拓跋嗣的父亲拓跋珪一生中最敬也最怕的敌人，拿他来作比，证明吃过亏的拓跋嗣对刘裕已经很高看了。

　　但崔浩的回答更吓人一跳："胜过他！慕容垂长于皇家，生下来便地位尊贵，凭借着父兄遗留下来的资望，恢复祖先的基业，故国的遗民都本能地愿意归附他，就像黑夜中聚向灯火的飞虫，他只要施加很小的力量，就能够建立功业。而刘裕崛起于寒微，原先并没有尺寸的土地作为凭借，也没有一兵一卒可以倚仗，但他振臂一呼，四方便群起响应，消灭桓玄，重兴晋室，然后北征生擒慕容超，南讨砍掉卢循的脑袋，旌旗指处，所向无敌！如果不是他雄才过人，怎么可能做得到！"

拓跋嗣听后，用略带点儿不服气的口吻说出了他最近在心里一直盘算的作战计划："如果我等刘裕入关，首尾难顾的时候，派精锐骑兵直捣彭城、寿春，断其归路，刘裕又能怎么办？"

像崔浩这样的聪明人，岂能听不出弦外之音，但他并不是个混日子的，该坚持的就不能放弃。

因为事关拓跋嗣的面子，崔浩的回答也非常谨慎："如今国家西有屈丐（夏主赫连勃勃，北魏改名恶习的又一牺牲品），北有柔然，都在时刻观察我们有没有可供他们下手的可乘之机，这样一来，陛下需要坐镇京城，就不能亲统六师了（这当然是给拓跋嗣留面子，他在军事的造诣既不如老子道武帝拓跋珪，也不如儿子太武帝拓跋焘，真要'亲御六师'，多半输得比长孙嵩更难看）。虽有精兵，但没有良将，长孙嵩的长处在于治国，用兵是他的弱项，并不是刘裕的对手（其实长孙嵩的军事履历，在此时的北魏将帅中也算得拔尖的了）。现在出兵远征，恐怕得不到什么好处，不如暂时静待其变。"

接着，崔浩又向拓跋嗣展示了未来的美好愿景，以加强自己的说服力："刘裕一旦灭掉后秦，必然要回去篡位，不会留在关中。而关中一带，华、戎杂居的局面早已成为现实，民风强悍，极易生事，刘裕如果用治理荆州、扬州的方法来治理关中，无异于解下衣服包火，张开捕鸟的网抓老虎，肯定要失败的！他虽然会派兵留守，却无法安定当地的人心，将来还是要送给别人的。希望陛下能够安兵息民以观其变，秦地终究会为我国所有，只要坐在这里等待就行了。"

乐观的预测让拓跋嗣大为愉悦，他笑着说："看来还是卿考虑问题周密，料事如神啊！"崔浩也谈得兴起，干脆又加了一大堆猛料："臣曾在私下评论过近世以来的将相名臣。王猛精于治国，相当于苻坚的管仲；慕容恪忠心辅佐幼主，相当于慕容暐的霍光；而刘裕虽然平定祸乱，重兴晋室，只不过是司马德宗的曹操罢了，绝不是什么真正的忠臣。"

拓跋嗣突然冒出一句话："那你认为先帝（拓跋珪）如何？"

崔浩一听，知道现在谈话的性质已经由学术问题转变为立场问题了，谀辞便滚滚而出："微臣只不过从一个小管中观察天地，如何能够看穿宇宙的广大呢？不过话虽如此，也可斗胆试言：臣见太祖多用漠北淳朴之人，南下中原之后，移风易俗，教化传播于四海，这样的伟业应当与上古的伏羲氏、神农氏并列。已不是小臣所能评论的了。"

拓跋嗣又问："屈丐（赫连勃勃）这个人如何？"

赫连勃勃出身拓跋部的世仇匈奴铁弗部。崔浩回答说："屈丐自国破家亡之后，孤独一身，如同丧家的流浪犬，被姚兴收留寄养。可他对后秦不思酬恩报德，反而一有机会，便反叛恩主，谋取私利，盗据一方，并结怨于四邻。这种毫无道德观念的无耻小人，虽然能够凭借暴力猖獗一时，但最终一定会被人消灭！"

两人不知不觉谈至深夜，拓跋嗣大有听尔一席话，胜读十年书的感慨。第二天一早，他命人赏赐给崔浩御制缥醪酒十觚、水精盐一两（看来那个时候北魏的盐不是一般的贵，不然区区一两盐，拓跋嗣也不好意思拿出手），并说："朕细细体味你说过的话，正如品尝盐、酒一般滋味无穷，所以想与你共同享受它们的美味。"

差不多就在这对北魏君臣喝酒品盐之际，那位"司马德宗的曹操"正在洛阳巡视刚刚抢修好的城防工程，对工程质量极为满意，一时高兴，就破例对工程主要负责人冠军将军毛修之给予高达二千万钱的重赏。他不可能听到千里之外别人对他的评语，即使知道了，估计内心也不会认同：司马家的皇位，他迟早会取而代之，但他的北伐绝不仅仅是为了那个早已唾手可得的皇位。

姚绍丧命

不过，对于魏军的失败，最失望的人还不是拓跋嗣，而是后秦军主帅姚绍。因为，这意味着刘裕就要来了！

后秦军目前的防御方针，就是避免野战，据险死守，这种战法要取得成功的先决条件，是一定要拥有后勤补给方面的优势，如此才可能在自己被拖垮前先将敌人拖垮。但现在看来，这个目标已经很难实现了。

因为，有了从弘农募捐来的军粮，王镇恶等人的部队已经可以吃饱肚子，与之相反，后秦军出现了粮食危机。前不久，后秦的恢武将军姚难押送蒲坂的粮食来支援定城前线，结果半道让从河曲出击的晋军劫了，正在讨伐薛帛的秦将姚和都（姚成都的弟弟）等人急引兵来救姚难，但已晚了一步，姚难虽然幸免于难，大批的粮草已落入了晋军的手中。王镇恶、檀道济等人又给后秦军上了一节课：袭击粮道，并不是你们秦军的专利！

现在，对姚绍来说，更糟糕的情况即将出现：一旦刘裕带着大批粮草和天下无敌的威名来到潼关，与王镇恶、檀道济等人会师，还可能凭借屡败的疲惫之师守住这最后的险要吗？要避免最后的崩溃，姚绍只得铤而走险：不管有多大的风险，也要努一把力，争取在刘裕到达前，打垮晋军的前锋。

姚绍的出击计划，用的仍是老办法。他命左长史姚洽、宁朔将军安鸾、护军姚墨蠡，以及河东太守唐小方等一批将领率军东渡黄河，潜入九原山（今山西新绛县西北）驻扎，再次尝试切断黄河水道，断绝潼关晋军的补给。

不过，后秦军这次出击虽然有这么多的将领领衔，但出动的兵力只有两千人（据《资治通鉴》）或三千人（据《晋书》）。显然，数败之后，姚绍部秦军已成强弩之末（或者是渡船不足）。因此，出击部队的主将姚洽提出反对意见，认为出击的兵力微弱，出击的地点又距定城大本营太远，胜算太小。这些问题姚绍当然也知道，但他也没有更好的主意，不孤注一掷，总不能坐以待毙吧？因此，他不顾反对意见，强令姚洽出发。

可惜，完全没有敬老尊贤习惯的晋军作风一如既往地"恶劣"，还是没有给姚绍一点儿翻本的机会。东晋在情报方面的工作卓有成效，而秦军的保密工作又没做到家，才一出动就为晋军所侦知，建武将军沈林子立即率八千人出击，乘后秦军渡黄河的机会拦腰攻击。这一仗，秦军参战兵力不到晋军的一半，又不善水战，而且带队诸将中也没有谁的水平及得上沈林子，因此毫无悬念地大败亏输。姚洽、姚墨蠡、唐小方三将被斩，出击的秦军或死或降，全军覆没。

取得这次胜利后，颇有几分得意的沈林子派人向刘裕报捷，在捷报加上了几句自己对秦军主帅姚绍的看法："姚绍一向有善战的名声，威震关中，被国人视为擎天之柱。可现在他虽然统率大军，却蒙受在外屡战屡败的羞耻和在内危机重重的焦虑，他年岁也大了，恐怕命在旦夕，等不到我们将他绑赴刑场了！"

一百八十三年前，曹魏大都督司马懿曾针对对手的健康状况，说出一个著名的预言："诸葛孔明食少事繁，其能久乎？"如今，这样的神算又让沈林子重演了一遍，不让司马宣王专美于前。

果然，当怀着忐忑不安的心情等待战报的姚绍，突然接到三将被斩，出击部队全军覆没的噩耗，惊得目瞪口呆，瞬时被一股无力回天的绝望笼罩，既而羞怒至极，大口吐血，很快病倒了。他强打起最后一点儿精神，勉强将兵权交付东平公姚赞，简单托付后事，便病逝于军中。

姚绍是后秦的忠臣良将，为了姚家天下，他尽了自己的最大努力，算得上鞠躬尽瘁，死而后已。他的将才应该说与王镇恶、檀道济、沈林子三人相差不大，交手失败的主要原因是秦军不及晋军精锐，久战疲惫，缺少良将，以一敌三。姚绍生前，秦军虽败，但还能稳住阵脚，把失利控制在"皮肉伤"的范围内；姚绍死后，后秦再也没有一个有威望也有能力与晋军较量一下的统帅，差不多每次败仗都是"致命伤"了。

接手了定城秦军的指挥权之后，东平公姚赞秉承新官上任要放火的理念，立即组织了一次对晋军的反攻。可惜，他的能力本来就逊色于姚绍，连姚绍都无法从晋军手中讨得什么便宜，他自然更难有超水平发挥的机会，不出所料地被晋将沈林子击败。潼关的西面出口终于被晋军突破。

刘裕率军离开洛阳，继续西进，于七月到达陕城，八月初进至阌乡，与王镇恶、檀道济、沈林子率领的前锋部队会合。受到晋军巨大压力的姚赞放弃了定城，退守郑城（今陕西渭南市华州区），潼关天险的大门，已彻底向晋军敞开。

得知姚绍病亡，刘裕即将到达，以及前线局势恶化的那一刻起，长安城中的秦主姚泓就再也坐不住了。死马也得当活马医，不然，自己保不住的不仅仅是皇位。后秦朝廷挤出了吃奶的力气，在最后那一点儿大的地皮上进行了总动员，居然又凑起了几万人的新军，数量仍然可观。但这种在灭亡前拼凑出来的武装力量，大多没什么战斗力。

这还不是最糟的，这个大木桶上更短的那块木板，是这支新军的统帅——皇帝姚泓。这位姚后主在军事方面的经验与后世的南唐李后主有得一拼，都是"几曾识干戈"这一级的，但现实是，已无可信任的人担任主帅，姚泓只得硬着头皮，领兵亲征。

长安方面紧张的备战工作，也是一直忙到八月初才基本就绪，然后，这支由绵羊统率的绵羊军队，就要出征了。

青泥大捷

　　姚泓出征的主要目标，当然是东进增援姚赞，与即将到来的刘裕大军决战。姚泓决定在大军东进之前，先以众击寡，南下解决兵力不多，但已打到峣柳（今陕西蓝田县南），正在与守将姚和都交战的晋军沈田子、傅弘之所部。这样一来可以消除后顾之忧，二来打场久违的胜仗也可以锻炼队伍，鼓舞一下低落的士气。

　　在刘裕此次北伐，安排在西线发动牵制性进攻的三路部队中，沈田子、傅弘之部是表现最好、成果最大的一路。在此前的战斗中，他们已经突破通往关中的另一天险武关，并拿下了后秦的荆州治所上洛郡（今陕西商洛市商州区），沿途的后秦城池大多不战而降，声势不小。

　　按《晋书·姚泓载记》的记载，在出征时，刘裕给沈田子部配兵一万，数量并不算太少。但由于沈田子一路拿下了不少地方，自然要分出一定兵力驻防，再加上他们的主要任务本来就是做牵制性的疑兵，兵力肯定要分散部署，显得处处有人，好迷惑敌军，因此到达峣柳的晋军并不多，只有一千余人。这大概也是初步探得晋军虚实的姚泓，决定先拿沈田子练手的原因。

　　在此稍前，已至潼关的刘裕也得知了沈田子部的情况，担心他有闪失，便分出一支部队由他的弟弟沈林子率领，西出潼关，沿秦岭山麓而行，增援沈田子。

　　但就在沈林子的援兵赶到之前，姚泓所率的数万大军已抢先一步，突然推进到峣柳北面的青泥，与峣柳守军姚和都部相呼应，对沈田子所率的这支小小的晋军部队构成夹击之势。然而，寒光闪闪的不一定是刀剑，也可能是镜子，姚泓未求胜，先虑败，所以他到达青泥后，并没有凭借巨大的兵力优势乘势发起进攻，而是忙着安营扎寨，先求稳妥。这样一耽搁，不管沈田子打算撤退还是还击，姚泓都为他留出了充足的反应时间。

　　面对数量庞大的秦军，这队小小的晋军应该做出怎样的反应呢？晋军的副将傅弘之提出了一个比较传统的合理建议。

傅弘之，字仲度，祖籍泥阳，生于梁州（今陕西汉中市），以骑术见长，史称倜傥有大志，也是一员英勇果敢的猛将。想当年，还只是个小小主簿的傅弘之就敢豁出性命，参与密谋，去和声势正盛的"大楚皇帝"桓玄叫板，论时间比刘裕还早。在其后的战役中，他击斩桓石绥，从征司马休之，也颇有战功，从来就不是怯战之人，因此他的建议绝不能视为胆小怕事。傅弘之认为，鉴于双方的兵力太过悬殊，敌众我寡，交战恐无胜算，何况我们这一部的任务就是做疑兵，把几万秦兵吸引到青泥，已经完成任务了，没必要做无谓的冒险，不如据险不战。

然而，强中自有强中手，这个合理的方案在名将沈田子看来，远远算不上最优方案。

三十三年前，前秦大将石越出兵讨伐在列人起兵的慕容农，他也是一到前线先修营寨，结果让对手慕容农笑话："石越的军队号称精锐，兵力上又有优势，不在初到时趁着锐气对我攻击，却来修筑防御工事，把进攻战打成了防御战，可见他军心不振，士卒丧胆，是不会有什么作为的。"随后慕容农出击，果然大败秦军，阵斩石越。现在姚泓临战表现，顶多算个石越第二，上天把同样的机会给了我沈田子，我岂能临阵退缩？

于是，沈田子反驳说："用兵贵在出奇制胜，而不是一味地堆人。何况今天众寡悬殊，如果等敌方修筑好营寨，我军将士见敌阵严整难攻，士气自然沮丧，形势就会陷于被动。不如乘他们刚刚到达，营阵未修的机会，出其不意，主动出击，一定能建下大功！所以《左传》上才说：'先于人能夺人之志。'"

随后，沈田子命将剩下的军粮扔进山谷，砸毁本方营地，再率本队人马以一往无前的气势，突击姚泓本阵。傅弘之也率后队奋力作战，支援前锋，并没因自己的建议被驳回而有丝毫懈怠。

姚泓虽没多少武略，但见晋军人少，觉得没有打败仗的道理，便命部将姚裕率后秦大军压上去，因为人多，很快就将沈田子的部队围了个里三层外三层。沈田子见全军已置于死地，知道是将士兵的主观能动性进行极限激发的时机了，他向部下高声呼喊："你们离开父母、妻儿，辞别祖先的坟墓，跑到矢石横飞的战场上来，为的是什么？不就是等待今天的机会吗？封侯的重赏，就在你们眼前了！"

要说沈田子此时这班手下，人数虽然不多，却人人英勇，个个善战，是一支真正的虎狼之师，再加上有沈田子这样的猛人带队，爆发出的战斗力更是惊人。尽管陷于如此恶劣的绝境，他们仍好像全不知道死字怎么写，不但毫无畏惧，反而欢呼雀跃，大声呐喊，手持适于在不平坦地形使用的短兵器，迎着山势，冲向后秦军那些还没穿几天军装的战场"菜鸟"，展开血淋淋的肉搏战。

横的尚且怕不要命的，何况后秦这些新兵远远算不上横的，不过一群手持兵器的普通乡民罢了，见到晋军如此凶猛，早没了一战的勇气，顿时被打得大败，全军溃退，阵亡人数竟达一万多（估计在逃跑中让自己人踩死的人数不会比晋军杀死的人数少）。而他们的皇帝姚泓，在战场上的表现也堪称全军的代表：在慌乱中，他抛弃了自己乘坐的御车，脱掉了穿在身上的皇袍，扔掉了显示皇家威严的全套仪仗，混在小兵中，逃回灞上（长安东面，灞水岸边）。

对后秦来说，这次战役最糟的地方，不是秦军以数量上的绝对优势失利，而是姚泓的战场处女秀终以完败收场。皇帝本人被打败，所造成的崩盘效果，是其他败将难以企及的。

此战后，关中大震，后秦各郡县官吏纷纷遣使，秘密求见沈田子与沈林子（他在战后不久赶到青泥，与兄长会师），约定投降条件。长安南面的大门已然洞开，后秦的寿命似乎只取决于晋军行军的速度了。

见到局面一派大好，沈田子也准备乘胜进击，拿下长安。不过，他的冲动被四弟沈林子制止了。沈林子的政治嗅觉比三哥灵敏，发现这件事背后潜藏的巨大风险。他说："现在要拿下长安，固然是易如反掌，但兄长青泥大胜，已经是超额完成任务了，再要攻克敌都，便成了以偏师独自平定一国，这可是不赏之功啊！"

沈林子的话，要说得通俗点儿，可以这么理解：按照刘导的安排，你只是一个配角，所以表现不要抢眼，不要去抢主角的戏份，那没什么好处，因为没有一个导演会喜欢抢戏的配角，特别是我们的刘导。以前抢戏的那些配角，像刘毅什么的，最后是什么下场就不用多说了。

总之，沈林子真不愧为刘裕的心腹，对刘裕的想法可谓洞察入微（可惜另外一位姓王的，在这方面的悟性就差了一点儿）。听了兄弟的劝告，沈田子大悟，暂停北上的行动，也使后秦的生命倒计时得以稍稍延长。

渭桥之战

与南面不同，由于在长安的正东面是晋军的主攻方向，后秦军屡败之后，仍然部署了不少军队，具体来说，主要有以下几支：东平公姚赞所率的秦军主力在郑城，恢武将军姚难驻防香城（今陕西大荔县东南），皇帝姚泓收集败兵之后，从灞上移师石桥（长安城北面东侧第一门洛门外的东北）。

差不多就在沈田子大破姚泓的同时，刘裕为保证潼关的侧翼安全，任命朱超石为河东太守，让他会同振武将军徐猗之和后秦降将薛帛，再次进攻蒲坂。没想到，一路凯歌高奏的晋军在蒲坂居然又一次碰了硬钉子，被秦将姚璞与姚和都（此处史书记载有一个疑点：姚和都不可能同时出现在嶤柳和蒲坂两地。猜想一，此处姚和都是姚成都的笔误；猜想二，后秦有两个叫姚和都的将领）击败。徐猗之阵亡，朱超石败回潼关。

姚赞抓住这次机会，派遣刘裕的两位死敌司马休之和司马国璠渡河，穿越轵关，出使北魏，向北魏的河内守将于栗磾求救。

于栗磾是自拓跋虔死后的北魏第一猛将，骁勇善战，以善使黑矟闻名。当年道武帝拓跋珪曾夸奖他说："你就是我的英布、彭越！"刘裕在不久前，为了让北魏保持中立，曾寄信给他，尊称他"黑矟公麾下"。手下能有一个让刘裕敬重的将军，这事让拓跋嗣也觉得很有面子，为此他专门创造了一个新官位，授予于栗磾"黑矟将军"。

黑矟将军的名头不是白捡来的，自然不会胆小怕事。再加上长孙嵩、叔孙建等人所率的军队，在却月阵战后也一路远远地跟着刘裕，沿黄河北岸西进，此时已至河内与于栗磾会师。三路大军，兵强马壮，就算和晋军打仗未必能胜，但与刘裕打声招呼，总没什么好害怕的了吧？

所以魏军来了。虽然魏军这几员大将仍然对不久前的失败心有余悸，并没有改变对刘裕北伐的旁观态度，不与晋军交战，但北魏军队的到来，毕竟增加了潼关侧翼的风险系数。

目前的情况是，十几万魏军就在身旁。潼关的晋军主力不能全力西进，战事拖久了，也很难保证不发生新的变化。

正好这几天，关中秋雨连绵，渭水水位暴涨，河面变宽，使后秦军队从岸上封锁河道的难度大增。鉴于这一系列新情况，王镇恶向刘裕提出一条大胆的建议：由他率领一支轻装水军沿渭水西上，进行一次"蛙跳"式攻击，不与姚赞等部秦军纠缠，直接袭取长安，一举定乾坤。

这是一次风险很大的全垒打，成功可以一举灭后秦，如失败，则王镇恶部因孤军深入，有全军覆没的危险。刘裕评估了后秦残存各军的实力，认为此计策虽有风险，但成功概率更大，便欣然同意。

王镇恶出发了，他所率的这一队晋军全都乘坐轻快灵活的艨艟小舰。在晋军的水军装备中，艨艟是一种技术含量并不算高的非主战舰只，通常用于侦察。艨艟如果在大江上遇到当年卢循、徐道覆的楼船舰队，只有跑路的份儿，不过在不习水战的后秦军民看来，这玩意儿已经是相当高科技了。

你看这船多怪：外边蒙着隔板、牛皮，连一个操船的人都看不到，却能在河中逆流而上，还跑得飞快，轻而易举就能把熟悉的羊皮筏子远远地抛在身后，该不是使用了什么仙术吧？

渭河上出现怪船的消息，一传十，十传百，很快就让后秦军方知道了。后秦的将军还不至于像普通乡民那样少见多怪，马上就明白了这是怎么回事，立即采取了相应行动。恢武将军姚难放弃香城，急速西撤，赶往泾上（泾水注入渭水处附近），同时镇北将军姚强率数千民兵赶到，与姚难会师，合力封锁渭水河道。

对于这种由败兵加民兵仓促营建的防线，王镇恶没太放在心上，他命前锋毛德祖猛攻，很快大败秦军，斩敌将姚强，姚难则仓皇逃往长安。王镇恶部扫除了障碍，继续前进，插入敌后。

差不多同时，刘裕为掩护王镇恶的行动，亲自率军向郑城进逼，给姚赞所率秦军主力施加足够的压力，使他不敢全力回援。惊慌之下，姚赞放弃郑城，缓缓西撤，退保灞水东岸。姚泓难以判断晋军将要攻击的目标，因此他将剩下的秦军像撒种一样，分成多支，处处设防：皇弟姚裕和尚书庞统保卫皇宫；将军姚丕把守渭桥（中渭桥，在长安城东北约三里处，渭水之上）；辅国将军胡翼度屯兵石积（今陕西渭南市华州区西南），姚赞继续布防于灞水东岸；姚泓自己驻军于逍遥园（今陕西西安市西郊，当初姚兴给高僧鸠摩罗什及其弟子安排的豪华别墅区），策应各军。长安周边的几支秦军兵力合计，仍有数万之众。

八月二十三日，在黎明前漆黑的夜色掩护下，王镇恶的船队悄无声息地到达渭桥，不远处的后秦守军毫无察觉。王镇恶让士兵先在船上饱餐一顿，然后下令，抄上家伙，马上上岸，最后一个上岸的斩首！

严令之下，没人敢怠慢，一眨眼工夫，所有人统统登陆，列队整齐。而那些已经没人操控的艨艟战船，瞬间就让渭水的急流冲到下游，很快就没影了。

看到船只消失在天边，胸有成竹的王镇恶很满意，他要的就是这种"置之死地而后生"的效果。随后，王镇恶开始施展如簧之舌的强项，向士兵训话："我们的妻儿老小都在江南，而前边不远，就是长安城的北门，我们离家已有万里之遥！所有的衣服、粮食，还有乘坐的船只，都已经顺流漂走。现在，我们只剩下两种选择：打胜了，功成名就，永享富贵；打败了，葬身异乡，尸骨不返。我们一起拼吧！"

随后，武艺一向差劲的王镇恶，端起兵器，身先士卒，第一个冲向渭桥的秦军营垒。数千晋军像数千头下山的猛虎，咆哮着冲入秦军渭桥大营。现在才反应过来的秦将姚丕，指挥渭桥守军进行了短暂的抵抗，很快便被晋军冲得七零八落，顿时崩溃，残兵败将完全失去约束，争先恐后地向长安北门方向逃亡。

离这里不太远的地方，已经多日没睡好觉的姚泓又被早早吵醒了。当他得知晋军已至渭桥，顾不得还在蒙眬的睡眼，带上逍遥园的驻军，急速赶去增援。快到渭桥时，姚泓那因为睡眠不足、还没完全清醒过来的大脑，又被眼前出现的壮观场景一下子打蒙了。

姚泓惊奇地发现，姚丕的部下是一群"牛人"：只不过刚才向前与敌交战时是蜗牛，而现在向后亡命奔逃时进化成犀牛。他们个个横冲直撞，人人勇猛无比，姚泓带来的大军甚至没来得及看清后边追击的晋军穿什么衣服，就让这群牛人冲垮了。秦军大溃，自相践踏，死伤惨重：镇西将军姚谌、前将军姚烈、左卫将军姚宝安、散骑常侍王帛、建武将军姚进、扬威将军姚蛭，以及尚书右丞孙玄等一大批后秦高级官员，就这么莫名其妙地给自己人踩死或打死了。皇帝姚泓还算命大，没被败兵撞倒，单骑逃回了皇宫。晋军则在这些后秦败兵的引导下，顺势攻入了长安城。

这就是那个早晨发生在长安北门的故事，没有像模像样的战斗，只有惊天动地的溃逃，王镇恶没费太大力气就取得了胜利。晋军的旗帜，在时隔一百零一年之后，再次插上了长安的城头。

姚秦末日

逃回皇宫之后，姚泓重新清醒过来，知道他必须搬家了，现在有一件大事要做：赶快逃！

他让河间公姚裕给他召集几百名骑兵，计划一起出长安东门，奔石桥，准备与尚握有不少军队的大将军姚赞会合。

可惜这也只能是一个计划。因为在五年前，王镇恶也干过和今天差不多的事，率一小队轻兵奇袭江陵，得手之后就因为城门没有封好，让刘毅逃出江陵，差点惹出大麻烦。这样的错误，王镇恶岂能再犯第二次？所以，等姚泓等人从皇宫出奔，才发现长安各门都已让晋军把守严密，根本没有逃出生天的可能，他们像没头苍蝇一样，碰了几次壁之后，不得不退回皇宫。还好，王镇恶因为兵少，一时只顾得了四面城墙，没有向城内攻击，皇宫暂时没事。

没过几个钟头，姚泓最后的希望——驻防灞东（距长安不到四十里）的东平公姚赞得知了姚泓又被晋军打败的消息（他可能还不知道长安已经让王镇恶攻破），极为悲痛，召集部下，向他们告知了这个噩耗。众人的表现如同《三国演义》中得知刘禅投降的姜维部众，个个"忠义"：纷纷以刀击地，泣血盟誓。

美中不足的是，在这感人的一幕中，缺少了一个重要人物：驻防石积的辅国将军胡翼度。这员后秦老将，很久以前就明白一个道理：鸡蛋不能都放在一个篮子里。所以他早与晋军的谍报人员拉上了关系。现在见后秦这条破船沉没在即，就在这一天，他悄悄扔下自己的军队，投降刘裕去了。

不过，姚赞已经没有时间也没有能力追究胡翼度的叛国行为了。当天，他带上手下这批忠义之士，回师长安。至当天深夜，姚赞的大军终于赶到石桥，才发现长安各门都已有晋军在把守，众皆大惊：完了，长安已经失守！秦军的士气迅速降到了零。

就像一群老鼠见到猫，还没等姚赞反应过来，他手下万余秦军便轰的一下，各自逃命，作了鸟兽散。后秦最后一支主力部队，到此也戏剧性地不复存在了。

第二天，八月二十四日，长安城内，未央宫中，走投无路的姚泓打算举行一个仪式，这也是他在皇帝这个职务上还能干的最后一件事。

要举行这个仪式，一般需要以下主要道具：丧车一辆、棺材一口、绳子一根、玉璧一枚。具体的操作程序是这样的：仪式的主角要脱掉上衣，打个赤膊，把绳子套在自己的脖子上，嘴里衔上玉璧，后边跟着丧车，车上载着棺材，他跪在合适的地点，等候胜利者的发落。

温和懦弱的后秦皇帝已经输得干干净净，失去了最后一点儿讨价还价的本钱，现在除了听凭刘裕摆布，还能如何？举行这个仪式的君主，姚泓不是第一个，也不是最后一个，一百零一年前，长安城的另一位主人晋愍帝司马邺也同样干过。盛衰荣辱，天道循环而已。

不，还有别的选项！姚泓最后的命令被出人意料地打断了，提出异议的是一个小孩儿，姚泓十一岁的儿子：姚佛念。

从史书的记载来看，姚佛念是一个神童，悟性极高，可能因为早早接触太多你死我活的皇族内斗，这个孩子的心理年龄远远超过了他的生理年龄，甚至超过了他的父亲，他说："（从慕容家的先例来看）晋国人肯定会肆意放纵他们的杀戮欲，父皇即使投降，多半也不能免死，只是多受些屈辱罢了，还不如自杀，起码可以死得有尊严些。"

听了儿子的话，姚泓只是不停地悲痛流泪，却不答话。和败于刘裕的另一个亡国之君慕容超相比，姚泓的多数指标比他强，但其中不包括骨气。姚佛念看到父亲仍在犹豫，便做出了自己的选择，为父亲带路。男孩儿爬上高高的宫墙，纵身跃下，结束了自己幼小的生命。

男孩儿还要孤独几天，因为他软弱的父亲没有跟上来。

只过了片刻，姚泓便带着皇后与身边的文武官员，出现在王镇恶的大营，正式投降，随后被王镇恶逮捕，关入监狱。由当年的资深老狐狸姚苌用尽诡诈奸谋与背信弃义创建起来的后秦帝国，终于在他的孙子手中灭亡了，共易三主，传国三十四年。

大会未央殿

灭亡后秦，收复关中，这既是王镇恶、沈田子等人的战功，更是刘裕的成功。从带着一百多号人，发动京口起义那天算起，刘裕用了十三年的时间，克服了数不清的困难，战胜了一个个对手，真正统一了南方（在刘裕之前，东晋内部从来没有真正统一过），也收复了差不多半个北方，让晋朝疆域占到天下的三分之二，南朝的军威达到前所未有的高度。

在当时不少人看来，晋军如果乘胜前进，拿下剩下的三分之一，似乎也不再是遥不可及的事了。比如此时的北凉王，那位曾自称要担当晋军右翼的老狐狸沮渠蒙逊，在得知一向被看作强国的后秦真为晋军所灭时，大惊失色。正好他手下有一个叫刘详的汉人官员前来奏事，表情好像很愉快，沮渠蒙逊立即大发神经，怒吼说："你听说刘裕入关了（我快要完蛋了），所以很高兴，是吗？"于是，刘详就成了史上第一个因为微笑而掉脑袋的倒霉蛋。

但是，作为后人，我们清楚地知道，沮渠蒙逊多虑了，因为这已经是南方六朝扩张达到的巅峰，巅峰就意味着，接下去的路，将是下坡了。《周易》曰："亢龙有悔，盈不可久也。"只是，刘裕是如何迈过自己人生的顶峰，走上下坡道的？这在当时，果然是不可避免的吗？让我们顺着历史的轨迹，去寻找答案。

九月初，刘裕离开郑城，以征服者的姿态，前往长安，得到消息的王镇恶立即赶往灞上迎接。

此时刘裕的麾下可谓名将如云，王镇恶大概算得上其中个性最突出的一个。这种突出主要表现在两个方面。第一，在作战中，诸将大都是按刘裕的指示行事，属于执行型人才，反正刘裕是冠绝一时的军事天才，只要严格执行了他的命令，一般都能胜利。但王镇恶多次在刘裕指示之外提出自己的作战计划，并且屡次获得重大成功。第二，王镇恶曾多次违反刘裕的指令，如在讨伐司马休之时纵兵掳掠，行动迟缓，以及在攻克洛阳后不等后援，擅自进军等，虽然也捅了不少娄子，但他基本上都能把自己挖的坑填上，没误过大事。对一位将领来说，这种不听招呼的个性显然不是什么好事，从古至今，有多少名将未败于战场，却在这上边栽了跟头。

公正地讲，刘裕对于王镇恶的才华和功绩，还是非常赏识的，但对他常常不服从领导安排，喜欢出风头的行事作风，以及他在关中地区百姓间表现出来的强大号召力（弘农募粮事件），已经心存疑虑。

尽管刘裕对于王镇恶的成功，内心并不持完全肯定的态度，但两人的这次会面，仍向百姓充分展示了晋军将领的高风亮节。

刘裕的开场白毫不吝惜赞誉之词："帮助我成就大业的人，就是将军你啊！"王镇恶则马上叩头拜谢："这次成功，全都是仰仗明公您的威名，以及将士舍生忘死的努力，我王镇恶哪有什么功劳？"刘裕听罢，又笑着说："你想学冯异（汉光武帝刘秀麾下名将，为人平和谦退，当众将为战功大小和赏赐多少争得脸红脖子粗时，屡立大功的冯异往往避开众人，独坐树下，人称'大树将军'）吗？"完全是一派感人的和谐景象。

不过，在另外一些方面，出现的场面就没那么和谐了。

一到长安，刘裕便用实际行动证明了姚佛念的预言，没有辜负十一岁男孩儿的"信任"。后秦平原公姚璞投降，杀！蒲坂守将，并州刺史尹昭投降，杀！前后秦军总司令，东平公姚赞率姚家皇室宗亲一百余人投降，统统杀！

姚泓暂时没事，原因当然不是刘裕会突然对他大发慈悲，而是作为后秦的末代皇帝，他将被送往建康，当着晋朝官员百姓的面，享受最高规格的死刑。好让他用那颗高贵的脑袋，向天下宣示刘裕的赫赫神威。

那些谱系疏远的姚秦宗室比较幸运，可以保住一命，但全部被强制移民，迁往南方接受监管（其中有一个姚家女儿，论辈分是姚兴的侄女，大概长得很美，被刘裕留在自己身边，不知这些人能够保命是否与这个女孩儿有关）。

不管刘裕出于什么考虑，应该说他的这种做法都有些过分了，对稳定关中局势很不利。原先因为后秦灭亡，就已经人心惶惶的羌人，此时出于恐惧，纷纷离开已经生活了几十年的土地，形成了浩浩荡荡十几万人的难民潮，向陇西方向大逃亡。刘裕命沈林子率军追击，俘虏了其中一万多人。

另外还有些没有落入晋军之手的老熟人，如司马休之父子、司马国璠、鲁轨、韩延之等晋朝的"持不同政见者"，秦将姚成都、姚和都等人则逃入北魏，被长孙嵩收留。得知后秦灭亡的魏主拓跋嗣还专门下令：凡能够救出姚姓宗族，并将他们送往平城的人，都给予重赏。

一同开始大搬家的，还有后秦建国以来收集的各种国宝，如彝器（一种祭祀宗庙用的礼器）、浑天仪、土圭（用于测量日光，制定历法的一种仪器）、记里鼓、指南车等，都作为战利品，被送往建康。后秦国库中积存的大量金帛珠宝，则被刘裕全部拿出来，赏赐给了参与北伐的全体将士，那些追随刘大哥打天下的北府老兵，人人都发财了。

不过，凡事总要讲究个先来后到，因为刘裕是后到的，所以在此之前，后秦的国库实际上已经被人光顾过了。那人自然是先来的王镇恶。王镇恶进国库可不是为了写"到此一游"，他更改账目，明偷暗抢，狠狠地发了一笔大财。对此，刘裕心知肚明，但因为他功大，刘裕对有军功的部下出手一向阔绰，也不太在意。直到有人向刘裕告密，说王镇恶私藏了姚泓的御用辇车，居心叵测。这就不能不管了，刘裕派人暗查，却发现王镇恶只是把辇车剥个干净，而将那辆"裸车"扔到城角的垃圾堆里。听了这个报告，刘裕不禁哑然失笑，这小子真是爱财，就不再过问此事。

王镇恶原来就不是个廉洁的人，但这次"剥车行动"显得过于做作，很容易让人联想起秦朝大将王翦，率大军出征楚国时，竭力向秦王嬴政表现对钱财的贪婪以示自己胸无大志的典故。综合来看，王镇恶这次偷盗后秦国库的真正动机，恐怕还是贪财与避嫌两者兼而有之。不过，这种办法，对于十二岁就当上君主的嬴政是有效的，但要拿来哄同样当过别人的部下的刘裕，并不那么有效。

赏赐完有功之臣，刘裕亲自前往长安北郊的五陵原，做了一件很有象征意义的事——拜谒了汉高祖陵，向这位逝去已久的旁系远祖致敬，其中隐含的深意，可意会，不可言传。

随后，刘裕大会文武于长安未央宫文昌殿。未央宫，始建于汉高祖七年（前200），由当时的丞相萧何负责督工建造，就西汉以及多个定都于长安的王朝而言，它的政治地位类似明清的紫禁城。当然，它们也有差异，比如未央宫的规模远比紫禁城大，它的东西两墙各长2150米，南北两墙各长2250米，全宫面积约5平方千米，是紫禁城面积的六倍多。它就仿佛是一曲凝固的乐章，吟唱出当年大汉帝国的雄浑气势。

迈进这座因为历经六百多年沧桑，已显破旧，但仍然雄伟壮丽的巨大宫殿时，刘裕在想什么，无从得知，但我们知道，他向下属征求意见，打算将晋朝的都城，由建康迁回洛阳。显然，这是为了经营北方，给下一步北伐做准备。

这个提议立即遭到下属的反对，理由是将士出征太久，思乡欲归。多少有点儿出人意料的是，提出这一观点的人，是生于太原，在北方长大的老将王仲德。将士思乡，这位王老将军就不想收复曾经生他养他的故土吗？所谓"将士思乡"的背后，所隐含的真意，又是什么呢？

天意从来未易知

从群体而言，人的思想是由其所处的社会地位决定的。若要推测刘裕麾下将士的普遍想法，可以先看看他们都是些什么人，又是为何而战。

东晋的士兵来源，主要是军户世兵和募兵（雇佣兵）两部分。军户制度衰落，世兵战斗力低下，越往后募兵的比例越高。自刘裕出道以来，由士兵干到统帅，对当时整套军制的优劣有着切身的体会，对成事不足、败事有余的军户制度更加蔑视，故到了刘裕执政时，军户世兵虽仍然存在，但数量已大大减少，多数只充当杂役，真正用于战场搏杀的多是以北府军为代表的雇佣兵。雇佣兵成本较高，尽管晋朝当时已经控制了广大的地域，但刘裕所动员的军队数量，与历史上多数朝代相比，是比较少的，主要靠质量取胜。

雇佣兵作战，就是为了功名富贵，升官发财。这一阶段晋军对士兵做宣传鼓动时，全是一些很实在的东西。刘裕在《督护歌》里的号召是"朱门垂高盖，永世扬功名"；沈田子在青泥大战时以"封侯之业，其在此乎"为诱饵；王镇恶在渭桥决战前的鼓动词是"今进战而胜，则功名俱显"。

刘裕在这方面说到做到，很讲诚信。自奉甚俭的刘裕，对追随他出生入死的士兵一向慷慨，在赏赐军功时，从来不吝惜花钱，得到了士兵的拥护。由于名额有限，封侯拜将对于大多数士兵来说并不现实，但赏赐的真金白银，确确实实是只要你敢拼就不难拿到的。刘裕之前取得了一系列成功，除了本人的天才和一批良将的努力，与这些在重赏激励下敢打敢拼的士兵也是分不开的。

然而，用撒钱激励士兵战斗意志的方法不是一直有效的。

经济学上有一条基本原理，叫"边际效用递减规律"。你在沙漠里渴了两天，终于走出来了，那时你接过的第一杯水，一定会感觉它甘美无比，胜过世间所有的琼浆玉液，接着再喝第二杯，感觉就会稍差一点儿，之后喝的每一杯水，给你带来的愉悦感都会比上一杯降低。等到你完全不渴的时候，再喝水就不再是享受，而变成难受了。

灭亡后秦是晋军将士在经济上的一次大丰收（后秦的灭亡在于军事的失败，在经济上并没有大问题，直到姚泓投降时，长安地区仍非常富庶，国库丰盈）。他们此时多数人的所思所想，已经不是继续追随刘裕打仗，立更大的功，拿更多的赏，而是带着现在已经不算少的赏钱，回到家乡，和妻儿老小一起平平安安地过丰衣足食的日子。换句话说，他们并不是真正的思乡，而是富足之后产生了厌战。所以，我们看到这些曾经英勇无比的战士，在此后战斗力渐渐衰减，就不会感到奇怪了。

军队就是身家，就是本钱，这是包括刘裕在内很多军事强人的共识。刘裕一般不会做过分违逆军心的事（连义熙土断时都要特别照顾北府将士及其家眷就是明证），他知道王仲德的话代表了大部分将士的心声。于是，迁都的动议就这样终止了。

不过，这可能并不代表刘裕放弃了一向非常旺盛的进取心。史料上没有正面的明确记载，但在下从一些侧面的材料推断，刘裕仍为计划中的下一步行动，做了一些筹备工作，直到两个月之后……

义熙十三年（417）十一月三日，这是刘裕一生中乃至南朝历史上又一个重要的转折点。这一天，刘裕留在建康，为他全权处理后方事务的尚书左仆射兼中军府军司刘穆之，在得病之后，又积劳不治，终于逝世，享年五十七岁。

不久，消息传至长安，刘裕为之大恸，一连有好几天，悲痛流泪，不能自已。刘裕这辈子，能让他真正信任并委以重任的人不多，算下来不过刘道规、何无忌、刘敬宣、刘穆之四人而已，现在都已离他而去了。特别是精于内政的刘穆之逝世，更是刘裕无法弥补的巨大损失，还是在这个时候，这个最需要他的时候。

晋军中也不是每个人都对此消息感到悲痛。太尉主簿谢晦从刘裕的异常表现中，觉察到必然发生了变故，进而又风闻刘穆之已死，不由得大为欣喜。不过，刘裕暂时没有公开刘穆之的死讯，谢晦唯恐传闻有误，为避免误判形势而做出错误决定，偷阅了建康送来的文件，这才放下心来。第二天，谢晦升任从事中郎。

谁来代替刘穆之？刘裕最初打算让王弘接替，谢晦考虑王弘的门第同自己一样高贵，能力也不算差，将来也许是一个很强大的潜在政敌，便劝阻说："王弘为人过于夸夸其谈，不如徐羡之老成稳重。"于是，原本已是刘穆之副手的徐羡之正式转正，成为留守朝廷的实际负责人。

可惜谢晦所说的老成稳重背后的含义，就是平庸无能，这也是谢晦推荐他的原因之一。徐羡之继承了刘穆之的职位，却不可能担当刘穆之的责任。过去由刘穆之处理的大量公务，现在在徐羡之手里汇总，又都得送往几千里外的长安，交由刘裕决断。这种处理方式，即使在通信高度发达的今天都有误事的可能，更何况是在一千多年前，不出乱子才叫怪事。

将士思归；刘穆之死后，大军的后勤保障不可靠；留守朝廷过于软弱，刘裕担心会有司马宗室或其他隐藏的敌对人物，仿效他突然发动一次政变，那就有大麻烦了。于是，刘裕反复权衡利弊，决定暂时放弃经营西北的打算，率大部分将士东归，稳住基本盘最要紧。

不过，已经打下来的地盘刘裕也并不打算送人，所以他特意安排自己的次子刘义真，担任都督雍、梁、秦三州诸军事，安西将军，兼雍、东秦二州刺史，成为关中地区名义上的最高负责人。

这一年刘义真只有十一岁，其实做不了什么事，所以真正重要的人物是下面这两位：刘裕的幕僚，太尉谘议参军王修改任安西长史，实际负责关中的政务；在这次北伐表现抢眼的王镇恶，加授安西司马兼冯翊（今陕西大荔县）太守，实际负责关中的防务。其余留守关中的大将沈田子、傅弘之、毛德祖等人都要受王镇恶节制。仅从成员名单上看，如不出意外，守好关中，问题不大。

不过，有人对这样的安排很不满意。大将沈田子认为，王镇恶的成功纯粹是自己让出来的，他论资历也比自己浅，凭什么反而位居自己之上？于是，他拉上傅弘之，悄悄向刘裕打小报告，说王镇恶是关中人，让他守关中，难保不会自立为关中王。

刘裕让王镇恶守关中，是有自己考量的，而留沈田子的目的，也正是牵制王镇恶，于是他说了一段自己看起来很明智，可后来证明很愚蠢的话："今天我留下你们这些将军，还有精兵一万，意思还不清楚吗？假如王镇恶真有什么异心，不过自取灭亡罢了，还有什么话说。当初钟会闹不出大事，就是因为有卫瓘，你们十几个人，还怕对付不了王镇恶？"于是，祸根就这样种下了。

晋军即将班师的消息传开，不少关中的父老听说刘裕要回去了，自发组织起来，前往晋军大营的门前求见。他们非常伤感，等见到刘裕，这个曾给他们带来莫大希望的英雄时，都流着泪挽留说："我们这些残存的遗民，享受不到朝廷的教化，已经有百余年了。今天能够重睹汉家衣冠，每个人都如重见天日，欢欣鼓舞。长安郊外的十陵（西汉十一座皇陵，十陵是简称，指高祖墓长陵、惠帝墓安陵、文帝墓霸陵、景帝墓阳陵、武帝墓茂陵、昭帝墓平陵、宣帝墓杜陵、元帝墓渭陵、成帝墓延陵、哀帝墓义陵、平帝墓康陵），是刘公您的祖坟，咸阳城（长安）中的宫殿，是刘公您的旧宅。如果连这些都舍弃不要，您还将去什么地方？"

听到百姓的肺腑之言，看着百姓对他殷切期盼的目光，要说刘裕完全不动情，那是假的。他并不是不想一统天下，但他更是一个理智的政治家，在重大决策上从来不受感情的左右。

刘裕没有改变东归的决策，只是向关中父老安慰解释说："我接到朝廷征召的命令，不得不回。但我已经安排了次子和一大批能干的文武官员留守于此，你们要好好配合他们，守好这个地方。"

于是，刘裕回去了，轰轰烈烈的北伐到此戛然而止，继前秦苻坚之后，最有可能一统天下的雄主停止了前进的脚步。这个决定让当时和后世的无数汉人扼腕叹息。八百多年后，一位充满爱国激情的诗人仍然耿耿于怀，在诗作中表达了对刘穆之逝世的无比痛心：

> 萧相守关成汉业，穆之一死宋班师。
>
> 赫连拓跋非难取，天意从来未易知。

——陆游《读史》

关中之崩

　　刘裕离开长安的消息，很快就让早已在安定（今甘肃泾川县）秣马厉兵，等候多时的夏主赫连勃勃知道了，他自然是欣喜若狂。

　　这位对运动战极有心得，比刘裕小十八岁的夏国皇帝，是当时的一大枭雄。他原名刘勃勃，出自匈奴铁弗部，是铁弗部首领常败将军刘卫辰的小儿子。二十六年前，拓跋嗣之父魏道武帝拓跋珪攻灭铁弗部，赫连勃勃的父兄及绝大部分亲族都被北魏屠杀，只有他逃脱，几经逃亡，投奔后秦主姚兴，得到姚兴的庇护和重用。不过，赫连勃勃不会记恩。可能受到早年这段家破人亡的惨痛经历影响，他已经成长为一位彻底的实用主义者，一切以赤裸裸的利益为行动准绳。就像中山国那只被东郭先生搭救的狼，只等机会一到，他会马上背叛恩主后秦，立即用贪婪的目光盯上恩主的一身好肉，垂涎欲滴地盘算是红烧还是清炖。

　　稍稍让人不爽的是，看上后秦这道大餐的人不只是他，刘裕这只猛虎也参加了这次盛宴，看那架势，要狼口夺食，甚至想独吞。面对这个强插进来又很难惹的第三者，争，还是不争，是一个问题。

　　不过，赫连勃勃到底不是凡人，早在晋军北伐之初，他就对部下发表过一番对时局变化的看法："刘裕有远高于常人的雄才伟略，就凭姚泓那两下子，怎么可能是对手？更不用说还有这么多的兄弟给他拆台，秦国的灭亡是注定的事。不过刘裕灭秦之后，不会在长安停留太久，只要他一走，以子弟或部将留守，就没人是我的对手了。那时我再出兵夺取关中，跟弯腰捡一片树叶一样容易！"然后，他暂停对后秦的战争，在安定到杏城一线集结兵力，静观成败。

　　现在，他的预测果然化为现实，焉能不得意。得意之余，赫连勃勃立即找来头号谋士王买德，请他马上制订一个夺取关中的战略规划。

　　王买德不无夸张地说："刘裕这次灭秦，是典型的以乱平乱，没给秦地百姓带来什么德政。关中是天下形胜之地，刘裕只让一个小孩子把守，大概是急于篡位，顾不上经营中原了，这是上天要将关中赐给我们，这样的良机千万不能错过。具体用兵方略可以这样做：首先，青泥（今陕西蓝田县）、上洛（陕西商洛市）两地，是沟通南北的两大咽喉，可以先派游骑加以控制，阻断武关道；其次，分兵堵塞潼关及嵖、陕谷地，切断水陆通道，使关中晋军孤立无援；最后，陛下亲统大军，传檄三辅，恩威并施。如此一来，刘义真这个小孩子如同落入我们的罗网之中，最多坚持十天，就得面缚请降！"

赫连勃勃大悦，依计而行。他命自己的长子抚军大将军赫连璝率二万铁骑进逼长安；命第三子前将军赫连昌率军堵塞潼关；再命王买德率游骑越过长安，屯驻青泥。然后，赫连勃勃亲统大军为后继，夏军几乎倾巢出动，扔下了他此生最大一次赌局的骰子。

义熙十四年（418）正月，夏军赫连璝部出现在渭水以北，不断有关中百姓前后相继，向夏国投降（此前发生过亡国的羌人大规模逃亡事件，在下怀疑这些人以羌人和氐人为主，刘裕杀戮后秦宗族大臣的恶果开始显现），此时距刘裕离开长安才一个月。

水来需要土掩，兵来自然还得将挡，负责关中军事的安西司马王镇恶命沈田子出击夏军。沈田子到达渭北后，见夏军势大，不可轻敌，便一面退守刘回堡，一面派人回长安向王镇恶要援兵。

王镇恶多半不知道沈田子曾在背后告过自己的黑状，更不可能知道刘裕曾用钟会与卫瓘典故来指示过沈田子，但他对这员刘裕麾下老资格猛将的桀骜不驯，以及无视自己这个上级的恶劣作风，肯定深有体会。正因如此，王镇恶有心借此机会压一压沈田子的傲气。

于是，在沈田子告援使者的面前，就出现了这样一幅场景。晋朝在关中地区的两位主要首领并排就坐，王镇恶当着大小手下的面儿，大发感慨，将沈田子狠狠奚落了一番："刘公把他才十岁大的孩子托付给我们，这是多大的信任啊！我们如果不尽心努力，哪里对得起刘公的信任？假如人人都像沈将军这样，手握重兵，还不敢一战，敌寇何时才能平定？"

脾气本来就很火暴的沈田子，从回来的使节口中得知王镇恶对自己的贬损，大为不平：你王镇恶算个什么东西？当年我追随刘公南征北战，屡立大功的时候，你还不过是在临澧那种穷乡僻壤的一个芝麻县令。如今因为我的谦让，你侥幸成功，刘公便抬举你做个安西司马而已，就真把自己当根葱了！你当刘公果然相信你吗？

寻思至此，想起刘裕临行前对自己的秘密嘱托，自认已经领到杀人许可证的沈田子心一横，怒从心头起，恶向胆边生，冲动已经无法遏止。

不久，一条杀伤力很大的谣言开始在驻守关中的晋军士兵中间悄悄流传：王镇恶野心发作，打算杀光南人，只送刘义真回去，然后占据关中，自立为王。毫无疑问，这条罪名如果坐实，以当时的标准，就算砍光王镇恶九族的脑袋也不算量刑过重了。至少沈田子是这样看的。

但身为谣言主角的王镇恶，似乎对此事并无察觉，也没做什么防备。他在公开场合伤了沈田子的面子，仍亲自率军到达北地（今陕西铜川市东），支援前线。

义熙十四年（418）正月十五，元宵佳节，沈田子假借傅弘之的名义，邀请王镇恶到傅弘之军营议事，然后命族人沈敬仁在席间突起发难，将一代名将王镇恶击杀于中军虎帐之内。

杀掉王镇恶之后，沈田子仍不罢休，本着斩草要除根的原则，乘势冲入王镇恶军营，又杀死了王镇恶的四个兄弟和三个堂兄弟，之后才率左右数十人带着一堆血淋淋的人头，前去向刘义真报告自己根据刘公密令，击杀"反贼"的大功。

这时，沈田子的老搭档傅弘之在震惊之余（另有一说，傅弘之是沈田子的同谋），已先行逃出军营，奔回长安，向刘义真和王修报告了王镇恶被杀的经过。王修立即命长安戒严，所有驻防人员全副武装，登长安城西北面的横门，随机应变。

不多时，自以为有功无罪，因而也没有防备的沈田子，回到长安，王修立即将他逮捕，责以擅杀重臣之罪，斩首。

晋军留下防守关中的两大王牌，就这样短时间内尽亡。久历战阵，多次以一当十，让无数敌人胆寒的两员良将，终于结束了常胜的经历，被自己人彻底打垮了。这自然是让赫连勃勃与王买德等人都没料到的重大利好消息。

不过，驻防关中的晋军尽管经历了这次伤筋动骨的严重内斗，其防御体系仍未完全崩溃。根据王修的指令，原洛阳守将毛修之调至长安，接任安西司马；傅弘之则临危受命，率军反击，在池阳（今陕西咸阳市泾阳县）以五千晋军大败夏国皇太子赫连璝所率的两万夏军，并乘胜追击至寡妇渡（今甘肃庆阳市北），再次大败夏军，粉碎了夏军对长安的进犯。

这两次胜利，让王买德吹嘘的要在十天之内擒获刘义真的大话，变成了一个破碎的肥皂泡。欺软怕硬的赫连勃勃闻听败报，感到晋军不可小觑，便没立即前来为儿子找回场子，而是率领大军缩回了安定。这说明，即使是刘裕手下像傅弘之这样的二流将领，在局势没有彻底失控的情况下，也能给赫连勃勃制造足够多的障碍。赫连勃勃的能力，其实被高估了。

能被后世高估，自然是因为赫连勃勃这位老兄吉人天相，好运相随，总能在碰到麻烦时遇贵人相助。比如当年在亡命之时得遇没弈于，潦倒之日得遇姚兴。所以用不了几个月，赫连勃勃命中遇上的又一位"贵人"，就要出手相助了。他对赫连勃勃夺取关中所做出的巨大贡献，绝对高于王买德。

这位"贵人"其实已经出过场了，他的大名叫作刘义真，就是刘裕的次子，名义上的关中最高首领。

刘裕是个慈爱的父亲，但并不见得就是称职的父亲。可能由于童年缺少父爱，加上诸子都生于他四十岁以后，刘裕对儿子们宠爱有加，多放纵而少磨炼。

此时已身居桂阳县公的刘义真，又是其中比较得宠的。他自幼便长得仪容俊秀，伶俐乖巧，非常可人疼，虽然年幼无功，却已有一大串说出来吓人的显赫官衔，远远高出了刘裕手下战功最显赫的将军。

一些善于钻营的人很快发现，这位官职、爵位多得一口气说不完的刘二衙内，是个出手很大方的人，只逗他一乐，就能拿到不少赏赐，真正低风险高收益。形势明显了：哄刘裕的孩子，是个比跟着刘裕征战更有前途的朝阳产业。很快，一群人带着贪婪的欲望和谄媚的笑容，聚了刘义真的左右。

可惜，美好的愿望在实现之前，往往还要经历挫折。这一次的挫折来自关中的实际负责人，刘义真名义上的下属——安西长史王修。

当初刘裕离开长安时，曾亲自牵着刘义真的手，将他交给王修，那情形与当年刘备白帝城托孤颇有几分相似。受此礼遇，王修深感刘裕的知遇之恩，在治理关中之余，也把为人师长，校正小长官的过失，当成自己不容推脱的责任。所以，他对于刘义真乱花钱，随意赏赐手下的行为，屡次加以制止，损害到了刘义真左右群小的利益。

群小决定共同努力，扳倒王修这块绊脚石。至于覆巢之下还会不会有完卵，已超出群小的理解范围了。他们一起偷偷向刘义真进言："当初沈田子之所以杀王镇恶，是因为王镇恶要造反，而王修杀害沈田子，是他和王镇恶一样，也想造反！"

刘义真年纪还小，看起来挺聪明伶俐，但也不是什么神童，还没有判断复杂事物的能力。在他看来，自己身边这些玩伴，当然比一脸正经的王长史可亲多了，不信他们，还能信谁？

于是，在夏军败回安定九个月之后，刘义真突然命自己的亲信刘讫动手，诛杀了王修。王修死后，关中人心大乱，再无人能控制局势，新附军民纷纷叛逃，或各自为政，都不再听从长安的号令。刘义真惊慌失措，又做出了符合一个十二岁正常孩子智商与胆略的决定：放弃长安以外的所有据点，将全部兵力缩回来保卫自己。

晋军在关中的局势，至此彻底崩盘，败局已定，再无挽救的可能。

得知关中晋军的一系列自杀行为，大喜过望的夏主赫连勃勃再次率军从安定出发，不费吹灰之力便进驻长安西北的咸阳。关中与外界的联系终于被切断，长安的晋军真正落入了夏军的罗网之中。赫连勃勃原先靠王买德的谋略没做到的事，刘义真帮他做到了。

长安的噩耗，也惊动了数千里外的彭城，刘裕万没想到自己的精心安排，竟演变成如此糟糕的结果。关中的坏消息接踵而至，尤其是王镇恶、王修相继被杀事件，让他进取北方的计划完全破产，他现在只能考虑赶快把坏事的儿子接回来，连固守关中都不再指望了。

王修被杀的当月，刘裕急命辅国将军蒯恩前往长安，接刘义真回来，又命诸将中较有行政才能的朱龄石为都督关中诸军事、右将军、雍州刺史，代替刘义真镇守关中；朱龄石之弟朱超石至洛阳以西，安抚百姓，同时接应朱龄石。朱龄石临行前，刘裕吩咐说："你到长安之后，让义真马上轻装速发，起码得过了函谷关，才能放慢脚步。根据那里的实际情况，你也可随机应变，如果关中确实已经守不住，那你就和义真一起回来。"

十一月，朱龄石到达长安（显然，夏军到此时也没能真正封死潼关道与武关道），传达刘裕的命令，乐坏了刘义真和他左右那班小人。不过，仔细一琢磨，刘公的命令也有美中不足的地方：轻装速发，那最近这些日子在这里得到的财物，岂不是大部分都带不走啦？怎么办？

于是，王修死后已经没人敢管的小孩儿刘义真，在左右群小的怂恿下，将坏事干到了底。他不但没有轻装离开，反而乘着离开前，放纵左右，对长安城中百姓又进行了一次大规模的洗劫。一年多前，这支曾让很多百姓寄予厚望的王师，现在完全堕落成了一群土匪、强盗。他们闯入一条条街巷，砸开每家每户的住宅，抢走所有值钱的财物，还有被他们看上的当地百姓的妻女。

等到所有的车辆都塞满了抢来的财物和美女，刘义真终于出发了。一个已经恨透了这群暴徒的当地官员，悄悄潜出长安，投奔夏国，向赫连勃勃报告了刘义真的行踪。于是，赫连勃勃立即命太子赫连璝率三万大军追击刘义真。

看着刘二衙内如此胡来，心急如焚的将军傅弘之只好搬出刘裕的权威，警告他说："刘公吩咐我们要轻装急行，您却带着这么多辎重车辆，每天前进不过十里。行动如此缓慢，一旦让匈奴人的追兵赶上，我们如何应战？现在赶快放弃这些东西，骑快马疾驰，还有机会躲过灾难。"

虽然在这个世界上，刘裕是此时唯一还能管住这个孩子的人，但这种权威放到几千里之外，效用也就大打折扣了。刘义真不听，继续带着珠宝、美女，向着前方的万丈深渊，缓缓前进。

没过多久，赫连璝的追兵赶到，傅弘之和蒯恩两员猛将只好断后，且战且退，掩护刘义真逃走。一连几天，交战不断，晋军虽有损失，但仍能坚持，终于行至青泥（刘裕的原意是让他们从潼关道回来，刘义真改走武关道的原因，可能是出城后发现潼关已失）。在这个一年多前沈田子的扬威之地，晋军遭到夏军伏兵王买德部与追兵赫连璝部的前后夹击，最终全军覆没。

两员忠勇的将军，傅弘之和蒯恩在奋力拼杀之后，力尽被擒。而后傅弘之宁死不降，大骂赫连勃勃，被勃勃剥光衣服，裸身于雪地之中，活活冻死。蒯恩也不屈被杀。安西司马毛修之本已突围，登上一处高岗寻找失散的刘义真，结果让叛变的部下击伤，献给了赫连勃勃，之后投降了夏国。为数众多的晋军死难将士，则被赫连勃勃砍下人头，堆成"京观"，用来宣扬夏军的武功。

而那个酿成这次惨剧的小祸首刘义真，逃脱了。他因为人小，个子小，躲进了一片茂密的草丛，没有被夏军发现。曾为南燕降将的鲜卑人段宏，这时担任刘义真幕下中兵参军，他在大军溃散后，单人独马寻找这位小长官。段宏一边找，一边呼唤，终于在草丛里将这个孩子找到，然后背着他，共骑一马，逃回南方。

得保性命的刘义真对段宏感慨说："这次的事确实是我缺少算计，不过大丈夫不经历这样的挫折，怎能知道人生的艰难！"

第二次青泥之战结束了，但晋军的悲剧还没有结束。接管长安的朱龄石也没有完全遵从刘裕的嘱托，随刘义真一同返回，也许他认为局势还没到无可挽回的地步，还想在关中搏一把。

不过现实很快粉碎了他的判断。已被晋军暴行激怒的长安百姓，乘着刘义真与晋军主力撤出长安的机会，发动了大规模的暴动，并和城外的夏军取得了联系。兵微将寡的朱龄石部顿时无法招架，只得放火焚烧长安宫殿，突围向潼关方向逃走，长安城再次易手。

但此时潼关因为守军被抽走，已被夏军赫连昌部袭占，朱龄石发现东出潼关无望，移军向北，奔往曹公垒（地处潼关以北，隔黄河与蒲坂相望，是当年曹操讨伐马超时修筑的军营），与守将龙骧将军王敬先会合，已至蒲坂的朱超石得知，也强渡黄河，与兄长会师。虽然会师，晋军兵力仍较薄弱，又因已失当地民心，进退维谷。

在另一方，夏国大将赫连昌得到了父皇勃勃派来的大批援军，很快将曹公垒团团围住，并切断垒中的水源，晋军大困。

眼看失败在即，朱龄石对朱超石说："我们兄弟如果一起战死，该让父母如何伤心，你还是悄悄突围走。只要你能活着回到故乡，我死也瞑目了！"朱超石含泪回答："人生于世间，哪有不死的！我怎么可以在危难的时候，抛下兄长，独自逃生！"

不久，曹公垒被夏军攻破，朱龄石、朱超石、王敬先以及刘穆之的侄儿右军参军刘钦之等全部被俘，随后都被杀害。

曹公垒的陷落，标志着关中战役的结束，潼关以西，秦岭以北，再无晋军存在。后秦的原国土，以潼关为界，基本被晋、夏两国瓜分。但相较而言，南朝所得的不多，而付出的不少，是刘裕掌权以来干的最大一笔亏本生意，尤其是大批名将丧身西北，这是个几乎无法弥补的损失，由此直到南北朝终结，南方再没出现过刘裕北伐时这样豪华的将帅阵容。

在数千里外的彭城，刚刚得到青泥大败，刘义真生死未卜的消息时，刘裕勃然大怒，就像当初听说女婿徐逵之战死时的情形一样，不顾一切地下达动员令，要再次出兵北征。

谢晦也再一次给刘裕的冲动踩了刹车，提醒说："如今士卒疲惫，各项准备也不充分，最好等时机成熟再战。"

奉常（祭祀官员）郑鲜之，更加明确地分析了再次出征要面临的各种实际困难："敌人如果听说是刘公亲自北征，必然以全力把守潼关，以如今已经削弱的兵力，要想一举打破赫连勃勃扼守的潼关，恐怕不是一件容易的事。如果您不攻潼关，只到洛阳，又何必亲征？敌人虽然得志于关中，但畏惧您的威名，一定不敢越过潼关往东，即使您不去，现有的地方也不会再有危险。您亲征如果无果而终，反而会折损威名，让敌人生出觊觎之心，增加北疆的麻烦。何况我们后方并不稳定，大军出征，隐患重重，也不允许长期曝师于外。当初讨伐司马休之，就有盗匪袭击京郊的盐亭；去年伐秦，又发生徐道期作乱、广州失陷的事。今年江南各地水旱灾频发，很多地方都发生了抗税抗差的百姓骚乱，士庶均翘首盼望殿下回朝，不愿再打仗，如果又听到北征的消息，难保不发生变乱！"

刘裕很清楚，郑鲜之说的都是实情，真要北征，绝不是件轻而易举的事，要不然去年他也不会在刘穆之死后就急忙回来。正好，段宏保护着刘义真也回来了，冲动过去的刘裕只能登上彭城的城楼，远望西北方向，痛哭一番。三次北征的计划随之放弃。

也正如郑鲜之所料，赫连勃勃得到关中已经很满足，并无染指河南的打算，晋（以及后来的刘宋）、夏两国达到新的暂时平衡，此后两国没再发生大的冲突。

北伐之谜

　　假如在下能够穿越千年时空，在义熙十四年（418）的隆冬，走上彭城的城楼，看见那位矗立于寒风中，眺望西北，痛哭失声的身影，将不得不从内心发出一声悲凉的长叹：刘裕老了。

　　关中失败的惨痛，正如城下冰冷的泗河水，浇灭了这位精力逐渐衰竭的五十五岁老汉那曾经如火焰般熊熊燃烧的进取心。从此，刘裕还活着，还将由宋公变成宋王，再变成宋武帝，但那个气吞万里如虎的英雄，已远去……

　　这次刘裕一生中唯一的重大失败，给后人留下了两个争论不休的话题。其一，刘裕发起第二次北伐的主要动机何在？其二，假如刘穆之不死，刘裕有统一中国的机会吗？

　　自从崔浩将刘裕比作晋室的曹操，涉及此段历史的多数文章，对第一个问题的答案都大同小异：刘裕为了篡位，需要提升威望，借北伐立威，并无统一天下的雄心。把眼界放宽一点儿，用相似的历史做对比，就可以发现这种说法其实漏洞很大。

　　刘裕要取司马家而代之是肯定的，但和北伐没有必然联系，北伐成功对他建立新朝只是一个有利条件，绝非必要条件。假如刘裕的目的仅是一个皇位，完全用不着发动这次战争。

　　北伐后秦之前，刘裕已经对内平定桓玄、孙恩和卢循，相当于两挽东晋这座危楼于既倒，对外则攻灭了南燕和谯蜀两国，用外交手段收复十三郡领土。这样的功勋，实际上已超过了当年代魏的司马氏祖孙。

　　再看看刘裕之后，无论是南朝的萧道成、萧衍、陈霸先，还是北朝的高欢、宇文泰、杨坚，论功勋，均不能望伐秦前的刘裕项背（尤其是隋文帝杨坚，篡位前根本就没有值得一提的功绩，甚至不如桓玄，但这并不妨碍他成为这一群篡位皇帝中的最成功者。我们可以做相反的推想：假如桓玄称帝之后，表现不是那样差，也没有遇上刘裕这个煞星，楚朝完全可能成为一个正统朝代）。既然这么多道行不如他的篡位同行都可以顺顺当当地改朝换代，凭什么武功已经凌驾于众人之上的刘裕还得再灭一个后秦？

从刘裕回师后的具体行止，也可以看出一二。刘裕东归后，常驻地仍是指挥北伐的战时大本营彭城，而非国都建康。他没有在北伐成功、声望最高的义熙十四年（418）称帝，而是等了两年，那时晋军已在关中失利，其声望已然受损。这些事实可以说明两个问题，一、刘裕回来后并没有马上把改朝换代当成第一要务；二、他要称帝，其实已不需要更大威望的支持。总之，刘裕回来肯定是要篡位的，但并不是为了篡位而回来。

至于说刘裕不想一统天下，就像说某位穷人白手起家，打拼半辈子创立一家公司，目的只是当老板，并不想赚钱一样。对于实际掌权人刘裕而言，能够完成统一，最大的受益人正是刘裕及其子孙，仅从利益的角度来说，他更有扫平列国的动力。

公司能不能盈利，并不是由老板个人的想法甚至能力决定的，受到很多因素制约。经营天下者，业务自然更加复杂，但原理与此类似。假设上天格外眷顾，让刘裕始终无后顾之忧，放手北伐，他能开创一个统一的王朝吗？

北魏崔浩做出了著名的回答：不能。他的理由有两条：一是刘裕不能"行荆扬之化于三秦之地"，无法巩固他占领的地区；二是由于兵种、地形、气候等方面的差异，晋军在华北作战是以短击长，故刘裕"不能发吴越之兵与官军（北魏军）争夺河北"。

这两条理由有道理，但不见得无懈可击。以崔浩服务的北魏帝国为例。当年拓跋珪称王于牛川时，它只是塞外一个以游牧经济为主的落后国家，与中原在经济、文化和制度上的差异，较之江东与关中，恐怕只大不小，后来击败后燕，成功入主发达富庶的河北之地，并且站稳了脚跟。这一成功，难道靠的是"行塞北之教化于燕赵之地"？

当然，对于复杂的历史事件不能简单类比，要研究拓跋珪做到的事刘裕能不能做到，不妨仔细审看现存的资料，利用一些疑点进行推测，看看刘裕本来打算怎么做。

刘裕对关中人事安排的一大疑点是：他明明不信任王镇恶，手下也并非没有其他将才，为何还将关中防务这样的重任交给此人？最常见的解释，是说王镇恶在灭秦之战中功劳最大，所以这次任命属于论功行赏。

这种解释显然会在另一个重要人物身上碰钉子，便是那位论行政职务还在王镇恶之上的安西长史王修（按两汉至魏晋的习惯，长史为掾属之长。后来王镇恶被杀，王修未经刘裕批准，就能任命毛修之接任安西司马之职，可见一斑）。

令人吃惊的是，这个地位如此重要的王长史，在《晋书》《宋书》《南史》等史籍中都没有传记。就在下所看到的史料而言，他并非出自琅邪王氏和太原王氏这两大政治豪门，在他被任命为安西长史之前，这个人就没在史书中露过脸。这就奇怪了，要名气没名气，要功绩没功绩，怎么就能平地一声雷，跃居众多名将谋臣之上？

好在史书在他头次出场时提供了一点线索："（刘裕）以太尉谘议参军京兆（人）王修为长史"，京兆，就是晋朝时长安所在的郡名。现在看出来了吧，王修和王镇恶让刘裕选中的共同点在哪儿？提示一下：并非都姓王。

值得推敲的另一大疑点是：刘裕为何只给王镇恶、沈田子等人留下一万精兵？不管以哪个标准衡量，要守卫关中故土，一万人太少了。须知关中周边，强敌林立，即使不考虑东北面的北魏与西北面的西秦、北凉等潜在敌国，只要出长安北行不过二百里外，就有赫连勃勃的夏国军队。

参考夏国以前的战争经历，赫连勃勃能够动员的兵力肯定不少于五万，而且多是些机动性极强的凶悍铁骑，如果中途不受阻拦，跑快点的话，他们只用一天时间就可以冲到长安城下观光！难道刘裕对自己的儿子和百战而得的战果就如此漫不经心吗？

另外一条记载，从侧面解答了这个问题。

在王镇恶被杀前，关中晋军内部出现他要杀尽南人，自立为王的流言。尽管这肯定是一条谣言，但一条谣言要能流传开来，应该具备最起码的潜在可能性，否则骗不了这么多身经百战的老兵。

这条谣言揭示的问题是：怎么杀？且不说王镇恶的武艺是出了名的差劲，就算他武艺高强，也很难让人相信他能自己动手杀掉一万精兵。因此，在此时王镇恶手下的军队中，一定有不属于那一万北府老兵的新军存在，考虑到流言的内容和关中防务的需要，新军的数量上限无法确定，但下限应不少于一万人。

至此，综合这些零散的蛛丝马迹，也许我们已经逐渐走近历史的真相了。

一、刘裕出台的政策，是以关中人治关中。因此，他才会提拔了功绩、名声都不显赫的关中人王修，而不用有世家背景的谢晦、王弘等人，或与自己相识已久、关系更亲密的南方旧人如张邵、孔靖等。换句话说，刘裕并不打算"行荆扬之化于三秦之地"。

二、刘裕要进一步北伐，完成一统，打下华北以至塞北，仅凭现有军队，难度是很大的。因此，刘裕实际上已在北方人中着手编组新军，负责人就是在北方百姓中拥有巨大号召力的王猛的孙子——安西司马王镇恶。假如不发生后来的一系列变故，刘裕仍是有经营北方打算的，那时他用于征战北方的军队，将不仅仅是"吴越之兵"。

三、结合上两条，崔浩预测正确的是结果，而非导致这一结果的原因（从不少迹象来看，崔浩作为一个汉人，可能仍存在对南方政权的认同，他的话不一定完全代表其真实看法）。假如不发生刘穆之逝世和关中变乱的事，那么阻止刘裕统一的最大障碍，可能是时间。此时夏和北魏都非国势混乱的将亡之国，刘裕并不具备明朝初年那样速定北方的条件，只有采取稳扎稳打的方针，逐个进行消灭。但要达成这一目标，起码先得把关中由占领区变成领土和后方基地，同时组建一支有战斗力的新军，特别是骑兵部队，这些都不是短时间内能完成的，而从刘裕离开关中之时，距离他寿终正寝之日，只有三年半了。总之，即便一切顺利，刘裕统一天下的可能性虽然存在，也会非常微小。

四、刘裕手下，既有北方人望，又有大将之才者，唯王镇恶一人。刘裕只要还存有进取北方的念头，对王镇恶就很难做到"疑人不用"。但在权术硬币的另一面，一个既有能力，又有人望，还不太听话的下属，是让每个君主夜不能寐的病根所在。再考虑刘裕崛起的经历，要让刘裕对王镇恶做到"用人不疑"，也是不可能的。正是两难处境，将刘裕在关中的人事安排，逼上了一条危险的钢丝，并且最终因为一步失误，全盘皆输。

五、刘裕计划失败的关键，是王镇恶与王修被杀。王镇恶被杀，使组建新军的努力告吹；王修被杀，使稳固关中的设想破产。这两人，原先都是关中汉人心目中的骄傲，也是刘裕赢得关中人心的关键。然而，不到一年，这两个人就相继被害了，还是被与刘裕一样的南方人杀害的。这一事实极大地打击了关中人对南方政权的认同感，彼此的不信任又加剧了双方的矛盾，于是北方人大批叛逃，南方人大肆抢劫。晋军与关中百姓的关系，终于由王镇恶入潼关时的水乳交融，演变成朱龄石出长安时的水火不容。

至此，刘裕原先的一切宏伟设想，皆成泡影，他再无统一中国的可能。他还能做的大事，只剩下一件……

革晋鼎

义熙十四年（418）六月，刘裕接受他推让了快两年的"九锡"和宋公爵位，向从权臣到皇帝的大道上迈出实质性的一大步。

不久，不知是刘裕或他的某个心腹从哪里看到了一条"昌明（晋孝武帝）之后有二帝"的谶文，引起刘裕的高度重视：假如这条谶文很灵验，那刘裕要篡位，就不能从现在在位的安帝司马德宗，这个昌明之后的第一帝身上下手，否则晋朝还会有"第二帝"来复辟，只能等下一位晋朝皇帝。但三十七岁的司马德宗虽然傻，身体却很健康，要等他自然死亡，那不知是猴年马月了。刘裕已年近花甲了，没办法，他只好舍弃司马德宗这枚性价比很高的橡皮图章，为晋朝再创造一位皇帝。

这年十二月十七日，刘裕派入宫中随侍晋安帝左右的中书侍郎王韶之，乘平常照顾安帝起居的皇弟，琅邪王司马德文患病外出的机会，将晋安帝勒死于东堂。

作为中国历史上智商倒数第一的皇帝，白痴天子司马德宗的一生是不幸的，口不能言，不辨寒暑，浑浑噩噩地出生，又浑浑噩噩地死去，从未享受过人生的乐趣。不过，反过来细细思量，身处晋末这一混乱时代，他的愚鲁又未尝不是他的大幸：假如他智力正常，像弟弟司马德文一样，在那种时代也不可能中兴皇权，恐怕因为权臣不放心而死得更早。而他，不管经历怎样的天翻地覆与兴衰荣辱，生命和地位如何岌岌可危，也从未感觉到天位的沉重和朝不保夕的恐惧。仅就个人体验来说，他比弟弟幸福多了。

"幸福"的傻子当然留不下儿子，刘裕随后宣称尊奉大行皇帝遗诏，拥立琅邪王司马德文继皇帝位，改明年为元熙元年，大赦天下。司马德文后来得谥号晋恭帝，"逊顺事上曰恭"，作为皇帝要"逊顺事上"，他会有一个怎样的未来？

司马德文一登基，就证明了他确实是"恭帝"。元熙元年（419）正月三日，兄长司马德宗尸骨未寒，司马德文就下诏晋封宋公刘裕为宋王。刘裕扭扭捏捏地推辞到七月，才接受了宋王的封爵，将自己的驻地由彭城南迁至寿阳。

虽然刘裕改朝换代的进程就像切香肠，每次只向前挪动一小步，但走到这里，距离皇位也实在找不出什么中间站了，只差抬脚迈最后一步了。

可话又说回来，不管怎么说，要迈出最后这一步，最好能由别人提出倡议，避免弄脏自己刚洗白的鞋子。

于是，第二年年初，宋王刘裕在驻地寿阳的宋国王府举行了一次宴会，宴请宋国主要官员。当酒宴渐入高潮，气氛非常融洽之际，刘裕突然发话，给部下出了一道很难理解的智力题："当年桓玄篡夺帝位，颠覆国家，是我首倡大义，起兵重兴晋室。而后，我南征北讨，平定四方，建立功业，于是得蒙皇上下赐九锡，可谓荣光无限。但我如今年已老迈，地位又太过崇高，世间万事，都忌讳过于满盈，否则不能长久。我现在只想将王爵奉还皇上，回京城养老，以安晚年。"这段莫名其妙的话让在座的多数官员听得莫名其妙，只是一个劲儿地给刘裕歌功颂德。

在下作为一个读史的后人，虽然很清楚刘裕此时想要干什么，但还是看不出他这段话与他想暗示的意思之间，究竟有何联系。好在刘裕的手下不都是在下这样的笨蛋，从来不乏聪明人，比如晋朝名臣傅咸的孙子傅亮。

天色渐暗，酒终人散，这位担任宋国中书令的傅大人走出王府归家。行至半途，傅亮突然心念一动，猛然间领会了宋王想要表达的意思。于是他马上掉头，又赶回宋王府。

不一会儿，傅亮见到了宋王刘裕，两个人继续打哑谜。

傅亮说："我得回一趟京城。"

刘裕问："要多少人护送？"

傅亮答："数十人就够了。"

言罢，傅亮告辞。在不明就里的人看来，纯粹什么事也没说，但对这两位聪明人，这几个字已经够了。

傅亮再次离开宋王府，突见一颗流星划过长空，他不禁一拍大腿，感慨说："我以前不信天象，如今天象果然应验了！"

接下来的事，再没什么悬念，一切有条不紊地迈进改朝换代的快车道。四月，晋恭帝司马德文下诏，征召宋王刘裕返回京城建康。刘裕留第四子刘义康镇寿阳，以刘湛为长史，动身返朝。

刘裕一回到建康，负责逼宫工作的傅亮立即入宫，面见司马德文。这位中书令大人给司马德文呈上了一份文辞华美的禅位诏书草稿。这意思已经明确得不能再明确：陛下该干的事已经没有了，就连该说的话都不劳您再费脑子，只要照着原样抄写一遍就行了。

在宝座之上端坐的司马家末代皇帝是个智力健全的人，从见证兄长死于非命，而自己被迫登基那天起，他就知道这一天终究会到来，因而早有了心理准备，起码在表面上表现得非常淡定。

他欣然提笔，平静地对左右说："当初桓玄篡位，司马家其实已经失去了天下，多亏刘公出手拯救，才让晋朝死而复生，又多活了快二十年。今天能将天下奉还刘公，正是了却了我长久以来的心愿。"

不管这位皇帝在说出这些话时是否言不由衷，不管这位皇帝正在落笔的手是否微微颤抖，不管这位皇帝凝视那份文书草稿的眼睛是否渐渐湿润，不多时，红纸上六百多字的禅位诏书终于无可奈何地抄好了。最后，司马德文取出玉玺，盖下大印。这一天是晋元熙二年六月九日（420 年 7 月 5 日）。

诏书下达之后，按照谁也骗不了，但大家仍会认真表演的惯例，宋王刘裕连续辞让，诸大臣则接连劝进，眼看"众意"难违，宋王只好"勉为其难"地接受了晋帝的禅位。

六月十一日，司马德文搬出皇宫，退回自己的旧宅琅邪王府。六月十四日，宋王刘裕在石头城筑坛祭天，举行了登基大典，改国号为"大宋"（由于赵匡胤所建的赵宋王朝在国祚长度和历史影响力方面都远远超过刘裕所建的刘宋王朝，如今人们提到宋朝，基本不会有人想起刘裕，尽管刘宋才是第一个宋朝），大赦天下。奋斗了一生的刘裕，终于在人生暮年登上了皇帝宝座，此时他五十七岁。

当然，在这盛大的典礼上，也出现了一些插曲。晋朝老臣、秘书监徐广当众大恸，哭得泣不成声。谢晦怕他影响典礼气氛，警告说："徐公在新皇登基的喜庆大典上，做这样煞风景的事，不怕招罪吗？"徐广毫不畏惧，回答说："你是宋朝的佐命元勋，我是晋朝孤臣遗老，本就不是同路人，悲喜的感觉自然不一样。"

对于前朝文臣这种没有实质威胁的冒犯，刘裕没有追究。可这位六十九岁的徐老头不愿仕宋，自己辞官回家，直到五年后，以七十四岁高龄寿终正寝，比刘裕活得还久。

不过，出身低微的刘裕似乎天生和皇族有仇，经他的手，已经有桓家、慕容家、姚家三家的皇帝和宗族遭到了屠杀，现在会轮到司马家吗？

刚禅位的司马德文可能认为危险不大，毕竟司马家和前面几家皇族有点儿区别：我并非敌国君主，在名义上曾经是他刘裕的主君，又禅位给他，他没有再杀我的理由。在刘裕之前，不管是备受非议的王莽、桓玄，还是列名本纪的曹丕、司马炎，这些篡位者都没有杀害前朝废帝的先例。

可惜，他遇上的是刘裕，是年岁已老而子嗣尚小的刘裕，是出身低微、没有世家背景的刘裕，是刘穆之死后找不到可信任的重臣托孤的刘裕，是以拥护晋朝复辟为名打倒桓玄而成为天下主的刘裕，是对别人可能复制自己的成功经验怀有深深戒心的刘裕……

不过，司马德文要杀，也不能公开杀。这位废帝先是被降封为零陵王，安置于建康南郊的秣陵，由冠军将军刘遵考负责"保卫"。没过多久，刘裕将一壶毒酒交给心腹大臣张邵的兄长张伟，让他利用自己是以前琅邪王旧人的便利，找个机会毒死司马德文。没想到这位张伟是个忠义之士，他得到毒酒后，自己一饮而尽，死于半道。这次小小的失败让司马德文又多活了几个月，也引起了他的警觉。

司马德文的王妃褚灵媛决心凭自己的努力保住丈夫的性命。从此，她与丈夫形影不离，所有食物，从采买到烹饪全都自己动手，以防别人下毒。这种小伎俩自然难不住刘裕，他让褚灵媛的两个哥哥借探视妹妹的机会，将王妃调开，再让人将司马德文用棉被闷死。然后，刘裕率领百官为不幸"薨逝"的"零陵王"开了为期三天的追悼会。一个影响以后数百年历史的潘多拉盒子，就这样被刘裕打开了，下一拨遭殃的，正是他的子孙。

爱因斯坦说过："上帝为了惩罚我蔑视权威，将我变成了权威。"冥冥之中，上天是否也为了惩罚刘裕的杀戮，而让他的子孙同样变成遭人屠戮的皇族呢？

附：晋恭帝禅位诏书

盖闻天生蒸民，树之以君。帝皇寄世，实公四海。崇替系于勋德，升降存乎其人。故有国必亡，卜年著其数；代谢无常，圣哲握其符。昔在上世，三圣系轨，畴咨四岳，以弘揖让，惟先王之有作，永垂范于无穷。及刘氏致禅，实尧是法；有魏告终，亦宪兹典。我世祖所以抚归运而顺人事，乘利见而定天保者也。而道不常泰，戎夷乱华，丧我洛食，蹙国江表，仍遘否运，沦没相因，逮于元兴，遂倾宗祀。幸赖神武光天，大节宏发，匡复我社稷，重造我国家。惟王圣德钦明，则天光大，应期诞载，明保王室。内纾国难，外播宏略，诛大憝于汉阳，逋僭盗于沂渚，澄氛西岷，肃清南越，再静江、湘，拓定樊、沔。若乃永怀区宇，思一声教，王师首路，则伊、洛澄流；棱威崤、潼，则华岳褰霭，伪茍衔璧，咸阳即序。虽彝器所铭，诗书所咏，庸勋之盛，莫之与二也。遂偃武修文，诞敷德政，八统以驭万民，九职以刑邦国，思兼三王，以施四事。故能信著幽显，义感殊方。自历世所宾，舟车所暨，靡不讴歌仁德，抃舞来庭。

朕每敬惟道勋，永察符运，天之历数，实在尔躬。是以五纬升度，屡示除旧之迹；三光协数，必昭布新之祥。图谶祯瑞，皎然斯在。加以龙颜英特，天授殊姿，君人之表，焕如日月。传称"惟天为大，惟尧则之"。《诗》云："有命自天，命此文王。"夫"或跃在渊"者，终以飨九五之位；"勋格天地"者，必膺大宝之业。昔土德告沴，传祚于我有晋；今历运改卜，永终于兹，亦以金德而传于宋。仰四代之休义，鉴明昏之定期，询于群公，爰逮庶尹，咸曰休哉，罔违朕志。今遣使持节、兼太保、散骑常侍、光禄大夫澹，兼太尉、尚书宣范奉皇帝玺绶，受终之礼，一如唐虞、汉魏故事。王其允答人神，君临万国，时膺灵祉，酬于上天之眷命。

永初岁月

从 420 年夏至 422 年，在南中国出现了一个少有人知的年号"永初"，这段表面上有三年而实际长度不足两年的时光，便是宋武帝刘裕的在位时间。刘裕的军事生涯太过辉煌，而皇帝生涯太过短暂，人们对他的印象基本上停留在那位百战百胜的统帅身上，其实，登上皇位的刘裕，虽然享国不久，但还是做了不少事的。

首先，为了给新生的宋帝国一个安定一点儿的外部环境，皇帝刘裕决定偃武修文，执行睦邻友好的政策，派遣中军将军沈范、索季孙等出使北魏，重申将继续保持双方友好。

对于小邻居，刘裕也让他们沾点儿自己的喜气，一些向刘宋帝国臣服的小国君主，同时得到了加官晋爵。如西秦文昭王乞伏炽盘，由平西将军进号为安西大将军；西凉后主李歆，由镇西将军进号为征西将军；高句丽长寿王高琏，由征东将军进号为征东大将军；百济蚼支王扶余映，由镇东将军进号为镇东大将军；又升北凉武宣王沮渠蒙逊为镇军大将军。

稍后，日本大和王朝的君主倭王赞（由于记载同期历史的日本史书年代不准确，这个倭王赞的真实身份有应神天皇、仁德天皇、履中天皇三种说法）看见连小小的百济王都能讨个镇东大将军职位，觉得大和国也不能太寒碜（此时的百济与大和是盟国关系，大和是盟主，百济是小盟弟），便也派使臣来向刘宋表示臣服并讨封。

只可惜要从宋帝国的行政编制里捞一个空头官职，并不像这位日本君主想象的那么容易。在刘裕看来，过分遥远的，好像也算不上什么强国的大和王朝，还不值得宋朝浪费一枚新印章。这位宋朝皇帝只赏给了他一句口头表扬："倭赞万里修贡，远诚宜甄，可赐除授。"十七年之后，刘裕和倭王赞都已不在人世，大和君王才从宋朝得到一个"安东将军、倭国王"的封号，职位仍在百济王之下。

当然，打铁终靠本身硬，比起外交，刘裕更关心的还是内政。

刘裕登基伊始，下令让所有冒犯乡论清议的人都恢复名誉，让这些人有改过自新的机会。他下达这样的命令，可能与自己在青少年时代备受乡人讥议有关吧。

刘裕对下层百姓的关心，自然并不只针对与自己有同样切肤之痛的乡野之士。原先在南方多次内战中，以罪人家属的身份沦为官奴的人，不久也得到了刘裕的赦免，全部返回故土，重做百姓。

罪人家属都能受惠，一向厚待士兵的刘裕当然更不能让将士家属吃亏。在历次征战中阵亡的将士家属都从重抚恤，特别是在第二次北伐中战死在关中及洛阳一带的将士，其遗孤今后都由朝廷负责抚养。

既然短时期内已不会再打仗，刘裕已有条件削减开支，便着手推出了一系列政策，以减轻百姓负担：一、下令将原有的一些苛捐杂税废除或减轻；二、规定各级政府所需的各种物资，今后只准花钱采买，不许再向民间摊派或强借；三、精减行政人员，规定荆州置将不得超过二千人，吏不得超过一万人，其余州置将不得超过五百人，吏不得超过五千人；四、对晋朝原来的刑罚，全部在原基础上酌量减轻……

总之，刘裕算得上一个爱民的皇帝，如果天假时日，他在文治方面的成就很可能也会在其子宋文帝刘义隆之上。

自然，上天没再给刘裕留出更多的时间。

宋永初三年（422）三月，登上皇位才一年零九个月的刘裕得了重病，卧床不起。周围的人都预感到一个时代即将结束。于是，朝廷几位最高级官员进入宫中，不再回家，侍候在刘裕左右，以备不时之需。

他们是刘裕的二弟长沙王刘道怜、刘裕的老同乡兼老部下司空徐羡之、为刘裕篡位立下汗马功劳的尚书仆射傅亮、足智多谋且颇具野心的领军将军谢晦，以及身经百战的老将护军将军檀道济。

见刘裕病情恶化，文武百官请求举行祭祀大典，向神灵为皇帝祈寿，但刘裕下旨不准，只命侍中谢方明前往皇家祖庙，向刘氏列祖列宗祭告自己的病情。

在病榻上的刘裕又熬了两个月，身体终于支撑不住了。五月，他写下了遗诏，命自己死后，由徐羡之、傅亮、谢晦、檀道济四大臣辅佐幼主，处理政务，并声明后世如果遇上继位的君王年幼，政事也一律委托宰相，皇太后不得临朝。

在写下这份体现出君贤臣忠的遗诏后，深知朝廷风高水恶的刘裕悄悄地将太子刘义符叫到跟前，对这个即将承担天下大任的儿子，说了一段贴心话："檀道济通晓将帅谋略，却没什么大的野心，不像他的兄长檀韶那样难以驾驭。对徐羡之和傅亮这两个人你也可以放心。只有谢晦，他曾多次随我出征，精通各种机变谋略，城府极深，将来如果发生什么变故，那源头肯定出自这个人，所以等时局稍稍稳定，你最好把他外放到会稽或江州。"

后来发生的事证明，刘裕对未来的预测过于乐观了。更糟的是，他没有看清楚他的嘱托对象是个什么人。

刘义符生于晋义熙二年（406），那时桓玄已死，刘裕已经成为晋朝的头号实权人物，他一出生就作为"贵二代"，在人人恭维的顺境中长大，从没受过一点儿磨炼，唯一的兴趣爱好就是玩，玩得昏天黑地，尽人皆知。

因此，在不久前，谢晦就告诫过刘裕，企图废掉刘义符的太子之位："陛下年事已高，如要将基业传之万世，则至尊的帝位不能传给不称职的人。"听了这一说，连刘裕都有心用刘义真来顶替他。只是谢晦看不上刘义真，这才让刘义符涉险过关，得以继位。

现在，刘裕对刘义符说这么一番话，就像突然给一个顽皮的小学生讲授高深的大学课程，只精通游戏而完全不懂政治的刘大世子固然可以像煞有介事地点点头，但要他真正理解并能践行，就勉为其难了。

不知一生精明的刘裕是否能够想到这一点，但即使想到，也来不及做更多的布置了，因为他不管战胜过多少敌人，死亡是他绝对不能战胜的。永初三年五月二十一日（422年6月26日），威震天下的南朝第一雄主刘裕，病逝于建康宫西殿，终年五十九岁。太子刘义符继位，是为宋少帝。

戎马倥偬大半辈子的刘裕，终于不得不结束了他可称辉煌但又不无遗憾的一生，抛下百战得来的半壁江山和一个不太让人放心的继承人，撒手人寰。今后的世界，不管会变得更好，还是变得更糟，都已不在他的掌握之中了。

七月，众臣给大行皇帝刘裕上庙号为高祖，谥武皇帝。刘裕的遗体被安葬于蒋山初宁陵，具体位置在今江苏南京市东郊麒麟门外的麒麟铺。

滚滚长江东逝水，浪花淘尽英雄。不管生前如何荣光，谁也无法阻挡身后的凄凉。五十七年后，刘宋王朝灭亡，刘裕的子孙大部分没能躲过反复的杀戮。活人尚且如此，墓何以堪？初宁陵变成了无人关心的前朝弃物，此后多次被盗掘和破坏，落得面目全非。

　　又是很多年过去，在初宁陵西面的钟山之上，先后建成了宏伟的明孝陵与中山陵，相较之下，几乎已被夷为平地的初宁陵，渐渐为人们所淡忘，仅有陵前神道旁两座无言的石雕，默默忍受着千年的世事沧桑与雨打风吹，继续守候英雄的长眠之地，留存至今……

寄奴曾住

在下很小的时候，文娱活动还比较单调，和大人一道去看一场露天电影也是珍贵的记忆。那时年幼无知，每见到荧幕上一个新角色出场，最常问大人的一句话就是："他是好人还是坏人？"

似曾相识燕归来。一个不属于历史爱好者的朋友，听说我在写刘裕的传记，提出了这个在下童年时的经典问题："刘裕是谁？他是好人还是坏人？"

是啊，如果说刘裕是谁，在下还可以解释一下。但他是好是坏，在下真有能力正确回答吗？

老电影中的世界，正如其色彩一样，好人坏人，黑白分明。而且要辨别，难度也很低，甚至都不用去看他们做了什么事。只要看见浓眉大眼、一脸正气的角色，这肯定是个可以放心结交的好人；假如上场的新朋友长得獐头鼠目或面目狰狞，那一定是个打死也不冤的坏人，需要小心提防。不过，这种识人方法虽然简便易学，但适用范围也实在不广泛，对在下回答朋友这个问题并无帮助。

在下和朋友们一样，没见过刘裕。古史中对大人物外貌的描写，一般是什么"胸有四乳，日角鸟鼻"，或"垂手下膝，顾自见其耳"等。但对刘裕，史书只提过他的身高。更何况，就算我们准确知道刘裕的相貌，同样毫无用处，因为他并没有生活在老电影里，他所生存的世界虽然已经远去，但与我们一样，也是彩色的。在充斥着复杂色彩的真实世界中，真能找到纯黑或纯白的人生吗？

也许可以说刘裕是个好人，因为我们有足够的史实证明他的恩怨分明、他的艰苦朴素、他的勤政爱民。他矢志北进、横扫千军的雄才伟略，足以证明他是一个好皇帝。

但我们也有充分的史料昭示刘裕的邪恶。他是一个百年难遇的大阴谋家，所谓"当面说好话，背后下毒手"之类口蜜腹剑的花招，在同时代没有谁比他玩得更精熟。在刘裕龙飞九五的登天之路上，许多人因此殒命其中不乏众多曾誓与他同生共死的战友，以及更多的无辜者。他私心自用，为达到自身目的，不惜伤害国家元气，最后又做出篡位与弑君这两项在古人看来属于十恶不赦的大罪，从而长久地被后世史家非议。

刘裕二十岁那年，在前秦官居太子洗马兼万年县令的慕容宝，为了劝父亲慕容垂忘一次恩、负一次义，冠冕堂皇地宣称："立大功者不顾小节，行大仁者不念小惠！"平心而论，慕容宝其人虽不足道，但这句话用在刘裕其人身上也是合适的。

让我们审视刘裕的为人和他做过的事。

"惟阴移晋祚，迭弑二主，为南朝篡逆的首倡，实是名教罪人。"清末民初的蔡东藩先生在《南北朝演义》中，列举了刘裕的不少优点，又用这句话给刘裕的一生做了一个否定的总结。这一论点差不多代表了古人对刘裕的一般评价。

不过，对于前人掺杂了太多"家天下"观念的观点，没必要盲从。依在下看，刘裕篡位这件事，其实无可厚非。皇天无亲，有能者居之。刘裕的能力超过司马家任何一代皇帝，干得明显比他们称职，比他们更能治理国家，比他们更能关爱百姓，比他们更能抵御外侮，一言以蔽之：刘裕登上皇位，对治下的大多数百姓是一种福祉。

更何况，早在刘裕崛起以前，司马皇家就已成政坛的装饰材料，晋朝早已在实质上结束，其实际灭亡并不是刘裕造成的。刘裕的篡位，只是揭去了罩在这个事实之上的那层薄薄的细纱而已。

让名实一致，也让百姓得利，这能算多大的罪？

刘裕真正最不可原谅的罪行，是他得寸进尺，在篡夺之余，又杀害了司马德宗与司马德文这对不幸的兄弟皇帝。当然，死在刘裕手中的无辜冤魂多了去了，在下也不认为曾经当过皇帝的人的命就一定要比其他人高贵。

综合来说，至少在刘裕生前，他建下的功业仍远远超过他犯下的过失，他的短暂统治为南朝唯一的盛世打好了基础，让人叹息的还是那一言难尽的身后事……

在刘裕之后，南北双方暂时都无力打破已经形成的力量平衡与文化隔阂，中国南北对峙的局面又维持了一百多年。

又是六百一十五年过去，又是一个南北对立的危机时代，刘裕的故乡京口早已改名叫镇江府。一个一生都以收复故土、杀敌报国为目标，无奈成为一代文豪的六十四岁老人，到这里上任。烈士虽已暮年，壮心依旧不已。一天，他在积极备战之余，登上北固亭，想到这里就是曾大举北伐、威震天下的刘裕的出生地，一时豪情澎湃，有感而发，写下了千古名篇《永遇乐·京口北固亭怀古》。

在下终于释怀，中华民族能够经历无数次天翻地覆的磨难与挫折而不灭，即使暂时倒下，也会重新站起，不是没有原因的。英雄气吞万里的豪情与业绩从来就没有被人真正遗忘过，哪怕它在统治者那里被视若敝屣，暂时抛弃，也会有能代表民族脊梁的人将它传承下去，华夏终究不会亡。

且看辛稼轩词中，父老的耳口相传：

斜阳草树，寻常巷陌，人道寄奴曾住。

英雄一世，能长存于百姓的口碑之中，足矣！

附录：刘裕年表

晋兴宁元年（363） 1岁

三月，刘裕生于晋陵郡丹徒县京口里，因生母赵安宗难产而死，为生父刘翘所抛弃，后由从母收养，得小名"寄奴"。

晋太和三年（368） 5岁

刘裕二弟刘道怜诞生，生母为刘裕继母萧文寿。

晋太和五年（370） 7岁

刘裕三弟刘道规诞生，生母萧文寿。

晋太元二年（377） 14岁

谢玄创建北府军。

晋太元八年（383） 20岁

淝水之战。刘裕先已娶妻臧爱亲，本年生下长女刘兴弟（存疑）。

晋太元九年（384） 21岁

正月，后燕建国。三月，后秦建国。

晋太元十一年（386） 23岁

正月，北魏建国。

晋太元十八年（393）　30岁

十二月，后秦姚兴即位。

晋太元二十一年（396）　33岁

后燕主慕容垂死，北魏随后用一年多时间攻取河北，接替后燕，成为北方首强。九月，晋孝武帝被弑，安帝司马德宗继位，实权为孝武帝弟司马道子掌握。

晋隆安元年（397）　34岁

四月，第一次昌道内战，司马道子被迫向昌明党首领王恭屈服，杀心腹王国宝。

晋隆安二年（398）　35岁

正月，慕容德建南燕。九月，第二次昌道内战，司马道子之子司马元显设计，使北府军主将刘牢之叛杀王恭。安抚殷仲堪、桓玄、杨佺期三人。

晋隆安三年（399）　36岁

四月，司马元显夺父司马道子权，成为东晋朝廷实际第一人。十月，司马元显征发江东免奴为客者从军，号称"乐属"，大失人心。随后孙恩起义，席卷江东八郡，东晋以谢琰、刘牢之统军讨伐。十二月，刘裕在吴郡郊外"以一击千"，一举成名，孙恩败逃舟山群岛。江州刺史桓玄击破老盟友荆州刺史殷仲堪和雍州刺史杨佺期，成为东晋最强大的地方实力派。

晋隆安四年（400）　37岁

五月，孙恩再次登陆，于会稽大败晋军，斩名将谢琰。十一月，再败晋军高雅之部于余姚，诏命刘牢之出兵讨伐，孙恩撤回舟山群岛。刘牢之遂命刘裕驻防句章，袁崧驻防沪渎，自守上虞，防备孙恩。

晋隆安五年（401）　38岁

二月，孙恩第三次登陆，在句章被刘裕击败，逃回海岛。三月，孙恩第四次登陆，攻海盐再次被刘裕击败后，转攻沪渎。五月，孙恩大败晋军，斩晋将袁崧，攻入长江。六月，孙恩欲夺京口，端北府军的老家，刘裕急速北上救援，大败孙恩于蒜山。孙恩受挫后重以水路进军，连败司马元显，进逼建康，但因晋军刘牢之部与司马尚之部到达，孙恩撤出长江，克广陵，北取郁洲，再败晋军高雅之部。八月，司马元显提拔刘裕为建武将军，讨伐孙恩。从八月至十一月，刘裕先后在郁洲、沪渎、海盐三战三胜，孙恩数万精锐尽失，再次逃回海岛，从此一蹶不振。是岁，因战乱，扬州大饥。

晋元兴元年、隆安六年、大亨元年（402） 39 岁

正月，司马元显出兵讨伐桓玄，但不敢进军。二月，桓玄挥军东下，于历阳击败司马尚之。三月，刘牢之率北府全军叛降桓玄，桓玄军攻入建康，尽诛司马道子父子及其一党。刘牢之欲反桓玄，刘裕反对，与何无忌一道辞去军职回京口隐居。刘牢之再次反叛后众叛亲离，自缢于新洲，北府在职诸将多遭清洗。孙恩第五次登陆失败，投水自尽，余众推卢循为首。五月，桓玄起用刘裕，让其讨伐卢循。

晋大亨二年、楚永始元年（403） 40 岁

二月至八月，刘裕连破卢循，将其驱赶出海。九月，桓玄受封楚王，加九锡。十二月，桓玄篡夺晋位，改国号"楚"。

楚永始二年、晋隆安八年（404） 41 岁

二月，刘裕与刘毅等在京口与广陵等地起兵反楚，刘穆之开始追随刘裕。刘裕于罗落桥、覆舟山等地连败楚军，收复建康，桓玄西逃荆州，途中自写《起居注》。四月，刘毅、何无忌、刘道规三将败楚军于桑落洲，五月，再败桓玄于峥嵘洲。桓玄在出逃中，被杀于枚回洲。闰五月，桓振败何无忌，重夺荆州。六月，卢循攻陷广州，割据岭南。

晋义熙元年（405） 42 岁

正月，刘毅击败桓振，夺取荆州。二月，巴蜀兵变，谯蜀建国。七月，刘裕对后秦展开外交攻势，姚兴割十二郡土地还晋。九月，慕容超在南燕即位。

晋义熙二年（406） 43岁

刘裕长子刘义符诞生。

晋义熙三年（407） 44岁

六月，后秦大将刘勃勃反叛，建立夏国。八月，刘裕命刘敬宣伐谯蜀。十二月，刘裕政治盟友司徒王谧去世。刘裕次子刘义真、三子刘义隆诞生。

晋义熙四年（408） 45岁

正月，刘裕入朝担任宰臣。刘裕正妻臧爱亲去世。七月，刘敬宣伐蜀失利。

晋义熙五年（409） 46岁

二月，南燕入侵晋朝北境。三月，刘裕决定反击，四月亲率大军北上，六月翻越大岘山，大破燕军主力于临朐，包围南燕都城广固。

晋义熙六年（410） 47岁

正月，卢循、徐道覆从广州出兵北伐。二月，刘裕攻克广固，灭亡南燕。三月，徐道覆大败晋军于豫章，晋将何无忌阵亡。四月，刘裕率数十人赶回建康。五月，卢循、徐道覆全歼刘毅部晋军于桑落洲，攻抵建康近郊，对建康发动数次进攻，但都被刘裕挫败。七月，卢、徐粮尽退兵，刘裕出兵追赶，并命孙处、沈田子等从海路奇袭广州。同月，刘道规击破桓谦、苟林。十月，刘道规大败徐道覆于豫章口。十一月，孙处、沈田子攻克广州。十二月，刘裕相继大败卢循、徐道覆于雷池、左里，卢、徐主力尽失，南逃。

晋义熙七年（411） 48岁

二月，徐道覆败死始兴。六月，卢循在交州战败自杀，孙恩、卢循之乱结束。

晋义熙八年（412） 49岁

四月，刘道规因病解职，刘毅就任荆州刺史。闰六月，刘道规病逝。九月，刘裕诛杀刘毅弟刘藩及刘毅同党谢混等人，出兵讨伐刘毅。十月，王镇恶奇袭江陵成功，刘毅自杀。十一月，刘裕到达荆州，命朱龄石讨伐谯蜀。

晋义熙九年（413）50 岁

二月，刘裕回到建康，诛杀诸葛长民。三月，刘裕开始"义熙土断"。夏主刘勃勃改姓赫连。七月，朱龄石克成都，灭谯蜀。

晋义熙十年（414）51 岁

三月，司马文思案发生。

晋义熙十一年（415）52 岁

二月，刘裕以司马文思案为借口，讨伐司马休之，司马休之与鲁宗之联手反抗。三月，胡藩在江陵击败休之与宗之联军。四月，平定荆、雍二州。

晋义熙十二年（416）53 岁

二月，后秦主姚兴死，姚泓继位，后秦内乱，周边夏国、西秦、仇池均出兵进犯。八月，刘裕大举北伐后秦。九月，王仲德轻取滑台，引发北魏与晋朝的争执。十月，晋军攻克洛阳。十一月，刘裕命王弘回建康，请赐九锡。十二月，后秦姚懿自立为帝，随即失败。

晋义熙十三年（417）54 岁

正月，后秦姚恢叛乱被秦将姚绍平定。二月，王镇恶等进攻潼关。三月，王镇恶等在潼关击败姚绍。王镇恶弘农募粮。四月，却月阵之战，刘裕大破北魏军。三月至八月，晋秦两军在潼关附近展开多次争夺战，秦军屡败，八月，姚绍病逝。姚泓统军亲征，被晋将沈田子大败于青泥。王镇恶出兵奇袭长安，大败秦军于渭桥，姚泓出降，后秦灭亡。九月，刘裕到达长安，大会文武于未央宫。十一月，刘穆之病逝。十二月，刘裕留次子刘义真并王修、王镇恶、沈田子等守关中，自己南还彭城。

晋义熙十四年（418） 55 岁

正月，夏军进犯关中，晋将沈田子谋杀王镇恶，随后又被王修诛杀。晋将傅弘之败夏军于池阳、寡妇渡，夏军撤退。六月，刘裕受九锡，进封宋公。十月，刘义真谋杀王修，关中大乱，晋军收缩至长安，周边尽失。十一月，朱龄石至长安接替刘义真，刘义真率军在回师途中被夏军全歼于青泥，段宏救下刘义真，两人逃回。朱龄石东归，与弟朱超石等全军覆没于曹公垒。十二月，刘裕杀安帝司马德宗，立司马德文为帝。

晋元熙元年（419） 56 岁

七月，刘裕接受宋王封爵。

晋元熙二年、宋永初元年（420） 57 岁

六月，恭帝司马德文禅位，刘裕称帝，刘宋王朝建立。

宋永初二年（421） 58 岁

九月，刘裕杀废帝司马德文。

宋永初三年（422） 59 岁

五月，刘裕病逝。七月，葬于初宁陵。